Los años del terror

Los años del terror

De Al-Qaeda al Estado Islámico

LAWRENCE WRIGHT

Traducción de
Francisco J. Ramos Mena

Título original: *The Terror Years*

Primera edición: mayo, 2017

© 2017, Lawrence Wright
© 2017, Penguin Random House Grupo Editorial, S. A. U.
Travessera de Gràcia, 47-49. 08021 Barcelona
© 2017, Francisco J. Ramos Mena, por la traducción

Printed in Spain – Impreso en España

ISBN: 978-84-9992-767-1
Depósito legal: B-4.990-2017

Compuesto en M. I. Maquetación, S. L.
Impreso en Romanyà Valls, S. A.
Capellades (Barcelona)

C 927671

Penguin
Random House
Grupo Editorial

EN MEMORIA DE

James Foley
Steven Sotloff
Peter Kassig
Kayla Mueller

y el mundo que podrían haber creado

Índice

Prólogo

Mi experiencia en Oriente Próximo se inició como una especie de accidente histórico. Durante la guerra de Vietnam fui objetor de conciencia y tuve que pasarme dos años haciendo el servicio civil alternativo en un empleo mal pagado, a más de 80 kilómetros de casa, que en teoría era de interés nacional. Estos empleos solían consistir en cambiar cuñas en hospitales, pero era la época de la recesión de Nixon, y hasta esa clase de trabajos resultaban difíciles de conseguir. A mí no me importaba estar lejos de casa: por entonces deseaba alejarme lo máximo posible de Estados Unidos. Acudí a la sede de las Naciones Unidas, en Nueva York, pensando que habría un puesto que podría satisfacer tales demandas. Al parecer, la persona que me atendió ya se había encontrado a otros en mi situación. Me dijo que, aunque trabajar en la ONU no contaba como servicio civil alternativo, disponía de una lista de instituciones estadounidenses en el extranjero que sí servirían. Una de ellas tenía una oficina en la acera de enfrente. Era la Universidad Americana de El Cairo.

Cuando crucé la plaza de las Naciones Unidas, no sabía que Estados Unidos y Egipto no mantenían relaciones diplomáticas, y que apenas había estadounidenses en aquel país, aparte del reducido cuerpo docente de la universidad. Ni siquiera estoy seguro de que supiera qué lengua se hablaba en Egipto. Pero treinta minutos después de que entrara en la oficina me preguntaron si podía partir aquella misma noche. No, no podía. Mi ropa estaba en Boston, junto con mi novia; no les había dicho a mis padres lo que estaba haciendo, y también tenía que consultarlo con mi junta de reclutamiento. En tal caso, ¿podía partir al día siguiente? Cuarenta y ocho horas después daba mi primera clase a unos jóvenes egipcios cuyo dominio del inglés no era lo bastante bueno siquiera para haber sido admitidos en la universidad.

Aquel período en Egipto configuraría mi trayectoria profesional de manera decisiva. En 1998 fui coautor del guion de una película que trataba de un hipotético atentado de un terrorista árabe en Nueva York, *Estado de sitio*, protagonizada por Denzel Washington, Bruce Willis, Annette Bening y Tony Shalhoub. La cuestión que planteaba el filme era: ¿qué ocurriría si el terrorismo llegaba a Estados Unidos, del mismo modo en que ya se estaba experimentando en Francia e Inglaterra?; ¿cómo reaccionaría?; ¿en qué tipo de país se convertiría? *Estado de sitio* fue un fracaso de taquilla, debido en parte a las protestas de árabes y musulmanes molestos por verse estereotipados como terroristas. Tras el 11-S, se convirtió en la película más alquilada en Estados Unidos, y llegó a verse como una especie de espeluznante profecía.

Durante los cinco años siguientes estuve inmerso en la investigación para mi libro *La torre elevada: Al-Qaeda y los orígenes del 11-S*. Tres de los capítulos que aquí se incluyen son sólidos retratos que más tarde se incorporarían en diferente forma a aquel libro. «El hombre detrás de Bin Laden» me llevó de nuevo a Egipto para informarme sobre Ayman al-Zawahiri, por entonces el número dos de Al-Qaeda, que se convertiría en el líder de la organización tras la muerte de Bin Laden. Era extraño encontrar el país con el que tanto me había encariñado agitado ahora por emociones contradictorias de orgullo, vergüenza y negación engendradas por los atentados de Nueva York y Washington. También me resultaba desconcertante volver a visitar lugares que antaño me eran queridos y que ahora se veían teñidos de connotaciones tan diametralmente distintas: en las aulas de la Universidad Americana donde había enseñado rondaba el fantasma de Mohamed Atta, que había estudiado inglés allí; y el Club Deportivo Maadi, donde había participado en torneos de tenis, también había acogido al joven Ayman al-Zawahiri en el cine al aire libre de las tardes de verano.

«El antiterrorista» se inició unos días después del 11-S, cuando yo intentaba desesperadamente encontrar un modo de entender cómo y por qué había ocurrido aquello. Empecé a examinar las necrológicas que se publicaban online. En la web del *Washington Post* encontré la de John O'Neill, el antiguo jefe de antiterrorismo de la oficina del FBI en Nueva York, la misma oficina sobre la que yo había escrito en *Estado de sitio*. La necrológica daba la impresión de que O'Neill había hecho algo deshonroso: había perdido su trabajo poco antes del 11-S por haber extraído información clasificada fuera de la oficina. Poco después se convirtió en jefe de seguridad del World Trade Center y murió aquel día. En ese momento pensé que su muerte era irónica: en lugar de atrapar a Bin Laden, Bin Laden le había atrapado a él. Ahora pienso en la muerte de O'Neill como en una tragedia griega. De forma voluntaria se colocó en lo que él esperaba que sería la Zona Cero en la tragedia que veía aproximarse.

Un capítulo relacionado, también incluido aquí, es «El agente», mi semblanza de Ali Soufan, el valioso protegido de John O'Neill, que fue el agente asignado al caso del atentado contra el *USS Cole* perpetrado por Al-Qaeda en octubre de 2000. Soufan también desempeñó un involuntario papel en mi investigación para elaborar el guion de *Estado de sitio*. Yo había oído hablar de un habilidoso agente secreto en la oficina del FBI de Nueva York, un musulmán estadounidense que había nacido en Beirut y hablaba el árabe con fluidez. Basé el personaje de Tony Shalhoub en él, aunque en realidad Soufan y yo no nos conoceríamos hasta varios años después. En este capítulo planteo una serie de preguntas acerca de la incapacidad de la CIA para cooperar con la investigación de Soufan sobre el asesinato de diecisiete marineros estadounidenses. Si la agencia hubiera respondido a las peticiones de información de Soufan —pistas que habrían revelado la presencia de Al-Qaeda en Estados Unidos veinte meses antes del 11-S—, es muy probable que aquellos atentados nunca se hubieran producido. A día de hoy, la CIA todavía no ha señalado a ningún responsable de tan catastrófica negligencia.

Yo sabía que Osama bin Laden iba a ser uno de mis personajes centrales en *La torre elevada*, pero durante más de un año los saudíes se negaron a darme un visado como periodista. Más adelante conseguí un trabajo como mentor de jóvenes reporteros en *Saudi Gazette*, un diario en inglés publicado en Yeda, la ciudad natal de Bin Laden. Por lo general, cuando investigo para escribir algún artículo, permanezco en un hotel, haciendo llamadas e intentando concertar citas. En este caso viví en un piso saudí de clase media, desde donde acudía cada día al trabajo. En teoría me dedicaba a enseñar el arte del periodismo, pero mis alumnos me enseñaban mucho más sobre su país de lo que yo podría haber aprendido nunca por mí mismo. Fue una lección magistral sobre las anteojeras que llevan los reporteros cuando aterrizan en otra cultura. La crónica de mi experiencia se plasma aquí en «El reino del silencio».

El silencio es un tema que en 2006 me empujó a otro país, Siria. Oriente Próximo es una región belicosa y voluble —un paraíso para los reporteros, excepto cuando resulta ser una trampa mortal—, pero Siria permanecía extrañamente muda. De lejos daba la impresión de ser progresista y laica comparada con sus vecinos árabes, aunque también esquiva y enigmática. ¿Cómo podía esperar descifrar una cultura tan reservada? Reflexioné acerca de hasta qué punto el mundo entiende a Estados Unidos por sus películas. Siria tenía una industria cinematográfica pequeña pero fascinante, de modo que decidí ver películas sirias y también entrevistar a los cineastas para poder vislumbrar el mundo interior del país guardado con tanto celo. El capítulo resultante lleva por título «Plasmado en película». Lo que encontré fue un pueblo al que se le había impuesto el silencio a la fuerza. Por aquel entonces era difícil imaginar una guerra civil, pero la desesperación y la furia contenida eran ya evidentes, tanto en los cineastas como en su arte.

Tanto Al-Qaeda como su progenie no son solo organizaciones terroristas, sino también sectas religiosas, aberrantes, aisladas y hostiles a las opiniones contrarias. Desde el 11-S, Al-Qaeda ha supuesto una extraordinaria oportunidad para observar un sistema de creencias que está evolucionando bajo presión y adaptándose a los desafíos. He seguido la pista a algunos de los argumentos teológicos —trascendentales pero a menudo desconcertantes— que gobiernan este movimiento en «El plan maestro», «La rebelión interna» y «La red del terror».

Durante décadas, la disputa palestino-israelí ha proporcionado una justificación moral del terrorismo, con consecuencias devastadoras para la región. En 2006, un joven soldado israelí, Guilad Schalit, fue capturado por Hamás, que exigió la liberación de mil prisioneros palestinos a cambio. Antes de que se llegara por fin a un acuerdo, Israel invadió Gaza, y murieron 13 israelíes y 1.400 gazatíes. Me pareció que la disparidad del valor en vidas humanas era uno de los desconcertantes factores que contribuyen a la violencia de ambos bandos. Titulé el capítulo «Cautivos», porque reflejaba la situación tanto de Guilad Schalit como de las personas que lo retenían.

La guerra contra el terror ha sacudido a toda la comunidad de inteligencia estadounidense y ha comprometido la democracia de este país. Entre 2007 y 2009, el hombre situado en medio de esta vorágine fue Mike McConnell, director de Inteligencia Nacional y supervisor del descontrolado mundo del espionaje estadounidense. Mi semblanza de McConnell se incluye aquí como «El jefe de espías». Él y yo teníamos diferentes puntos de vista sobre la privacidad. Mi teléfono había sido intervenido mientras escribía para *The New Yorker* y trabajaba en *La torre elevada*. McConnell no hizo el menor gesto de disculpa: tales intrusiones —creía— eran insignificantes y accidentales. También discrepábamos fuertemente sobre el valor de lo que por entonces se llamaban «técnicas de interrogatorio mejoradas». En el transcurso de una de nuestras entrevistas McConnell me dijo que había sido «torturado». Se refería a que, mientras realizaba un entrenamiento de supervivencia en la marina, había sido sometido a un maltrato físico que se suponía había de prepararle para afrontar la posibilidad de ser hecho prisionero. Más tarde, cuando se comprobaba la veracidad de los datos del artículo, McConnell negó haber hecho tal declaración. Cuando le recordé que la entrevista se había grabado, me pidió que eliminara la frase porque, según me dijo, podía costarle su empleo. Yo no tenía la menor intención de que despidieran a McConnell, y además se había mostrado excepcionalmente generoso al permitirme acceder a él. Pero me pregunté si no cometía un error omitiendo aquella parte de la conversación en la semblanza de *The New Yorker* basada en ella, dado que yo la consideraba relevante en el debate nacional que había surgido en aquel momento en torno a la tortura. Hoy McConnell está retirado de todo cargo público, de modo que he restaurado sus comentarios.

Este libro puede considerarse un manual básico sobre la evolución del movimiento yihadista desde sus primeros años hasta el presente y las acciones paralelas de Occidente para tratar de contenerlo. La implicación de Estados Unidos en Oriente Próximo desde el 11-S se ha traducido en una larga serie de fracasos. Las acciones que ha llevado a cabo este país han sido responsables de gran parte del desarrollo de la catástrofe. La invasión de Irak en 2003 por parte de Estados Unidos y sus socios de coalición constituye una de las mayores pifias de toda la historia estadounidense. Del caos surgió el Estado Islámico, también conocido como ISIS, sumiendo a la región en una agitación que no tiene equivalente desde la caída del Imperio otomano. La apatía de la política exterior de Estados Unidos me resultó de una evidencia demoledora cuando investigaba para escribir un artículo sobre un grupo de jóvenes periodistas y cooperantes estadounidenses que habían sido capturados en Siria («Cinco rehenes»). Sus familias se vieron en gran parte abandonadas a la hora de tratar de negociar la liberación de sus hijos. Los heroicos esfuerzos en favor suyo de David Bradley, editor de *The Atlantic,* ilustran la incapacidad del gobierno estadounidense de proporcionar cualquier clase de ayuda real. Es un trágico reflejo del poder de ese país neutralizado en un mundo que no entiende.

Todos estos capítulos aparecieron en un principio en forma de artículo en *The New Yorker,* aunque me he tomado la libertad de corregirlos y actualizarlos para su publicación en el presente volumen (también incluyen material extraído de mis dos monólogos, *My Trip to al-Qaeda* y *The Human Scale*). Mi relación con esta revista dura ya casi un cuarto de siglo, y tengo una deuda infinita con esta organización y con mi editor de siempre, Daniel Zalewski.

El hombre detrás de Bin Laden

En marzo de 2002, un grupo de hombres a caballo atravesaba la provincia de Paktīkā, en Afganistán, cerca de la frontera de Pakistán. Drones Predator volaban en círculos y tropas estadounidenses peinaban las montañas. Había estallado la guerra seis meses antes, y por entonces los enfrentamientos se habían concentrado al accidentado borde oriental del país. Durante doce días, las fuerzas estadounidenses y de la coalición habían bombardeado el cercano valle de Shah-i-Kot y destruido de forma sistemática los complejos de cuevas del territorio de Al-Qaeda. Se había sobornado a los caudillos militares regionales y supuestamente se habían sellado las fronteras. Sin embargo, el grupo de jinetes cabalgaba hacia Pakistán sin impedimento alguno.

Llegaron al pueblo de un comandante de la milicia local llamado Gula Jan, cuya larga barba y turbante negro podían ser un indicio de que simpatizaba con los talibanes. «Vi a un hombre fornido y mayor, árabe, que llevaba gafas oscuras y un turbante blanco —explicaría Jan cuatro días más tarde—. Vestía como un afgano, pero llevaba una hermosa chaqueta, y le acompañaban otros dos árabes que iban enmascarados.» El hombre de la hermosa chaqueta desmontó y empezó a hablar en tono animado y cortés. Preguntó a Jan y a un compañero afgano por la posición de las tropas estadounidenses y de la Alianza del Norte. «Tenemos miedo de tropezarnos con ellas —aclaró—. Muéstrennos el camino correcto.»

Mientras los hombres hablaban, Jan se escabulló para examinar uno de los carteles que los aviones estadounidenses habían lanzado por la zona. Mostraba la fotografía de un hombre con gafas y un turbante blanco. Tenía el rostro ancho y rollizo, la nariz fuerte y prominente, y unos labios carnosos. La descuidada barba era gris en las sienes y caía en franjas de color lechoso bajo la barbilla. Su alta frente, enmarcada por las bandas del turbante, exhibía una callosidad oscurecida formada por muchas horas de devota postración. Sus ojos reflejaban la clase de resolución que cabría esperar de un médico, pero exhibían también cierto grado de serenidad que parecía extrañamente fuera de lugar. Jan estaba mirando el cartel de SE BUSCA del doctor Ayman al-Zawahiri, por cuya cabeza se ofrecía una recompensa de 25 millones de dólares.

Jan se reintegró a la conversación. El hombre que ahora creía que era Zawahiri les dijo: «Que Dios les bendiga y les libre de los enemigos del islam. Procuren no decirles de dónde veníamos y adónde vamos».

Había un número telefónico en el cartel de SE BUSCA, pero Gula Jan no tenía teléfono. Zawahiri y los árabes enmascarados desaparecieron en las montañas.

En junio de 2001, dos organizaciones terroristas, Al-Qaeda y el grupo islamista egipcio Al-Yihad, se fusionaron formalmente en una sola. El nombre de la nueva entidad, Qaeda Al-Yihad, refleja la larga historia interdependiente de estos dos grupos. Aunque Osama bin Laden, el fundador de Al-Qaeda, era el rostro público del terrorismo islamista, los miembros de Al-Yihad y su figura dirigente, Ayman al-Zawahiri, formaban la columna vertebral del mando de la mayor de las organizaciones y eran responsables de una gran parte de la planificación de las operaciones terroristas perpetradas contra Estados Unidos, desde el ataque a soldados estadounidenses en Somalia en 1993 hasta los atentados contra el World Trade Center y el Pentágono el 11 de septiembre de 2001, pasando por los ataques contra las embajadas estadounidense en África Oriental en 1998 y contra el *USS Cole* en Yemen en 2000.

Bin Laden y Zawahiri estaban destinados a descubrirse el uno al otro entre los islamistas radicales que se vieron arrastrados a Afganistán tras la invasión soviética en 1979. Bin Laden, que por entonces tenía veintipocos años, era ya un empresario de nivel internacional; Zawahiri, seis años mayor que él, era cirujano y procedía de una distinguida familia egipcia. Cada uno de ellos vio en el otro la solución a su dilema. «Bin Laden tenía seguidores, pero no estaban organizados —recuerda Essam Deraz, un cineasta egipcio que ha rodado varios documentales sobre la guerra afgano-soviética—. La gente que estaba con Zawahiri contaba con extraordinarias capacidades: médicos, ingenieros, soldados... Tenían experiencia en el trabajo clandestino. Sabían cómo organizarse y crear células. Y se convirtieron en los líderes.»

El objetivo de Al-Yihad era derrocar al gobierno civil egipcio e imponer una teocracia que a la larga pudiera llegar a ser un modelo para todo el mundo árabe; sin embargo, los años de guerra de guerrillas habían dejado al grupo maltrecho y arruinado. Para Zawahiri, Bin Laden era un salvador: rico y generoso, con recursos casi ilimitados, pero también maleable y sin formar en lo político. «Bin Laden había desarrollado un marco de referencia islámico, pero no tenía nada contra los regímenes árabes —me explicaba Montasser al-Zayat, abogado de muchos de aquellos islamistas—. Cuando Ayman conoció a Bin Laden, generó una revolución dentro de él.»

A unos ocho kilómetros al sur del caos de El Cairo se halla un tranquilo barrio residencial de clase media llamado Maadi. Un consorcio de inversores judíos egipcios, deseosos de crear una especie de pueblo inglés entre las plantaciones de mango y guayaba y los asentamientos beduinos de la orilla oriental del Nilo, empezaron a vender parcelas en la primera década del siglo xx. Los promotores lo regularon todo, desde la altura de las vallas de los jardines hasta el color de las contraventanas de los magníficos chalets que flanqueaban las calles. Plantaron eucaliptos para repeler las moscas y los mosquitos, y jardines que perfumaban el aire con la fragancia de rosas, jazmines y buganvillas. Muchos de los primeros pobladores fueron oficiales militares y funcionarios británicos, cuyas mujeres crearon clubes de jardinería y salones literarios; les siguieron familias judías, que hacia el final de la Segunda Guerra Mundial representaban casi una tercera parte de la población de Maadi. Después de la guerra, Maadi pasó a convertirse en una comunidad de europeos expatriados, hombres de negocios y misioneros estadounidenses, y un tipo muy concreto de egipcios: los que hablaban francés en la cena y seguían los partidos de críquet.

El centro de esta comunidad cosmopolita era el Club Deportivo Maadi. Fundado en una época en la que Egipto estaba ocupado por los británicos, el club era poco corriente en cuanto que admitía no solo a judíos, sino también a egipcios. Los asuntos comunitarios solían tratarse en el campo de golf de dieciocho hoyos compuesto solo de arena, con las pirámides de Guiza y el próspero Nilo como telón de fondo. Mientras se servía una merienda-cena a los británicos en el salón, los camareros nubios se deslizaban con vasos de Nescafé helado entre los pachás y las princesas que tomaban el sol en la piscina. Los zancudos flamencos caminaban entre los lirios en el estanque del jardín. El Club Maadi se convirtió en la expresión ideal de la visión de Egipto de sus fundadores: sofisticado, seguro, laico y étnicamente diverso, aunque todavía vinculado a los conceptos de clase británicos.

Las minuciosas regulaciones iniciales no pudieron resistir la presión de la floreciente población de El Cairo, y a finales de la década de los sesenta arraigó otro Maadi. «Llamábamos a sus residentes "la gente de la carretera 9" —me explicaba Samir Raafat, periodista y autor de una historia del barrio—. Era sobre todo una cuestión de "ellos" y "nosotros".» La carretera 9 discurre junto a las vías del tren que separan la zona elegante de Maadi del distrito *baladi*, la parte autóctona de la ciudad. Aquí los carros tirados por burros trotan por calles sin pavimentar pasando junto a puestos de cacahuetes y vendedores de ñame que pregonan su mercancía y canales llenas de moscas colgando en las carnicerías. En esta parte de la ciudad reside también una pequeña parte de la clase media, integrada sobre todo por maestros y burócratas de bajo nivel que se vieron atraídos al barrio por la mayor pureza del aire y por el sueño de cruzar las vías y ser admitidos en el club.

En 1960, el doctor Mohammed Rabie al-Zawahiri y su esposa, Umayma, se trasladaron de Heliópolis a Maadi. Rabie y Umayma pertenecían a dos de las familias más prominentes de Egipto. El clan Zawahiri estaba creando una dinastía médica. Rabie era profesor de farmacología en la Universidad Ain Shams de El Cairo. Su hermano era un dermatólogo de gran prestigio y experto en enfermedades venéreas. La tradición que establecieron continuaría en la siguiente generación: la necrológica de uno de sus parientes, Kashif al-Zawahiri, publicada en 1995 en un periódico de El Cairo, mencionaba a 46 miembros de la familia, 31 de los cuales eran médicos, químicos o farmacéuticos; entre los demás se contaban un embajador, un juez y un miembro del Parlamento.

El nombre de Zawahiri, no obstante, se hallaba asociado sobre todo a la religión. En 1929, el tío de Rabie, Mohammed al-Ahmadi al-Zawahiri, se convirtió en el Gran Imán de Al-Azhar, la milenaria universidad, radicada en el corazón de El Cairo antiguo, que todavía sigue siendo el centro de los estudios islámicos en Oriente Próximo. El jefe de esta institución disfruta de una especie de estatus papal en el mundo musulmán, y todavía se recuerda al imán Mohammed como uno de los grandes modernizadores de la universidad. También el padre y el abuelo de Rabie fueron eruditos de Al-Azhar.

Umayma Azzam, la esposa de Rabie, era de un clan igual de distinguido, pero más rico y de cierta notoriedad. Su padre, el doctor Abd al-Wahab Azzam, fue rector de la Universidad de El Cairo y fundador y director de la Universidad Rey Saud de Riad. También ejerció en diversas ocasiones como embajador egipcio en Pakistán, Yemen y Arabia Saudí. Otro pariente fue secretario general de la Liga Árabe. «Desde el primer Parlamento, hace más de ciento cincuenta años, ha habido Azzams en el gobierno —me explicaba el tío de Umayma, Mahfuz Azzam, que trabaja como abogado en Maadi—. Y siempre hemos estado en la oposición.» Mahfuz fue un ferviente nacionalista egipcio en su juventud. «A los quince años estaba en la cárcel —me decía con orgullo—. Me condenaron por participar en lo que ellos llamaban un "golpe de Estado".» En 1945, Mahfuz fue detenido de nuevo, esta vez en una redada de militantes tras el asesinato del primer ministro Ahmad Mahir. «Yo mismo iba a hacer lo que ha hecho Ayman», me decía.

A pesar de sus respectivos linajes, Rabie y Umayma se instalaron en un piso de la calle Cien, en el lado *baladi* de las vías. Más tarde alquilaron un dúplex en el número 10 de la calle Ciento cincuenta y cuatro, cerca de la estación de tren. Para ellos la alta sociedad no tenía el menor interés. En una época en la que las exhibiciones públicas de celo religioso eran raras —y en Maadi casi inauditas—, la pareja se mostraba religiosa, pero no abiertamente piadosa. Umayma salía sin velo. En la vecindad había más iglesias que mezquitas, además de una floreciente sinagoga.

El hogar de los Zawahiri no tardó en llenarse de hijos. Los primeros, Ayman y su hermana gemela, Umnya, nacieron el 19 de junio de 1951. Los gemelos resultarían ser brillantes en extremo, y se contarían entre los primeros de la clase durante toda su estancia en la facultad de Medicina. Una hermana menor, Heba, también se haría médico. Los otros dos hermanos, Mohammed y Hussein, estudiaron arquitectura.

Obeso, calvo y ligeramente bizco, Rabie al-Zawahiri tenía fama de excéntrico y distraído y, sin embargo, era apreciado por sus alumnos y por los niños del vecindario. Pasaba la mayor parte de su tiempo en el laboratorio o en su clínica médica privada. A veces sus investigaciones le llevaban a la antigua Checoslovaquia, en una época en la que pocos egipcios viajaban debido a las restricciones monetarias. Siempre volvía cargado de juguetes para los niños. En ocasiones encontraba tiempo para llevarlos a las sesiones de cine del Club Deportivo Maadi, a las que se podía acceder aun sin ser miembro. Al joven Ayman le gustaban los cómics y las películas de Disney, que se proyectaban tres noches por semana en una pantalla al aire libre. En verano, la familia iba a una playa en Alejandría. La vida con un sueldo de profesor era limitada, sobre todo con cinco ambiciosos hijos que educar. De hecho, los Zawahiri no tuvieron coche hasta que

Ayman salió de la facultad de Medicina. A fin de economizar, la familia criaba gallinas detrás de la casa para tener huevos frescos, y el profesor compraba las naranjas y los mangos por cajas, que obligaba a tomar a sus hijos como fuente natural de vitamina C.

Umayma Azzam era una maravillosa cocinera, famosa por su *kunafa*, un pastel de tiras de hojaldre relleno de queso y frutos secos, y bañado en jarabe de azahar. Había heredado de su padre varias extensas parcelas de tierras de cultivo en Guiza y el oasis del Fayum, lo que le proporcionaba una modesta renta. Ayman y su madre compartían el amor por la literatura. «Ella siempre memorizaba los poemas que le enviaba Ayman», me decía Mahfuz Azzam. Aunque Ayman mantenía la tradición médica de los Zawahiri, en realidad su temperamento era más próximo a la parte materna de la familia. «Los Zawahiri son profesores y científicos, y odian hablar de política —me explicaba Azzam—. Ayman me dijo que su amor por la medicina probablemente fuera heredado. Pero la política también estaba en sus genes.»

Para cualquiera que viviera en Maadi en las décadas de los cincuenta y los sesenta, había una pauta social definitoria: la pertenencia al Club Deportivo Maadi. «Toda la actividad de Maadi giraba en torno al club —me explicó una tarde Samir Raafat, el historiador del barrio, mientras me llevaba a dar una vuelta en coche por la vecindad—. Si uno no era miembro, ¿para qué vivir siquiera en Maadi?» Los Zawahiri nunca lo fueron, lo que supuso que Ayman se viera separado del centro de poder y su correspondiente estatus. «Él no era un maadí convencional; era un maadí del todo marginal —me dijo Raafat—. Los Zawahiri eran una familia conservadora. Nunca los veías en el club, cogidos de la mano, jugando al bridge. Los llamábamos *saidis*. Literalmente, la palabra hace referencia a alguien de un distrito del Alto Egipto, pero nosotros la utilizamos con un significado parecido a "paleto".»

En un extremo de Maadi, rodeado de verdes campos de deportes y pistas de tenis, se encuentra el Victoria College, una escuela secundaria privada construida por los británicos. Los alumnos asistían a clase con americana y corbata. Uno de sus graduados más conocidos era un jugador de críquet de gran talento llamado Michel Chalhub, que más tarde, cuando se convirtió en actor de cine, tomó el nombre de Omar Sharif. También asistió a la escuela el erudito y autor palestino Edward Said, junto con el futuro rey de Jordania, Hussein.

Zawahiri, en cambio, asistió a la escuela secundaria pública, un bajo y modesto edificio situado tras una verja de color verde en la punta opuesta del barrio. «Era una escuela de matones, el otro extremo del espectro social», me dijo Raafat. Los alumnos de las dos escuelas vivían en mundos distintos, nunca se encontraban, ni siquiera para hacer deporte. Mientras que el Victoria College se regía por los estándares europeos, la escuela pública daba la espalda a Occidente. Tras la verja verde, el patio de recreo estaba gobernado por matones, y las aulas por tiranos. Un joven físicamente vulnerable como Ayman tenía que crear estrategias para sobrevivir.

En las fotos de su infancia, Ayman aparece con la cara redonda, la mirada cautelosa y los labios apretados, en expresión adusta. Era un ratón de biblioteca y odiaba los deportes de contacto; los consideraba «inhumanos», según su tío Mahfuz. Desde temprana edad fue un chico devoto, y solía asistir a los rezos en la mezquita Hussein Sidki, un anodino anexo a un gran bloque de pisos; la mezquita tomaba su nombre de un famoso actor que renunció a su profesión porque era impía. Sin duda, el interés de Ayman por la religión debió de parecer natural en una familia con tantos eruditos religiosos distinguidos, pero eso acrecentó su imagen de blando y espiritual.

Aunque Ayman era un estudiante excelente, a menudo parecía soñar despierto en clase. «Era un personaje misterioso, cerrado e introvertido —me decía Zaki Mohammed Zaki, un periodista de El Cairo que fue compañero suyo—. Era extremadamente inteligente, y todos los profesores le respetaban. Tenía un modo de pensar muy sistemático, como el de un tipo mayor. Podía entender en cinco minutos lo que otros estudiantes tardaban una hora en entender. Yo lo llamaría un "genio".»

En cierta ocasión, para sorpresa de la familia, Ayman se saltó un examen, y el director le envió una nota a su padre. A la mañana siguiente, el profesor Zawahiri se reunió con el director y le dijo: «De ahora en adelante se sentirá usted honrado de ser el director de Ayman al-Zawahiri. En el futuro se sentirá orgulloso». En efecto, el incidente nunca se repitió.

En casa, Ayman solía mostrar un lado divertido. «Cuando reía, todo él se estremecía… *Yanni*, era de corazón», explica Mahfuz. Pero en la escuela se mantenía apartado. «Había muchas actividades en el instituto, pero él quería permanecer aislado —me decía Zaki—. Era como si mezclarse con los otros chicos le distrajera demasiado. Cuando nos veía jugar duro se alejaba. Yo sentía que albergaba un gran rompecabezas en su interior; algo que él quería proteger.»

En 1950, el año anterior al nacimiento de Ayman al-Zawahiri, Sayyid Qutb, un conocido crítico literario de El Cairo, volvió a su país después de pasar dos años en el Colegio Estatal de Educación de Colorado,* en Greeley. Se había marchado de El Cairo siendo un escritor laico que disfrutaba de una sinecura en el Ministerio de Educación. Uno de sus primeros descubrimientos fue un joven escritor llamado Naguib Mahfuz, que en 1988 ganaría el Premio Nobel de Literatura. «Qutb era amigo nuestro —recordaba Mahfuz—. En mi época de crecimiento, él fue el primer crítico en reconocerme.» Mahfuz, que en 1994 fue apuñalado por un fundamentalista islámico que casi acaba con su vida, explicaba que antes de que Qutb fuera a Estados Unidos estaba enemistado con muchos de los jeques, a los que consideraba «anticuados». Por entonces Qutb se veía como parte de la era moderna y se tomaba la religión a la ligera. Su gran pasión era el nacionalismo egipcio y, quizá debido a su clamorosa oposición a la ocupación británica, el Ministerio de Educación decidió que estaría más seguro en Estados Unidos.

---

* Actualmente Universidad del Norte de Colorado. *(N. del T.)*

Qutb había estudiado la literatura y la cultura popular estadounidenses, y se había formado una imagen idealizada de ese país, que a él y a otros nacionalistas egipcios les parecía una potencia neutral amistosa y un ideal democrático. En Colorado, sin embargo, Qutb se encontró con unos Estados Unidos de posguerra distintos de los que había visto en los libros y en las películas de Hollywood. «Resulta sorprendente descubrir, pese a su avanzada educación y su perfeccionismo, lo primitivo que es en realidad el estadounidense en sus opiniones sobre la vida —escribió Qutb a su regreso a Egipto—. Su comportamiento recuerda a la época de los trogloditas. Es primitivo en el modo en que ansía el poder, ignorando ideales, modales y principios.» Qutb quedó impresionado por el número de iglesias —solo en Greeley había más de veinte— y, sin embargo, los estadounidenses a los que conoció parecían no estar interesados en absoluto en los asuntos espirituales. Se sintió horrorizado al presenciar un baile en la sala de recreo de una iglesia, durante el cual el pastor, preparando el ambiente para las parejas, bajó las luces y tocó una canción romántica titulada «Baby, it's cold outside». «Es difícil diferenciar entre una iglesia y cualquier otro lugar destinado al entretenimiento, o lo que ellos llaman en su lengua la "diversión"», escribía. El estadounidense también era primitivo en su arte. «El jazz es su música preferida, y la crean los negros para satisfacer su amor al ruido y estimular sus deseos sexuales», concluía. Incluso se quejaba de los cortes de pelo: «Cada vez que voy a un barbero vuelvo a casa y me rehago el peinado con mis propias manos».

En lo que él veía como el erial espiritual de Estados Unidos, Qutb se recreó a sí mismo como militante musulmán, y volvió a Egipto con la visión de un islam que se despojaría de las vulgares influencias de Occidente. La sociedad islámica había de purificarse, y el único mecanismo lo bastante poderoso para limpiarla era el antiguo y sangriento instrumento de la yihad. «Qutb fue el teórico más prominente de los movimientos fundamentalistas —escribiría Zawahiri en diciembre de 2001, en una breve autobiografía titulada *Caballeros bajo el estandarte del Profeta*—. Qutb dijo: "Hermano, sigue adelante, porque tu camino está empapado en sangre. No vuelvas la cabeza a derecha o izquierda, sino mira solo al Cielo".»

Qutb, un egipcio de piel oscura, también se llevó consigo una ira nueva y duradera en torno a la raza. «El hombre blanco de Europa o América es nuestro enemigo número uno —declaró—. El hombre blanco nos aplasta bajo sus pies mientras nosotros enseñamos su civilización a nuestros niños... Infundimos a nuestros hijos asombro y respeto hacia el amo que pisotea nuestro honor y nos esclaviza. Plantemos en cambio las semillas del odio, la repugnancia y la venganza en las almas de esos niños. Enseñemos a esos niños cuando sus uñas son todavía blandas que el hombre blanco es el enemigo de la humanidad, y que deberían destruirlo a la primera ocasión.»

Es evidente que Qutb no escribía solo sobre Estados Unidos. Su diatriba iba dirigida a los egipcios que querían adaptar el islam al mundo moderno. Los valores modernos —laicismo, racionalidad, tolerancia, democracia, subjetividad, individualismo, mezcla de sexos, materialismo— habían infectado el islam mediante la intervención del colonialismo occidental. Su extraordinario proyecto consistía en desmontar toda la estructura política y filosófica de la modernidad y devolver el islam a sus impolutos orígenes.

Egipto estaba ya en medio de una revolución. La Sociedad de los Hermanos Musulmanes, el grupo fundamentalista más antiguo e influyente de ese país, promovía un alzamiento contra los británicos, cuya persistente ocupación de la zona del canal de Suez enfurecía a los nacionalistas. En enero de 1952, en respuesta a la matanza de 50 policías egipcios a manos británicas, turbas organizadas por los Hermanos Musulmanes en El Cairo incendiaron cines, casinos, grandes almacenes, clubes nocturnos y concesionarios de automóviles, todo lo cual, en su opinión, representaba un Egipto que había vinculado su futuro a Occidente. Hubo al menos 30 muertos, se destruyeron 750 edificios y 12.000 personas se quedaron sin hogar. Se puso fin al sueño de una metrópoli cosmopolita, y la comunidad extranjera inició su éxodo. En julio de aquel mismo año, una junta militar controlada por un coronel del ejército, Gamal Abdel Nasser, despachó al rey Faruk en su yate y tomó el control del gobierno sin disparar un solo tiro. Según varios de los conspiradores, que más tarde escribieron sobre el acontecimiento, Nasser prometió en secreto a los Hermanos que impondría la sharía —los preceptos de la ley islámica— en el país.

De inmediato estalló una lucha de poder entre los líderes de la revolución, que tenían el respaldo del ejército, y los Hermanos Musulmanes, con una importante presencia en las mezquitas. Ninguna de las dos facciones tenía la legitimidad popular para gobernar, pero cuando Nasser impuso la ley marcial y suprimió los partidos políticos, la disputa se redujo a elegir entre una sociedad militar y una religiosa, cualquiera de las cuales habría sido rechazada por la mayoría de los egipcios en el caso de que se les hubiera permitido decidir.

Nasser metió a Qutb en la cárcel por primera vez en 1954. Tres meses después lo puso en libertad y le permitió que dirigiera la revista de los Hermanos Musulmanes, *Al-Ijwan Al-Muslimun*. Presumiblemente el coronel esperaba que esa demostración de piedad mejorara su prestigio entre los islamistas y les impidiera volverse en contra de los propósitos de naturaleza socialista y crecientemente laicista del nuevo gobierno. Uno de los escritores a quienes publicó Qutb fue el tío de Zawahiri, Mahfuz Azzam, por entonces un joven abogado. Azzam conocía a Qutb de casi toda la vida. «Sayyid Qutb fue profesor mío —me explicaba—. En 1936 y 1937 me enseñó gramática árabe. Venía cada día a casa. Impartía seminarios y nos daba libros para comentar. El primer libro sobre el que me pidió que escribiera una reseña llevaba por título *¿Qué perdió el mundo con el declive de los musulmanes?*.»

Pronto se le hizo evidente a Nasser que Qutb y su cuerpo de jóvenes islamistas tenían una agenda para la sociedad egipcia distinta de la suya, de modo que cerró la revista tras unos pocos números. Pero la facción religiosa no resultaba tan fácil de controlar. La lucha por el futuro de Egipto alcanzó su punto culminante la noche del 26 de octubre de 1954, cuando Nasser habló ante una inmensa multitud en Alejandría. El país entero estaba oyendo la radio cuando un miembro de los Hermanos Musulmanes se adelantó y disparó ocho tiros al presidente egipcio, hiriendo a un guardia, pero sin acertar a su objetivo. Este respondió haciendo ejecutar de inmediato a seis de los conspiradores y arrestando a más de mil, incluyendo a Qutb. Había aplastado a los Hermanos de una vez por todas, o eso creía.

Las historias sobre el sufrimiento de Sayyid Qutb en la cárcel han venido a conformar una especie de representación de la Pasión para los fundamentalistas islámicos. Cuando fue detenido, Qutb tenía una fiebre bastante alta, pero los agentes de seguridad del Estado lo esposaron y se lo llevaron a prisión. Por el camino se desmayó varias veces. Durante varias horas lo dejaron en una celda con feroces perros, y luego fue golpeado durante largas sesiones de interrogatorio. Su juicio fue presidido por tres magistrados, uno de ellos el futuro presidente de Egipto, Anwar el-Sadat. En el tribunal, Qutb se arrancó la camisa para mostrar las señales de tortura. Los jueces lo condenaron a cadena perpetua, pero cuando su salud se deterioró aún más redujeron la pena a quince años. Sufrió episodios crónicos de angina de pecho, y quizá contrajo la tuberculosis en el hospital de la cárcel.

Cierta línea de pensamiento sugiere que la tragedia de Estados Unidos el 11 de septiembre nació en las cárceles de Egipto. Los activistas pro derechos humanos de El Cairo argumentan que la tortura creó sed de venganza, primero en Sayyid Qutb y más tarde en sus acólitos, incluyendo a Ayman al-Zawahiri. El principal objetivo de su ira era el gobierno laico egipcio, pero también había una potente corriente de cólera dirigida contra Occidente, al que consideraban la fuerza posibilitadora del régimen represivo. Atribuían a Occidente la responsabilidad de corromper y humillar a la sociedad islámica. De hecho, el tema de la humillación, que es la esencia de la tortura, resulta especialmente importante para entender la furia de los islamistas contra Occidente. Las cárceles egipcias se convirtieron en una fábrica de militantes cuya necesidad de represalia —ellos la llamaban «justicia»— era obsesiva.

El endurecimiento de las opiniones de Qutb empieza a hacerse patente en sus escritos desde la cárcel. A través de amigos, logró sacar sin ser advertido, fragmento a fragmento, un manifiesto titulado *Hitos* (*Maalim fi al-Tariq*). El manuscrito circuló de manera clandestina durante años. Finalmente fue publicado en El Cairo en 1964 y prohibido con rapidez: cualquiera a quien se le encontrara un ejemplar podía ser acusado de sedición. Su altisonante tono apocalíptico puede compararse al *Contrato social* de Rousseau y al *¿Qué hacer?* de Lenin, con similares consecuencias sangrientas.

Qutb empieza diciendo: «Hoy la humanidad está al borde de un precipicio. La humanidad se ve amenazada no solo por la aniquilación nuclear, sino también por la falta de valores. Occidente ha perdido su vitalidad, y el marxismo ha fracasado. En esta crucial y desconcertante coyuntura, ha llegado el turno del islam y la comunidad musulmana».

Qutb divide el mundo en dos bandos: el islam y la *yahiliyya*. Esta última, en el discurso islámico tradicional, alude a un período de ignorancia que reinó en el mundo antes de que el profeta Mahoma empezara a recibir sus revelaciones divinas, en el siglo VII. Para Qutb, todo el mundo moderno, incluyendo las supuestas sociedades musulmanas, era *yahiliyya*. Esta era su declaración más revolucionaria, ya que situaba a los gobiernos teóricamente islámicos en el punto de mira de la yihad. «La comunidad musulmana hace tiempo que ha dejado de existir —sostiene—. Está aplastada bajo el peso de falsas leyes y costumbres que no guardan relación ni siquiera remota con las enseñanzas islámicas.» No se puede salvar a la humanidad a menos que los musulmanes recuperen la gloria de su expresión más temprana y pura. Escribe Qutb: «Debemos iniciar el movimiento del resurgir islámico en algún país musulmán» a fin de modelar un ejemplo que a la larga conduzca al islam a su destino de dominación mundial. «Debe haber una vanguardia que parta de esta determinación y luego siga recorriendo el camino.» Estas palabras resonarían en los oídos de los jóvenes musulmanes que buscaban un papel que desempeñar en la historia.

Qutb fue ahorcado el 29 de agosto de 1966, después de las oraciones del alba. «El régimen nasserista creyó que asestaba un golpe mortal al movimiento islámico con la ejecución de Sayyid Qutb y sus compañeros —observa Zawahiri en su autobiografía—. Pero la aparente calma superficial ocultaba una interacción inmediata entre las ideas de Sayyid Qutb y la formación del núcleo del moderno movimiento yihadista islámico en Egipto.» El mismo año en que ahorcaron a Qutb, Zawahiri contribuyó a formar una célula militante clandestina que aspiraba a reemplazar al gobierno laico de Egipto por uno islámico. Tenía entonces quince años.

«Éramos un grupo de estudiantes del instituto de secundaria de Maadi y de otras escuelas», declararía Zawahiri sobre sus días de joven radical al ser juzgado en 1981 por conspirar en el asesinato del presidente Sadat. Los miembros de su célula solían reunirse unos en casa de otros; a veces se encontraban en una mezquita y luego se dirigían a un parque o a algún sitio tranquilo en la Corniche, el paseo flanqueado de árboles que bordeaba el Nilo. Al principio había cinco miembros, y pronto Zawahiri se convirtió en el emir o líder del grupo. «Nuestros medios no estaban a la altura de nuestras aspiraciones», reconocía en su declaración. Pero en ningún momento parecía cuestionarse su decisión de convertirse en un revolucionario. «Bin Laden tuvo un punto de inflexión en su vida —señalaba el primo de Zawahiri, Omar Azzam—, pero Ayman y su hermano Mohammed era como si estuvieran en la escuela pasando de forma natural de un curso a otro. No se puede decir que aquellos muchachos fueran chicos malos o playboys y luego dieran un giro de ciento ochenta grados. Para ser honestos, si Ayman y Mohammed repitieran sus vidas, vivirían de la misma manera.»

Bajo la monarquía, antes de que Nasser asumiera el poder, los residentes acomodados de Maadi vivían aislados de los caprichos del gobierno; pero en el Egipto revolucionario de repente pasaron a sentirse vulnerables. «Los niños notaban que sus padres estaban asustados y tenían miedo de expresar sus opiniones —me explicaba Zaki, el antiguo compañero de clase de Zawahiri—. Era un clima que alentaba la clandestinidad.» Por todo Egipto se formaron grupos clandestinos como el de Zawahiri. Integrados sobre todo por estudiantes inquietos o marginados, eran pequeños y desorganizados, y en gran parte ignoraban su mutua existencia. Entonces estalló la guerra de 1967 con Israel. La rapidez y la contundencia de la victoria israelí en la guerra de los Seis Días humillaron a los musulmanes, que creían que Dios favorecía su causa. Perdieron no solo sus ejércitos y parte de su territorio, sino también la fe en sus líderes, en sus países y en sí mismos. Para muchos musulmanes, fue como si hubieran sido derrotados por una fuerza mucho mayor que el diminuto país de Israel, por algo inconmensurable: la propia modernidad. El profundo atractivo del fundamentalismo islámico en Egipto y en otras partes nació en esta espantosa debacle. En las mezquitas empezó a oírse una voz nuevamente clamorosa, que respondía a la desesperación con una sencilla fórmula: el islam es la solución.

Los grupos islamistas clandestinos se vieron galvanizados por la guerra, y su principal objetivo pasó a ser el régimen laico de Nasser. En la terminología de la yihad, la prioridad era derrotar al «enemigo cercano», es decir, a la sociedad musulmana impura. El «enemigo distante» —Occidente— podía esperar hasta que se hubiera reformado el islam. Para los islamistas eso significaba, como mínimo, imponer la sharía en el sistema legal egipcio. Zawahiri deseaba también restaurar el califato, el gobierno de clérigos islámicos, que había terminado de modo formal en 1924, tras la disolución del Imperio otomano, pero que de hecho no había ejercido un poder real desde el siglo XIII. Una vez restablecido el califato, creía Zawahiri, Egipto se convertiría en un punto de encuentro para el resto del mundo islámico. Más tarde escribiría: «Entonces la historia daría un nuevo giro, Dios mediante, en sentido opuesto contra el imperio de Estados Unidos y el gobierno judío mundial».

Nasser murió de un infarto en 1970. Su sucesor, Sadat, necesitaba desesperadamente poner de manifiesto su legitimidad política, y de inmediato trató de hacer las paces con los islamistas. Saad Eddin Ibrahim, un sociólogo disidente de la Universidad Americana de El Cairo y defensor de las reformas democráticas que pasó siete años en prisión, me decía: «Sadat buscaba aliados. Se acuerda de los Hermanos Musulmanes. ¿Dónde están? En la cárcel. Les ofrece un trato: a cambio de su apoyo político, les permitirá predicar y defender sus ideas, con tal de que no utilicen la violencia. Lo que Sadat no sabía era que los islamistas se habían escindido. Algunos de ellos se habían inspirado en Qutb. Los más jóvenes y más radicales pensaban que los mayores se habían vuelto blandos».

Sadat vació las cárceles, sin calcular el peligro que los islamistas suponían para su régimen.

Los Hermanos Musulmanes, a los que se prohibió actuar como un auténtico partido político, empezaron a colonizar sindicatos profesionales y estudiantiles. En 1973 había aparecido en los campus universitarios un nuevo grupo de jóvenes fundamentalistas, primero en el sur del país, y luego en El Cairo. Se autodenominaban Al-Gamaa al-Islamiyya, el Grupo Islámico. Alentados por la aquiescencia del gobierno de Sadat, que de manera encubierta les proporcionó armas para que pudieran defenderse de cualquier ataque por parte de los marxistas o los nasseristas, el Grupo Islámico radicalizó la mayoría de las universidades de Egipto. Pronto se puso de moda dejarse barba entre los estudiantes varones y llevar velo entre las mujeres. Zawahiri mantuvo en secreto esta vida clandestina, incluso para su familia, pero más tarde afirmaría que su grupo había llegado a tener cuarenta miembros en 1974, cuando asistía a la facultad de Medicina de la Universidad de El Cairo.

Zawahiri era alto y delgado, y lucía un bigote que discurría paralelo a los finos pliegues que formaban sus labios. Tenía el rostro delgado, y la línea del pelo se hallaba en franco retroceso. Vestía ropa occidental, casi siempre americana y corbata. Aun así, no ocultaba por completo sus sentimientos políticos. En cierta ocasión guio en un recorrido por el campus a un periodista estadounidense, Abdallah Schleifer. Este último, un hombre desgarbado, de cabello hirsuto y perilla, la viva imagen de su época beatnik de finales de los cincuenta, fue una figura estimulante en la vida de Zawahiri. Se había criado en el seno de una familia judía no practicante de Long Island. Pasó por un período marxista, y luego, durante un viaje a Marruecos en 1962, conoció la tradición sufí del islam. Uno de los significados de la palabra *islam* es «rendirse», y eso fue lo que le ocurrió a Schleifer: se convirtió, se cambió el nombre de Marc por el de Abdallah, y pasó el resto de su vida profesional en Oriente Próximo. En 1974, cuando viajó por primera vez a El Cairo como jefe de la delegación de NBC News, el tío de Zawahiri, Mahfuz Azzam, se convirtió en una especie de padrino para él. «Es frecuente adoptar a los conversos, y Mahfuz era fascinante —me explicaba Schleifer—. Para él, era increíble que un estadounidense se hubiera convertido al islam. Yo tenía la sensación de estar bajo la protección de toda la familia Azzam.»

A través de Mahfuz, Schleifer conoció a Zawahiri, que aceptó enseñarle el campus para que pudiera hacerse una idea mejor de la situación. «Estaba escuálido, y sus gafas resultaban extremadamente prominentes —me decía Schleifer—. Parecía un intelectual universitario de izquierdas de los de hacía treinta años.» Durante el recorrido, Zawahiri señaló con orgullo a unos estudiantes que estaban pintando pancartas para manifestaciones políticas, y se jactó de que el movimiento islamista hubiera encontrado su principal fuente de reclutamiento en las dos facultades más elitistas de la universidad, la de Ingeniería y la de Medicina.

—¿No le parece impresionante? —preguntó.

Schleifer le respondió en tono condescendiente, observando que en la década de los sesenta aquellas mismas facultades habían sido bastiones de la juventud marxista. El movimiento islamista, añadió, era solo la última tendencia en rebeliones estudiantiles.

—Mire, Ayman, en otro tiempo fui marxista —le dijo Schleifer—. Oyéndole hablar me siento como si estuviera de nuevo en el Partido. No tengo la sensación de estar con un musulmán tradicional.

Zawahiri le escuchó con cortesía. «Nos despedimos en tono cordial —me explicaba Schleifer—. Pero creo que se quedó perplejo.»

Schleifer volvió a coincidir con Zawahiri en la celebración de la Fiesta del Cordero, uno de los días más sagrados del calendario musulmán. «Me enteré de que iban a rezar al aire libre en la mezquita de Faruk en Maadi —recordaba—. Así que pensé: ¡estupendo!, iré a rezar en su precioso jardín. Y allí veo nada menos que a Ayman y a uno de sus hermanos. Se lo tomaban muy en serio. Extendieron alfombras plásticas de oración e instalaron un micrófono.» Lo que se suponía que había de ser un día de meditación y de recitación del Corán se convirtió en una competición entre la congregación y los hermanos Zawahiri con su micrófono. «Comprendí que estaban propugnando la fórmula salafista, que no reconoce ninguna tradición islámica posterior a la época del Profeta. Era caótico. Después me acerqué a Zawahiri y le dije: "Ayman, esto está mal". Él empezó a explicarse. Yo repliqué: "No voy a discutir con usted. Yo soy sufí y usted salafista. Pero está haciendo *fitna** y, si quiere hacer eso, debería hacerlo en su propia mezquita".» Zawahiri respondió con docilidad: «Tiene razón, Abdallah».

Zawahiri se graduó en Medicina en 1974, y luego pasó tres años como cirujano en el ejército egipcio, destinado en una base a las afueras de El Cairo. Estaba a punto de cumplir los treinta años, y era el momento de casarse. Hasta entonces nunca había tenido novia. «Nuestra costumbre es que los amigos o conocidos propongan una esposa —me explicaba su primo Omar—. Si obtienen la aprobación, se les permite reunirse una vez o dos, y luego se inicia el noviazgo. No es una historia de amor.» Una de las posibles novias que se le propusieron a Ayman era Azza Nowair, hija de una destacada familia cairota. Sus dos progenitores eran abogados. En otro tiempo podría haberse convertido a su vez en una profesional o una mujer de sociedad dedicada a asistir a fiestas en el Club Deportivo, pero en la Universidad de El Cairo adoptó el hiyab, el pañuelo o velo que se había convertido en símbolo de conservadurismo entre las mujeres

---

* Un término que significa meter cizaña, algo que proscribe el Corán. (*N. del T.*)

musulmanas. La decisión de Azza de ponerse el velo constituía un escandaloso rechazo a su clase. «Antes de eso, había vestido a la última moda —me decía su hermano mayor, Essam—. Nosotros no queríamos que fuera tan religiosa. Empezó a rezar mucho y a leer el Corán. Y, poco a poco, cambió por completo.» Azza no tardó en dar un paso más y ponerse la nicab, el velo que cubre el rostro de la mujer por debajo de los ojos. Según su hermano, Azza pasaba noches enteras en meditación espiritual. Cuando él se despertaba por la mañana, la encontraba sentada en la alfombra de oración con el Corán en las manos, profundamente dormida.

La nicab imponía una barrera formidable para una joven casadera. Como su familia era rica y distinguida, Azza tenía muchos pretendientes, pero todos ellos insistían en que se quitara el velo. Ella se negaba. «Quería a alguien que la aceptara tal como era —me decía su hermano—. Ayman buscaba ese tipo de persona.»

En el primer encuentro entre Azza y Ayman, según la costumbre, Azza se alzó el velo durante unos minutos. «Él vio su rostro y luego se marchó», explicaba Essam. Después la joven pareja habló brevemente en otra ocasión, pero fue poco más que una formalidad. Ayman no volvió a ver el rostro de su prometida hasta después de celebrarse la boda. Se había hecho una impresión favorable de la familia Nowair, que a su vez se sentía algo deslumbrada por su distinguido linaje. «Era cortés y agradable —decía Essam—. Era muy religioso, y no saludaba a las mujeres. Ni siquiera miraba a una mujer si llevaba una falda corta.» Al parecer nunca hablaba de política con la familia de Azza, y no está claro cuánto le reveló a ella sobre su activismo. En cierta ocasión, Azza le confesó a Omar Azzam que su mayor deseo era convertirse en una mártir.

La boda se celebró en febrero de 1978, en el hotel Continental-Savoy, que había pasado del esplendor colonial a una insulsa respetabilidad. Por expreso deseo de los novios, no hubo música, y se prohibieron las fotografías. «Fue algo seudotradicional —recordaba Schleifer—. Montones de tazas de café y nadie contando chistes.»

«Mi conexión con Afganistán se inició en el verano de 1980 por un giro del destino», escribe Zawahiri en su autobiografía. El director de una clínica de los Hermanos Musulmanes en El Cairo le preguntó si le gustaría acompañarle a Pakistán para atender a los refugiados afganos. Miles de ellos huían a través de la frontera como consecuencia de la invasión soviética, iniciada unos meses antes. Aunque se había casado hacía poco, Zawahiri escribe que «aceptó de inmediato». Le preocupaba encontrar una base segura para la yihad, lo que en Egipto parecía prácticamente imposible. «El Nilo discurre en su estrecho valle entre dos desiertos que no tienen vegetación ni agua —se lamenta—. Ese terreno hacía imposible la guerra de guerrillas en Egipto y, en consecuencia, obligaba a sus habitantes a someterse al gobierno central, a ser explotados como trabajadores y forzados a ser reclutas en su ejército.» Quizá Pakistán o Afganistán se revelarían un emplazamiento más conveniente para levantar un ejército de islamistas radicales que a la larga pudieran regresar para hacerse con el control de Egipto.

Zawahiri viajó a Peshawar con un anestesiólogo y un cirujano plástico. «Fuimos los primeros tres árabes en llegar allí para participar en las labores de ayuda», escribe. Pasó cuatro meses en Pakistán, trabajando para la Sociedad de la Media Luna Roja, el brazo islámico de la Cruz Roja.

Peshawar se halla en el extremo oriental del paso Jáiber, que es el punto de confluencia histórico de los ejércitos invasores desde los días de Alejandro Magno y Gengis Kan. Cuando los británicos abandonaron la zona, en 1947, Peshawar se convirtió de nuevo en una tranquila ciudad agrícola, cuyas puertas se cerraban a medianoche. Sin embargo, cuando llegó Zawahiri la ciudad era un hervidero de traficantes de armas y vendedores de opio. Los jóvenes de otros países musulmanes empezaban a oír la llamada de la yihad, y acudían a Peshawar a menudo con nada más que un número de teléfono en los bolsillos, y a veces ni siquiera eso. Su objetivo era convertirse en *shahid* —en mártir—, y solo pedían que se les encaminara en dirección a la guerra. Osama bin Laden, que fue uno de los primeros en llegar, pasaba una gran parte del tiempo yendo y viniendo entre Peshawar y Arabia Saudí, recaudando dinero para la causa.

La ciudad también hubo de afrontar la afluencia de afganos desarraigados y hambrientos. A finales de 1980 había 1,4 millones de refugiados afganos en Pakistán —una cifra que casi se duplicó al año siguiente—, y casi todos ellos llegaban por Peshawar, buscando cobijo en los campos cercanos. Muchos de los refugiados eran víctimas de las minas de tierra soviéticas o del bombardeo intensivo de pueblos y ciudades. Las condiciones en las clínicas y los hospitales eran atroces. Zawahiri explicaba que a veces tenía que utilizar miel para esterilizar heridas.

Por medio de contactos con miembros de tribus locales, Zawahiri realizó varios viajes a través de la frontera con Afganistán. Fue uno de los primeros extranjeros en presenciar el coraje de los guerrilleros afganos, que se autodenominaban muyahidines, o guerreros santos. Se defendían a pie o a caballo con carabinas de la Primera Guerra Mundial. No dispondrían de misiles estadounidenses Stinger hasta 1986, y las armas del bloque oriental que la CIA había logrado introducir todavía no habían llegado a manos de los combatientes. Pero los muyahidines ya percibían que se estaban convirtiendo en peones en el juego de las superpotencias.

Aquel otoño, Zawahiri regresó a El Cairo lleno de historias sobre los «milagros» que se producían en la yihad contra los soviéticos. Se había dejado barba y vestía un atuendo paquistaní: una larga túnica sobre pantalones anchos. Cuando llegó a El Cairo una delegación de líderes muyahidines, Zawahiri llevó a su tío Mahfuz al venerable hotel Shepheard para reunirse con ellos. Allí les propuso una idea que provenía de Abdallah Schleifer. Como jefe de la delegación de NBC, Schleifer se sentía frustrado por la incapacidad de las agencias de noticias occidentales de acercarse a la guerra. De modo que le dijo a Zawahiri:

—Envíeme a tres jóvenes afganos inteligentes y les enseñaré a utilizar película; así podrán relatar su historia.

Cuando Schleifer fue a ver Zawahiri para discutir la propuesta, le sorprendieron las maneras de este último. «Empezó diciendo que los estadounidenses eran el verdadero enemigo y había que enfrentarse a él —me explicaba Schleifer—. Yo le dije:"No lo entiendo. Acaba de volver de Afganistán, donde ha estado cooperando con los estadounidenses. ¿Y ahora dice que América es el enemigo?".»

—Es cierto, aceptamos la ayuda americana para combatir a los rusos —le respondió Zawahiri—. Pero son igualmente malos.

—¿Cómo puede hacer tal comparación? —le preguntó Schleifer—. Hay más libertad para practicar el islam en América que aquí en Egipto. ¡Y en Afganistán los soviéticos han cerrado cincuenta mil mezquitas!

Recordaba Schleifer: «La conversación terminó de mala manera. En nuestros anteriores debates siempre había sintonía, y podías romper la tensión con un chiste. Ahora yo sentía que no se dirigía a mí; se dirigía a una concentración masiva de cien mil personas. Era todo retórica». La propuesta de Schleifer quedó en nada.

En marzo de 1981, Zawahiri volvió a Peshawar para realizar otro período de servicio con la Media Luna Roja. Esta vez redujo su estancia y regresó a El Cairo al cabo de dos meses. Escribió en su autobiografía que consideraba la yihad afgana «un curso de entrenamiento de suma importancia con el objetivo de preparar a los muyahidines musulmanes para librar su esperada batalla contra la superpotencia que ahora tiene el dominio exclusivo del globo, a saber, Estados Unidos».

La militancia islámica se había convertido en una fuerza devastadora en todo Oriente Próximo. El ayatolá Ruhollah Jomeini había regresado a Irán desde París en 1979 y había liderado el primer golpe de Estado islamista coronado con éxito en un país importante. Cuando Mohammad Reza Pahlevi, el sha exiliado, viajó a Estados Unidos a fin de someterse a un tratamiento contra el cáncer, el ayatolá incitó a las turbas de estudiantes a atacar la embajada estadounidense en Teherán. Retuvieron como rehenes a cincuenta y dos estadounidenses, y Estados Unidos rompió todas las relaciones diplomáticas con Irán.

Para los musulmanes de todas partes, Jomeini vino a redefinir el debate con Occidente. En lugar de ceder el futuro del islam a un modelo laico y democrático, impuso un contundente cambio de rumbo. Sus sermones evocaban la inquebrantable fuerza del islam de un milenio anterior en un lenguaje que anticipaba las diatribas revolucionarias de Bin Laden. El objetivo concreto de su ira contra Occidente era la libertad. «Sí, somos reaccionarios, y vosotros sois intelectuales ilustrados: vosotros los intelectuales no queréis que retrocedamos mil cuatrocientos años —declaró inmediatamente después de la revolución—. Vosotros, que queréis libertad, libertad para todo, la libertad de los partidos, vosotros que queréis todas las libertades, vosotros, intelectuales: la libertad que corromperá a nuestra juventud, la libertad que preparará el terreno para el opresor, la libertad que arrastrará a nuestra nación hasta el fondo.» Ya en la década de los cuarenta, Jomeini había señalado su predisposición a utilizar el terror para someter a los que él percibía como enemigos del islam, proporcionando cobertura teológica además de apoyo material: «¡No se puede hacer obedecer a la gente salvo por la espada! ¡La espada es la llave del Paraíso, que solo puede abrirse a los guerreros santos!».

Esta actitud desafiante contra los valores democráticos estaba ya implícita en los escritos de Qutb y otros islamistas de la primera época, y ahora configuraba la agenda islamista. La abrupta transformación de un país bastante rico, poderoso y moderno como Irán en una rígida teocracia demostraba que el sueño de los islamistas era en esencia alcanzable, y ello aceleró su deseo de actuar.

En Egipto, el presidente Sadat calificó a Jomeini de «lunático demente [...] que ha convertido el islam en una farsa». Sadat invitó al debilitado sha a residir en Egipto, donde moriría el año siguiente.

En abril de 1979, los egipcios votaron a favor de aprobar el tratado de paz con Israel, que había tenido lugar unos meses antes con un triple apretón de manos entre el presidente estadounidense, Jimmy Carter, Anwar el-Sadat y el primer ministro israelí, Menájem Beguín, en los jardines de la Casa Blanca. El referéndum fue una farsa de tal magnitud —supuestamente hubo un 99,9 por ciento de votos afirmativos— que puso de relieve lo peligrosa que resultaba la decisión de Sadat de firmar la paz. En respuesta a una serie de manifestaciones orquestadas por los islamistas, Sadat prohibió todas las asociaciones de estudiantes de carácter religioso. Modificando su postura favorable a tolerar estos grupos, ahora declaraba: «Los que deseen practicar el islam pueden ir a las mezquitas, y los que deseen intervenir en política pueden hacerlo a través de las instituciones legales». Los islamistas insistieron en que su religión no permitía tales distinciones: el islam era un sistema total que abarcaba todos los aspectos de la vida, incluyendo la ley y el gobierno. Sadat llegó hasta el punto de prohibir la nicab en las universidades. Muchos de quienes decían que había firmado su sentencia de muerte al acordar la paz con Israel ahora también lo tildaban de hereje. Según la ley islámica, aquello era una invitación abierta al asesinato.

Zawahiri no concebía solo la eliminación del jefe del Estado, sino también el derrocamiento absoluto del orden existente. Había estado reclutando a oficiales del ejército egipcio de forma subrepticia, esperando el momento en que su grupo hubiera acumulado suficientes fuerzas en hombres y armamento para actuar. Su principal estratega era Abbud al-Zumar, un héroe militar de la guerra de 1973 con Israel. El plan de Zumar era matar a los líderes egipcios más poderosos y tomar el cuartel general del ejército y la seguridad del Estado, la central telefónica y la radiotelevisión. Desde allí se emitiría la noticia de la revolución islámica, desencadenando —o eso esperaba— un levantamiento popular contra las autoridades laicas en todo el país. Era, según declararía Zawahiri más tarde, «un elaborado y artístico plan».

Uno de los miembros de la célula de Zawahiri era un audaz comandante de la unidad de tanques llamado Isam al-Qamari. Zawahiri, en su autobiografía, define a Qamari como «una persona noble en el auténtico sentido de la palabra... La mayoría de los sufrimientos y sacrificios que soportó de buen grado y con serenidad fueron resultado de su carácter honorable». Aunque Zawahiri era el miembro de mayor rango de la célula de Maadi, a menudo cedía la iniciativa a Qamari, quien tenía dotes de mando naturales, una cualidad de la que Zawahiri carecía de manera notable. De hecho, Qamari veía que a Zawahiri «le faltaba algo», y en cierta ocasión le advirtió: «Más allá de a qué grupo pertenezcas, no puedes ser su líder».

Qamari empezó a sacar a escondidas armas y municiones de los cuarteles del ejército y a almacenarlas en la clínica médica de Zawahiri en Maadi. En febrero de 1981, mientras se trasladaban las armas, la policía detuvo a un hombre con una bolsa llena de pistolas, junto con mapas que mostraban la posición de todos los emplazamientos de tanques de El Cairo. Comprendiendo que pronto se vería implicado, Qamari desapareció, pero varios de sus oficiales fueron detenidos. De forma inexplicable, no molestaron a Zawahiri.

Las evidencias reunidas en aquellas detenciones alertaron a los funcionarios del gobierno de la amenaza que suponía la nueva clandestinidad islamista. Aquel septiembre, Sadat ordenó una redada en la que se detuvo a más de mil quinientas personas, incluyendo a muchos egipcios prominentes; no solo islamistas, sino también intelectuales sin inclinaciones religiosas, marxistas, cristianos coptos, líderes estudiantiles, y varios periodistas y escritores. La operación policial no afectó a Zawahiri, pero capturó a la mayoría de los otros líderes de su grupo. Sin embargo, una célula militar dentro de las desperdigadas filas de Al-Yihad ya había puesto en marcha un plan concebido a toda prisa: un joven recluta del ejército, el teniente Jalid Islambuli, se había ofrecido a matar a Sadat durante una de sus apariciones en un desfile militar que iba a celebrarse el mes siguiente.

Zawahiri declararía más tarde que él no supo del plan hasta las nueve de la mañana del 6 de octubre de 1981, unas horas antes del momento previsto para ejecutarlo. Uno de los miembros de su célula, un farmacéutico, le dio la noticia en su clínica. «De hecho, me quedé asombrado y perplejo», declararía Zawahiri a sus interrogadores. En su opinión, la acción no se había meditado adecuadamente. El farmacéutico le propuso que hicieran algo para contribuir al éxito del plan. «Pero yo le pregunté: "¿Y qué podemos hacer?"», diría Zawahiri a quienes le interrogaban, añadiendo que consideró que era inútil tratar de ayudar a los conspiradores. «¿Quieren que nos pongamos a pegar tiros en las calles y hagamos que la policía nos detenga? No vamos a hacer nada.» Zawahiri volvió con su paciente. Cuando, unas horas después, se enteró de que el desfile militar continuaba con normalidad, dedujo que la operación había fracasado y que todas las personas vinculadas a ella habían sido detenidas.

El desfile conmemoraba el octavo aniversario de la guerra de 1973. Rodeado de dignatarios, incluyendo a varios diplomáticos estadounidenses, el presidente Sadat saludaba a las tropas cuando un vehículo militar viró hacia la tribuna de autoridades. El teniente Islambuli y otros tres conspiradores saltaron del vehículo y lanzaron granadas contra la tribuna. «¡He matado al faraón!», gritó Islambuli, después de vaciar el cargador de su ametralladora sobre el presidente, que se mantuvo desafiante en posición de firmes hasta que su cuerpo cayó acribillado a balazos.

Todavía no está claro por qué Zawahiri no abandonó Egipto cuando el nuevo gobierno, liderado por Hosni Mubarak, hizo detener a setecientos sospechosos de conspiración. En cualquier caso, a finales de octubre Zawahiri preparaba las maletas para emprender otro viaje a Pakistán. Fue a casa de algunos parientes para despedirse. Su hermano Hussein le llevaba al aeropuerto cuando la policía los paró en la Corniche del Nilo. «Se llevaron a Ayman a la comisaría de Maadi, y estaba rodeado de guardias —recordaba Omar Azzam—. El jefe de policía le dio una bofetada en la cara, ¡y Ayman se la devolvió!» Omar y su padre, Mahfuz, recuerdan el incidente con asombro, no solo por la temeridad de la respuesta de Zawahiri, sino también porque hasta aquel momento nunca le habían visto recurrir a la violencia. Tras su detención y encarcelamiento, Zawahiri pasó a ser conocido como el hombre que devolvió el golpe.

En el siglo XII, el gran conquistador kurdo Saladino construyó la Ciudadela, una fortaleza situada en una colina que domina El Cairo, utilizando a prisioneros cruzados como mano de obra. Durante setecientos años la fortaleza fue la sede del gobierno; la estructura contenía asimismo varias mezquitas y una prisión. «Cuando las fuerzas de seguridad traían aquí a la gente, les quitaban la ropa, los esposaban, les vendaban los ojos, y luego empezaban a golpearlos con palos y a abofetearlos —me explicó el abogado islamista Montasser al-Zayat, que fue encarcelado junto con Zawahiri—. A Ayman lo golpeaban sin cesar… cada día —añadió—. Creían que tenía mucha información importante.»

Jovial y taimado, Zayat es un personaje agradablemente escurridizo. Tiene un abultado vientre, y siempre lleva americana y corbata, incluso en el calor de El Cairo. Lleva el pelo cortado al rape y la barba larga y sin arreglar, al más puro estilo fundamentalista. Durante años ha sido la principal fuente de información sobre Zawahiri y el movimiento islamista, tanto en la prensa egipcia como occidental. Mientras recorríamos la vieja prisión, que hoy forma parte del museo de la Policía, Zayat hablaba de su estancia allí y recordaba que oía las voces de los turistas, siempre presentes justo al otro lado de los muros de la cárcel. Señaló la celda de piedra donde había estado encerrado Zawahiri: un recinto de poco más de un metro por unos dos y medio. «Antes de que nos trajeran aquí yo no le conocía, pero pudimos hablar a través de un agujero entre nuestras celdas —me dijo Zayat—. Hablamos de por qué fracasaron las operaciones. Me contó que él no quería que se llevara a cabo el asesinato. Pensaba que tendrían que haber esperado y haber erradicado el régimen mediante un golpe militar. Él no era tan sanguinario.»

Zayat creía que las experiencias traumáticas que sufrió Zawahiri durante sus tres años de cárcel lo transformaron, pasando de ser un miembro bastante moderado de la clandestinidad islamista a convertirse en un extremista violento. Él y otros testigos apuntan a lo acontecido en la relación entre Zawahiri e Isam al-Qamari, que había sido su íntimo amigo y un hombre por el que sentía una gran admiración. Inmediatamente después de la detención de Zawahiri, los funcionarios del Ministerio del Interior empezaron a acribillarle a preguntas sobre el paradero de Qamari. En su implacable búsqueda de este último, echaron a la familia Zawahiri de su casa, luego levantaron los suelos y arrancaron el papel pintado de las paredes en busca de pruebas. También aguardaron junto al teléfono por si Qamari llamaba. «Estuvieron dos semanas esperando», me explicó Omar Azzam. Finalmente sonó el teléfono. La persona que había hecho la llamada se identificó como «doctor Isam» y dijo que quería ver a Zawahiri. Un policía, fingiendo ser un miembro de familia, le respondió que Zawahiri no estaba. Entonces el «doctor Isam» sugirió: «Que Ayman venga a rezar conmigo la magrib» (la oración de la puesta del sol) en una mezquita que ambos conocían.

Bajo interrogatorio, Zawahiri admitió que el «doctor Isam» era en realidad Qamari, y confirmó asimismo que este le había suministrado armas. Qamari todavía ignoraba que Zawahiri estaba detenido cuando llamó a su casa y convino en que ambos se encontraran en la mezquita de Zawya, en Embaba. Cuando Qamari llegó a la mezquita, la policía lo detuvo. En la autobiografía de Zawahiri, lo más cercano a una confesión de esta traición es una referencia indirecta a la «humillación» del encarcelamiento: «Lo más duro del cautiverio es obligar al muyahidín, bajo la fuerza de la tortura, a delatar a sus colegas, a destruir su movimiento con sus propias manos, y a ofrecer sus secretos y los de sus colegas al enemigo». Qamari fue condenado a diez años. «Recibió la noticia con su peculiar tranquilidad y compostura —recuerda Zawahiri—. Incluso trató de consolarme, diciéndome: "Te compadezco por las cargas que habrás de soportar".» Contra toda lógica, después de que Zawahiri declarara contra Qamari y otras trece personas, las autoridades los pusieron a ambos en la misma celda. Qamari moriría más tarde en un tiroteo con la policía tras escapar de la cárcel.

Zawahiri era el número 113 de un total de más de 300 militantes acusados de colaborar en el asesinato de Sadat, además de otros diversos delitos; en el caso de Zawahiri, la posesión de una pistola. Casi todos los islamistas de cierta notoriedad en Egipto estaban implicados en la trama. Los acusados, algunos de los cuales eran adolescentes, comparecían encerrados en una jaula similar a las de los zoos, que atravesaba de lado a lado uno de los extremos de una enorme sala improvisada instalada en el recinto ferial de El Cairo, donde a menudo se celebran ferias y congresos. Las agencias de noticias internacionales cubrieron el juicio, y Zawahiri, que era quien mejor dominaba el inglés de entre todos los acusados, fue designado como su portavoz.

Las cintas de vídeo grabadas durante la sesión de apertura del juicio, el 4 de diciembre de 1982, muestran a los trescientos acusados, iluminados por las luces de las cámaras de televisión, salmodiando, rezando y llamando con desesperación a los miembros de sus familias. Al final, la cámara se decide por Zawahiri, que destaca de entre el caos con una mirada de solemne y concentrada intensidad. Tiene entonces treinta y un años, viste una túnica blanca y un pañuelo gris sobre los hombros.

A una señal, los otros presos se callan, y Zawahiri grita:

—¡Ahora queremos hablar al mundo entero! ¿Quiénes somos? ¿Quiénes somos? ¿Por qué nos traen aquí, y qué queremos decir? Sobre la primera pregunta, ¡somos musulmanes! ¡Somos musulmanes que creen en su religión! ¡Somos musulmanes que creen en su religión, tanto en la teoría como en la práctica, y de ahí que hagamos todo lo posible por establecer un estado islámico y una sociedad islámica!

Los otros acusados salmodian, en árabe:

—¡No hay más dios que Alá!

Zawahiri prosigue, en una cadencia vehementemente repetitiva:

—¡No lamentamos, no lamentamos lo que hemos hecho por nuestra religión, y nos hemos sacrificado, y estamos dispuestos a hacer más sacrificios!

Los otros gritan:

—¡No hay más dios que Alá!

Prosigue Zawahiri:

—¡Aquí estamos: el verdadero frente islámico y la verdadera oposición islámica al sionismo, el comunismo y el imperialismo! —Hace una pausa. Luego continúa—: Y ahora, como respuesta a la segunda pregunta, ¿por qué nos han traído aquí? ¡Nos traen aquí por dos razones! Primero, intentan suprimir el extraordinario movimiento islámico [...] Y, en segundo lugar, completar la conspiración para evacuar la zona en preparación para la infiltración sionista.

Los demás gritan:

—¡No sacrificaremos la sangre de los musulmanes por los estadounidenses y los judíos!

Los prisioneros se quitan los zapatos y se levantan las túnicas para revelar las señales de tortura. Entonces Zawahiri habla de la tortura que tiene lugar en las «sucias cárceles egipcias [...] donde hemos sufrido el trato más rigurosamente inhumano. ¡Nos han pateado, nos han golpeado, nos han azotado con cables eléctricos, nos han dado descargas de electricidad! ¡Nos han dado descargas de electricidad! ¡Y han utilizado perros salvajes! ¡Y han utilizado perros salvajes! ¡Y nos han colgado encima de los bordes de las puertas —se inclina para mostrar cómo— con las manos atadas a la espalda! ¡Han detenido a las esposas, las madres, los padres, las hermanas y los hijos!».

Los demás acusados salmodian:

—¡El ejército de Mahoma volverá, y derrotaremos a los judíos!

La cámara capta a uno de ellos, de mirada especialmente furiosa y ataviado con un caftán verde, mientras extiende los brazos hacia las barras de la jaula, da un grito, y luego se desmaya cayendo en brazos de otro de los presos. Zawahiri enumera en voz alta los nombres de varios presos que asegura que han muerto a causa de la tortura.

—¿Dónde está, pues, la democracia? —grita—. ¿Dónde está la libertad? ¿Dónde están los derechos humanos? ¿Dónde está la justicia? ¿Dónde está la justicia? ¡Nunca olvidaremos! ¡Nunca olvidaremos!

La alusión de Zawahiri a los perros reviste una especial importancia en la cultura musulmana, donde los perros ocupan un lugar muy bajo, próximo a los cerdos, en su carácter inmundo. Tuve ocasión de hablar con un agente del FBI árabe-americano que ha pasado mucho tiempo en Egipto, quien me explicó que la policía egipcia se jactaba de utilizar una técnica consistente en desnudar por completo a un preso, atarlo boca abajo sobre una silla y dejar que los perros lo penetraran.

Las acusaciones de tortura de Zawahiri se vieron respaldadas por el testimonio de un agente de inteligencia, que declaró que había visto a Zawahiri «con la cabeza rapada, su dignidad humillada por completo, sufriendo toda clase de torturas». El agente añadió que él participaba en el interrogatorio de Zawahiri cuando llevaron a otro preso. Entonces los agentes le exigieron a Zawahiri que confesara su complicidad en la trama de asesinato en presencia del otro conspirador. Cuándo este último dijo: «¿Cómo esperan que confiese, cuando sabe que la pena es la muerte?», Zawahiri replicó: «La pena de muerte es más clemente que la tortura».

Zawahiri fue declarado culpable de tráfico de armas y condenado a tres años de cárcel, que ya casi había cumplido cuando terminó el juicio. Liberado en 1984, el Zawahiri que salió de la cárcel era un curtido radical cuyas creencias habían forjado una brillante determinación. Saad Eddin Ibrahim —el sociólogo de la Universidad Americana de El Cairo antes mencionado—, que habló con él tras su puesta en libertad, conjeturaba que había salido con un aplastante deseo de venganza. «La tortura ejerce ese efecto en la gente —me decía—. Muchos de los que se vuelven fanáticos han sufrido maltrato en prisión. Eso también los hace recelosos en extremo.» La tortura tuvo otros efectos, menos previsibles, en aquellos hombres tan sumamente religiosos. Muchos de ellos explicaron que después de ser torturados habían tenido visiones de los santos acogiéndolos en el Paraíso y de la sociedad islámica justa que había hecho posible su martirio.

Ibrahim había realizado un estudio sobre los presos políticos en Egipto en la década de los setenta. Según su investigación, la mayor parte de las personas reclutadas por los movimientos islamistas eran jóvenes de origen rural que habían acudido a alguna de las ciudades para cursar sus estudios. La mayoría eran hijos de funcionarios públicos de nivel medio. Eran ambiciosos y tendían a sentirse atraídos por los campos de la ciencia y la ingeniería, donde solo se aceptaba a los estudiantes más cualificados. No eran precisamente el tipo de jóvenes marginados que un sociólogo podría esperar. Al contrario, escribía Ibrahim. Eran «jóvenes egipcios modélicos». Ibrahim atribuía el éxito de reclutamiento de los grupos islamistas militantes a su énfasis en la fraternidad, la necesidad de compartir y el apoyo espiritual, lo que venía a proporcionar un «aterrizaje suave» a los emigrantes rurales que llegaban a la ciudad.

Zawahiri, que había leído el estudio en la cárcel, discrepaba con vehemencia. «Ha trivializado usted nuestro movimiento con su análisis banal —le diría a Ibrahim—. Que Dios se apiade de usted.»

Zawahiri decidió abandonar Egipto, preocupado, quizá, por las consecuencias políticas de su testimonio en el caso contra la unidad de inteligencia. Según su hermana Heba, que es profesora de oncología en el Instituto Nacional del Cáncer de la Universidad de El Cairo, pensó en solicitar una beca para estudiar cirugía en Inglaterra. Pero, en lugar de ello, consiguió un puesto en una clínica médica de Yeda, en Arabia Saudí. En el aeropuerto de El Cairo se tropezó con su amigo Abdallah Schleifer.

—¿Adónde vas? —le preguntó este.

—A Arabia Saudí —le respondió Zawahiri, que parecía relajado y contento.

Los dos hombres se abrazaron.

—Escucha, Ayman —le dijo Schleifer—. No te metas en política.

—No lo haré —le prometió Zawahiri—. ¡No lo haré!

Zawahiri llegó a Yeda en 1985. A sus treinta y cuatro años era un personaje formidable. Había sido un revolucionario comprometido y miembro de una célula islamista clandestina durante más de la mitad de su vida. Sus habilidades políticas se habían perfeccionado gracias a los debates mantenidos en la cárcel, y había descubierto en sí mismo la capacidad —y el hambre— de liderazgo. Era un hombre piadoso, resuelto y resentido.

Osama bin Laden, que por entonces residía en Yeda, tenía veintiocho años y había vivido una vida de riqueza y placeres sin límites.

La empresa de su familia, una multinacional ampliamente diversificada llamada Saudi Binladin Group, era una de las mayores de Oriente Próximo. Osama era un joven pálido y larguirucho —se calcula que medía metro noventa y cinco de estatura—, y nada en él hacía presagiar al carismático líder en el que a la larga se convertiría. Carecía de la experiencia en la clandestinidad que tenía Zawahiri y, aparte de su devoción religiosa, tenía pocas creencias firmes. Pero se había radicalizado tras la invasión soviética de Afganistán en 1979, y había recaudado ya cientos de millones de dólares para la resistencia muyahidín.

«He aquí que la vena de raíces desérticas de Bin Laden se juntó con un Zawahiri más moderno —observaba Saad Eddin Ibrahim—. Pero ambos se encontraban desarraigados en lo político, pese a su historial. Hubo algo que creó una resonancia entre aquellos dos jóvenes en el terreno neutral del lejano Afganistán. Allí intentaron construir el reino celestial que no podían construir en sus países natales.»

A mediados de la década de los ochenta, el árabe más influyente en la guerra contra los soviéticos era el jeque Abdullah Azzam (sin ninguna relación de parentesco con la familia Azzam de la madre de Zawahiri), un teólogo palestino doctor en derecho islámico por la Universidad de Al-Azhar. Azzam consiguió un puesto como responsable de dirigir las oraciones en la Universidad Rey Abdulaziz de Yeda, donde estudiaba Bin Laden. En cuanto se enteró de la invasión soviética de Afganistán, se trasladó a Pakistán, donde se convirtió en el guardián de la yihad y su principal recaudador de fondos. Su fórmula para la victoria era: «Solo la yihad y el fusil: nada de negociaciones, nada de conferencias y nada de diálogos».

Muchas de las cualidades que hoy la gente atribuye a Bin Laden ya se percibían en Abdullah Azzam, que se convirtió en su mentor. Azzam era la encarnación del guerrero santo, que en el mundo musulmán es un estereotipo tan popular y heroico como el samurái en Japón o el vaquero en Estados Unidos. Su larga barba era vistosamente negra en el centro y blanca a ambos lados, y cada vez que hablaba de la guerra su mirada parecía concentrarse en alguna gloriosa visión interior. «Llegué a Afganistán y no podía creer lo que veían mis ojos —relata Azzam en un vídeo de reclutamiento grabado en 1988, mientras sostiene un fusil AK-47 en el regazo—. Viajé durante años para explicar la yihad a la gente […] Tratábamos de satisfacer la sed de martirio. Es algo que todavía nos enamora.» Azzam era un frecuente orador en las concentraciones de musulmanes, incluso en Estados Unidos, adonde viajó para recaudar dinero. Cuando Bin Laden llegó por primera vez a Peshawar, se alojó en la pensión de Azzam. Juntos, crearon la Maktab Al-Jadamat, u Oficina de Servicios, para reclutar y entrenar a combatientes de la resistencia.

Peshawar había cambiado en los cinco años transcurridos desde que Zawahiri estuviera allí por última vez. La ciudad estaba abarrotada y reinaba la corrupción. Habían llegado nada menos que dos millones de refugiados a través de la provincia de la Frontera del Noroeste,* convirtiendo Peshawar, la capital, en la principal área de organización de la resistencia. Estados Unidos contribuía a la guerra con unos 250 millones de dólares anuales, mientras el servicio de inteligencia paquistaní distribuía armas entre los numerosos caudillos militares afganos, todos los cuales mantenían delegaciones en Peshawar. Había llegado una nueva hornada de asesores militares estadounidenses y paquistaníes para entrenar a los muyahidines. También se habían establecido allí cooperantes, mulás independientes y agentes de inteligencia de todo el mundo. «Peshawar se transformó en el lugar al que iban quienes no tenían adónde ir —recordaba Osama Rushdi, uno de los jóvenes yihadistas egipcios—. Era un entorno en el que una persona podía ir de mal en peor, y a la larga caer en la desesperación.»

Al otro lado del paso Jáiber estaba la guerra. Los jóvenes árabes que llegaban a Peshawar rezaban para que aquel paso fronterizo los condujera al martirio y luego al Paraíso. Muchos eran fugitivos políticos de sus propios países y, como apátridas, rechazaban de forma natural la propia idea de estado. Se veían a sí mismos como un gran

---

* Actualmente provincia de Jáiber Pajtunjuá. (N. del T.)

pelotón sin fronteras cuya misión era defender a todo el pueblo musulmán.

Este ejército de lo que se dio en llamar «árabes afganos» no tardó en hacerse legendario en todo el mundo islámico. Algunos expertos han calculado que hasta 50.000 árabes pasaron por Afganistán durante la guerra contra los soviéticos. Sin embargo, Abdullah Anas, un muyahidín argelino que se casó con una de las hijas de Abdullah Azzam, afirma que en ningún momento hubo más de 3.000 árabes en Afganistán, y que la mayoría de ellos eran conductores, secretarios y cocineros, no combatientes. La guerra —me decía— la libraron casi enteramente los afganos, no los árabes. Según Hani al-Sibai, un presunto líder de Al-Yihad (él lo niega) que en la actualidad vive en el exilio, había solo unos 500 egipcios. «Se los conocía como los pensadores y los cerebros —explicaba Sibai—. El movimiento islamista empezó con ellos.»

El hermano de Zawahiri, Mohammed, que le había seguido con lealtad desde la infancia, se unió a él en Peshawar. Los dos hermanos tenían un marcado aire de familia, aunque Mohammed era un poco más alto y delgado que Ayman. También llegó otro colega de los días de clandestinidad en El Cairo, un médico llamado Sayyid Imam y, según la inteligencia egipcia, en 1987 los tres hombres reorganizaron Al-Yihad. La esposa de Zawahiri, Azza, se estableció en Peshawar. La madre de esta, Nabila Galal, viajó a Pakistán a ver a su hija en tres ocasiones, la última en 1990. «Eran una familia excepcionalmente cercana, y siempre se movían juntos como una unidad», le explicaba a un reportero de la revista egipcia *Ajer Saa* en diciembre de 2001. Mientras Zawahiri estuvo en la cárcel tras el asesinato de Sadat, Nabila cuidó de Azza y de su primera hija, Fátima, que nació en 1981. Unos años después volvió a visitarla, esta vez en Arabia Saudí, para asistir al nacimiento de Umayma, llamada así por la madre de Zawahiri. «Un día recibí una carta de Azza, y al leer aquellas palabras sentí un dolor intenso —recordaba Nabila—. Me escribía que tenía que viajar a Pakistán con su marido. Yo deseaba que ella no fuera allí, pero sabía que nadie puede evitar el destino. Ella era bien consciente de los derechos que tenía su marido sobre ella y de su deber para con él, que es por lo que debía seguirle hasta los confines de la tierra.» En Pakistán, Azza dio a luz a otra hija, Nabila, en 1986. Al año siguiente llegó una cuarta hija, Jadiga, y en 1988 nació el único hijo barón de los Zawahiri, Mohammed. Casi diez años después, en 1997, llegó otra hija, Aisha. «Azza y su familia llevaban una buena vida en Peshawar —me decía Essam, el hermano de Azza—. Tenían un chalet de dos plantas con tres o cuatro dormitorios en el piso de arriba. Una de las habitaciones siempre estaba disponible para invitados, y tenían muchos. Si les sobraba dinero, se lo daban a los necesitados. Ellos eran felices con muy poco.»

A diferencia de otros líderes muyahidines, Zawahiri no se ofreció al jeque Abdullah Azzam cuando llegó a Afganistán; desde un primer momento centró sus esfuerzos en acercarse a Bin Laden. No tardó en lograr situar a miembros de confianza de Al-Yihad en puestos clave en torno al acaudalado joven saudí. Según el abogado islamista Montasser Al-Zayat, «Zawahiri controlaba por completo a Bin Laden. La mayor parte del respaldo financiero de Bin Laden iba a Zawahiri y a la organización Al-Yihad, mientras que solo destinaba diminutas cantidades al Grupo Islámico».

Zawahiri debió de advertir —quizá incluso antes de que lo hiciera el propio Bin Laden— que el futuro del movimiento islámico estaba en «aquel hombre llovido del cielo», como llamaba Abdullah Azzam a Bin Laden. Azzam no tardó en sentir la fuerza gravitatoria de la influencia de Zawahiri sobre su protegido. «No sé qué hacen algunas personas aquí en Peshawar —se quejaba Azzam a su yerno, Abdullah Anas—. Hablan contra los muyahidines. Solo tienen un objetivo, crear *fitna* entre esos voluntarios y yo.» Azzam identificaba a Zawahiri como uno de los agitadores.

El cineasta egipcio Essam Deraz, que trabajó en Afganistán entre 1986 y 1988, obtuvo un permiso especial para visitar la principal base de operaciones de los muyahidines, situada en un complejo de cuevas en las montañas del Hindú Kush conocido como *Masaada* (la «Guarida del León»). «Cuando llegamos a la Guarida del León estaba nevando —me explicaba Deraz—. Los árabes odiaban a cualquiera que llevara una cámara debido a su preocupación por la seguridad, de modo que me impidieron entrar en la cueva. Yo iba con mi equipo, y permanecimos de pie allí fuera en la nieve hasta que yo ya no podía mover las piernas. Por fin, uno de los árabes dijo que yo podía entrar pero mi equipo debía quedarse fuera. Yo dije: "O entramos todos o nos quedamos todos fuera". Desaparecieron y volvieron con el doctor Abdel Muiz» (un alias de Zawahiri; en árabe, *abdel* significa «esclavo», y *muiz*, uno de los noventa y nueve nombres de Dios, significa «el que concede honor»). El hombre que se hacía llamar doctor Abdel Muiz insistió en que Deraz y su equipo entraran en la cueva, donde les sirvió té y pan. «Era muy cortés y refinado —explicaba Deraz—. Pude ver que era de buena familia por su forma de pedirnos disculpas por habernos dejado fuera.» Aquella noche, Deraz durmió en el suelo de la cueva, al lado de Zawahiri.

Deraz observó que Bin Laden había pasado a depender de los cuidados médicos de Zawahiri. «Bin Laden sufría de hipotensión, y a veces se mareaba y tenía que tumbarse —me dijo Deraz—. Ayman acudía de Peshawar para tratarle. Le hacía un chequeo y luego se iba a luchar.» Deraz recuerda que durante una de las batallas más intensas de la guerra él y los dos hombres se refugiaron en una cueva cerca de Jalalabad con un grupo de combatientes. «Los bombardeos eran muy intensos —explicaba Deraz—. Bin Laden tenía el brazo extendido, y Zawahiri se disponía a ponerle glucosa. Cada vez que el doctor estaba a punto de clavarle la aguja, se producía un bombardeo y todos caíamos al suelo. Cuando el bombardeo se detenía por un rato, Zawahiri volvía a preparar el gotero, pero en cuanto cogía la botella se producía otra explosión. Entonces alguien dijo: "¿No lo ve? Cada vez que coge la botella nos bombardean". Y otro dijo: "En el islam está prohibido ser pesimista", pero entonces volvió a ocurrir. De modo que el pesimista se levantó muy despacio y arrojó la botella de glucosa fuera de la cueva. Todos nos reímos. Hasta Bin Laden reía.»

A veces Bin Laden iba a dar una charla en el hospital donde trabajaba Zawahiri. Aunque los dos hombres seguían objetivos distintos, también tenían mucho en común. Ambos eran hombres muy modernos, miembros de una clase culta y tecnologizada. Ambos provenían de familias bien conocidas en todo el mundo árabe. Tenían una voz dulce, eran devotos, y habían sido políticamente reprimidos por los regímenes de sus propios países. Cada uno de ellos satisfacía una necesidad del otro. Zawahiri quería dinero y contactos, cosa que Bin Laden tenía en abundancia. Bin Laden, un idealista dado a entregarse a causas, buscaba orientación, y Zawahiri, que era un consumado propagandista, se la proporcionaba. El egipcio tenía poco interés en Afganistán excepto como una zona desde donde organizar la revolución en su propio país. El principal interés de Bin Laden era la expulsión del invasor infiel de una tierra musulmana, pero también alimentaba un informe deseo de castigar a Estados Unidos y a Occidente por lo que él consideraba que eran crímenes contra el islam. La dinámica de la relación entre los dos hombres convirtió tanto a Zawahiri como a Bin Laden en unas personas que jamás habrían llegado a ser por sí solos; asimismo, la organización que ambos crearían, Al-Qaeda, sería un vector de esas dos fuerzas, una egipcia y una saudí. Cada una de ellas tendría que transigir para dar cabida a los objetivos de la otra; como resultado, Al-Qaeda emprendería un camino peculiar, el de la yihad global.

La ruptura definitiva de Bin Laden con Abdullah Azzam se produjo a raíz de una disputa sobre el alcance de la yihad. Bin Laden imaginaba una legión panárabe que a la larga podría utilizarse para librar la yihad tanto en Arabia Saudí como en Egipto. El jeque Abdullah se oponía con firmeza a hacer la guerra a otros musulmanes. Zawahiri socavó la posición de Azzam haciendo correr el rumor de que era un espía. «Zawahiri dijo que creía que Abdullah Azzam trabajaba para los estadounidenses —me explicó Osama Rushdi—. El jeque Abdullah fue asesinado aquella misma noche.» El 24 de noviembre de 1989, Azzam y dos de sus hijos saltaron por los aires al estallar una bomba colocada en el vehículo que conducían cuando se dirigían a una mezquita en Peshawar. Aunque nadie se ha atribuido nunca los asesinatos, se ha culpado de ellos a muchas personas distintas, incluyendo al propio Zawahiri e incluso a Bin Laden. Al día siguiente, Zawahiri asistió al funeral de Azzam, elogiando al jeque mártir, como hicieron exultantes sus muchos otros enemigos.

En 1989, después de diez años de guerra, los soviéticos se rindieron y retiraron sus fuerzas de Afganistán. Habían muerto más de un millón de afganos —el 8 por ciento de la población—, y cientos de miles más habían quedado mutilados. De los aproximadamente trece millones que sobrevivieron, casi la mitad buscaron refugio en otros países. Y sin embargo, la guerra contra los soviéticos sería solo el principio de la tragedia afgana.

Tras la retirada de las tropas invasoras, muchos de los árabes afganos volvieron a su hogar o se dirigieron a otros países portando la antorcha de la revolución islámica. En los Balcanes, la hostilidad étnica entre musulmanes, croatas y serbios llevó a Bosnia-Herzegovina a votar a favor de separarse de Yugoslavia, lo que desencadenó una guerra de tres años en la que murieron 150.000 personas. En noviembre de 1991, Chechenia, una región de mayoría musulmana, declaró su independencia de Rusia, un acto que pronto conduciría también a la guerra. En 1992 estalló la guerra civil en Argelia cuando el gobierno declaró nulas las elecciones para impedir que el partido islamista asumiera el poder, un conflicto que llegaría a cobrarse 200.000 vidas. En Egipto, el Grupo Islámico lanzó una campaña de atentados contra el turismo y la cultura occidental en general, incendiando y poniendo bombas en teatros, librerías y bancos, y asesinando a cristianos. «Creemos en el principio de establecer la sharía, aunque eso signifique la muerte de toda la humanidad», explicaría más tarde uno de los líderes del Grupo Islámico. Y la guerra en Afganistán continuó, solo que ahora eran musulmanes luchando contra musulmanes por el control político.

Bin Laden había regresado a Arabia Saudí, en apariencia para trabajar en la empresa familiar. Pero en 1990, Sadam Husein ordenó la invasión iraquí de Kuwait. Bin Laden, que había alcanzado un estatus mítico en su país debido a su papel en la guerra afgano-soviética, se presentó ante la familia real y se ofreció a defender los yacimientos petrolíferos saudíes con sus compañeros muyahidines. Los gobernantes decidieron, en cambio, depositar su fe en una coalición liderada por los estadounidenses, al parecer prometiendo a Bin Laden que los extranjeros se marcharían en cuanto acabara la guerra. Pero un año después, las fuerzas estadounidenses seguían en Arabia Saudí, y Bin Laden se sintió traicionado. Volvió a Afganistán y empezó a pronunciarse en público contra el régimen saudí. También comenzó a financiar las actividades de los disidentes saudíes en Londres. Entonces, en 1992, partió de repente de Kabul rumbo a Sudán, desesperado por las luchas internas entre las diversas facciones de los muyahidines y convencido de que los saudíes conspiraban para matarle. Llegó a Jartum con sus tres esposas y sus quince hijos. Se dedicó a los negocios, haciendo grandes inversiones en proyectos de construcción sudaneses, incluyendo un aeropuerto y la principal carretera del país; también compró toda la cosecha nacional de algodón, y de vez en cuando pagaba la factura de las importaciones de petróleo del país. En aquellos primeros días en Jartum, Bin Laden se sentía lo bastante seguro como para acudir a la mezquita cinco veces al día sin sus guardaespaldas.

Los parientes de Zawahiri esperaban que volviera a Egipto; durante toda la guerra afgano-soviética y durante varios años después, siguió pagando el alquiler de su clínica en Maadi. Pero pensaba que para él no era seguro volver. A la larga siguió a Bin Laden a Sudán, donde se dio a la tarea de reorganizar Al-Yihad. Entregó 250.000 dólares a un muyahidín sudanés llamado Yamal al-Fadl para que comprara una granja al norte de la capital de Sudán donde los miembros de su organización pudieran recibir instrucción militar.

Pese a los estrechos vínculos de Zawahiri con Bin Laden, el dinero para Al-Yihad siempre escaseaba. Muchos de los seguidores de Zawahiri tenían familias, y todos ellos necesitaban comida y alojamiento. Unos pocos recurrieron al robo y al chantaje para sustentarse. Zawahiri lo desaprobaba de manera categórica: cuando algunos miembros de Al-Yihad robaron a un agregado militar alemán en Yemen, él investigó el incidente y expulsó a los responsables. Pero el problema del dinero continuaba. A comienzos de la década de los noventa, Zawahiri envió a varios de sus seguidores a Albania para trabajar en organizaciones benéficas musulmanas. Se esperaba que enviaran el 10 por ciento de sus pagas a Al-Yihad, pero aquella era una exigua contribución. Zawahiri se enfureció ante la falta de apoyo de Bin Laden. «Los jóvenes están dispuestos a entregar sus almas, mientras los ricos se quedan con el dinero», escribió en la revista islamista *Kalimat Haq*. Bin Laden, por su parte, se sentía constantemente frustrado por el conflicto entre las dos principales organizaciones egipcias y se mostraba cada vez menos dispuesto a financiar a ninguna de ellas.

Zawahiri decidió buscar el dinero en el centro mundial del capital riesgo: Silicon Valley. Ya había estado una vez en Estados Unidos, en 1989, cuando visitó la delegación de la Oficina de Servicios para reclutar muyahidines en Boston. Volvió en la primavera de 1993, esta vez a Santa Clara, California, donde conoció al doctor Ali Zaki, ginecólogo y destacado líder cívico de San José. «Se presentó como representante de la Media Luna Roja de Kuwait —explicaba Zaki—. Yo también era médico, de modo que me pidieron que lo acompañara mientras estaba aquí.» Zaki escoltó a Zawahiri a las mezquitas de Sacramento y de Stockton. Los dos doctores pasaron la mayor parte del tiempo hablando de los problemas médicos que Zawahiri había encontrado en Afganistán. «Hablamos de los niños y los granjeros que resultaban heridos y que estaban perdiendo miembros por culpa de todas las minas rusas —recordaba Zaki—. Era un médico equilibrado y extremadamente culto.» Pero desde el punto de vista financiero el viaje no fue un éxito. Zaki calculaba que, a lo sumo, las donaciones recibidas por aquellas visitas a las mezquitas de California ascendieron a varios cientos de dólares.

Inmediatamente después de este desalentador viaje, Zawahiri empezó a colaborar de forma más estrecha con Bin Laden, y la mayoría de los miembros egipcios de Al-Yihad siguieron en la nómina de Al-Qaeda. Aquellos hombres no eran mercenarios; eran idealistas muy motivados, muchos de los cuales habían dado la espalda a carreras profesionales de clase media. Sus salarios eran modestos: unos cien dólares al mes para el combatiente medio; doscientos para un trabajador cualificado. Afrontaban una difícil disyuntiva: mantener su lealtad a una organización que salía adelante por sus propios medios y que siempre tenía problemas financieros, o unir fuerzas con un acaudalado saudí de arraigados vínculos con los multimillonarios del petróleo del golfo Pérsico. Por otra parte, las dos organizaciones tenían objetivos distintos: los esfuerzos de Al-Yihad seguían concentrándose en Egipto; Bin Laden, como buen empresario, deseaba fusionar a todos los grupos terroristas islamistas en una única corporación multinacional, con secciones específicas para todo, desde el personal hasta la elaboración de las políticas a seguir. Pese a la precariedad financiera de Al-Yihad, muchos de sus miembros recelaban de Bin Laden y no tenían el menor deseo de desviar sus esfuerzos fuera de Egipto. Zawahiri consideraba la alianza como un matrimonio de conveniencia. Uno de sus principales ayudantes, Ahmed al-Nayyar, declararía más tarde en El Cairo que Zawahiri le había confesado que «unirse a Bin Laden [era] la única solución para mantener viva la organización Al-Yihad».

Sudán parecía un lugar ideal desde el que lanzar ataques sobre Egipto. La cooperación activa de la agencia de inteligencia sudanesa y sus fuerzas militares proporcionaba un refugio seguro a los militantes. La frontera entre los dos países, larga, sin carreteras y casi del todo sin vigilancia, facilitaba los movimientos secretos; y las antiguas rutas de caravana proporcionaban vías convenientes para entrar armas y explosivos en Egipto, de forma clandestina, a lomos de camellos. Irán suministró muchas de aquellas armas, y la organización terrorista Hezbolá, que contaba con el respaldo iraní, proporcionaba formación sobre el uso de los explosivos.

Al-Yihad inició su asalto a Egipto con un atentado contra la vida del ministro del Interior, responsable de las enérgicas medidas emprendidas contra los militantes islámicos. En agosto de 1993, una motocicleta cargada con explosivos estalló junto al coche del ministro, matando al terrorista y a su cómplice. «El ministro escapó de la muerte, pero se rompió el brazo —escribe Zawahiri en su autobiografía—. Un montón de expedientes que llevaba al lado le salvaron de la metralla.» El noviembre siguiente, los hombres de Zawahiri intentaron matar al primer ministro egipcio con un coche bomba cuando su automóvil pasaba por delante de una escuela femenina de El Cairo. La bomba erró su objetivo, pero la explosión hirió a 21 personas y mató a una estudiante de doce años, Shayma Abdel-Halim, que fue aplastada por una puerta que salió despedida por la onda expansiva. Su muerte indignó a los egipcios, que ya habían visto perecer a más de 240 personas a manos de los terroristas en los dos últimos años. Cuando portaban el ataúd de Shayma por las calles de El Cairo, la gente gritaba: «¡El terrorismo es el enemigo de Dios!».

Zawahiri se sintió afectado por la indignación popular. «La muerte involuntaria de esta niña inocente nos dolió a todos, pero nos sentíamos impotentes y teníamos que combatir al gobierno, que estaba contra la sharía de Dios y apoyaba a los enemigos de Dios», señala en su autobiografía; y asimismo ofreció una especie de «indemnización» a la familia de la niña. El gobierno egipcio detuvo a cientos de sus seguidores, seis de los cuales serían después condenados a muerte. Escribe Zawahiri: «Eso significaba que querían que mi hija, que por entonces tenía dos años, y las hijas de otros colegas, fueran huérfanas. ¿Quién lloraba o se preocupaba por nuestras hijas?».

Zawahiri fue pionero en el uso de terroristas suicidas, que pasaron a convertirse en un sello distintivo de los asesinatos de Al-Yihad. La estrategia quebrantaba poderosos tabúes religiosos contra el suicidio y el asesinato de inocentes (precisamente por esas razones el Grupo Islámico prefería operar con pistolas y cuchillos). Aunque Hezbolá empleara a terroristas suicidas con camiones bomba para atentar contra la embajada de Estados Unidos y el cuartel de los marines estadounidenses en Beirut en 1983, ese tipo de operaciones caracterizadas por el martirio todavía no se habían incorporado al moderno vocabulario del terror. En Palestina, los atentados suicidas eran prácticamente desconocidos hasta mediados de la década de los noventa, cuando empezaron a desbaratarse los Acuerdos de Oslo. Otra de las innovaciones de Zawahiri fue la de grabar los votos de martirio de los terroristas la víspera de su misión.

Obsesionado con el secretismo, Zawahiri impuso una estructura de «células ciegas» en la organización Al-Yihad, es decir, que los miembros de un grupo o célula desconocían las identidades y actividades de las demás. De ese modo, una brecha de seguridad en una célula no debería comprometer a las demás unidades, y aún menos al conjunto de la organización. Pese a ello, en 1993 las autoridades egipcias detuvieron al responsable de afiliación de Al-Yihad, Ismail Nassir. «Tenía un ordenador que contenía la base de datos entera —me explicaba Osama Rushdi, antiguo miembro del Grupo Islámico—. Dónde vivía cada miembro, en qué casa podía ocultarse, e incluso qué nombres utilizaba en sus pasaportes falsos.» Provistas de esta información, las fuerzas de seguridad egipcias detuvieron a un millar de sospechosos y enjuiciaron a más de trescientos de ellos en tribunales militares acusándolos de intentar derrocar al gobierno. Las pruebas eran escasas, pero los estándares judiciales tampoco eran muy rigurosos. «Todo estaba orquestado —me dijo Hisham Kassem, editor del *Cairo Times* y presidente de la Organización Egipcia de Derechos Humanos—. A los que te parecen peligrosos los cuelgas. Al resto los condenas a cadena perpetua.»

Tanto Al-Yihad como el Grupo Islámico se habían visto diezmados por las deserciones y los arrestos. El líder del Grupo Islámico, el jeque Omar Abdel-Rahman, había emigrado a Estados Unidos, donde fue detenido tras el atentado contra el World Trade Center de 1993. En 1996, él y nueve de sus seguidores fueron condenados por conspiración para destruir edificios emblemáticos de Nueva York, incluyendo los túneles Lincoln y Holland, la sede del Gobierno Federal y la sede central de la ONU. En abril de 1995, Zawahiri presidió una reunión en Jartum a la que asistieron los miembros que quedaban de ambas organizaciones, junto con representantes de otros grupos terroristas. Allí acordaron llevar a cabo una acción espectacular: el asesinato del presidente egipcio, Hosni Mubarak. Fue una peligrosa apuesta para los islamistas. El atentado se realizó en junio en la capital de Etiopía, Addis Abeba, donde Mubarak se hallaba de visita oficial.

Hubo un tiroteo entre los guardaespaldas de Mubarak y los asesinos; dos policías etíopes resultaron muertos, pero Mubarak salió ileso.

El gobierno egipcio respondió con una feroz determinación de poner fin a Al-Yihad. «Las fuerzas de seguridad infligieron un castigo ejemplar —me decía Hisham Kassem—. Prendieron fuego a las casas de un pueblo porque un miembro de Al-Yihad procedía de allí. Al parecer habrían desnudado a una madre delante de un tipo, al que le dijeron: "La próxima vez la violaremos si su hermano pequeño no está aquí".» Una ley antiterrorista recién promulgada tipificaba como delito el mero hecho de expresar simpatía por los movimientos terroristas. Además, se estaban construyendo cinco nuevas cárceles para albergar a los miles de sospechosos a los que se detenía, contra muchos de los cuales jamás llegaron a presentarse cargos.

La respuesta de Zawahiri a aquellas enérgicas medidas fue volar la embajada egipcia en la capital de Pakistán, Islamabad. El 19 de noviembre de 1995, dos coches llenos de explosivos se estrellaron contra las puertas de la embajada, matando a los terroristas y a 16 personas más, mientras que otras 60 resultaron heridas. Esta matanza fue el primer éxito de Al-Yihad bajo la dirección de Zawahiri. «La bomba dejó el edificio de la embajada en ruinas como un mensaje claro y elocuente», se jacta Zawahiri en su autobiografía.

Tras el atentado contra la embajada en Pakistán, los agentes de la inteligencia egipcia diseñaron un plan diabólico. Atrajeron a un piso a un muchacho egipcio de trece años, hijo de un miembro de alto rango de Al-Yihad en Sudán, con la promesa de zumo y vídeos. El chico fue drogado y sodomizado; cuando despertó, le enseñaron las fotografías de la actividad homosexual y lo amenazaron con la perspectiva de hacer que se las mostraran a su padre. Para el muchacho, las consecuencias de tal revelación eran arrolladoras. «Hasta podía ocurrir que su padre lo matara», admitiría una fuente cercana a Zawahiri.

La inteligencia egipcia obligó al chico a reclutar a otro muchacho cuyo padre era el tesorero de Al-Qaeda. El muchacho fue sometido a la misma humillante iniciación a las drogas y el abuso sexual, y fue obligado a volverse contra su propia familia. Los agentes enseñaron a los chicos a poner micrófonos en sus propias casas y a fotografiar documentos. La información proporcionada por los muchachos espías llevó a varias detenciones.

Entonces los agentes egipcios decidieron utilizar a los dos chicos para matar a Zawahiri. Le dieron a uno de ellos una maleta llena de explosivos, que tenía que dejar cerca de un lugar donde esperaban que fuera a pasar Zawahiri. El plan fracasó cuando los agentes de la inteligencia sudanesa y la seguridad de Al-Yihad divisaron al chico en compañía de personal de la embajada egipcia. Lo detuvieron cuando llevaba la maleta.

«Los sudaneses capturaron al otro chico y los metieron a ambos en la cárcel —me explicaba Hani al-Sibai, que se ha convertido en una especie de historiador del movimiento islamista—. La mayoría de los grupos islamistas estaban en Sudán, de modo que hubo muchos rumores sobre la historia. La organización Al-Yihad consideró todo aquello un escándalo para ellos.» Zawahiri acudió a las autoridades sudanesas y les pidió que liberaran temporalmente a los muchachos de la cárcel para que él pudiera interrogarlos, prometiendo devolverlos sanos y salvos. Los sudaneses, que por entonces se habían vuelto adictos a la generosidad financiera de Bin Laden, aceptaron. Zawahiri convocó un tribunal islamista que enjuició a los dos chicos por traición, los condenó y los hizo fusilar. En un gesto característico, grabó una cinta con sus confesiones y la mandó distribuir como advertencia a otros que pudieran traicionar a la organización.

Los sudaneses, furiosos por la falsedad de Zawahiri, y sometidos asimismo a una intensa presión por parte de Estados Unidos y Arabia Saudí para que dejaran de dar cobijo a terroristas, decidieron expulsar a Zawahiri y a Bin Laden junto con sus seguidores. Ni siquiera les dieron tiempo de hacer las maletas. «Lo único que hicimos fue aplicar la sharía de Dios —se quejaría Zawahiri—. Si no nos la aplicamos a nosotros mismos, ¿cómo podemos aplicársela a otros?»

En manos de Zawahiri, Al-Yihad se había escindido en una serie de bandas apátridas y llenas de ira. En la organización quedaban menos de un centenar de miembros, ahora dispersos por toda la región. «Son malos tiempos», admitía Zawahiri en Yemen, donde se había refugiado. Les confesó a algunos de sus colegas que le estaba saliendo una úlcera.

Los siguientes movimientos de Zawahiri son confusos. Los agentes de la inteligencia egipcia le siguieron el rastro por Suiza y Sarajevo, y al parecer pidió asilo en Bulgaria. Un periódico egipcio informó de que llevaba una vida lujosa en un chalet suizo cerca de la frontera francesa y tenía treinta millones de dólares en una cuenta secreta. Zawahiri, en efecto, afirmaría en varias ocasiones haber vivido en Suiza, pero los suizos dicen que ellos no tienen evidencia alguna de que hubiera estado nunca en dicho país, y mucho menos de que se le concediera asilo. Apareció por poco tiempo en Holanda, que no tiene tratado de extradición con Egipto. Allí mantuvo conversaciones para crear un canal de televisión por satélite, financiado por árabes ricos, que proporcionaría una alternativa fundamentalista a la cadena Al-Yazira, recientemente creada en Qatar. El plan de Zawahiri era emitir diez horas diarias a Europa y Oriente Próximo, utilizando solo presentadores masculinos. Pero la idea se quedó en nada.

Un memorando que Zawahiri escribiría más tarde a sus colegas —recuperado de un ordenador de Al-Qaeda obtenido por un periodista del *Wall Street Journal* tras la caída de los talibanes— revela que en diciembre de 1996 se hallaba de camino a Chechenia a fin de establecer una nueva base de operaciones para lo que quedaba de Al-Yihad. «Allí las condiciones eran excelentes», escribiría en el memorando. Los rusos habían empezado a retirarse de ese territorio unos meses antes tras pactar un alto el fuego con la región rebelde. Para los islamistas, Chechenia ofrecía la oportunidad de crear una república islámica en el Cáucaso, desde donde podrían librar la yihad en toda Asia Central.

Poco después de que Zawahiri y dos de sus principales lugartenientes, Ahmad Salama Mabruk y Mahmud Hisham al-Hennawi, pasaran a la provincia rusa de Daguestán, fueron detenidos por entrar ilegalmente en el país. Entre otra documentación, los rusos les encontraron documentos de identidad falsos, incluyendo un pasaporte sudanés que Zawahiri utilizaba a veces. El pasaporte de Zawahiri indicaba que había estado cuatro veces en Yemen, tres en Malasia, dos en Singapur y una en China (tal vez en Taiwán), todo ello durante los veinte meses anteriores. Los rusos nunca llegaron a descubrir sus verdaderas identidades. En el juicio, celebrado en abril de 1997, Zawahiri insistió en que había ido a Rusia «para averiguar el precio del cuero, la medicina y otros bienes», y alegó que no era consciente de haber cruzado la frontera de forma ilegal. El juez condenó a los tres hombres a seis meses de cárcel, que casi habían cumplido en el momento del juicio, de modo que fueron liberados al mes siguiente.

Una vez más, sus contrariados seguidores le reprendieron por su falta de cuidado. Un correo electrónico de unos colegas de Yemen hacía referencia a la aventura de Rusia como «un desastre que casi destruye el grupo». Aquel fiasco tendría una profunda consecuencia. Con cada vez más deserciones entre sus filas, y sin ninguna fuente real de ingresos, a Zawahiri no le quedó otra opción que unirse de nuevo a Bin Laden. Este había trasladado su base a Kandahar, ya que la inteligencia paquistaní había persuadido a los talibanes de que le devolvieran el control de los campamentos de Al-Qaeda en Jost y en otros lugares a fin de entrenar a sus militantes para combatir en Cachemira. A pesar de que las circunstancias financieras seguían siendo pésimas, Zawahiri creía que se servía mejor a sus intereses con Bin Laden que sin él.

Este, que estaba harto de la lucha entre las distintas facciones egipcias, advirtió a los miembros de Al-Yihad que sus inútiles operaciones en Egipto eran demasiado caras, y que había llegado el momento de que «volvieran sus armas» contra Estados Unidos e Israel.

El 23 de agosto de 1996, Bin Laden publicó un edicto titulado «Declaración de guerra contra los estadounidenses que ocupan la tierra de los dos santos lugares». «Todo el mundo entiende que no se puede enderezar la sombra de un palo mientras el palo esté torcido —escribe—. En consecuencia, es imperativo centrarse en atacar al enemigo principal.» Asimismo, argumenta que Occidente había dividido deliberadamente el mundo musulmán en «estados y miniestados» que podían controlarse con facilidad. Declara: «No hay mayor prioridad, después de la fe, que hacer retroceder la alianza estadounidense-israelí». Y llama a todos los musulmanes a participar en la yihad para liberar Arabia Saudí y restaurar la dignidad de la comunidad islámica. «En vista de la fortaleza del enemigo, hay que emplear fuerzas rápidas y ligeras, y hay que actuar en absoluto secreto.»

Zawahiri selló formalmente su nueva alianza con Bin Laden el 23 de febrero de 1998, cuando apareció su nombre entre los firmantes de un documento publicado en el periódico londinense *Al-Quds Al-Arabi*. El documento anunciaba la formación del Frente Islámico Internacional para la Yihad contra los Judíos y los Cruzados. «En cumplimiento del mandato de Dios —reza el texto—, promulgamos la siguiente fetua a todos los musulmanes: la resolución de matar a los estadounidenses y a sus aliados, civiles y militares, es un deber personal para todo musulmán que pueda hacerlo en cualquier país donde sea posible.» La alianza incluía a grupos yihadistas de Afganistán, Sudán, Arabia Saudí, Somalia, Yemen, Eritrea, Yibuti, Kenia, Pakistán, Bosnia, Croacia, Argelia, Túnez, el Líbano, Filipinas, Tayikistán, Chechenia, Bangladés, Cachemira, Azerbaiyán y Palestina.

El documento dio a Occidente el primer indicio de la conspiración mundial que empezaba a formarse. Desde comienzos de la década de los noventa, las autoridades egipcias se habían sentido frustradas en sus esfuerzos por erradicar a los fundamentalistas islámicos por la protección que los gobiernos occidentales daban a los fugitivos. Los egipcios se quejaban de que más de quinientos terroristas habían encontrado refugio en Inglaterra, Francia, Alemania, Austria, Dinamarca, Bélgica, Holanda y Estados Unidos, entre otros países, sobre la base de que, si regresaban a su lugar de origen, se verían sometidos a persecución política y quizá a tortura. Muchos gobiernos europeos se negaban a devolver a un sospechoso para afrontar un juicio en el que podía condenársele a muerte.

Pero la formación del Frente Islámico y su fetua contra los estadounidenses y sus aliados predispuso a Occidente a adoptar una nueva actitud más vigilante. La CIA, que esporádicamente había intentado vigilar de cerca a Al-Yihad durante años, actuó con rapidez. En julio de 1998, unos agentes estadounidenses secuestraron a Ahmad Salama Mabruk y a otro miembro de Al-Yihad frente a un restaurante en la capital de Azerbaiyán, Bakú. Resultó que el ordenador portátil de Mabruk contenía información vital sobre miembros de Al-Yihad en Europa. Aquel mismo verano, la CIA actuó contra una célula de ese grupo en la capital de Albania, Tirana; integrada por 16 miembros, la célula había sido creada por el hermano de Zawahiri, Mohammed, a comienzos de la década de los noventa. Un grupo de agentes albaneses, bajo la supervisión de la CIA, secuestraron a cinco miembros de la célula, les vendaron los ojos, los interrogaron durante varios días y luego enviaron a los miembros egipcios a El Cairo. Allí fueron procesados junto con más de un centenar de otros sospechosos de terrorismo. Su abogado, Hafez Abu-Saada, sostiene que fueron torturados. La ordalía produjo 20.000 páginas de confesiones, y los dos hermanos Zawahiri fueron condenados a muerte en ausencia.

El 6 de agosto, un mes después de la desarticulación de la célula albanesa, Zawahiri envió la siguiente declaración a un periódico árabe publicado en Londres: «Nos interesa comunicar con brevedad a los estadounidenses que su mensaje ha sido recibido y que se está preparando la respuesta, que esperamos sepan leer con atención, puesto que, con la ayuda de Dios, la escribiremos en la lengua que ellos entienden». Al día siguiente, varios atentados suicidas simultáneos destruyeron las embajadas de Estados Unidos en Kenia y Tanzania; murieron 223 personas, y más de 5.000 resultaron heridas.

Los funcionarios de inteligencia estadounidenses se quedaron perplejos ante el alcance de la devastación en África Oriental y sorprendidos por la destreza con la que se llevaron a cabo los atentados. El nivel de planificación y coordinación indicaba que los terroristas habían alcanzado un nuevo grado de sofisticación, además de mostrar la voluntad de subir la apuesta en términos de vidas inocentes. El 20 de agosto, el presidente estadounidense, Bill Clinton, ordenó atacar los campos de entrenamiento de Bin Laden en Afganistán, además de una planta farmacéutica de Sudán que se creía que fabricaba un precursor del letal gas nervioso VX.

Varios buques de guerra estadounidenses desplegados en la región dispararon 79 misiles de crucero Tomahawk sobre Afganistán y Sudán. Una investigación posterior determinaría que la planta sudanesa fabricaba ibuprofeno y medicamentos veterinarios, no gas tóxico; el ataque mató a un vigilante nocturno. En Afganistán, los misiles no lograron alcanzar sus principales objetivos: Bin Laden, Zawahiri y los demás líderes de Al-Qaeda.

Los ataques, que en la ruda jerga de los planificadores militares recibieron el nombre de operación «Alcance Infinito», costaron 79 millones de dólares a los contribuyentes estadounidenses, pero no hicieron sino poner de manifiesto la incompetencia de la inteligencia estadounidense. El presidente Clinton explicaría más tarde que uno de los ataques pretendía alcanzar a «una reunión de líderes terroristas clave», pero el encuentro en cuestión había tenido lugar un mes antes. Según fuentes de la inteligencia rusa citadas en *Al-Mayallah*, una revista árabe publicada en Londres, Bin Laden vendió los misiles Tomahawk que no habían estallado a China por más de 10 millones de dólares, que luego utilizaría para financiar operaciones en Chechenia.

El fracaso de la operación Alcance Infinito convirtió a Bin Laden en una figura legendaria no solo en el mundo musulmán, sino también en cualquier parte donde Estados Unidos, con el clamor de su cultura narcisista y la presencia de sus fuerzas militares, se había hecho poco grato. Cuando la voz de Bin Laden se abrió paso a través del ruido de fondo en una transmisión de radio —«¡Por la gracia de Dios, estoy vivo!»—, las fuerzas del antiamericanismo encontraron a su paladín. Quienes habían mostrado su oposición a la matanza de inocentes en las embajadas estadounidenses en África Oriental, muchos de los cuales eran musulmanes, se sintieron intimidados por la respuesta popular ante aquel hombre cuyo desafío a Estados Unidos parecía gozar ahora del favor divino».

Al día siguiente de los ataques, Zawahiri llamó a un periodista de Karachi, al que transmitió un mensaje: «Dígales a los estadounidenses que no tememos los bombardeos, las amenazas y los actos de agresión. Sufrimos y sobrevivimos a los bombardeos soviéticos durante diez años en Afganistán, y estamos dispuestos a hacer más sacrificios. La guerra no ha hecho más que empezar; ahora los estadounidenses deben aguardar la respuesta».

El antiterrorista

La leyenda de John P. O'Neill empieza con una historia de Richard A. Clarke, presidente del Grupo de Seguridad de Antiterrorismo (CSG, por sus siglas en inglés) de la Casa Blanca entre 1992 y 2003. Un domingo por la mañana, en febrero de 1995, Clarke fue a su despacho a revisar los cables de inteligencia que habían llegado durante el fin de semana. En uno de ellos se informaba de que Ramzi Yusef, el presunto cerebro del primer atentado contra el World Trade Center dos años antes, había sido visto en Pakistán. Clarke llamó de inmediato al FBI. Un hombre cuya voz le era desconocida respondió a la llamada.

—O'Neill —gruñó.

—¿Quién demonios es usted? —preguntó Clarke.

—Soy John O'Neill —contestó el hombre—. ¿Y quién demonios es usted?

O'Neill acababa de ser nombrado jefe de la sección de antiterrorismo del FBI, en Washington. Tenía entonces cuarenta y dos años, y había sido trasladado desde la sede del FBI en Chicago. Después de conducir durante toda la noche, había ido directamente a la sede central aquel domingo por la mañana sin dejar siquiera las maletas. Cuando oyó el informe de Clarke sobre Yusef, O'Neill entró en el Centro de Información y Operaciones Estratégicas del FBI (SIOC, por sus siglas en inglés) y telefoneó a Thomas Pickard, jefe de la División de Seguridad Nacional del FBI en Nueva York. Luego Pickard llamó a Mary Jo White, la fiscal federal del Distrito Sur de Nueva York, que había acusado a Yusef en el caso del atentado.

Una de las nuevas responsabilidades de O'Neill era reunir un equipo de extradición, integrado por agentes que trabajaban en el caso, un representante del Departamento de Estado, un médico, un equipo de rescate de rehenes y un experto en huellas dactilares cuyo trabajo sería asegurarse de que el sospechoso era en efecto Ramzi Yusef. En circunstancias normales se pediría al país anfitrión que retuviera al sospechoso hasta que se hubiera firmado el papeleo de la extradición y el FBI pudiera llevárselo detenido. Pero no había tiempo para eso. Al parecer Yusef se disponía a coger un autobús rumbo a Peshawar. Si no era apresado, no tardaría en cruzar el paso Jáiber y entrar en Afganistán, donde quedaría fuera de su alcance. Por entonces solo había un agente del FBI en Pakistán, además de varios agentes de la DEA y la Oficina de Seguridad Diplomática del Departamento de Estado. «Nuestro embajador tuvo que coger su coche y atravesar la ciudad a toda velocidad para ir a ver al jefe de la inteligencia militar local —recordaba Clarke—. El jefe le cedió a sus propios ayudantes personales, y aquel variopinto grupo estadounidense de representantes de la ley más un par de soldados paquistaníes partieron a atrapar a Yusef antes de que subiera al autobús.»

O'Neill se había incorporado al FBI en la época de J. Edgar Hoover, y durante toda su carrera siempre exhibió cierto aire del típico agente federal de aquellos tiempos. Llevaba un grueso anillo en el dedo meñique y escondía una automática de 9 milímetros atada al tobillo. Hablaba con voz áspera, y con un acento de New Jersey que a muchos les gustaba imitar. Era enigmáticamente apuesto, con unos ojos negros que no dejaban de pestañear y el cabello alisado hacia atrás. Le gustaban los buenos puros, el Chivas Real y el agua con una rodajita de limón. Sus maneras eran directas y dominantes, pero llevaba las uñas lustrosas y siempre vestía de manera impecable, incluso recargada. Uno de sus colegas de Washington tomó nota del «guardarropa de club nocturno» de O'Neill: trajes negros cruzados, calcetines negros semitransparentes y mocasines brillantes flexibles como zapatillas de ballet.

En el SIOC, O'Neill iba de un lado a otro con un teléfono en cada oreja, coordinando al equipo de extradición en una línea y organizando un transporte de la fuerza aérea en la otra. Como Pakistán no permitiría que un avión militar estadounidense aterrizara en su suelo, O'Neill ordenó a la fuerza aérea que pintara un jet de colores civiles... ¡de inmediato! También exigió que el vuelo de regreso se reabasteciera en el aire para que Yusef no pudiera pedir asilo si el avión aterrizaba en otro país. O'Neill estaba actuando bastante más allá del alcance de su autoridad, pero era un hombre de naturaleza temeraria y dominante (más tarde el Pentágono le enviaría una factura de 12 millones de dólares por el repostaje aéreo y el trabajo de pintura; la factura se quedaría sin pagar).

A las 9.30 de la mañana —hora paquistaní— del 7 de febrero, los agentes entraron en la pensión Su Casa de Islamabad y llamaron a la puerta de la habitación número 16. Yusef, todavía soñoliento, fue inmediatamente arrojado al suelo y esposado. Al cabo de unos momentos llegó la noticia a los jubilosos agentes de la sede central del FBI.

Durante los tres días que permaneció en el SIOC, John O'Neill cumplió los cuarenta y tres años de edad. Al fin llevó su equipaje a su nuevo apartamento. Era martes, el día oficial de la incorporación a su puesto de trabajo.

En Washington, O'Neill pasó a formar parte de un grupo estrechamente unido de expertos en antiterrorismo que se creó en torno a la figura de Richard Clarke. En la telaraña que componían todas las agencias federales que tenían algo que ver con el terrorismo, Clarke era la araña. Todo lo que tocaba la telaraña, a la larga captaba su atención. Los miembros de este círculo íntimo (el ya mencionado CSG) se reclutaron en su mayor parte en la CIA, el Consejo de Seguridad Nacional y los niveles superiores de los Departamentos de Defensa, Justicia y Estado. Se reunían cada semana en el Gabinete de Crisis de la Casa Blanca.

Clarke detectó de inmediato en O'Neill una obsesión por los peligros del terrorismo que era un reflejo de la suya propia. «Antes del 11 de septiembre, muchas personas que trabajaban a tiempo completo en terrorismo creían que este no era más que una molestia —me decía Clarke—. No entendían que Al-Qaeda era enormemente poderosa e insidiosa, y que no iba a detenerse hasta hacernos daño de verdad. John y algunos otros altos funcionarios lo sabían. Nuestra impaciencia de veras aumentaba al tratar con mentecatos que no lo entendían.»

A Osama bin Laden se le había vinculado al terrorismo desde el primer atentado contra el World Trade Center, en 1993. Su nombre había aparecido en una lista de donantes de una organización benéfica islámica que había contribuido a financiar el atentado, y los acusados en el caso habían aludido a un tal «jeque Osama» en una conversación grabada. «Empezamos a examinar quién estaba implicado en aquellos hechos, y daba la impresión de que se hubiera juntado un extraño grupo de personas —recordaba Clarke—. Era evidente que tenían dinero. Habíamos visto informes de la CIA que hacían referencia al "inversor Osama bin Laden" y nos habíamos preguntado: "¿Quién demonios es ese?". Cuanto más profundizábamos, más conscientes éramos de que no era solo un inversor: era el líder. John dijo: "Tenemos que coger a ese tío. Está construyendo una red. Todo lleva hasta él". Poco a poco, la CIA nos fue dando la razón.»

O'Neill trabajó en colaboración con Clarke para establecer unas directrices claras de responsabilidad entre las agencias de inteligencia, y en 1995 sus esfuerzos se tradujeron en una directiva presidencial que otorgaba al FBI la principal autoridad tanto en materia de investigación como de prevención de actos de terrorismo en cualquier parte donde se vieran amenazados ciudadanos o intereses estadounidenses. Tras el atentado de abril de 1995 en Oklahoma City, O'Neill creó una sección independiente para abordar el terrorismo en el territorio nacional, pero se centró en rediseñar y ampliar la sección de terrorismo extranjero. Organizó un intercambio de adjuntos entre su oficina y el centro de antiterrorismo de la CIA, pese a la resistencia de ambas agencias.

Lo que distinguió a O'Neill casi desde el momento en que asumió su nuevo puesto fue que supo reconocer que la naturaleza del terrorismo había cambiado: se había vuelto global. En el pasado reciente de Estados Unidos, el terror había resultado en gran parte un producto interno, producido por sociedades clandestinas como el Ku Klux Klan, los Panteras Negras o la Liga de Defensa Judía. Lo que O'Neill supo ver, y solo unos pocos con él, era que los islamistas radicales albergaban una visión drástica de mayor envergadura que incluía matanzas a una escala masiva, y que el hombre que estaba detrás de aquella red mundial era un solitario disidente saudí, por entonces establecido en Sudán, que soñaba con destruir Estados Unidos y Occidente. Casi desde los comienzos de la carrera de O'Neill como jefe de antiterrorismo del FBI, su interés en Bin Laden se convirtió en una obsesión tal que sus colegas comenzaron a cuestionar su buen juicio.

A O'Neill le distanciaban de Bin Laden numerosas capas de cultura y fe, pero se dedicó a tratar de entender a aquel nuevo enemigo en el oscuro espejo de la naturaleza humana. Eran hombres completamente distintos, pero, como adversarios, O'Neill y Bin Laden estaban cortados por el mismo patrón: eran ambiciosos e implacables, y cada uno de ellos estaba impaciente por destruir al otro y todo lo que representaba.

El 25 de junio de 1996, O'Neill organizó un retiro para agentes del FBI y de la CIA en un centro de entrenamiento de la primera de ambas agencias en Quantico, Virginia. Hubo perritos calientes y hamburguesas, y O'Neill dejó a los tipos de la CIA en la galería de tiro, ya que raras veces tenían ocasión de disparar. Él, por su parte, se fue a jugar un recorrido de golf en el campo de Quantico. De repente, los buscas de todos los asistentes empezaron a sonar.

Una explosión en Arabia Saudí, en las Torres Jobar, un complejo militar-residencial de Dhahran, había matado a 19 soldados estadounidenses y herido a más de 500 personas, incluyendo saudíes. Al día siguiente O'Neill envió a un equipo de casi un centenar de agentes, personal de apoyo y miembros de varias fuerzas de seguridad. Unas semanas más tarde, O'Neill y el director del FBI, Louis Freeh, se unieron a ellos.

Anochecía cuando los dos hombres llegaron a Dhahran. La zona siniestrada era un enorme cráter iluminado por luces situadas sobre altos puntales; cerca yacían automóviles carbonizados y vehículos militares Humvee volcados. Por encima de los escombros se alzaban las ruinas del complejo de viviendas. Era la mayor detonación que el FBI había investigado nunca, aún más potente que los explosivos que en 1995 habían matado a 168 personas en Oklahoma City. O'Neill caminó entre los cascotes, saludando a los exhaustos agentes que examinaban minuciosamente la arena en busca de pruebas. Bajo una lona cercana, un grupo de investigadores reconstruían poco a poco fragmentos del camión que había transportado la bomba.

Al principio Freeh se mostró optimista con respecto a la posibilidad de que los saudíes cooperaran en la investigación, pero O'Neill se iba sintiendo cada vez más frustrado, y al final parece ser que se produjo un distanciamiento entre los dos hombres. «John empezó a decirle a Louis cosas que este no quería oír —explicaba Clarke—. John me dijo que después de uno de los numerosos viajes que él y Freeh hicieron a Oriente Próximo para obtener una mayor cooperación de los saudíes, se embarcaron en el Gulfstream para volver a casa, y Freeh va y dice: "Ha sido un buen viaje, ¿a que sí? Creo que de verdad van a ayudarnos". Y John le contesta: "¡Estás de broma! No nos han dado nada. Solo han estado dándote por el culo". Durante las doce horas siguientes, Freeh no le dirigió la palabra.»

Freeh niega que esta conversación hubiera tenido lugar. «Obviamente, por entonces John y yo hablábamos de los resultados de cada viaje —me aclaraba en un correo electrónico—. Pero John nunca me dijo tal cosa. [...] John y yo teníamos una excelente relación basada en la confianza y la amistad.»

Reconociendo tanto el talento de O'Neill como su pasión, Freeh volvió a enviarlo a Arabia Saudí en repetidas ocasiones. Las agencias de inteligencia de todo el mundo son organizaciones envidiosas y estrechas de miras, no demasiado inclinadas a compartir información, cosa que O'Neill apreciaba. Él estaba acostumbrado a sacar todo lo que podía a base de encanto y perseverancia, pero los saudíes eran inmunes a sus galanteos. La propia investigación de estos últimos apuntaba a una rama de Hezbolá —el grupo respaldado por Irán— que operaba dentro del reino, y les preocupaba la posible reacción estadounidense. «Puede que no tengan ustedes opciones —le dijo a O'Neill uno de los saudíes—. Si es una respuesta militar, ¿qué van a bombardear? ¿Van a lanzar una bomba atómica? ¿A arrasar sus instalaciones militares? ¿A destruir sus refinerías de petróleo? ¿Y qué sacarán? Nosotros estamos justo al lado. Ustedes están a seis mil millas de distancia.»

O'Neill comprendió que en la nueva era del FBI globalizado una cosa era resolver un caso, y otra muy distinta hacer justicia.

O'Neill tenía muchas ganas de salir de Washington para poder «hacerse operativo» y volver a supervisar casos. En enero de 1997 se convirtió en el agente especial al mando de la División de Seguridad Nacional en Nueva York. Su oficina estaba en la esquina nordeste del número 26 de Federal Plaza, con vistas al edificio Chrysler y al Empire State Building por una de las ventanas y al puente de Brooklyn por la otra. O'Neill se aseguró de que ninguna otra oficina del FBI se pareciera a la suya. Limpió a fondo los muebles, fabricados por presos y proporcionados por el gobierno, y añadió un sofá de color lavanda. En su mesa de centro de caoba flameada colocó un libro sobre tulipanes que llevaba por título *La historia de una flor que ha hecho enloquecer a los hombres* y llenó la habitación de plantas y flores. En lugar de las habituales fotos familiares, en las paredes había reproducciones de cuadros impresionistas franceses.

Cuando llegó, vació cuatro cajas de archivos de tarjetas giratorios sobre la mesa de su nueva secretaria, Lorena di Taranto. Luego le dio una lista de todas las personas con las que quería reunirse: «El alcalde, el director de la policía, los subdirectores de la policía, los jefes de las agencias federales, líderes religiosos y étnicos...», recordaba Di Taranto. En un plazo de seis meses O'Neill se había reunido con todos los de la lista. Acompañó al cardenal John O'Connor, el arzobispo de Nueva York, el día de San Patricio. Rezó con imanes en Brooklyn. Figuras del deporte, políticos y estrellas de cine lo consideraban su amigo. «John, tienes conectada a esta ciudad», le dijo uno de sus colegas después de una salida nocturna en la que parecía que todo el mundo se orientara en dirección a O'Neill. Este le respondió: «¿De qué sirve ser el sheriff si no puedes actuar como tal?».

En Nueva York, O'Neill creó una sección especial dedicada a Al-Qaeda, y cuando se produjeron los atentados contra las embajadas de Estados Unidos en Kenia y Tanzania, en agosto de 1998, no tuvo ninguna duda de que detrás se encontraba Bin Laden. «Estaba cabreado, estaba fuera de sí —recordaba Robert M. Blitzer, por entonces jefe de la sección de terrorismo interior del FBI—. Me llamaba cada día. Quería el control de aquella investigación.» Al fin O'Neill persuadió a Freeh de que dejara que la oficina de Nueva York se encargara del caso, y acabó enviando a casi quinientos investigadores a África.

El nivel de coordinación requerido para llevar a cabo los atentados simultáneos dejó perpleja a la comunidad antiterrorista. Se había apuntado nada menos que a cinco embajadas estadounidenses, y solo la suerte y una mejor información de inteligencia habían salvado a las demás. Fue descorazonador enterarse de que casi un año antes un miembro de Al-Qaeda había entrado en la embajada estadounidense en Nairobi y había informado a la CIA del plan de los atentados, y la agencia había descartado aquella información por poco fiable. «El tipo no paraba de decir chorradas, completamente fuera de lugar», informó una fuente de inteligencia. Pero sus advertencias sobre los inminentes atentados resultaron ser veraces.

O'Neill nunca supuso que bastaría con matar solo a Bin Laden. En sus charlas, identificaba cinco instrumentos para combatir el terrorismo: diplomacia, acción militar, operaciones encubiertas, sanciones económicas y labor policial y judicial. Hasta el momento, el instrumento que había funcionado con mayor eficacia contra Al-Qaeda era el último: el lento y difícil trabajo de recabar pruebas, conseguir acusaciones formales, dar caza a los autores y obtener condenas.

A O'Neill le inquietaba que los terroristas hubieran podido establecer una cabeza de puente en territorio estadounidense. Le preocupaba en especial la posibilidad de que, al acercarse el cambio de milenio, Al-Qaeda aprovechara el momento para dramatizar su guerra contra Estados Unidos. Sin embargo, cualquier información de inteligencia que sustentara aquella hipótesis se hallaba frustrantemente ausente. Entonces, el 14 de diciembre de 1999, un guardia fronterizo de Port Angeles, Washington, dio el alto a un argelino, Ahmed Ressam, que se bajó del coche y salió huyendo. Fue capturado cuando intentaba apropiarse de otro automóvil. En el maletero de su coche llevaba cuatro temporizadores, más de cuarenta y cinco kilos de urea y unos seis kilos de sulfato: los ingredientes de una bomba del tipo de la de Oklahoma City. Resultó que el objetivo de Ressam era el Aeropuerto Internacional de Los Ángeles. Al día siguiente, las autoridades jordanas detuvieron a trece presuntos terroristas que se creía que planeaban volar un hotel de la cadena Radisson en Amán y varios lugares turísticos frecuentados por occidentales. Los jordanos también descubrieron un manual de entrenamiento de Al-Qaeda en CD-ROM.

Lo que siguió a continuación fue la investigación más exhaustiva jamás realizada antes del 11 de septiembre. O'Neill supervisó la operación desde Nueva York. Las autoridades le habían encontrado varios números de teléfono a Ressam al ser detenido. Había también un nombre, Ghani, que los agentes vincularon a Abdel Ghani Meskini, un argelino que vivía en Brooklyn y que había viajado a Seattle para encontrarse con Ressam. O'Neill supervisó en persona la operación de vigilancia de la residencia de Meskini, durante la cual pasó la mayor parte del tiempo en el puesto de mando de Brooklyn. El 30 de diciembre, O'Neill detuvo a Meskini bajo la acusación de conspiración y a varios otros presuntos terroristas por violar las leyes de inmigración (con el tiempo, Meskini y Ressam decidirían cooperar, y ambos colaborarían en la investigación del FBI de los atentados del 11 de septiembre).

O'Neill se sentía orgulloso de los esfuerzos del FBI y de la Fuerza Operativa Conjunta Antiterrorista de Nueva York para evitar la catástrofe. El día de Nochevieja a medianoche, estaba con otros dos millones de personas en Times Square. Llamó a Clarke a la Casa

Blanca para hacerle saber que estaba justo debajo de la gigantesca bola de cristal. «Si van a hacer algo en Nueva York, van a hacerlo aquí —le dijo a Clarke—. Así que aquí estoy.»

Cuando se creó el puesto de jefe de la oficina de Nueva York, a comienzos de 2000, O'Neill luchó de forma encarnizada para conseguirlo. Solo había otro candidato al que se consideraba seriamente: Barry Mawn, antiguo agente especial al mando de la oficina de Boston. Mawn tenía más experiencia, y O'Neill más enemigos. Los dos hombres se encontraron en un seminario justo después de que Mawn obtuviera el puesto. «Llamaron a la puerta, y allí estaba John con dos cervezas en la mano», recordaría Mawn más tarde. O'Neill le prometió a Mawn lealtad completa a cambio de que él le apoyara en su labor antiterrorista. «Resultó que apoyarle era un trabajo a jornada completa», diría Mawn.

El World Trade Center se había convertido en un símbolo del éxito de Estados Unidos en la lucha contra el terrorismo, y en septiembre de 2000 la Fuerza Operativa Conjunta Antiterrorista de Nueva York celebró su vigésimo aniversario en el restaurante Windows on the World, situado en la Torre Norte. Asistieron al evento representantes de diecisiete cuerpos y fuerzas de seguridad, entre los que se incluían agentes del FBI y de la CIA, de la Policía de Nueva York, de la Autoridad Portuaria y del Cuerpo de Alguaciles, además de miembros del Servicio Secreto. Mary Jo White elogió a la Fuerza Operativa por su «historial casi absolutamente perfecto de éxitos en cuanto a investigaciones y condenas». White había sido durante ocho años fiscal federal del Distrito Sur y había hecho condenar a veinticinco terroristas islamistas, entre los que se incluían Yusef, otros seis responsables del atentado contra el World Trade Center, el jeque ciego Omar Abdel-Rahman y nueve de los seguidores de este último, que habían planeado volar los túneles Lincoln y Holland, la sede central de Naciones Unidas y las oficinas del FBI.

O'Neill parecía sentirse a gusto aquella noche. Pocos de sus colegas sabían de un perturbador incidente que se había producido dos meses antes en una conferencia sobre prejubilación del FBI celebrada en Orlando. Durante una reunión, O'Neill recibió un aviso en el busca. Salió de la sala para devolver la llamada, y a su regreso, al cabo de unos minutos, los demás agentes se habían ido a comer. Su maletín, que contenía material clasificado, había desaparecido. O'Neill llamó de inmediato a la policía local, que encontró el maletín un par de horas después en otro hotel. Le habían robado una pluma Montblanc, junto con un cortapuros de plata y un encendedor. Los papeles estaban intactos; el análisis dactiloscópico pronto determinó que no se habían tocado.

«Me telefoneó y me dijo: "Tengo algo que contarle"», recordaba más tarde Barry Mawn. O'Neill le explicó a Mawn que el maletín contenía unos cuantos correos electrónicos clasificados y un documento extremadamente confidencial, el informe anual de la Oficina Local, donde se daba cuenta de todos los casos de antiterrorismo y de contraespionaje relacionados con la ciudad de Nueva York.

Mawn contaba que, como supervisor de O'Neill, él habría recomendado una reprimenda oral o, en el peor de los casos, una carta de censura. Pese a su rivalidad para ocupar el puesto de mayor rango de Nueva York, Mawn se había convertido en uno de los más acérrimos defensores de O'Neill. «Él exigía perfección, lo que explicaba en gran parte por qué la oficina de Nueva York era tan magnífica —decía Mawn—. Pero bajo su apariencia, muy abajo, era una persona muy insegura.» Mawn se sentía culpable porque había sido él quien había estado presionando a O'Neill para que redactara el informe.

Aunque la información que contenía el maletín no se había visto comprometida, ni siquiera de forma parcial, el Departamento de Justicia ordenó una investigación judicial; aquel sería el primer paso en la caída de O'Neill.

El 12 de octubre de 2000, una pequeña barca llena de explosivos C4 se dirigió a toda velocidad hacia el costado de un destructor estadounidense, el *Cole*, que repostaba en la costa de Yemen. Los dos hombres que iban a bordo se hicieron volar en pedazos. Murieron 17 marineros estadounidenses y otros 39 resultaron gravemente heridos.

A las pocas horas del ataque, Barry Mawn llamó a la sede central del FBI para exigir que la oficina de Nueva York asumiera el control de la investigación y que O'Neill actuara como comandante *in situ*. O'Neill se colmó de júbilo: sería su mejor posibilidad de desbaratar la empresa criminal de Al-Qaeda y quizá la última oportunidad de redimir su carrera. «Esta es la mía», le dijo a un amigo en Washington.

O'Neill había aprendido muchas cosas desde aquel primer día en su puesto en Washington, cinco años antes, cuando coordinó la extradición de Ramzi Yusef. Una de ellas fue la conveniencia de tener almacenadas provisiones en palés en la base aérea de Andrews a fin de que un equipo de respuesta rápida pudiera estar listo para partir en cualquier momento. Poco más de veinticuatro horas después de la explosión, O'Neill y su equipo estaban volando.

Tuvieron que hacer una escala en Alemania para aguardar allí la autorización del estado yemení, que seguía afirmando que la explosión había sido un accidente. Por casualidad, muchos de los marineros heridos se encontraban también en Alemania, ya que habían sido trasladados al Centro Médico Regional de Landstuhl, el mayor hospital estadounidense situado fuera del territorio nacional. O'Neill condujo a sus investigadores directamente a la sala donde estaban ingresados los marineros. Mientras los técnicos en explosivos examinaban la ropa y el cabello de las víctimas en busca de residuos, él recorrió la sala acompañado de un investigador de la marina, hablando con los marineros heridos. Eran hombres y mujeres jóvenes, muchos de los cuales aún no habían cumplido los veinte, algunos con miembros mutilados, otros con terribles quemaduras. Tres de los marineros estaban demasiado malheridos para poder ser entrevistados, pero otro, la suboficial de marina Kathy López, que estaba completamente envuelta en vendajes, gesticuló con insistencia indicando que quería decir algo. Una enfermera acercó el oído a los labios de la suboficial para escuchar las palabras que susurraba. Ella le dijo: «Atrápenlos».

O'Neill sabía que Yemen sería un lugar en el que iba a resultar en extremo difícil llevar a cabo una investigación. El país estaba lleno de espías y de yihadistas, y todavía no se había recuperado de la guerra civil de 1994. «Yemen es un país de dieciocho millones de ciudadanos y cincuenta millones de ametralladoras», informaba O'Neill. El día que los investigadores llegaron a territorio yemení, O'Neill les advirtió: «Este puede ser el entorno más hostil en el que el FBI haya operado nunca».

La embajadora estadounidense en Yemen, Barbara Bodine, veía las cosas de otro modo. A sus ojos, Yemen era el pariente pobre e ingenuo de las prepotentes petromonarquías del golfo Pérsico. A diferencia de otros países de la región, Yemen era una democracia constitucional —por más que frágil— en la que las mujeres podían votar. Bodine tenía una amplia experiencia en los países árabes. Durante la invasión iraquí y la ocupación de Kuwait había sido subjefa de legación en la ciudad de Kuwait, y había permanecido en la embajada de Estados Unidos los ciento treinta y siete días que estuvo asediada por las tropas iraquíes hasta que fueron evacuados todos los estadounidenses.

Bodine sostiene que ella y O'Neill habían acordado que él acudiría con un equipo de no más de cincuenta personas. De modo que se puso furiosa cuando vio llegar a trescientas entre investigadores, personal de apoyo y marines, muchos de ellos con armas automáticas. «Intente imaginar que un avión militar de otro país aterriza en Des Moines y trescientas personas fuertemente armadas toman el control», explicaba. Le suplicó a O'Neill que considerara el delicado entorno diplomático en el que se estaba internando. Según afirma, él le respondió: «No nos preocupa el entorno. Solo estamos aquí para investigar un crimen».

«Aquellas eran las maneras propias del FBI, y eso era lo que había —recordaba Bodine—. O'Neill no era un caso único. Era solo un caso extremo.»

O'Neill dedicó gran parte de su tiempo a tratar de persuadir a las autoridades yemeníes de que cooperaran. Para fundamentar una acusación que se sostuviera en los tribunales estadounidenses, quería que sus agentes estuvieran presentes durante los interrogatorios realizados por las autoridades locales, en parte para asegurarse de que no se torturaba a ninguno de los sospechosos. También deseaba reunir testimonios directos de los residentes que habían presenciado la explosión. Tanto las autoridades yemeníes como Bodine se opusieron a tales demandas. «¿Pretende que un puñado de estadounidenses de origen irlandés, de metro noventa, vayan puerta por puerta? —le preguntó Bodine—. Y, perdóneme, pero ¿cuántos de sus hombres hablan árabe?»

Cuando O'Neill expresó su frustración a Washington, el entonces presidente, Bill Clinton, le envió una nota a su homólogo yemení, Ali Abdullah Saleh. Apenas hizo efecto. A la gente de O'Neill no se le concedió en ningún momento la autoridad que necesitaba para llevar a cabo su investigación de forma apropiada. De modo que pasó la mayor parte del tiempo a bordo del *Cole* entrevistando a los marineros u holgazaneando en el hotel bajo el calor asfixiante. Algunas de las peticiones de pruebas de O'Neill desconcertaron a los yemeníes. No podían entender, por ejemplo, por qué les pedía el sombrero que llevaba uno de los conspiradores (quería examinarlo para buscar evidencias de ADN). Ni siquiera les permitieron acceder al lodo del puerto, que contenía residuos de la bomba, hasta que el FBI pagó al gobierno yemení un millón de dólares para dragarlo.

Las relaciones entre Bodine y O'Neill se deterioraron hasta tal punto que Barry Mawn tuvo que viajar a Yemen para evaluar la situación. Bodine le dijo que O'Neill se mostraba insultante y no se entendía con los yemeníes. Entonces Mawn habló con los miembros del equipo del FBI y con los oficiales militares estadounidenses, y observó la interacción de O'Neill con las autoridades yemeníes. Luego le dijo a este que estaba haciendo «un extraordinario trabajo». A su regreso, le habló favorablemente de O'Neill a Freeh, añadiendo que Bodine era su «única detractora».

Pero un embajador tiene autoridad sobre cualquier ciudadano estadounidense autorizado a permanecer en un país extranjero. Un mes después de iniciada la investigación, el director adjunto Dale Watson declaraba al *Washington Post*: «La cooperación sostenida [con los yemeníes] ha permitido al FBI reducir aún más su presencia en el país [...] El FBI pronto podrá traer de vuelta al alto comandante *in situ*, John O'Neill». Era una claudicación extremadamente pública.

O'Neill volvió a casa con la sensación de que estaba librando la batalla antiterrorista sin el apoyo de su propio gobierno. Había realizado algunos progresos para poder acceder a diversas pruebas, pero hasta el momento la investigación había sido un fracaso. Preocupado por las constantes amenazas que recibían los investigadores del FBI que aún quedaban en Yemen, en enero de 2001 intentó regresar allí. Pero Bodine denegó su solicitud de reentrada en el país.

Tras la marcha de O'Neill, los agentes que todavía quedaban, sintiéndose cada vez más vulnerables, se retiraron a la embajada estadounidense en Saná, la capital de Yemen. En junio las autoridades yemeníes detuvieron a ocho hombres que, según dijeron, formaban parte de una trama para hacer explotar la embajada. A ello siguieron nuevas amenazas contra el FBI, y al fin Freeh, actuando a instancias de O'Neill, retiró a todo el equipo del país. Según me explicó, sus miembros habían sido «el principal objetivo durante ese período». Bodine califica aquella retirada total de «desmesurada». En su opinión, nunca hubo una amenaza concreta y creíble contra la oficina. La embajada estadounidense —señala Bodine— siguió abierta. Pero al cabo de unos días se puso en alerta máxima a todas las fuerzas militares estadounidense en Oriente Próximo.

Pocas personas en el FBI sabían que O'Neill tenía esposa y dos hijos (John júnior, y su hermana pequeña, Carol) en New Jersey, que no le acompañaron cuando se trasladó a Chicago en 1991. Allí conoció a Valerie James, una directora de ventas del mundo de la moda, que estaba divorciada y también criaba a dos hijos. Era alta y hermosa, de mirada penetrante y voz sensual. Vio a O'Neill en un bar y le invitó a un trago porque «tenía unos ojos irresistibles». Antes de un año, O'Neill ya le había pedido su mano al padre de Valerie.

Mientras cortejaba a Valerie, O'Neill tenía una novia en Washington, Mary Lynn Stevens, que trabajaba en la cooperativa de crédito Pentagon Federal Credit Union. Él le había pedido una relación «exclusiva» dos años antes, cuando ella había ido a verle a Chicago. Mary Lynn escuchó por casualidad un mensaje de Valerie en el contestador automático de O'Neill. Cuando se encaró con él, O'Neill cayó de rodillas y le pidió perdón, prometiéndole que nunca más volvería a ver a Valerie. Más tarde, cuando fue trasladado a la sede central del FBI en Washington, O'Neill también empezó a verse con Anna DiBattista, una elegante rubia que trabajaba en la industria de defensa. A menudo pasaba parte de la noche con Mary Lynn y el resto con Anna. «Yo nunca le hacía el desayuno», recuerda Mary Lynn. Luego, cuando se trasladó a Nueva York, Valerie James se fue con él. En 1999, Anna le dijo que tenía la posibilidad de trasladarse a Nueva York para incorporarse a un nuevo empleo; esto iba a complicarle bastante la vida a O'Neill, pero aun así, él le rogó que fuera. «¡Podemos casarnos!», le dijo. Sin embargo, cuando llegó Anna, O'Neill le explicó que no podía irse a vivir con él de manera inmediata porque había unos «lingüistas» que se alojaban en su piso.

Sus amigos de Chicago y Nueva York conocían a Valerie, y sus amigos de Washington conocían a Anna o a Mary Lynn. Si por azar alguien lo veía en compañía de la mujer «equivocada», O'Neill le hacía prometer que le guardaría el secreto. Las tres mujeres creían que él tenía intención de casarse con ellas. Pero él también estaba obsesionado con otra mujer, hermosa y dinámica, que trabajaba en el Departamento de Justicia y que, por otra parte, estaba casada, un hecho que a él le causaba una infinita desesperación. En vacaciones, O'Neill volvía a casa, a New Jersey, para visitar a sus padres y ver a sus hijos. Nunca consiguió el divorcio.

Las tensiones de la enmarañada vida personal de O'Neill empezaron a afectar a su conducta profesional. Una noche se dejó su PDA Palm Pilot en el estadio de los Yankees; este contenía sus contactos policiales en todo el mundo. En otra ocasión se dejó el teléfono móvil en un taxi. En el verano de 1999, él y Valerie James viajaban por la costa de Jersey cuando su Buick se estropeó en las inmediaciones del humedal de Meadowlands. Su vehículo de trabajo estaba aparcado allí cerca, en un emplazamiento secreto del FBI, de modo que

O'Neill cambió de coche. Una de las reglas que con más frecuencia se quebrantan en el FBI es la que prohíbe utilizar un vehículo oficial para fines personales, de modo que la infracción de O'Neill podría haberse pasado por alto si no hubiera dejado entrar a Valérie en el edificio para ir al baño. Ella no tenía ni idea de lo que era. Aun así, cuando el FBI se enteró de la infracción, parece que por boca de un agente resentido al que habían pillado utilizando el lugar como taller mecánico, O'Neill fue reprendido y se le descontaron quince días de paga.

Era una sanción que O'Neill apenas podía permitirse. Siempre había sido un anfitrión ostentoso, pagando todas las cuentas, y llegando incluso hasta el punto de romper en dos un billete de otro agente cuando este le ofreció pagar a medias. Y aquellos pródigos gestos iban a más. O'Neill también pagaba la hipoteca de la casa de su esposa, echaba mano de su fondo de pensiones y pedía dinero prestado a sus amigos ricos, quienes guardaban pagarés que tenía que declarar. Por lo general cualquiera con un pasivo así habría sido objeto de escrutinio como un posible riesgo para la seguridad.

Era un hombre inseguro, engañoso y potencialmente comprometido. Pero también era ambicioso, ingenioso y brillante. Para bien o para mal, era el hombre del que dependía Estados Unidos para pararle los pies a Osama bin Laden.

Richard Clarke explica que en marzo de 2001 le pidió a la entonces asesora de seguridad nacional, Condoleezza Rice, que le cambiara de puesto: prefería centrarse en temas de ciberseguridad. Rice le preguntó quién podría reemplazarle. «Bueno, solo hay una persona que iría como anillo al dedo», respondió Clarke. Durante meses, trató de persuadir a O'Neill de que se convirtiera en su sucesor.

O'Neill consideraba que en muchos aspectos el puesto de Clarke le encajaba a la perfección, pero durante todo el verano se negó a comprometerse. Pasaba por problemas económicos, y la remuneración de aquel puesto en la Casa Blanca no era superior a lo que cobraba en el FBI. Habló de la oferta de Clarke con varios amigos, pero se alarmó al pensar que en la sede central del FBI podían llegar a enterarse. «Me llamó muy alterado —recordaba Clarke—. Me dijo: "La gente de la CIA y de otras partes sabe que está pensando en recomendarme para su puesto. Tiene que decirles que no es cierto".» Clarke, obediente, llamó a un amigo de la agencia.

Las presiones profesionales y personales iban en aumento. Aunque el Departamento de Justicia abandonó su investigación sobre el incidente del maletín, el FBI puso en marcha su propia pesquisa interna. O'Neill era consciente de que el *Times* estaba preparando un artículo sobre el asunto, y se enteró de que los periodistas tenían información personal que tal vez procedía de los archivos de investigación del FBI, incluyendo el episodio en el que había permitido entrar a Valerie James en las instalaciones secretas, y la cuantía de su deuda personal. Alguien en el FBI o en el Departamento de Justicia había filtrado aquella información a los reporteros, junto con detalles extremadamente confidenciales sobre el presupuesto que O'Neill había estado preparando. El mismo material que había llevado al Departamento de Justicia a investigar a O'Neill se había cedido de forma gratuita a los periodistas para sabotear su carrera.

O'Neill empezó a leer con pasión la Biblia y a asistir a misa cada mañana. Estaba al borde del colapso emocional. Una mañana, mientras Valerie se vestía para ir al trabajo, O'Neill comenzó a leer en voz alta un libro infantil, *El pájaro del alma*. «Trata acerca de un pájaro que está posado sobre una sola pata dentro de nuestra alma» —leyó O'Neill—. El pájaro siente todo lo que nosotros sentimos. Corre de un lado a otro dolorido cuando alguien nos hace daño, luego se hincha de alegría cuando nos abrazan.» Mientras leía, O'Neill empezó a lloriquear, y rompió de repente en sollozos, sin poder parar. Estaba completamente destrozado.

Mientras tanto, había ido llegando información de inteligencia en relación con un probable atentado de Al-Qaeda. «Las cosas encajaron en la tercera semana de junio —explicaba Clarke—. La opinión de la CIA era que en las semanas siguientes se avecinaba un gran atentado terrorista.» El 5 de julio, Clarke convocó a todas las agencias relacionadas con la seguridad interior —la Administración Federal de Aviación, la Guardia Costera, la Aduana, el Servicio de

Inmigración y Naturalización y el FBI— y les indicó que incrementaran su seguridad ante la perspectiva de un inminente atentado.

En julio, O'Neill se enteró de que había un puesto disponible en el sector privado cuya remuneración era más del doble que su salario del gobierno: jefe de seguridad del World Trade Center. Al fin había comprendido que no tenía futuro en el FBI. Él siempre había abrigado dos aspiraciones: llegar a ser subdirector del FBI en Washington, o bien hacerse cargo de la oficina de Nueva York. Aquellos sueños nunca se realizarían. Tampoco atraparía nunca a Osama bin Laden.

El 19 de agosto, el *Times* publicó un artículo sobre el incidente del maletín y la inminente jubilación de O'Neill, que debía producirse tres días más tarde. Cuando recogió sus cosas, unas cuantas personas se juntaron para tomar un café. Algunos de sus amigos lo felicitaron por su nuevo puesto en el World Trade Center, diciéndole: «Al menos ahora estarás seguro. Ahí ya han intentado atentar». O'Neill respondió: «Lo intentarán de nuevo. Nunca cesarán en su empeño de cargarse esos dos edificios». De forma instintiva se situó en el ojo del huracán. Y quizá aquella decisión entrañara cierta aceptación de su destino.

El día en que empezó a trabajar en el World Trade Center —el 23 de agosto—, la CIA envió un cable al FBI revelando que dos presuntos terroristas de Al-Qaeda se encontraban en el país. La agencia lo sabía desde hacía más de un año y medio. El FBI trató de averiguar su paradero, pero las direcciones que habían facilitado los futuros secuestradores de avión al entrar en el país resultaron ser falsas, y nunca pudieron localizarlos.

Durante su niñez, en Atlantic City, O'Neill fue monaguillo en la iglesia de San Nicolás de Tolentino. El 28 de septiembre, una semana después de que se encontrara su cuerpo entre los escombros del World Trade Center, un millar de personas se reunieron en aquella misma iglesia para tributarle su último adiós. Muchas de ellas eran agentes, policías y miembros de servicios de inteligencia extranjeros que habían seguido a O'Neill en la guerra contra el terrorismo desde mucho antes de que esta se convirtiera en una consigna para toda la nación. Asistió también la jerarquía del FBI, incluyendo al antiguo director Louis Freeh, ahora jubilado. Richard Clarke, que no había derramado una lágrima desde el 11 de septiembre, se derrumbó de repente mientras sonaban las gaitas ante el paso del ataúd.

Las últimas semanas de O'Neill fueron felices. En cuanto dejó el FBI le había subido la moral. Hablaba de comprarse un Mercedes nuevo para reemplazar su viejo Buick. Le dijo a Anna que ahora podían permitirse un casamiento. El último sábado por la noche de su vida asistió a una boda junto con Valerie, y bailaron casi todas las canciones. Le dijo a un amigo, delante de ella: «Voy a comprarle un anillo».

El 10 de septiembre, O'Neill llamó a Robert Tucker, un amigo suyo, ejecutivo de una empresa de seguridad, y acordaron encontrarse aquella noche para hablar de diversas cuestiones sobre el World Trade Center. Tucker se reunió con O'Neill en el vestíbulo de la Torre Norte, y los dos hombres tomaron el ascensor hasta el nuevo despacho de O'Neill, en el piso treinta y cuatro. «Se sentía increíblemente orgulloso de lo que hacía», me explicaba Tucker. A continuación, se fueron a un bar, en lo alto de la torre, a echar un trago. Luego se dirigieron a la parte alta de la ciudad, al restaurante Elaine's, donde se unió a ellos un amigo común, Jerry Hauer. Alrededor de la medianoche los tres hombres se dejaron caer por el China Club, un legendario local nocturno situado no muy lejos del centro. «John declaró que creía que iba a pasar algo gordo», recordaba Hauer.

Valerie James se quedó despierta esperando a O'Neill, que no llegó hasta las dos y media de la madrugada. «A la mañana siguiente estuve muy fría con él —recordaba Valerie—. Él entró en mi cuarto de baño y me rodeó con sus brazos. Me dijo: "Por favor, perdóname".» Se ofreció a llevarla al trabajo, y a las 8.13 de la mañana la dejó en el Flower District, donde ella tenía una cita; luego se dirigió al World Trade Center.

A las 8.46 de la mañana, cuando el vuelo número 11 de American Airlines se estrelló contra la Torre Norte, John P. O'Neill hijo iba en un tren camino a Nueva York a instalar unos componentes informáticos y a visitar el nuevo despacho de su padre. Desde la ventana del tren vio salir el humo del World Trade Center. Llamó a su padre al teléfono móvil. O'Neill le dijo que estaba bien. Se disponía a salir a evaluar los daños.

Valerie James estaba arreglando unas flores en su oficina cuando «los teléfonos empezaron a sonar sin parar». Un segundo avión de pasajeros acababa de estrellarse contra la Torre Sur. A las 9.17 llamó O'Neill. Le dijo:

—Cariño, quiero que sepas que estoy bien. ¡Dios mío, Val, esto es terrible! Hay trozos de cuerpos por todas partes. ¿Estás llorando? —le preguntó. En efecto, lo estaba. Luego añadió—: Val, creo que mis jefes han muerto. No puedo perder este trabajo.

—Van a necesitarte más que nunca —respondió ella.

A las 9.25, Anna DiBattista, que viajaba en coche a Filadelfia por negocios, recibió una llamada de O'Neill. «Al principio la conexión era buena —recordaba—. Él había salido y estaba a salvo. Me dijo que estaba bien. Le pregunté: "¿De verdad estás fuera del edificio?". Él me dijo que me quería. Yo supe que iba a volver a entrar.»

Wesley Wong, un agente del FBI que conocía a O'Neill desde hacía más de veinte años, había corrido hacia la Torre Norte para ayudar a establecer un centro de mando. «John apareció en escena —recordaba Wong—. Me preguntó si había alguna información que yo pudiera divulgar. Yo sabía que ahora él era básicamente un extraño. Una de las preguntas que me hizo fue: "¿Es verdad que han alcanzado el Pentágono?". Yo le dije: "¡Vaya!, John, pues no lo sé. Déjame intentar averiguarlo". En un momento dado él estaba hablando por el móvil, tenía problemas de cobertura y empezó a alejarse. Yo le dije: "Luego te alcanzo".»

Wong vio por última vez a O'Neill caminando hacia el túnel que llevaba a la segunda torre.

El agente

El 12 de octubre de 2000, en el puerto de aguas profundas de la ciudad yemení de Adén, el *USS Cole*, un destructor de 8.300 toneladas que lanzaba misiles guiados, se encontraba atracado en un muelle de repostaje. El *Cole*, cuya construcción había costado unos mil millones de dólares, era uno de los buques con mayor capacidad de «supervivencia» de la marina estadounidense, con 70 toneladas de blindaje, un casco que podía resistir una fuerza explosiva de más de 3.500 kilogramos por centímetro cuadrado, y una tecnología de camuflaje diseñada para hacer el barco menos visible al radar. Mientras el *Cole* llenaba sus tanques, se acercó una barca de pesca de fibra de vidrio cargada con explosivos plásticos. Dos hombres detuvieron el esquife en la parte central del buque, sonrieron y saludaron con la mano; luego se pusieron firmes. El simbolismo de aquel momento era justo lo que esperaba Osama bin Laden cuando aprobó un plan para atentar contra un buque de guerra estadounidense. «El destructor representaba a Occidente —diría Bin Laden más tarde—. La barquita representaba a Mahoma.»

La onda expansiva provocada por la explosión rompió ventanas en tierra. A más de tres kilómetros de distancia la gente creyó que había habido un terremoto. La explosión abrió un boquete de doce por doce metros en el costado del barco que daba al puerto, destrozando a los marineros que estaban bajo cubierta esperando para comer. La bola de fuego que se elevó desde la línea de flotación se tragó a un marinero que se había asomado a la baranda para ver qué andaban haciendo los hombres del esquife. Murieron 17 marineros y otros 39 resultaron heridos. Algunos tuvieron que lanzarse al mar por la brecha de la explosión para escapar a las llamas. El imponente buque de guerra parecía ahora un animal destripado.

Poco después del ataque, el agente especial Ali Soufan, un estadounidense-libanés de veintinueve años de edad, conducía por el puente de Brooklyn cuando recibió un aviso en el busca de la oficina de Nueva York del FBI. Le ordenaban que se presentara en su puesto de inmediato. En aquel momento Soufan era el único agente del FBI que hablaba árabe en toda la ciudad, y uno de los ocho que lo hablaban en todo el país. Se había incorporado a la oficina de Nueva York en el otoño de 1997. El febrero siguiente, cuando Bin Laden promulgó una fetua declarando la guerra a Estados Unidos, Soufan escribió un incisivo informe sobre el fundamentalismo islámico que llamó la atención de John O'Neill, entonces jefe de la oficina de Nueva York de la División de Seguridad Nacional del FBI. Las dotes lingüísticas de Soufan, su tenacidad y sus raíces en Oriente Próximo le hicieron inestimable de cara a ayudar al FBI a entender a Al-Qaeda, una organización de cuya existencia la mayoría de los estadounidenses ni siquiera eran conscientes antes de los atentados contra las embajadas de Estados Unidos en África en 1998. Pese a la juventud de Soufan y el tiempo relativamente escaso que llevaba en la agencia, O'Neill lo puso al frente de la investigación del *Cole*. Resultó que Soufan se convertiría en la mejor oportunidad que tendría Estados Unidos de detener los atentados del 11 de septiembre.

Soufan habla deprisa, con una voz que todavía conserva un ligero acento libanés. Tiene una expresión franca y una risa contagiosa, aunque hay bolsas bajo sus ojos resultado de demasiadas noches interminables. Es musulmán, pero no sigue ninguna escuela concreta del islam; en cambio, se siente atraído por el pensamiento místico, sobre todo el de Gibran Jalil Gibran, el poeta estadounidense-libanés. También se siente fascinado por la Cábala, porque «apareció en un momento en que el entorno político para los judíos era tan duro que ellos utilizaron esta filosofía para escapar de su angustia». Cuando quiere relajarse, ve repeticiones de la serie *Seinfeld* —ha visto cada episodio tres o cuatro veces— o dibujos animados de Bugs Bunny. Uno de sus autores favoritos es la escritora británica Karen Armstrong, cuyas biografías de Mahoma y de Buda aúnan historia y religión de un modo que para él tiene mucho sentido.

Soufan creció en el Líbano durante la calamitosa guerra civil que sufrió el país, cuando se destruyeron las ciudades y los terroristas se vieron envalentonados por la anarquía y el caos. Su padre era periodista en Beirut, y de niño Ali echaba una mano en la revista comercial que editaba su padre, a menudo llevando galeradas a la imprenta. En 1987, cuando Soufan tenía dieciséis años, la familia se trasladó a Estados Unidos. La impresión inicial más vívida que tuvo el joven Soufan de su país de adopción fue que era seguro. «Y también me permitía soñar», explicaba.

A cambio, Estados Unidos acogió a Soufan. Nunca fue víctima de prejuicios por ser musulmán o árabe. Su experiencia fue completamente opuesta a la de los musulmanes marginados de Occidente que habían acudido al islamismo como forma de encontrar una identidad. Ganó muchos premios académicos en el instituto, y luego asistió a la Universidad Mansfield, en la Pennsylvania central, donde fue elegido presidente de la asamblea de estudiantes. En 1997 completó un máster en Relaciones Internacionales por la Universidad Villanova, en las afueras de Filadelfia. Había planeado continuar sus estudios en un programa de doctorado de la Universidad de Cambridge, pero había surgido en él cierta fascinación por la Constitución estadounidense —en especial por su garantía de la libertad de expresión, religión y reunión, y el derecho a un juicio rápido— y, como muchos otros ciudadanos naturalizados, tenía la sensación de estar en deuda por la nueva vida que se le había dado. «La gente que nace en este sistema puede que lo dé por sentado —decía—. No sabes lo importantes que son esos derechos si no has vivido en un país donde te pueden detener o matar sin siquiera saber por qué.» Aunque se estaba preparando para hacer carrera en el mundo académico, decidió

—«casi como una broma»— enviar su currículum al FBI. Le parecía inconcebible que la agencia contratara a alguien de su origen, pero se sentía cautivado por su aureola de misterio y, en efecto, algo en su interior anhelaba verse rescatado de las aulas. En julio de 1997, cuando hacía las maletas para marcharse a Cambridge, llegó una carta con instrucciones de que se presentara en la academia del FBI en Quantico (Virginia) en el plazo de dos semanas.

Tras su graduación, Soufan se incorporó a la oficina de Nueva York. Pronto lo asignaron a la brigada I-40, que se concentraba sobre todo en el grupo islamista paramilitar Hamás; pero en 1998, el día siguiente de los atentados contra las embajadas en África Oriental, O'Neill lo reclutó para la I-49, que se había convertido en la principal unidad de investigación del FBI sobre Al-Qaeda.

O'Neill podía ser brutal no solo con sus subalternos, sino también con sus superiores, si le parecía que no estaban del todo comprometidos con una investigación. Soufan demostró ser un aliado incansable, dispuesto a trabajar por las noches y en días festivos. El hecho de que un principiante como Soufan tuviera acceso directo a O'Neill despertó algún que otro resentimiento entre los demás agentes, pero la organización no tenía a nadie más con sus dotes y su dedicación.

Yemen estaba lleno de células activas y de simpatizantes de Al-Qaeda a niveles muy altos del gobierno. Había políticos yemeníes que llamaban a la yihad contra Estados Unidos en televisión. Cuando el equipo de agentes de avanzadilla aterrizó en Adén, al día siguiente del atentado, Soufan vio por la ventanilla que los esperaba un destacamento de las fuerzas especiales yemeníes; cada uno de los soldados, ataviados con uniformes amarillos y viejos cascos rusos, apuntaba al avión estadounidense con un AK-47. El equipo de rescate de rehenes, integrado por doce hombres, que había sido enviado para proteger a los agentes del FBI, respondió blandiendo nerviosamente sus M4 y sus pistolas. Soufan comprendió que todos podían morir allí, en la pista de aterrizaje, si no hacía algo pronto. Abrió la puerta del avión. Un soldado yemení sostenía un walkie-talkie. Soufan se dirigió directamente hacia él con una botella de agua en la mano, seguido en todo momento por las armas. Fuera, la temperatura superaba los cuarenta grados.

—Parece usted sediento —le dijo en árabe al oficial del walkie-talkie. Y le dio la botella.

—¿Es agua estadounidense? —le preguntó el oficial.

Soufan le aseguró que sí, añadiendo que también tenía agua estadounidense para los otros soldados. Los yemeníes consideraban el agua una materia tan preciada que algunos ni siquiera la bebían. Con aquel sencillo gesto de amistad, los soldados bajaron las armas.

Soufan dividió a los agentes sobre el terreno en cuatro equipos. Los primeros tres serían responsables de la labor forense, la inteligencia y la seguridad; el último se dedicaría a intercambiar información con las autoridades yemeníes. Solo obtener el permiso del gobierno yemení para dirigirse a la escena del crimen —el buque de guerra atacado en el puerto de Adén— requirió largas negociaciones con funcionarios hostiles. La seguridad era un importante motivo de preocupación, dado que las armas automáticas eran ubicuas en el país, pero Barbara Bodine, la embajadora estadounidense, se negó a permitir a los agentes llevar armas pesadas por temor a ofender a las autoridades yemeníes.

Cuando Soufan y los investigadores llegaron al barco y descendieron bajo cubierta, encontraron pedazos de carne esparcidos entre amasijos de cable y de metal. Los buzos del FBI, que esperaban poder identificar el ADN tanto de las víctimas como de los terroristas, agarraron partes de cuerpos flotando en el agua alrededor del barco. Mirando a través del enorme boquete causado por la explosión, Soufan pudo ver la montañosa y antigua ciudad de Adén alzándose sobre la curva que formaba el puerto, como si se tratara de un anfiteatro clásico. Imaginó que en algún lugar de la ciudad se habría montado una cámara para que grabara la explosión, ya que los terroristas solían documentar su trabajo. Aunque los autores del atentado tal vez habían muerto, todavía era posible que hubiera un operador de cámara que anduviera suelto.

Cuando O'Neill llegó por fin a Adén junto con el resto de los investigadores del FBI, se quedó perplejo al ver que, tras desembarcar, los soldados yemeníes lo saludaban. «Les he dicho que era usted un general», le explicó Soufan.

La yemení es una sociedad muy consciente del estatus y, dado que Soufan había ascendido a O'Neill a «general», su homólogo era ahora el general Ghalib Qamish, el jefe de la inteligencia yemení. Cada noche, cuando las autoridades yemeníes se sentaban a negociar, Soufan y O'Neill se pasaban horas presionándolas para poder acceder a los diversos testigos, evidencias y escenas del crimen. Al principio los yemeníes les dijeron que, puesto que los dos terroristas habían muerto, no había nada que investigar. Pero ¿quién les había dado el dinero?, preguntó Soufan. ¿Quién les había proporcionado los explosivos? ¿Y el barco? Así iba espoleando con delicadeza a los yemeníes para que lo ayudaran.

O'Neill mantenía a Soufan a su lado en todo momento. En cierta ocasión en que estaba hablando con un coronel de la inteligencia yemení, el cual se mostraba especialmente obstruccionista, O'Neill exclamó lleno de frustración:

—¡Dios, esto es como si te arrancaran los dientes!

El traductor personal del coronel repitió la observación en árabe, y el oficial se levantó de un brinco, visiblemente contrariado.

—¿Qué he dicho? —le preguntó O'Neill a Soufan.

Soufan le explicó que lo que el traductor le había dicho al coronel era: «¡Si no responde a mis preguntas, le arrancaré los dientes!».

Unos días después del atentado, los yemeníes llevaron a dos conocidos cómplices de Bin Laden para interrogarlos: Yamal Badawi y Fahd al-Quso. Estos admitieron ante las autoridades yemeníes que hacía poco habían viajado a Afganistán, donde se habían reunido con un yihadista llamado Jallad, que tenía una sola pierna. Badawi explicó que había comprado una barca para Jallad, quien, según les explicó, quería entrar en el negocio de la pesca. Los yemeníes determinaron que se trataba de la barca utilizada en el atentado contra el *Cole*.

Cuando Soufan se enteró de que aquellos hombres habían mencionado a Jallad, se sobresaltó: había oído aquel nombre tan poco corriente de una fuente a la que había reclutado tiempo atrás en

Afganistán. Dicha fuente le había explicado que había conocido en Kandahar a un combatiente con una pierna ortopédica que era uno de los principales lugartenientes de Bin Laden. Cuando Soufan pidió hablar con Quso y con Badawi, los yemeníes le dijeron que los dos hombres habían jurado sobre el Corán que eran inocentes de cualquier crimen. Para ellos, eso zanjaba el asunto.

Soufan y O'Neill sabían que el general Qamish representaba su mayor esperanza de obtener cualquier tipo de cooperación. Era un hombre bajo y demacrado, con un rostro que a Soufan le recordaba el de Gandhi. Pese a las tensiones existentes entre las dos partes, Qamish había empezado a llamar a sus colegas estadounidenses «hermano John» y «hermano Ali». O'Neill y Soufan pasaron largas horas pidiéndole a Qamish fotos de pasaporte de los presuntos conspiradores, sobre todo de Jallad. Ellos hacían hincapié en que, cuanto antes pudieran interrogar a los sospechosos vinculados al atentado contra el *Cole*, antes podrían obtener información de inteligencia que pudiera destruir Al-Qaeda, mientras que Qamish había adoptado la postura de que en aquel caso no se necesitaba al FBI. Entonces, una noche, Qamish se limitó a anunciar: «Tengo sus fotos». Soufan envió de inmediato la foto de Jallad a la CIA, y también se la mandó por fax a un agente del FBI destacado en la capital de Pakistán, Islamabad; este se la llevó a la fuente de Soufan en Afganistán, quien identificó al hombre como Jallad, el lugarteniente de Al-Qaeda. Era el primer tímido eslabón que relacionaba Al-Qaeda con el atentado contra el *Cole*.

Aquella misma noche se produjo otro avance, cuando un muchacho de doce años llamado Hani acudió a la policía local y explicó que se encontraba pescando en un muelle y los terroristas botaron su esquife al agua. Uno de ellos le había pagado al muchacho cien riales yemeníes —unos sesenta centavos de dólar— para que vigilara su camión Nissan y el remolque de la barca, pero nunca regresaron. Cuando la policía oyó la historia de Hani, lo encerró en la cárcel para asegurarse de que no desapareciera, y luego detuvo también a su padre. «Si así es como tratan a los testigos que cooperan —observaba O'Neill—, imagine cómo tratarán a los más difíciles.»

Después de interminables peticiones, los estadounidenses obtuvieron permiso para entrevistar al muchacho y examinar el lugar de la botadura. Hani estaba asustado, pero les dio una descripción de los terroristas: uno era fornido, y el otro «apuesto». Les explicó que los terroristas los habían invitado a él y su familia a dar un paseo en la barca, que era blanca, con el suelo alfombrado de rojo. Cuando Soufan lo oyó, dedujo que los terroristas habían intentado determinar cuánto peso podía llevar el esquife.

El camión y el remolque abandonados todavía seguían en el lugar de la botadura. No haberlos recuperado había sido un grave error por parte de Al-Qaeda. Comprobando el registro de matriculaciones, los investigadores pudieron relacionar el camión y el remolque con una casa situada en un vecindario de la zona de Al-Burayqah. Cuando Soufan se dirigió a la casa, que estaba rodeada por un muro y un portón, se sintió sobrecogido: aquella vivienda tenía un asombroso parecido con la casa de Nairobi donde se había fabricado la bomba utilizada en el atentado contra la embajada en 1998. Dentro, en el dormitorio principal, había una alfombra de oración orientada al norte, en dirección a La Meca. El lavamanos del cuarto de baño estaba lleno de vello facial: los terroristas se habían rasurado y habían realizado las abluciones rituales antes de partir hacia su muerte. Los hombres de Soufan recogieron una navaja de afeitar y muestras de pelo, que podrían proporcionar al FBI las necesarias pruebas de ADN para establecer la identidad de los asesinos.

Los investigadores encontraron otra casa en Adén que había sido alquilada por los terroristas; estaba registrada a nombre de un tal Abda Hussein Mohammad. Aquel nombre le resultaba vagamente familiar a Soufan. Durante la investigación de Nairobi, en un momento dado un testigo había mencionado a un agente de Al-Qaeda llamado Nasheri, que había propuesto atentar contra un buque estadounidense en Adén. Soufan investigó un poco y descubrió que el nombre completo de Nasheri era Abdul Rahim Mohammad Hussein Abda al-Nasheri. Los segundos nombres eran los mismos, solo que invertidos. La intuición de Soufan dio sus frutos cuando los agentes estadounidenses descubrieron un coche en Adén registrado a nombre de Nasheri. Las conexiones entre Al-Qaeda y el atentado contra el *Cole* iban en aumento.

Un par de semanas después del atentado, las autoridades yemeníes decidieron poner bajo arresto a Badawi y a Quso, los dos agentes de Al-Qaeda, en principio como medida de precaución. Soufan siguió presionando al general Qamish para que le dejara interrogar directamente a ambos hombres, y por fin, después de varias semanas, Qamish cedió.

Soufan pasó horas preparándose para el encuentro con el objetivo de encontrar algún punto en común con los sospechosos. Con frecuencia el vínculo se centraba en la religión. Soufan estaba más familiarizado con el Corán y las máximas del Profeta que los dos agentes, y podía cuestionar su racionalización de los crímenes. En el interrogatorio de Badawi, Soufan descubrió que el esquife se había comprado en Arabia Saudí. A Quso lo interrogó durante varios días. Este era un hombre menudo, fibroso e insolente, con una barba rala de la que tiraba sin cesar. Antes de que Soufan pudiera siquiera empezar, un oficial de inteligencia local entró en la habitación y besó a Quso en ambas mejillas: una señal ostensible de que estaba protegido. Luego, cada vez que parecía que Quso estaba a punto de hacer una revelación importante, el coronel yemení insistía en que se interrumpiera la sesión para comer o para rezar.

A la larga, no obstante, Soufan doblegó a Quso. Este le dijo que había estado en Afganistán y se jactó de haber combatido junto a Bin Laden, quien le había inspirado con sus discursos acerca de la necesidad de expulsar a los infieles de la península Arábiga, en particular a las tropas estadounidenses estacionadas en Arabia Saudí.

Soufan le preguntó a Quso si alguna vez había planeado casarse. En el rostro de este asomó una sonrisa tímida y avergonzada. «Bien, pues entonces hágase un favor —le urgió Soufan—. Dígame algo.» Quso admitió que se suponía que él tenía que filmar el atentado contra el *Cole*, pero que se había dormido. También le reveló que varios meses antes del atentado él y uno de los terroristas le habían entregado 36.000 dólares a Jallad, el lugarteniente cojo de Al-Qaeda, en Bangkok. El dinero —añadió Quso— estaba destinado solo a la compra de una nueva prótesis para Jallad.

Soufan receló de aquella explicación. ¿Por qué Al-Qaeda enviaba dinero fuera de Yemen justo antes de que se produjera el atentado contra el *Cole*? El dinero siempre fluía en dirección a una operación en curso, no alejándose de ella. Entonces se preguntó si Al-Qaeda se traía entre manos algún otro complot de mayor envergadura.

En noviembre de 2000, un mes después del atentado contra el *Cole*, Soufan formuló a la CIA la primera de varias consultas oficiales. A instancias de Soufan, el director del FBI le envió una carta al director de la CIA solicitando oficialmente información sobre Jallad e inquiriendo si podría haberse producido una reunión de Al-Qaeda en algún lugar del Sudeste Asiático antes del atentado. La agencia contestó que no sabía nada al respecto. Soufan confió en aquella respuesta: él creía tener una buena relación de trabajo con la CIA.

Quso le había dicho a Soufan que, cuando fue a Bangkok a reunirse con Jallad, ambos se habían alojado en el hotel Washington. Los agentes del FBI comprobaron los registros telefónicos para verificar su historia, y encontraron que se habían producido llamadas entre el hotel y la vivienda de Quso en Yemen. También detectaron que se habían producido llamadas a ambos lugares desde una cabina telefónica de la capital de Malasia, Kuala Lumpur. En abril de 2001, Soufan envió otro teletipo oficial a la CIA, junto con la foto de pasaporte de Jallad, preguntando si los números de teléfono tenían alguna relevancia y si había alguna conexión entre dichos números y Jallad. Una vez más, la agencia le respondió que no podía ayudarle.

En realidad, la CIA sabía mucho sobre Jallad y sus vínculos con Al-Qaeda. El FBI y la CIA llevan mucho tiempo peleando por cuestiones burocráticas, y sus respectivos mandatos sitúan a ambas agencias en posiciones enfrentadas. El objetivo último del FBI, en lo que se refiere a su actividad de recabar información de inteligencia, es obtener condenas por delitos; para la CIA, en cambio, recabar información de inteligencia es un fin en sí mismo. Si esta última hubiera respondido con franqueza a las peticiones de Soufan, le habría revelado que tenía conocimiento de que ya se estaba formando una célula de Al-Qaeda en territorio estadounidense. Pero se guardó para sí esa información, una acción que por sí sola constituía un acto de obstrucción a la justicia en la investigación por la muerte de diecisiete marineros estadounidenses. Pero en el horizonte aguardaban consecuencias mucho más trágicas.

En la medida en que el FBI se había ido implicando de manera creciente en una actividad policial internacional, invadía cada vez más un territorio que la CIA protegía con celo. Al mismo tiempo, esta última solía beneficiarse de las investigaciones de aquella. En 1998, por ejemplo, los investigadores del FBI encontraron una pista esencial: un número de teléfono de Yemen que funcionaba como una centralita virtual para la red terrorista. Los responsables de los atentados de África Oriental habían llamado a aquel número antes y después de los ataques; y lo mismo había hecho Osama bin Laden. El número pertenecía a un yihadista llamado Ahmed al-Hada. Rastreando con gran minuciosidad los registros de todas las llamadas realizadas a y desde dicho número, los investigadores del FBI pudieron elaborar un mapa de la organización global de Al-Qaeda. La línea telefónica fue intervenida en cuanto se descubrió. Pero la CIA, como principal organización responsable de recabar información de inteligencia extranjera, era la que tenía la jurisdicción sobre las conversaciones del teléfono de Hada, y no proporcionó al FBI la información que obtenía sobre los planes de Al-Qaeda.

Una conversación mantenida en el teléfono de Hada a finales de 1999 mencionaba una próxima reunión de agentes de Al-Qaeda en Malasia. La CIA averiguó el nombre completo de uno de los participantes, Jaled al-Mihdhar, y el nombre de pila de otro, Nawaf. Ambos eran ciudadanos saudíes. Pero la agencia no transmitió esa información al FBI.

Sin embargo, sí la compartió con las autoridades saudíes, que a su vez informaron a la CIA de que Mihdhar y un hombre llamado

Nawaf al-Hazmi eran ambos, en efecto, miembros de Al-Qaeda. A partir de esta información, la CIA irrumpió en una habitación de hotel de Dubai, donde Mihdhar pasaba la noche de camino a Malasia. Los agentes fotocopiaron el pasaporte de Mihdhar y lo enviaron por fax a Alec Station, la unidad de la CIA encargada de seguirle la pista a Bin Laden. El pasaporte contenía una información crucial: que Mihdhar tenía un visado estadounidense. La agencia no alertó de ello al FBI ni al Departamento de Estado a fin de que se incluyera su nombre en una lista de vigilancia de terroristas, lo que le habría impedido entrar en Estados Unidos.

La CIA pidió a las autoridades malasias que vigilaran la reunión de Kuala Lumpur, la misma de la que había negado tener conocimiento alguno en respuesta al requerimiento oficial de Soufan. La reunión tuvo lugar el 5 de enero de 2000, en un bloque de pisos con vistas a un campo de golf diseñado por Jack Nicklaus. El bloque era propiedad de un empresario malasio que tenía vínculos con Al-Qaeda. La cabina telefónica sobre la que Soufan había preguntado a la CIA estaba justo enfrente. Jallad la utilizaba para llamar a Quso en Yemen. Aunque la CIA negaría más tarde que supiera algo sobre el teléfono, el número estaba registrado en el diario de vigilancia de los malasios, que estos entregaron a la agencia. La denominada Rama Especial, el servicio secreto malasio, fotografió asimismo a aproximadamente una docena de personas relacionadas con Al-Qaeda en el exterior del bloque de pisos y en los cibercafés de las cercanías. Dichas fotos también se entregaron a la CIA. En aquella reunión no se pusieron escuchas; de haberlo hecho, la agencia podría haber descubierto las tramas que culminarían en el atentado contra el *Cole* y los del 11 de septiembre de 2001. El 8 de enero, la Rama Especial notificó a la CIA que tres de los hombres que habían asistido a la reunión —Mihdhar, Hazmi y Jallad— se dirigían juntos a Bangkok. Allí, Jallad se reunió con Quso y con uno de los terroristas suicidas del *Cole*. Quso le dio 36.000 dólares a Jallad, que muy probablemente se utilizaron para comprar billetes de avión a Los Ángeles para Mihdhar y Hazmi, y para abastecer sus gastos de manutención en Estados Unidos. Los dos hombres terminarían en los aviones implicados en los atentados del 11 de septiembre.

En marzo, la CIA averiguó que Hazmi había cogido un avión a Los Ángeles dos meses antes, el 15 de enero. Si la agencia hubiera comprobado el manifiesto de vuelo, habría advertido que Mihdhar viajaba en él. Una vez más, la CIA fue incapaz de informar al FBI o al Departamento de Estado de que al menos un agente de Al-Qaeda se encontraba en el país.

Aunque la CIA estaba obligada por imperativo legal a compartir ese tipo de detalles con el FBI, se mostraba ferozmente protectora con cualquier información de inteligencia de carácter sensible. La agencia temía que los procesamientos legales instados por el FBI gracias a dicha información pudieran comprometer sus relaciones con otros servicios extranjeros, por más salvaguardias de que dispusieran para proteger la información confidencial. La CIA se mostraba recelosa especialmente con O'Neill, que exigía el control de cualquier caso que afectara siquiera de forma tangencial a una investigación del FBI. Muchos funcionarios de la CIA le tenían aversión y temían que no pudiera confiársele información delicada. «O'Neill era artero —me decía Michael Scheuer, antiguo funcionario de la CIA y fundador de la Alec Station—. Solo le preocupaba hacer quedar bien al FBI» (el 17 de abril de 2007, en una declaración ante una comisión del Congreso, le preguntaron a Scheuer por su relación con O'Neill, a lo que respondió: «Lo único bueno que le ocurrió a Estados Unidos el 11 de septiembre, señor, fue que el edificio le cayera encima»).

También es posible que la CIA estuviera protegiendo una operación en el extranjero y temiera que el FBI la pusiera al descubierto. Asimismo, puede que Mihdhar y Hazmi le parecieran a la CIA una opción atractiva de cara a su posible reclutamiento: la agencia estaba desesperada por encontrar un confidente dentro de Al-Qaeda tras haber fracasado en sus intentos de penetrar en su círculo íntimo o incluso de situar a alguien en sus campos de entrenamiento, pese a estar estos abiertos a casi cualquiera que se presentara. Sin embargo, una vez que Mihdhar y Hazmi habían entrado en territorio estadounidense, pasaban a ser competencia del FBI, ya que la CIA carece de autoridad legal para actuar dentro del país. Debido al vínculo de Mihdhar y Hazmi con Bin Laden, sobre el que pesaba una acusación federal, el FBI tenía la autoridad necesaria para valerse de todas sus técnicas de investigación a fin de infiltrarse y desarticular la célula. Por el contrario, los futuros secuestradores aéreos gozaron de plena libertad para urdir su complot hasta que ya fue demasiado tarde para detenerlos.

En Yemen, la situación de seguridad de Soufan y los otros agentes del FBI se deterioraba con rapidez. Se encontraban atrincherados en el hotel Adén, hacinados con otros militares y funcionarios del gobierno estadounidenses, además de marines. Se alojaban tres y cuatro personas por habitación, mientras que varias docenas más dormían en sacos en el salón de baile del hotel. En el exterior del edificio eran frecuentes los tiroteos.

No estaba claro que las tropas del gobierno yemení que protegían el hotel de los nidos de ametralladoras velaran de veras por los estadounidenses. «Éramos prisioneros», recordaba un agente. Una de aquellas noches se oyeron disparos en las calles cercanas mientras O'Neill celebraba una reunión en el interior del hotel. Tanto los marines como el equipo de rescate de rehenes asumieron posiciones defensivas. Soufan se aventuró a salir, desarmado, para hablar con las tropas yemeníes.

«¡Eh, Ali! —gritó O'Neill—. ¡Ten cuidado!» Bajó corriendo las escaleras del hotel para asegurarse de que Soufan llevaba su chaleco antibalas. La frustración, la tensión y el peligro, junto con la intimidad forzosa impuesta por la situación, habían acercado aún más a los dos hombres. O'Neill había empezado a referirse a Soufan como su «arma secreta». Y cuando se dirigía a los yemeníes, hablaba de él simplemente como «mi hijo».

Los francotiradores cubrieron a Soufan mientras se acercaba a un oficial yemení, que le aseguró que todo iba bien. «Si todo va bien, ¿por qué no hay ningún coche en la calle?», le preguntó Soufan. El oficial le respondió que debía de haber una boda cerca. Soufan miró a su alrededor y vio que el hotel estaba rodeado por un gran número de hombres ataviados con el traje tradicional, algunos de ellos en jeeps, todos los cuales iban armados. Eran civiles, no soldados. Podían ser agentes de inteligencia, o un grupo tribal con intenciones de venganza. En cualquier caso, los superaban en número con creces. Soufan recordó la revuelta de 1993 en Somalia, que terminó con 18 soldados estadounidenses muertos y uno de los cuerpos arrastrado por las calles de Mogadiscio. Advirtió también que por detrás el hotel daba al puerto, de modo que, básicamente, estaban atrapados.

Cuando Soufan volvió adentro y ofreció su evaluación de la situación, O'Neill ordenó a los marines que utilizaran dos vehículos blindados para bloquear la calle frente al hotel. La noche transcurrió sin más incidentes, pero al día siguiente O'Neill trasladó a los investigadores al *USS Duluth*, atracado a unos 16 kilómetros de distancia, en el golfo de Adén.

Esto resultó ser un peligroso error. A la mañana siguiente, cuando O'Neill y Soufan volaban de regreso a la ciudad, de repente su helicóptero empezó a realizar violentas maniobras evasivas. El piloto informó de que les habían disparado un misil SA-7. Entonces O'Neill decidió enviar a la mayoría de los investigadores de vuelta a casa; los que se quedaron regresaron al hotel abandonado.

Justo antes del día de Acción de Gracias, el FBI sacó a O'Neill de Yemen, en apariencia como concesión a la embajadora Bodine, que consideraba que la visible presencia del FBI generaba tensiones en las relaciones diplomáticas entre Estados Unidos y el país arábigo. Soufan se quedó, pero las amenazas en Adén llegaron a ser tan acuciantes que él y los demás agentes terminaron por trasladarse a la embajada estadounidense en Saná, la capital de Yemen. La investigación perdía su ímpetu.

A finales de la primavera de 2001, Tom Wilshire, un enlace de la CIA en la sede central del FBI en Washington, estudiaba la relación que existía entre Jaled al-Mihdhar, el agente saudí de Al-Qaeda, y Jallad, el yihadista cojo. Debido a la similitud de los nombres, la CIA había creído que podía tratarse de una sola persona pero, gracias a las investigaciones de Ali Soufan en Yemen, ahora sabía que no era así, y que Jallad había orquestado el atentado contra el *Cole*. «Vale. Esto es importante —decía Wilshire, hablando de Jallad, en un correo electrónico enviado el 13 de julio a sus supervisores del Centro de Antiterrorismo de la CIA—. Se trata de un asesino de primera división.» Wilshire ya sabía que Hazmi, el otro agente saudí, había entrado en Estados Unidos, y que tal vez Mihdhar estaba con él. «Definitivamente, se prepara algo malo», le escribía Wilshire a un colega. Entonces pidió permiso para revelarle aquella información vital al FBI, pero sus superiores en la CIA nunca respondieron a su petición.

Wilshire le pidió a una analista del FBI que revisara el material sobre la reunión de Malasia, pero no reveló que algunos de los participantes podían estar en territorio estadounidense. Y lo que es más importante: tampoco transmitió el tono apremiante reflejado en su correo electrónico; solo advirtió a la analista que debería examinar el material en sus ratos libres. Y ella no se puso manos a la obra hasta finales de julio.

No obstante, Wilshire deseaba saber qué era lo que sabía exactamente el FBI. De modo que proporcionó a Dina Corsi, otra analista del FBI, tres fotografías de vigilancia de la reunión de Malasia para que se las entregara a varios agentes de la brigada I-49, el grupo responsable de antiterrorismo. En las fotografías aparecían Mihdhar y Hazmi, junto a un hombre que la CIA creía que se parecía a Quso, el fallido «camarógrafo» del *Cole*. Wilshire le comunicó a Corsi que uno de los hombres se llamaba Jaled al-Mihdhar, pero no le explicó por qué se habían tomado las fotos, ni mencionó que Mihdhar tenía un visado estadounidense.

El 11 de junio, Clark Shannon, un supervisor de la CIA, se dirigió a Nueva York acompañado de Corsi para reunirse con los agentes del FBI encargados de la investigación del *Cole*; Soufan todavía seguía en Yemen. Al iniciarse la reunión, a media mañana, los agentes de Nueva York empezaron por informar a Shannon y a Corsi durante tres o cuatro horas sobre los progresos de su investigación.

Luego Corsi les mostró las tres fotografías de Malasia a sus colegas del FBI. Eran fotos de vigilancia de alta calidad. Una de ellas, disparada desde un ángulo inferior, mostraba a Mihdhar y a Hazmi de pie junto a un árbol. Shannon quería saber si los agentes reconocían a alguien. Entonces los agentes del I-49 preguntaron quién aparecía en las fotos, y cuándo y dónde se habían hecho. «¿Había más fotografías de aquella reunión?», inquirió uno de los agentes del FBI. Shannon se negó a contestar. Corsi les prometió que «en los próximos días y semanas» intentaría obtener permiso para transmitir aquella información. La reunión subió de tono. Los agentes de FBI consideraban que aquellas fotos afectaban directamente a delitos que ellos intentaban resolver, pero no pudieron obtener ningún dato más de Shannon. Por su parte, Corsi dejó caer al final el nombre de Jaled al-Mihdhar. Steve Bongardt, el principal ayudante de Soufan en la investigación del *Cole*, le pidió a Shannon que proporcionara una fecha de nacimiento o un número de pasaporte que adjuntar al nombre de Mihdhar: un nombre por sí solo no bastaba para impedir su entrada en Estados Unidos. Bongardt acababa de volver de Pakistán con una lista de treinta nombres de presuntos cómplices de Al-Qaeda y sus fechas de nacimiento, que había entregado al Departamento de Estado. Aquel era el procedimiento estándar, lo primero que hacían la mayoría de los investigadores. Pero Shannon se negó a proporcionar aquella información adicional. Los altos funcionarios de la CIA no le habían autorizado a revelar los detalles vitales del visado estadounidense de Mihdhar, su relación con Hazmi y su conexión con Jallad y Al-Qaeda (el propio inspector general de la CIA descubriría que había al menos cincuenta o sesenta personas en la agencia que habían leído cables relativos a la presencia de agentes de Al-Qaeda en Estados Unidos).

Había una cuarta fotografía de la reunión de Malasia que Shannon no enseñó. Era una foto de Jallad, el agente cojo. Gracias al interrogatorio al que Soufan había sometido a Quso, los investigadores del *Cole* tenían un expediente activo sobre Jallad y estaban preparando una acusación formal contra él. Quizá el conocimiento de aquella cuarta foto habría empujado a O'Neill a exigir que la

CIA entregara toda la información relativa a Jallad y sus cómplices. Se habría revelado entonces la cumbre de Al-Qaeda celebrada en Kuala Lumpur, así como los nombres de los agentes de la organización que ya estaban en territorio estadounidense. Al ocultar la foto de Jallad asistiendo a la reunión con los futuros secuestradores aéreos, puede que la CIA permitiera que la trama del 11 de septiembre siguiera adelante.

Aquel verano Mihdhar volvió a Yemen y luego se dirigió a Arabia Saudí, donde presuntamente ayudó al resto de la célula de Al-Qaeda a entrar sin problema en Estados Unidos. También recibió otro visado estadounidense del consulado en Yeda. Dado que la CIA no había proporcionado su nombre al Departamento de Estado para añadirlo a su lista de vigilancia, Mihdhar llegó a Nueva York el 4 de julio.

La reunión del 11 de junio representó la culminación de una extraña tendencia del gobierno estadounidense a ocultar información a las personas que más la necesitaban. En ese aspecto, el FBI fue tan culpable como la CIA. Una ley federal de la época prohibía compartir información derivada de la declaración ante un gran jurado, pero el FBI la interpretaba como una prohibición casi absoluta de revelar cualquier evidencia relacionada con una investigación y, como resultado, rechazaba una y otra vez los requerimientos de información de otras agencias de inteligencia. En 1995, el Departamento de Justicia estableció una política conocida como el «Muro», que regulaba el intercambio de información de inteligencia extranjera entre agentes e investigadores criminalistas, pero los directivos de la sede central del FBI la convirtieron en una camisa de fuerza para sus propios investigadores. Así, se advirtió a los agentes de inteligencia del FBI que compartir aquella clase de información con investigadores criminalistas podía suponer el final de su carrera. El Muro separaba incluso a personas que formaban parte de la misma brigada. El FBI también empezó a ocultar información de inteligencia a la Casa Blanca. Cada mañana, en los ordenadores clasificados del Consejo de Seguridad Nacional había al menos un centenar de informes, de la CIA, la Agencia de Seguridad Nacional (NSA, por sus siglas en inglés) y otras agencias de inteligencia; pero el FBI nunca difundía información.

La CIA decidía a menudo ocultar información de inteligencia al FBI argumentando que de otro modo se comprometerían «fuentes y métodos confidenciales». También la NSA protegía con celo determinada información; había recabado, por ejemplo, cierta información crucial sobre Mihdhar que no facilitó al FBI. Resultaba que Mihdhar era el yerno de Ahmed al-Hada, el colaborador de Al-Qaeda en Yemen cuyo número de teléfono funcionaba como centralita de la red. En San Diego, Midhar llamó al menos ocho veces al teléfono de Hada para hablar con su esposa, que estaba a punto de dar a luz. La información sobre dichas llamadas no se facilitó al FBI, pese a que fueron precisamente las llamadas hechas a y desde el teléfono de Hada las que proporcionaron al FBI la base para elaborar el mapa global de Al-Qaeda. En la oficina de la brigada I-49 había un diagrama de enlaces que representaba las conexiones entre el teléfono de Hada y otros teléfonos situados por todo el globo. Si se hubiera añadido la conexión entre la casa de Hada en Yemen y el piso de Mihdhar en San Diego —repetida ocho veces—, la presencia de Al-Qaeda en Estados Unidos se habría vuelto del todo evidente.*

Después del 11 de septiembre, la CIA afirmó que había revelado la identidad de Mihdhar al FBI de la forma oportuna; de hecho, tanto George Tenet, el director de la CIA, como Cofer Black, el jefe del Centro de Antiterrorismo de esta, declararon ante el Congreso que fue así. Pero más tarde la comisión de investigación del 11-S concluyó que ambas declaraciones eran falsas. La CIA fue incapaz de proporcionar ninguna prueba que demostrara que, en efecto, la información se había transmitido al FBI.

La brigada I-49 respondió al secretismo de formas tan agresivas como creativas. Cuando la CIA se negó a compartir el contenido de

---

* Michael Scheuer, el antiguo jefe de la Alec Station, le dijo al periodista James Bamford que tampoco la NSA había proporcionado esa información a la CIA, forzando a esta última a crear sus propios medios para recopilar información. En «Missed Calls», *Foreign Policy*, 21 de julio de 2015.

las escuchas del teléfono por satélite de Bin Laden, la brigada ideó un plan para construir dos antenas destinadas a captar la señal: una en Palaos, en el Pacífico, y la otra en Diego García, en el Índico. También construyeron una ingeniosa cabina telefónica por satélite en Kandahar, confiando en que esta proporcionara un servicio conveniente a los yihadistas que quisieran llamar a casa. Los agentes escuchaban las llamadas y grababan vídeos de quienes las realizaban mediante una cámara oculta en la cabina. Se emplearon millones de dólares y miles de horas de trabajo para reproducir exactamente la misma información que otros funcionarios estadounidenses ya tenían, pero se negaban a compartir. Según explica Soufan, los agentes de la I-49 estaban tan acostumbrados a que se les negara el acceso a información de inteligencia que compraron un CD que contenía el famoso tema de Pink Floyd «Another Brick in the Wall», y —recordaba— «cada vez que nos soltaban el discursito de las "fuentes y métodos confidenciales" poníamos el auricular del teléfono delante del reproductor de CD y le dábamos al *play*».

Solo unos días antes de que se celebrara la reunión del 11 de junio en la oficina de Nueva York, una serie de nuevas amenazas en Yemen crearon una crisis de seguridad para los estadounidenses. Las autoridades yemeníes detuvieron a ocho hombres que, según dijeron, formaban parte de una trama para volar la embajada de Estados Unidos, donde se habían refugiado Soufan y otros investigadores. Actuando por recomendación de O'Neill, Louis Freeh, el director del FBI, retiró a todo el equipo.

Por entonces Soufan tenía una idea mucho más clara de la relación existente entre Jallad y los conspiradores del *Cole*. En julio de 2001, envió un tercer requerimiento formal a la CIA pidiendo información acerca de una posible reunión de Al-Qaeda en Malasia y sobre el viaje de Jallad a Bangkok para reunirse con Quso y el terrorista suicida del *Cole*. Una vez más, la agencia no respondió.

El 22 de agosto, John O'Neill recogía sus cosas del despacho, ya que era su último día en el FBI. Había decidido jubilarse después de que el *Times* divulgara que, mientras asistía a una conferencia del FBI en Florida, le habían robado un maletín que contenía documentos confidenciales. Aunque el maletín se recuperó muy pronto, y se determinó que nadie había tocado el material confidencial, aquello había arruinado sus perspectivas profesionales.

Ese día, Soufan se pasó por el despacho de O'Neill para despedirse de él. Volvía a Yemen aquella misma tarde. La última acción de O'Neill como agente del FBI fue firmar el papeleo para enviar al equipo de Soufan de regreso a ese país. Estaban decididos a detener a los asesinos de los marineros estadounidenses, pese a los riesgos de trabajar en un entorno tan hostil.

Los dos hombres caminaron hasta un cercano restaurante de comida rápida. O'Neill pidió un sándwich de jamón y queso.

—¿No quieres renunciar a tus costumbres infieles? —bromeó Soufan, señalando el jamón—. ¡Irás al infierno!

O'Neill instó a Soufan a que fuera a verle al World Trade Center, donde había conseguido un empleo como jefe de seguridad.

—Voy a estar solo un poco más abajo de esta calle —le dijo.

Soufan le confió que él y su novia de toda la vida habían decidido casarse. O'Neill les dio su bendición.

—¡Si te ha aguantado todo ese tiempo —bromeó—, tiene que ser una buena mujer!

La semana en que O'Neill se jubiló del FBI, la analista de la Alec Station que había estado revisando información de inteligencia sobre la reunión de Malasia se dio cuenta de que Mihdhar y Hazmi estaban en Estados Unidos, y le transmitió la información a Dina Corsi, en la sede central del FBI. Corsi, alarmada, envió un correo electrónico al supervisor de la brigada I-49, ordenando a dicha unidad que localizara a los agentes de Al-Qaeda. Sin embargo —añadió—, debido a las restricciones del Muro, ningún investigador criminalista podía involucrarse en la investigación. Resultó que solo había un agente de inteligencia disponible, y además era novato. Entonces un agente del FBI reenvió el mensaje de Corsi a Steve Bongardt, el principal ayudante de Soufan. Bongardt llamó a Corsi por teléfono.

—Dina, ¡se está quedando conmigo! —le dijo—. ¿Mihdhar está en el país?

Bongardt se quejó de que el Muro era una ficción burocrática que impedía a los investigadores hacer su trabajo. En una conversación que mantuvieron al día siguiente, le dijo a Corsi:

—¡Si este tío está en el país, no es para ir a la jodida Disneylandia!

Más tarde escribió en un correo electrónico: «Algún día morirá alguien y, con Muro o sin él, la opinión pública no entenderá por qué no fuimos más eficaces». El intento del agente novato de localizar a Mihdhar y a Hazmi resultó infructuoso.

Tres semanas más tarde, el 11 de septiembre de 2001, Soufan estaba en la embajada estadounidense en Saná. Habló por teléfono con su prometida, que le explicó que se había producido un atentado contra las Torres Gemelas. Encendió un televisor y vio cómo se estrellaba el segundo avión. Llamó repetidas veces al teléfono móvil de O'Neill, pero no obtuvo respuesta.

El FBI ordenó evacuar a Soufan y al resto de su equipo de Yemen. La mañana del 12 de septiembre, el jefe del puesto de la CIA en Adén escoltó a los agentes al aeropuerto de Saná. Estaba sentado con Soufan en la sala de embarque cuando recibió una llamada en el móvil de la sede central del FBI. Le pasó el teléfono a Soufan.

—Quieren hablar con usted.

Entonces Dina Corsi habló con Soufan y le ordenó que se quedara en Yemen. Él se mostró contrariado. Quería volver a Nueva York e investigar aquel atentado contra Estados Unidos.

—De eso se trata, de lo que ocurrió ayer —le explicó ella—. Quso es nuestra única pista.

No podía decirle nada más. Soufan recuperó su equipaje, pero se sentía perplejo. ¿Qué había hecho Quso, el encargado de filmar el *Cole* que se había quedado dormido, que tuviera que ver con el 11 de septiembre?

Robert McFadden, un investigador de la marina que hablaba árabe, y un par de tipos del SWAT se quedaron para ayudar a Soufan, junto con un reducido equipo de agentes del FBI. La orden de la sede central era identificar a los secuestradores aéreos del 11 de septiembre «por todos los medios necesarios», una directriz que Soufan nunca había oído antes. Cuando regresó a la embajada, recibió por una línea segura un fax con las fotos de 20 sospechosos. Luego el jefe del puesto de la CIA se llevó a Soufan aparte y le dio un sobre de papel manila. Dentro había tres fotografías de vigilancia y un informe completo sobre la reunión de Malasia: el mismo material que él había requerido tantas veces. El Muro había caído. Cuando Soufan comprendió que la CIA sabía desde hacía más de un año y medio que dos de los secuestradores aéreos se encontraban en Estados Unidos, se precipitó al cuarto de baño y vomitó.

Luego se dirigió a la oficina del general Qamish y exigió ver de nuevo a Quso.

—¿Qué tiene esto que ver con el *Cole*? —inquirió Qamish.

—No estoy hablando del *Cole* —le respondió Soufan—. El hermano John ha desaparecido.

Empezó a decir algo más, pero no pudo seguir. Al general también se le llenaron los ojos de lágrimas.

«Qamish tomó una decisión al instante —recuerda McFadden—. Dijo: "Dígame lo que quiere, y haré que ocurra".» El general le explicó a Soufan que Quso estaba en Adén y que aquella tarde había tomado un último vuelo de allí a la capital. Llamó por teléfono a sus subordinados y empezó a gritar:

—¡Quiero a Quso aquí esta noche!

Luego el general llamó el aeropuerto y exigió que le pusieran con el piloto.

—No despegue hasta que mi preso esté a bordo —le ordenó.

A medianoche, en una habitación no muy lejos del despacho de Qamish, Soufan se reunió con Quso, que se hallaba de un humor bastante irritable.

—No tiene que hablar conmigo solo porque pase algo en Nueva York o en Washington —le dijo a Soufan.

Este le mostró las tres fotografías de vigilancia de la reunión de Malasia, en las que aparecían los secuestradores aéreos saudíes

Mihdhar y Hazmi. Quso creía recordar haberlos visto en los campos de Al-Qaeda, pero no estaba seguro.

—¿Por qué me pregunta por ellos? —inquirió.

Él negó que apareciera en ninguna de las fotos.

Por fin, al día siguiente, la CIA transmitió la cuarta fotografía de la reunión de Malasia: la foto de Jallad, el cerebro de la operación *Cole*. Soufan comprendió de inmediato que ambas tramas estaban relacionadas y que, si la CIA no le hubiera ocultado información, él tal vez habría establecido la conexión meses antes del 11 de septiembre. Volvió a reunirse con Quso, que identificó al personaje de la foto como Jallad: era la primera confirmación de la responsabilidad de Al-Qaeda en los atentados del 11 de septiembre.

Soufan interrogó a Quso durante tres noches, mientras de día redactaba informes e investigaba, durmiendo poco más de una hora seguida. «Estaba hecho una mierda, pero estaba consiguiendo información realmente buena», recordaba Carlos Fernández, otro agente colega suyo. La cuarta noche, Soufan se desplomó de agotamiento. «Queríamos que fuera evacuado por razones médicas —explicaba Fernández—. Lo llevamos a urgencias. El chico apenas podía mantenerse en pie. Pero se negó a marcharse, y al día siguiente volvió a lo suyo. Ninguno de nosotros había visto nunca nada igual.» Sus colegas empezaron a referirse a Soufan como «un héroe estadounidense».

Soufan era en extremo consciente de que la información que estaba obteniendo era crucial, y de que quizá nadie más podría sacarle la verdad a Quso. Por último, después de horas de prolongado interrogatorio, le mostró a Quso una fotografía de Marwan al-Shehhi, el secuestrador aéreo que pilotó el vuelo 175 de United Airlines, que se estrelló contra la segunda torre. Quso lo identificó, y explicó que lo había conocido en una pensión de Kandahar. Recordó que Shehhi había estado enfermo durante el Ramadán, y que el emir —o patrón— de la pensión había cuidado de él. El nombre del emir era Abu Yandal.

Mientras esto ocurría, las autoridades yemeníes también mantenían detenido a Abu Yandal, de modo que los estadounidenses se las arreglaron para interrogarle. Era un hombre alto y fornido, con una barba oscura. «¿Qué hacen aquí estos infieles?», preguntó. Cogió una silla de plástico y le dio la vuelta, sentándose con los brazos cruzados y dando la espalda a sus interrogadores. Después de algunos halagos, Soufan logró persuadir a Abu Yandal de que se volviera hacia él, aunque se negó a mirarle a los ojos. Sin embargo, no tenía intención de hablar; en lugar de ello, soltó una larga y precipitada diatriba contra Estados Unidos.

Soufan comprendió que el preso había sido entrenado en técnicas de contrainterrogatorio, ya que admitía con facilidad cosas que Soufan ya sabía —que había combatido en Bosnia, Somalia y Afganistán, por ejemplo— y negaba todo lo demás. Abu Yandal se describió a sí mismo como un buen musulmán que había considerado la yihad, pero se había desencantado. Se veía no como un asesino, sino como un revolucionario que intentaba librar al mundo del mal, el cual, para él, provenía sobre todo de Estados Unidos, un país del que no sabía casi nada.

A medida que pasaban las noches, Soufan se fue ganando la simpatía de Abu Yandal. Con sus treinta y pocos años, era mayor que gran parte de los yihadistas. Había crecido en la ciudad saudí de Yeda —la ciudad natal de Bin Laden— y había leído mucho sobre religión. Parecía disfrutar tomando té y sermoneando a los estadounidenses sobre la visión islamista radical de la historia; la sociabilidad era su punto débil.

Soufan procuraba halagarle y hacer que se enfrascara en el debate teológico. Escuchando las diatribas de Abu Yandal, Soufan captó varios detalles útiles: que se había cansado de luchar; que le molestaba el hecho de que Bin Laden hubiera jurado lealtad al mulá Omar, el líder de los talibanes en Afganistán; y que le preocupaban sus dos hijos, uno de los cuales tenía una enfermedad ósea. Soufan también advirtió que Abu Yandal rechazaba la repostería porque era diabético.

La noche siguiente, Soufan le llevó unos barquillos sin azúcar, una cortesía que Yandal agradeció. También le llevó una historia de Estados Unidos en árabe. Abu Yandal se sentía desconcertado por Soufan: un musulmán moderado que podía discutir con él sobre el islam, que estaba en el FBI y que apreciaba a Estados Unidos. No tardó en leer la historia que le dio Soufan, y le asombró enterarse de la Revolución estadounidense y su lucha contra la tiranía.

Mientras tanto, Soufan intentaba determinar los límites del paisaje moral de Abu Yandal. Le preguntó cuál era la forma apropiada de librar la yihad, y él le explicó con entusiasmo cómo un guerrero debía tratar a su adversario en el combate. El Corán y otros textos islámicos hablan de la ética del comportamiento en la guerra. ¿Dónde aprueban los atentados suicidas?, le preguntó Soufan. Abu Yandal le respondió que el enemigo tenía ventaja en armamento, pero los terroristas suicidas equilibraban la balanza. «Son nuestros misiles», le dijo.

«¿Y las mujeres y los niños? —inquirió Soufan—. ¿No se supone que hay que protegerlos?» Mencionó los atentados contra las embajadas estadounidenses en África. Recordó a una mujer que iba en un autobús que pasaba por delante de la embajada de Nairobi, a la que, después de que estallara la bomba, encontraron aferrada a su bebé, intentando protegerlo de las llamas. Ambos habían quedado carbonizados. ¿Qué pecado había cometido aquella madre? ¿Y qué pasaba con el alma de su hijo? «Dios los recompensará en el más allá —le respondió Abu Yandal. Además, añadió—: ¿Puede imaginar cuántas personas se unieron a Bin Laden tras los atentados a las embajadas? Llegaron cientos de ellas pidiendo ser mártires.» Soufan le contestó que muchas de las víctimas de África Oriental —quizá la mayoría de ellas— eran musulmanes. En varias ocasiones, Abu Yandal citó a autoridades religiosas o capítulos del Corán, pero se encontró con que Soufan le daba mil vueltas en asuntos teológicos. Por último, Abu Yandal afirmó que, puesto que los atentados contra las embajadas se llevaron a cabo un viernes, cuando las víctimas deberían haber estado en la mezquita, los que murieron no eran verdaderos musulmanes.

La quinta noche, Soufan cerró de golpe la revista de actualidad que había sobre la mesa que los separaba. En la revista había fotos de los aviones estrellándose contra las Torres Gemelas, y vívidas imágenes de personas atrapadas en los edificios y lanzándose al vacío desde una altura de cien pisos. «Esto lo ha hecho Bin Laden», le dijo Soufan. Abu Yandal se había enterado de los atentados, pero desconocía muchos de los detalles. Examinó las fotos con asombro. Comentó que parecían «una producción de Hollywood», pero la magnitud de la atrocidad le afectó de manera visible.

McFadden y dos investigadores yemeníes se unieron a Soufan y a Abu Yandal en la pequeña sala de interrogatorios. Todos tenían la sensación de que Soufan se estaba acercando. Las tropas estadounidenses y aliadas se disponían a ir a la guerra en Afganistán, pero necesitaban desesperadamente más información sobre la estructura de Al-Qaeda, los emplazamientos de sus escondrijos y los planes de huida. Los funcionarios de inteligencia estadounidenses esperaban que Abu Yandal les proporcionara toda aquella información.

Por casualidad, un diario local yemení se encontraba en un estante bajo la mesa de interrogatorios. Soufan se lo mostró a Abu Yandal. El titular rezaba: «Doscientas almas yemeníes perecen en el atentado de Nueva York» (por entonces se calculaba que había habido decenas de miles de muertos). Abu Yandal leyó el titular y dio un suspiro.

—Dios nos ayude —murmuró.

Soufan le preguntó qué clase de musulmán haría una cosa así. Abu Yandal insistió en que los atentados de Nueva York y Washington debían de haberlos cometido los israelíes.

—El jeque no está tan loco —dijo, refiriéndose a Bin Laden.

Entonces Soufan sacó un álbum de fotografías de fichas policiales que contenía fotos de miembros conocidos de Al-Qaeda y de los secuestradores aéreos. Le pidió a Abu Yandal que los identificara. El yemení las hojeó con rapidez y cerró el libro.

Soufan lo abrió de nuevo y le pidió que se tomara su tiempo.

—Algunos de ellos están detenidos —le dijo, esperando que Abu Yandal no dedujera que los secuestradores aéreos habían muerto todos.

Yandal se detuvo durante medio segundo ante la fotografía de Shehhi, el piloto del vuelo 175 de United Airlines, antes de hacer ademán de pasar página.

—Aún no ha terminado con este —le dijo Soufan—. Ramadán, 1999. Él está enfermo. Usted es su emir, y cuida de él.

Abu Yandal miró a Soufan desconcertado.

—Cuando le hago una pregunta ya conozco la respuesta —le dijo Soufan—. Si es inteligente me dirá la verdad.

Abu Yandal admitió que conocía a Shehhi y le dio su nombre de guerra en Al-Qaeda, Abdullah al-Sharqi. Lo mismo hizo con Jaled al-Mihdhar y otras cinco personas más, incluyendo a Mohamed Atta, el líder de los secuestradores aéreos. Pero siguió insistiendo en que Bin Laden nunca cometería tal acción. Habían sido los israelíes, sostenía.

—Sé a ciencia cierta que quienes hicieron esto eran tipos de Al-Qaeda —le dijo Soufan.

Sacó siete fotografías del álbum y las puso sobre la mesa.

—¿Cómo lo sabe? —le preguntó Abu Yandal—. ¿Quién se lo ha dicho?

—Usted —le respondió Soufan—. Estos son los secuestradores aéreos. Usted los ha identificado.

Abu Yandal palideció. Se cubrió el rostro con las manos.

—Deme un momento —rogó.

Soufan salió de la habitación. Cuando volvió, le preguntó a Abu Yandal qué pensaba ahora.

—Pienso que el jeque se ha vuelto loco —le respondió.

Y luego le dijo a Soufan todo lo que sabía.

Posdata

Ali Soufan desempeñó un importante papel a la hora de desacreditar las afirmaciones de la CIA sobre la utilidad y la eficacia de la tortura. Tuve ocasión de entrevistarle para mi documental de 2010 *My Trip to al-Qaeda* (dirigido por Alex Gibney) cuando todavía era un agente secreto, y me explicó que se había negado a participar en lo que la CIA denominaba «técnicas de interrogatorio mejoradas». De hecho, pensó en la posibilidad de hacer detener a los interrogadores antes de que el FBI decidiera que ya no podía formar parte de tales procedimientos.

Soufan dimitió del FBI en 2005 para fundar Soufan Group, una empresa internacional dedicada a labores de seguridad e inteligencia.

El reino del silencio

«¿Esto es un periódico?», le pregunté al taxista de Yeda cuando se detuvo ante la nueva y suntuosa sede central de *Okaz*, el diario más popular del reino saudí. Yo esperaba encontrar el tipo de sórdida construcción destinada a convertirse en una ratonera en caso de incendio que suele ser típica de las sedes de los periódicos en todo el mundo, pero aquel edificio se alzaba sobre el humilde vecindario como un palacio real. Todavía había trabajadores colocando baldosas de mármol en los escalones cuando entré en el imponente atrio. Los envidiosos reporteros de otros periódicos llaman a la nueva sede central del *Okaz* el Taj Mahal. Varios saudíes pasaron a mi lado con aire solemne, ataviados con túnicas de un blanco inmaculado y pañuelos a cuadros rojos en la cabeza. Me sentí fuera de lugar y mal vestido.

Resulta sorprendente que los periódicos sean un buen negocio en un país donde la verdad se halla tan celosamente custodiada. Los miembros de la familia real, Al-Saud, se preocupan de forma obsesiva por su imagen; poseen o controlan la mayor parte de la prensa saudí, que a su vez domina el mundo árabe. En el reino saudí cada mañana hay más de una docena de diferentes periódicos en los quioscos. Los más acreditados, y los más progresistas, *Al-Hayat* y *Asharq al-Awsat*, son propiedad de príncipes saudíes, pero se publican en Londres. Sin embargo, se ven constreñidos por los mismos tabúes que paralizan a todas las publicaciones de su país: no puede decirse nada provocativo sobre el islam, el gobierno o la familia real. Otro periódico, *Al-Watan*, que pertenece en parte al príncipe Bandar bin Jalid, se inspira en el estadounidense *USA Today*. Pero *Okaz* sigue siendo el favorito de la nación. En la mesa de centro del vestíbulo había un ejemplar de la edición matutina de aquel 28 de enero de 2003. Parecía una versión árabe del *New York Post*, llena de cotilleos de Hollywood y de historias sobre genios que rondan las dunas de arena. Aunque en apariencia independiente, se identificaba un estrecho vínculo de *Okaz* con el príncipe Nayef bin Abdulaziz al-Saud, entonces ministro del Interior, que también controlaba la policía secreta y los medios de comunicación.

Tras subir un tramo de escalera, en un ala que en sí resulta modesta, se halla la *Saudi Gazette*, un diario en inglés publicado por *Okaz*, la cual me había contratado durante tres meses para ayudar a formar a jóvenes periodistas saudíes. El trabajo me proporcionaba un modo de entrar en el reino después de más de un año de infructuosos intentos de conseguir un visado como periodista. Trabajar en la *Gazette* también me proporcionaba cierta ventaja sobre la prensa saudí, que llevaba una década luchando por liberarse del yugo del control gubernamental. En 1990, justo antes de la guerra del Golfo, los medios de comunicación se vieron obligados a aguardar una semana antes de poder informar sobre la invasión de Kuwait por parte de las tropas de Sadam Husein. Mientras tanto, la cobertura informativa por satélite saltaba fronteras, y después internet. La prensa obtuvo cierto grado de libertad. De repente empezaron a aparecer noticias sobre delincuencia, consumo de drogas, divorcios y hasta la presencia del sida en el reino. Por primera vez, los saudíes proyectaban una mirada crítica a su país y sus problemas. Pero tras el 11 de septiembre los medios de comunicación retrocedieron; como resultado, pasaron casi del todo por alto la mayor noticia de toda la historia moderna del reino, volviéndose ciegos al peligro que residía dentro de su propia sociedad.

Recorriendo la *Gazette*, no tardé en dar con el doctor Mohammad Shukany, el subjefe de redacción, que se sentaba en un oscuro despacho desde el que se dominaba la sala de redacción entera. En un rincón había un televisor, que retransmitía una telenovela mexicana con el sonido apagado. Como la mayoría de los hombres saudíes, llevaba un *zobe* blanco, una túnica parecida a una camisa grande que le llegaba a los tobillos. El pañuelo de la cabeza, denominado *gutra*, estaba doblado en el sofá, pero vestía el casquete blanco que se lleva debajo, lo que le confería cierto aire sacerdotal. Era un hombre fornido, con la cara redonda y un estrecho bigote entreverado de canas. En el fondo era un académico, más que un periodista, y de hecho daba clases de literatura inglesa en la Universidad Rey Abdulaziz de Yeda. Mientras hablábamos, me pareció que sus ojos eran casi retráctiles, retrocediendo hasta convertirse en aburridas rendijas cuando el tema no le interesaba, para luego sobresalir de emoción cuando se mostraba plenamente comunicativo, como el momento en que me habló de su gran pasión, Joseph Conrad.

—Algunos de los personajes de sus primeras historias provienen de Hadramaut, que es de donde provienen también los Bin Laden —me dijo—. Asimismo, en *Lord Jim* aparece una de las primeras menciones literarias de un predicador wahabí. ¡Conrad es definitivamente un hombre de nuestra época!

Shukany daba por supuesto que yo había llegado al país con una serie de estereotipos sobre los saudíes.

—Lo único que pedimos —añadió— es que nos juzgue por nosotros mismos.

Me condujo a través de la sala de redacción, donde dos docenas de redactores y teclistas, la mayoría de ellos expatriados indios, trabajaban con ordenadores Apple G4. Pude ver la maquetación del periódico del día siguiente en las pantallas. Los lectores de la *Gazette* surgen en buena medida de los millones de trabajadores extranjeros que, como aquellos redactores, realizan una gran parte de las labores esenciales del reino, desde conducir taxis hasta trabajar en los campos petrolíferos. La información internacional y nacional constituye la parte principal del periódico, con páginas independientes para el subcontinente indio y Filipinas, de donde proceden la mayoría de los expatriados. Hay también una sección de cultura, una página de deportes (sobre todo fútbol y críquet), notas económicas y editoriales. La mayoría de las noticias internacionales provienen de agencias. El viernes, el día sagrado del islam, añaden una página sobre enseñanzas islámicas.

En una sala lateral, sentados a una larga mesa de biblioteca, cuatro traductores sudaneses examinaban la prensa diaria árabe en busca de noticias aprovechables. Uno de ellos llevaba un turbante blanco; otro exhibía cicatrices tribales en las mejillas. Un botones yemení y dos bangladesíes, ataviados con uniformes marrones, patrullaban de un lado a otro. Más allá de la sala de redacción principal, tras una larga pared de cristal, los periodistas locales aguardaban para conocerme.

Percibí el letargo en cuanto entré en la sala. El humo de los cigarrillos se combinaba con un manto fluorescente para crear una atmósfera densa, subterránea. Tres jóvenes reporteros saudíes me saludaron con una expresión que parecía a la vez afable y perpleja.

Nos sentamos, y les pedí que me hablaran de ellos. Había dos periodistas llamados Hasan —Hasan Baswaid y Hasan Hatrash—, pero eran sorprendentemente distintos. Baswaid, de treinta y cuatro años, era alto y ancho de hombros, con patillas y cabello negro rizado, y unos auriculares omnipresentes conectados a su teléfono móvil, que sonaba cada pocos minutos reproduciendo el tema de *Misión: Imposible*. Llevaba vaqueros y una camisa blanca abrochada en parte y sin remeter. Su apuesto rostro parecía propio de la cubierta de una novela romántica. Por su parte Hatrash, de veintiocho años, era bajo y delgado; vestía la ropa tradicional saudí, y lucía una cuidada perilla negra y unas gafas también negras que tendían a reposar a media nariz. Sin embargo, bajo su pañuelo de cabeza había una serpentina masa de rizos estilo rastafari. En el fondo —explicó Hatrash—, él era músico, pero aquella era una opción profesional sin futuro en una sociedad tan puritana. Los dos hombres llevaban varios años trabajando en la *Gazette*; el tercer periodista, Mamduh al-Harzy, se había incorporado a la plantilla aproximadamente una hora antes de mi llegada.

—¿Qué les parece trabajar aquí? —les pregunté.

Los dos Hasan se encogieron de hombros y desviaron la mirada.

—Quizá podríamos hablar de eso más tarde, amigo —dijo Hatrash.

Habrían de pasar varias semanas antes de que descubriera por qué tenía acento antillano: había perfeccionado su inglés escuchando canciones de Bob Marley.

Confieso, por otra parte, que aquel afortunado encargo de formar a jóvenes periodistas me causaba una gran emoción. Yo sospechaba que tras las puertas cerradas de la sociedad saudí se estaba gestando una revolución social. Con un poco de orientación —pensaba—, aquellos periodistas podrían contribuir a inspirar el cambio. Pero al enfrentarme a los desmoralizados reporteros que ahora tenía a mi cargo no sabía ni por dónde empezar. Mis deberes no estaban definidos con claridad. Tenía que actuar como su «mentor», pasándome por la oficina un rato cada día, y enseñarles algunas técnicas elementales de periodismo de investigación. «No espere demasiado —me había advertido Shukany—. Puede asignarles artículos o hacer lo que quiera. Tiene libertad absoluta.» Me pregunté qué quería decir con eso.

Mi primera gran tarea con los reporteros locales fue ayudarlos a cubrir el *hadj* de 2003, que empezaba en febrero. Cada año, al final del calendario islámico, más de dos millones de peregrinos llegan a Yeda de camino a La Meca, a unos 65 kilómetros al este. Es la mayor concentración humana anual del mundo, y también el mayor acontecimiento que tiene que cubrir la prensa local. La competencia por lograr buenos artículos es feroz. La *Gazette* enviaba a cuatro periodistas —la mayoría del personal masculino— a cubrir el evento; Hasan Hatrash dirigiría el equipo.

En el pasado, el *hadj* ha sido escenario de numerosas tragedias: estampidas, incendios, accidentes de aviación, atentados, disturbios sangrientos y epidemias. Los peregrinos, que llegan desde todo el mundo, invariablemente llevan consigo diversos virus y bacterias, y para cuando se inició el *hadj* de ese año, el 9 de febrero, había habido ya brotes de gripe y de meningitis en el reino saudí. Pero Hatrash no estaba preocupado. Me dijo que se aseguraba su inmunidad comiendo unos pequeños limones verdes que se cultivan en la región. «Me protegen contra todo», me explicó.

Las expectativas de guerra en Irak hacían aquel *hadj* especialmente tenso. Si la guerra empezaba antes de que los peregrinos hubieran podido volver a casa, podrían quedar bloqueados durante meses. La ambigua postura del gobierno saudí con respecto a la crisis de Irak —condenando de forma oficial la guerra, pero permitiendo a las fuerzas estadounidenses utilizar las bases saudíes como zona de estacionamiento para las misiones de búsqueda y rescate— abrió el reino a toda clase de manifestaciones políticas por parte de los musulmanes que se oponían a la guerra. Por su parte, el gobierno, recordando los desastres del pasado, estaba decidido a silenciar cualquier disensión.

Uno de los momentos más significativos de la moderna historia saudí se produjo al final del *hadj* de 1979. Varios cientos de islamistas radicales, muchos de ellos estudiantes, se apoderaron de la Gran Mezquita de La Meca, y utilizaron el lugar más sagrado del islam como un foro para cuestionar la autoridad de la familia real. El rey Jalid obtuvo una fetua del clero que permitía a las tropas del gobierno recuperar la mezquita. Dos semanas de feroces combates cuerpo a cuerpo en las cámaras subterráneas del sagrado lugar dejaron 127 soldados saudíes muertos y más de 450 heridos. Unos comandos franceses proporcionaron a los saudíes un gas «no letal» sin especificar. Cuando este se reveló ineficaz para hacer salir a los terroristas, las fuerzas saudíes practicaron agujeros en las paredes de las cámaras y lanzaron granadas de mano a través de ellos. Increíblemente, sobrevivieron 170 rebeldes, 63 de los cuales fueron decapitados en la que fue la mayor ejecución colectiva de toda la historia saudí.

Este año, nada menos que la mitad de los peregrinos serían mujeres —el mayor porcentaje visto hasta entonces—, pero, curiosamente, la *Gazette* no enviaba a ninguna periodista femenina a cubrir el evento. Según Shukany, se suponía que yo tenía a tres mujeres bajo mi supervisión, pero después de una semana en el periódico todavía no las conocía. Por entonces había advertido la presencia de un letrero en el primer piso, detrás del hueco de la escalera, que rezaba: SECCIÓN FEMENINA. Pero no tenía ni la menor idea de quién había tras aquella puerta, si es que había alguien. Shukany me aseguró que a las mujeres periodistas se les permitía asistir a reuniones en la sala de conferencias; sin embargo, faltaron a la primera sesión que convoqué, a las cuatro de la tarde de un miércoles. «Me he enterado de que se van antes a casa», me explicó Shukany en tono de disculpa.

Al día siguiente, con la reunión programada para una hora antes, tres figuras cubiertas de negro se deslizaron a hurtadillas en la sala de conferencias de la *Gazette*. Una vez que se hubieron sentado, los hombres hicieron lo propio, acomodándose en el lado opuesto de la mesa. Yo me senté a la cabecera, no sin cierta incomodidad. Las mujeres vestían todas ellas abaya e hiyab —las preceptivas túnicas y pañuelos de cabeza— de color negro, y una de ellas también se cubría el rostro, dejando asomar solo unas gafas de ojo de gato sobre la máscara de tela negra. Del respaldo de su silla colgaba un bolso de piel de cocodrilo con una larga cadena de oro.

La ocultación voluntaria de todo un sexo y, en consecuencia, de la propia sexualidad, era el rasgo más desconcertante de la vida saudí. Podía pasar un día entero sin ver una sola mujer, salvo quizá alguna que otra mendiga sentada en el bordillo delante de la casa de un príncipe. Casi todo el espacio público, desde la terraza exterior del restaurante italiano hasta las mesas de la acera del Starbucks, pertenecía a los hombres. Los restaurantes tenían entradas separadas para «familias» y «solteros», y podía oír a las mujeres pasar con prisas, ocultas por biombos, para dirigirse al piso de arriba o a una sala trasera. Los únicos lugares donde estaba seguro de ver a mujeres eran el centro comercial o el supermercado, e incluso allí parecían fantasmagóricamente fuera de lugar. Muchas de ellas llevaban guantes negros y el rostro cubierto por completo, como una jaula de canario, sin dejar ver siquiera un par de melifluos ojos árabes de pesados párpados. A veces ni siquiera era capaz de adivinar hacia dónde miraban. Me parecía como si las mujeres hubieran muerto, y solo quedaran sus sombras.

La periodista del bolso de cocodrilo se llamaba Nayla Fazi. Fue una sorpresa descubrir que Nayla y sus colegas femeninas tenían una formación muy superior a la de los miembros masculinos de la plantilla, la mayoría de los cuales no habían terminado la universidad. Nayla, por ejemplo, había obtenido en 1995 un máster en Ciencias Políticas en la Universidad de Louisville. «¡Y desde entonces no he salido del mundo árabe!», declaró. Su tono sugería enfado o desafío, o incluso cierto atisbo de humor, pero me resultaba desesperantemente difícil interpretar sus intenciones sin poder acceder a sus expresiones faciales. Era un enigma para mí.

Yo quería lograr que las periodistas de la *Gazette* como Nayla realizaran artículos de investigación, mientras Hatrash y su equipo cubrían el *hadj*. Había un tema en el que yo tenía especial interés. En marzo de 2002 se había declarado un incendio en la 31.ª Escuela Media Femenina de La Meca, un destartalado edificio de cuatro pisos que albergaba a 835 alumnas y a 55 docentes. Según los primeros informes, el fuego se había iniciado en la cocina alrededor de las ocho de la mañana, desatando el pánico. La única salida estaba cerrada; una anciana celadora había desaparecido con la llave. Quince niñas murieron atrapadas; más de 50 resultaron heridas, algunas de ellas tras saltar por las ventanas. Según testigos presenciales, varias personas habían corrido a apagar las llamas, pero un representante del Comité para la Promoción de la Virtud y la Prevención del Vicio —la policía religiosa del país— les había prohibido acercarse porque las niñas no llevaban puesta la abaya (aunque el director del Comité negara después esa versión).

La educación femenina, introducida en Arabia Saudí en 1960, nació rodeada de polémica. Aunque hoy en día el número de mujeres excede al de hombres en el ámbito universitario, solo el 6 por ciento de la población femenina trabaja, un dato estadístico que ha llevado a los conservadores religiosos a argumentar que la educación femenina es «inútil». Después del incendio, el jefe de la Presidencia General de Educación Femenina declaró que había sido la «voluntad de Dios», y lo dijo en una rueda de prensa en la que obsequió a cada uno de los periodistas presentes en la sala con un costoso maletín de piel de cordero. Me dijeron que más tarde se hizo fotografiar inspeccionando las ruinas de la escuela con su atuendo ministerial; las fotos lo captaron pisando de forma distraída las abayas que habían quedado en el suelo.

Pero fueron los detalles sobre la paralización del rescate de las niñas por parte de la policía religiosa los que sumieron al país en un paroxismo de introspección. Tras el ataque a la Gran Mezquita de 1979, la Mutawa, como se denomina de forma extraoficial a este cuerpo parapolicial subvencionado por el estado, ha adquirido una presencia mucho más invasiva en el país. La lección que la familia real había extraído de aquella traumática revuelta era que solo podía protegerse de los extremistas religiosos otorgándoles mayor poder. Así, la Mutawa merodea por restaurantes, centros comerciales y parques de atracciones, asegurándose de que se cierren los comercios en las horas de oración y reprendiendo o castigando a las mujeres cuyo atuendo no siga las preceptivas normas de recato. Se sabe de casos en que han disparado contra antenas parabólicas e irrumpido en viviendas privadas. A la Mutawa suelen seguirle de cerca agentes de la policía oficial, que están a sus órdenes.

La prensa saudí hizo historia al escribir sobre el incendio sin pedir permiso primero al Ministerio de Información. Durante varias semanas, el gobierno se mantuvo al margen y simplemente dejó actuar con libertad a la prensa. «¿Cuándo nos avergonzaremos de nuestra actitud hacia las mujeres? —preguntaba a sus lectores el director de *Al Riyadh*—. Les atribuimos todos los males de la sociedad. [...] ¿Acaso al Comité para la Promoción de la Virtud y la Prevención del Vicio le preocupan nuestras mujeres, hermanas, madres e hijas más que a nosotros?» La *Gazette*, que raras veces criticaba al gobierno, exigió una investigación de la policía religiosa y el procesamiento de los responsables de las muertes de las niñas. Para los estándares saudíes, la cobertura informativa fue tan implacable que hasta los reformistas se sintieron inquietos. Al final, el ministro del Interior convocó a los jefes de redacción de todos los periódicos del país y les dijo que tenían que poner fin a aquellos artículos, cosa que hicieron de inmediato.

Para los periodistas saudíes, el drama de la escuela femenina fue a la vez liberador y desconcertante. Confirmó que la prensa saudí podía desempeñar un papel disidente. Pero algunos decían que en última instancia la historia había resultado contraproducente: el gobierno redujo fuertemente el ámbito de libertad debido a que la furia popular desatada por la noticia le había alarmado de forma extrema.

Hacia el final de la reunión del jueves, sugerí que se redactara un artículo para conmemorar el primer aniversario de aquel acontecimiento. Yo quería que lo escribiera una mujer.

—La cuestión es: después de un año, ¿han cambiado de verdad las cosas? —pregunté.

—¡Por supuesto que sí! —me respondió Nayla con impaciencia, inclinándose sobre la mesa y apoyando lo que debía de ser su barbilla en el puño—. Todo el mundo lo sabe. El jefe de la Presidencia General de Educación Femenina fue destituido. El departamento se incorporó al Ministerio de Educación. Son cambios enormes.

—A mí me parecen más bien cambios simbólicos —repliqué—. Las niñas murieron porque estaban encerradas en un edificio destartalado y abarrotado sin salidas de incendios. ¿Está construyendo hoy en día el gobierno escuelas seguras para las niñas? ¿Realizan simulacros de incendio los docentes? ¿Se continúa encerrando a las niñas?

Una de las mujeres, Sabahat Siddiqi, alzó la voz con timidez.

—Yo escribiré ese artículo, si me dice cómo —afirmó.

Le sugerí que se dirigiera a hablar con las autoridades de protección civil para ver si de veras se había mejorado o no la seguridad contra incendios, y con el ministro de Educación para determinar si el gobierno había cumplido o no su promesa de construir escuelas seguras. Le aconsejé que fuera a La Meca a hablar con las familias de las niñas fallecidas. Debía visitar las escuelas femeninas de Yeda y hablar con las educadoras para ver si se sentían satisfechas con la respuesta del gobierno. Sabahat asentía con la cabeza y tomaba notas con expresión grave, pero Nayla se rio.

—No es así como funcionan aquí las cosas —me advirtió.

Mientras Hatrash y su equipo se encontraban en La Meca para cubrir el *hadj*, yo disponía de tiempo para recorrer Yeda. De modo que alquilé un Hyundai con 57.000 kilómetros a sus espaldas y abolladuras por toda la carrocería, incluyendo el techo. El tráfico era aterrador. «¡Tenemos la mayor cifra de accidentes del mundo, y ni siquiera bebemos alcohol!», me había dicho Hatrash. Él atribuía el índice de accidentes al elevado nivel de estrés presente en la sociedad saudí, que también contribuye a los extraordinarios índices de diabetes e hipertensión del reino. Cada vez que un semáforo se ponía verde, había conductores situados en el carril de más a la derecha que giraban a la izquierda atravesando seis carriles y conductores situados en el carril de giro a la izquierda que seguían recto, y luego todos salíamos disparados como coches de carreras hasta el semáforo siguiente.

Yeda es una ciudad antigua que apenas muestra evidencia alguna del pasado. En el barrio antiguo, las casas hechas de ladrillo coralino y balcones con celosías se derrumban por falta de cuidado. Los edificios que cayeron hace décadas son todavía montones de escombros. Fuera de este pequeño núcleo histórico, se entra en lo que podría ser perfectamente un descuidado barrio de Houston, con bulevares llenos de baches flanqueados por las familiares franquicias estadounidenses. Pese a la riqueza del clan Bin Laden, Osama creció en un vecindario de clase trabajadora llamado Al-Amariyya, donde la colada se seca en los balcones y los comerciantes charlan en los porches. Más tarde se mudó con su madre y su padrastro a un nuevo vecindario; vivieron en un modesto chalet de color blanco en la calle Yabal al-Arab, con una puerta de hierro afiligranado y un pequeño patio. En 1984, cuando Osama tomó a su segunda esposa, compró un destartalado bloque de pisos en la calle Macaroni, así llamada por la cercana presencia de una vieja fábrica de pasta.

De noche, los adolescentes circulan por la calle Palestina, una de las principales arterias de Yeda, que comienza en las colinas desérticas del lado este de la ciudad y termina en el mar Rojo. En la playa, las familias hacen picnic, dan paseos en camello y se divierten yendo de un lado a otro en extravagantes carros tirados por burros e iluminados con luces de león. Entre la playa y la lengua de tierra donde se alza el palacio de verano del rey, un majestuoso surtidor se eleva 260 metros hacia el cielo, lo que lo convierte en el más alto del mundo (Yeda cuenta también con la pizzería de la cadena Chuck E. Cheese's más grande del mundo). Todo lo de valor que produce Arabia Saudí —es decir, el petróleo— proviene de la Provincia Oriental, al otro lado del país, donde los superpetroleros surcan el golfo Pérsico en su ruta para reabastecer al mundo industrializado. Por su parte, el puerto islámico de Yeda está dedicado casi por completo a las importaciones: alimentos, ropa, aparatos, muebles y electrónica, que llenan las tiendas de esta sociedad consumista en extremo, por más que notoriamente improductiva.

El reino de Arabia Saudí en su encarnación moderna lo fundó en 1932 Abdulaziz ibn Abdul Rahman al-Saud. El primer boom del petróleo se produjo a comienzos de la década de los cincuenta, y al cabo de poco tiempo los nómadas del desierto atracaban sus yates en Mónaco y alquilaban plantas enteras del Ritz. En 1981, la renta per cápita superaba los 28.000 dólares, más o menos igual que Estados Unidos en aquel momento. Arabia Saudí parecía estar en camino de convertirse en la nación más rica de la historia, en la dueña del mundo. Desde entonces los precios del petróleo han ido fluctuando, pero cuando llegué al reino saudí era de 30 dólares el barril, y la renta per cápita se encontraba por debajo de los 7.000 dólares, más o menos como la de México (las estadísticas del reino raras veces son más que conjeturas; un empleado de la Cámara de Comercio e Industria de Yeda me decía con alegría: «En la Cámara cocinamos nuestras propias cifras»).

La riqueza petrolífera del país pasa primero por los bolsillos reales. Varios empresarios y economistas especulan con la posibilidad de que la familia real se quede hasta con un 30 o 40 por ciento. «Construimos palacios de cuarenta millones de dólares hasta para príncipes menores», me decía un arquitecto. Los más cercanos a la corona son asombrosamente ricos. «Abdulaziz bin Fahd, un hijo del rey Fahd, tiene treinta y pocos años, y su riqueza sola bastaría para resolver todo el problema del paro en Arabia Saudí —me explicaba Mohsen al-Awayi, abogado y portavoz de los disidentes wahabíes—. Tiene miles y miles de millones en su cuenta. Nadie puede cuestionarle. Nadie puede preguntarle a la familia real el porqué.»

La familia real incluye a todas las personas relacionadas con el fundador, el rey Abdulaziz, y con su hermano o sus primos. Ello suma unas 30.000 personas, según la princesa Reem al-Faisal, que trabaja como fotógrafa en Yeda. «En Europa los títulos solían estar ligados a cargos políticos —observaba—. Aquí, a cualquier miembro de Al-Saud lo llaman «príncipe». Es más bien como los clanes irlandeses. Se puede decir que somos como los O'Brien. Hay miles de nosotros.»

Aun así, dado que Arabia Saudí contiene una cuarta parte de todas las reservas de petróleo conocidas del mundo, el gobierno no tiene ninguna necesidad de cobrar impuestos a sus ciudadanos. La educación y la atención médica son gratuitas. Pero apenas hay muestras de riqueza pública o de filantropía. Cuando estuve explorando el reino, observé que había pocos parques, áreas recreativas o museos. No hay suficientes universidades o escuelas privadas para atender a la población, casi ninguna institución de investigación, pocas sociedades artísticas públicas y ni una sola organización de derechos humanos. Se supone que los musulmanes dan cada año el 2,5 por ciento de sus ahorros e inversiones a los pobres, una ofrenda denominada *zakat* o azaque. La mayor parte de ello se entrega directamente en forma de regalos de Ramadán a los necesitados, o bien se dona a organizaciones benéficas islámicas. «Al gobierno no le gusta que nadie le supere a la hora de gastar dinero —me decía un empresario de Yeda—. Eso podría dar lugar a un culto a la personalidad no ligado a la familia real. Lo único que puedes hacer en este país con tu dinero es construir una mezquita, ¡y por Dios que ya tenemos bastantes mezquitas! Dios te libre de abrir un orfanato.»

El hecho de que no existan organizaciones benéficas o instituciones no gubernamentales de carácter laico o, por supuesto, partidos políticos —en otras palabras, sociedad civil—, implica que no existe un terreno neutral, moderado y estabilizador, entre el gobierno y el clero. Esta situación ha incrementado inevitablemente el poder de los conservadores religiosos. Aunque muchos de los propios ciudadanos del país luchan por salir adelante, el gobierno saudí envía alrededor de 2.000 millones de dólares anuales en ayuda a otros países islámicos, construyendo mezquitas y madrasas, financiando universidades religiosas, distribuyendo libros y panfletos, financiando organizaciones benéficas... y respaldando la yihad. Esas donaciones, aprobadas por el pequeño círculo íntimo de ancianos príncipes que controlan el gobierno, se hacen con vistas a apaciguar a los extremistas religiosos del país; y también garantizan que la rama wahabí del islam sunní, el dogma oficial del reino, sea la voz musulmana que se escuche por encima de todas las demás.

La vida en el reino cambió tras el ataque a la Gran Mezquita de 1979. El clero wahabí, ahora dotado de mayor poder, libró una guerra contra el arte y los placeres del intelecto. La música fue la primera víctima. Umm Kalzum y Fairuz, las dos mayores cantantes del mundo árabe, desaparecieron de las emisoras de televisión saudíes. En 1989 se completó la construcción de una magnífica sala de conciertos en Riad, pero todavía no ha albergado ni una sola actuación. Los tribunales islamistas han prohibido incluso que suene música cuando una llamada telefónica se pone en espera. Había algunos cines, pero se cerraron todos.

Mientras tanto, la religión ha ido aumentando regularmente su predominio en el currículo escolar saudí, de modo que, en la misma medida, se ha reducido la formación de los estudiantes en ciencia, arte y lenguas. La doctora Nahed Taher, que es responsable de estrategia económica en el mayor banco de Oriente Próximo, el National Bank of Commerce, y la primera mujer que ocupa ese cargo, señalaba que durante los últimos veinte años la población del país ha estado creciendo el doble de rápido que la economía. El problema del paro se ve agravado por un sistema educativo que produce cada vez menos graduados y menos cualificados. «El 45 por ciento de nuestros graduados tienen títulos en estudios o literatura islámicos —observaba—. Asimismo, el 55 por ciento de nuestros graduados son mujeres, pero estas solo representan el 5 por ciento de la población activa.»

«Mi hijo está en quinto curso —me decía Omar Bagur, columnista de *Al-Madina* y profesor de economía en la Universidad Rey Abdulaziz—. De doce asignaturas, siete son pura religión. Ya me dirá si un sistema de esta naturaleza va a incorporar a la población activa a un saudí altamente cualificado. Y una mierda.»

Aun así, el estamento religioso quiere que la educación se vuelva todavía más islámica. «Los sistemas educativos de las naciones y civilizaciones ateas no pueden ser como los sistemas de una nación creyente —advertía el clérigo saudí Saalih ibn Humayd—. Este país representa el poder del islam... Nos opondremos con firmeza a cualquier intento de cambiar ese estatus.»

El estamento religioso se asegura de que cada año millones de libros islámicos se traduzcan a otras lenguas, pero muy pocos libros se traducen al árabe. «La censura editorial es más rígida ahora que hace cuarenta años —me decía una noche cenando Mohammad Salahuddin, columnista de *Al-Madina*—. Por entonces yo podía comprar un ejemplar de *El capital* en La Meca. Ahora ni siquiera puedes soñar en encontrar tal libro.»

Aunque hay varios pintores saudíes populares en el reino, la prohibición wahabí de representar seres humanos o animales favorece las abstracciones geométricas y los paisajes despoblados, una estudiada evasión de lo real. Hubo incluso una guerra cultural en torno al logotipo de Starbucks, una sirena. La policía religiosa se quejó del emblema cuando la empresa abrió su primera tienda, en Riad, en 2000; debido a las presiones, Starbucks cambió su logo. A la larga, no obstante, las autoridades gubernamentales invalidaron la queja, determinando que las sirenas no son ni humanos ni animales, sino seres mitológicos. Cuando yo llegué a Yeda, la sirena lucía de nuevo en los rótulos de la empresa.

Una tarde, en Riad, me dirigí al Museo Nacional tras las plegarias vespertinas. Es este un edificio espectacular, hecho de caliza árabe y diseñado por la empresa canadiense Moriyama & Teshima de modo que recuerde la suave curvatura de la pared de un uadi del desierto. Recorrí las enormes salas de exposición con la única compañía de una pareja saudí y su hija pequeña. Podía oír el eco de sus pasos justo detrás de los míos, y sus voces susurrando en el vacío. Las vitrinas narraban la historia de la península Arábiga, desde los dinosaurios y los primeros petroglifos hasta el triunfante advenimiento del islam. Pero las representaciones de las gentes que allí vivieron se hallaban misteriosamente ausentes de la exposición. Supongo que era por eso por lo que había tan pocos visitantes en el museo: aquella era una historia sin personajes.

En una de las grandes salas, advertí la presencia de un extraño pasillo sin salida bajo el hueco de una escalera, donde encontré un retrato de un rostro humano, el único en todo el museo. Era un dibujo mural procedente de la aldea de Al Fao, del siglo ii o iii de nuestra era, que representaba a un hombre con una guirnalda alrededor de su cabello rizado. Parecía un icono de un cristiano romano; en aquellos tiempos judíos y cristianos iban abriéndose camino entre los politeístas de la península. El hombre tenía unos ojos grandes y redondos, como las figuras de los frescos de Pompeya. El mero hecho de que se exhibiera ya era todo un tributo a la importancia de aquel retrato en miniatura; aun así, la circunstancia de que se ocultara bajo la escalera, casi como si se tratara de pornografía, me hizo admirar como nunca antes el poder de la forma humana.

Un día, en Yeda, atravesé la ciudad para ir a ver a Yamal Jashoggi, que por entonces era subdirector de *Arab News*, el principal competidor en lengua inglesa de la *Gazette* saudí. Nos reunimos en su despacho. Es un hombre alto con una barba cuidada y la cara pálida y redonda. Había cubierto la yihad afgana simpatizando con la causa, y había sido amigo de Bin Laden, pero había rechazado el movimiento islamista cuando este había optado por el terror. Después del 11 de

septiembre, era prácticamente el único periodista saudí que abordaba las deficiencias culturales de la sociedad saudí que habían contribuido a la tragedia. «Pese a la enormidad de lo ocurrido, seguimos
sin querer reconocerlo —escribía un año después del acontecimiento—. Seguimos aferrándonos a improbables teorías de conspiración
y contemplamos la verdad con recelo. La cuestión más apremiante
ahora es asegurarnos de que nuestros hijos nunca puedan verse influenciados por ideas extremistas, como aquellos quince saudíes que
un bonito día de septiembre fueron engañados para secuestrar cuatro aviones y pilotarlos, junto con nosotros, directamente a las puertas del infierno.»

Después de que se hubo servido el té, Jashoggi y yo nos pusi-
mos a hablar sobre el término «esquizofrénico», que muchos saudíes
utilizan para describir su forma de vida. Jashoggi me dijo que hacía
referencia a la división entre lo que él denominaba la Arabia Saudí
«virtual» y la Arabia Saudí «real».

—La Arabia Saudí virtual existe de verdad en sus normas y en la
mente de las personas —me dijo—. Por ejemplo, en la Arabia Saudí
virtual no hay televisión por satélite. En principio, y por ley, no se te
permite tener una antena parabólica. Pero en la realidad somos los
mayores consumidores de televisión por satélite de todo Oriente
Próximo. No solo eso: los hombres de negocios saudíes son también
los mayores inversores en satélites. En principio, y por ley, se supone
que en Arabia Saudí no existe la banca basada en los intereses, pero
en la realidad el noventa por ciento de nuestro sistema bancario se
soporta en ellos. Y así sucesivamente. La solución de los problemas
saudíes es aunar el mundo virtual y el mundo real.

Le pregunté a Jashoggi qué papel podía desempeñar la prensa en
los esfuerzos para cambiar el país.

—No creo que la prensa pueda desempeñar ningún papel —me
respondió—. No veo a un solo periódico abogando por la reforma.
Los periódicos no están estructurados de un modo que haga eso posible.

De hecho, cada jefe de redacción tiene que ser aprobado en última instancia por el ministro del Interior, que también es el respon-

sable de la policía secreta del país. Jashoggi aludió a una amplia petición de reformas que había sido propugnada en febrero de 2003 por 104 intelectuales saudíes. El príncipe heredero Abdullah, el gobernante *de facto* del país, había recibido calurosamente a los firmantes, pero ni un solo periódico había publicado su lista de demandas. Jashoggi me explicó que los límites de la libertad de prensa cambiaban sin cesar.

—Nosotros forzamos sus límites, pero sin dejar al mismo tiempo de ser cautelosos —me dijo—. Ahora se acepta que podemos meternos con el alcalde, pero no con el gobernador.

Más tarde me reuní con Hussein Shobokshi, un columnista de *Okaz* y un rico contratista de obras que encarna a una comunidad empresarial progresista y que a menudo ha estudiado en Estados Unidos (él se graduó en la Universidad de Tulsa). Shobokshi, que por entonces era miembro de la junta rectora del colegio universitario femenino privado de Yeda, es un hombre de aspecto agradable, con grandes ojos soñolientos y un irónico sentido del humor. Su padre fue director de *Okaz* y fundador de la *Saudi Gazette*, y él es uno de sus principales accionistas. Me explicó que en la última década se habían producido algunos progresos en materia de libertad de prensa.

—Hoy no nos encierran por lo que decimos; nos encierran por lo que hacemos.

El asunto de la escuela femenina —me dijo Shobokshi— generó «un diálogo muy importante entre el gobierno y la prensa. Pero hoy en día no hay ninguna nueva causa célebre».

—Si pretendiera usted encaminar a unos jóvenes periodistas hacia un tema que pudiera conmocionar al país, ¿cuál sería? —le pregunté.

—Las aguas residuales —me respondió en tono categórico.

Hace veinte años —me explicó Shobokshi—, se había dotado a Yeda de los fondos necesarios para construir un moderno sistema de alcantarillado que se adaptara al rápido crecimiento de la ciudad. Sin embargo, el funcionario del gobierno responsable del proyecto tomó el dinero y se construyó una mansión en San Francisco y un palacio en Yeda equipado con una discoteca y una bolera. Como resultado

—añadió Shobokshi—, las calles de Yeda están siempre llenas de camiones cisterna que se dedican a drenar los pozos negros de la ciudad. Y lo que es peor: las aguas residuales se han mezclado con las aguas subterráneas, lo que ha contaminado el agua potable en muchas zonas de la urbe.

—Tenemos nuevas enfermedades de los ojos y de la piel que hace diez años aquí ni existían —me explicó Shobokshi—. El cáncer de pulmón y de mama supera en un cuarenta por ciento la media nacional. El nivel de hepatitis es tan alto que no puede por menos que clasificarse de epidemia. Los biólogos marinos me dicen que ciertas especies de peces se han extinguido debido a los vertidos. La posibilidad de bañarse en la playa pasará a la historia.

Shobokshi me contó que había acudido a la Universidad Técnica de Delft, en Holanda, en busca de asesoramiento.

—Les di todas las cifras. Ellos me dijeron: «Hussein, tienen ustedes una bomba de relojería». En este momento las aguas residuales se vierten en un lago enorme situado al norte de la ciudad. Las paredes de ese lago están hechas de arena. ¡Y Yeda está construida sobre una falla geológica! Me explicaron que, si hubiera un terremoto de grado cinco en la escala de Richter, en seis horas toda la ciudad se vería inundada de aguas residuales hasta una altura de metro y medio.

—¿Y qué le ocurrió al tipo que robó el dinero?

—El gobierno investigó y se decretó que debía pagar una multa e ir a la cárcel —me respondió Shobokshi—. Pero luego le indultaron porque su hermano es el secretario privado del rey.

Shobokshi confiaba en poner en marcha lo que él denominaba «la primera demanda colectiva de toda la historia del reino». Estaba reuniendo cinco mil firmas y había contratado a diez jóvenes abogados para preparar el caso. Nadie había escrito nada aún sobre la demanda en la prensa, y convinimos que, si la *Saudi Gazette* publicaba una serie de artículos acerca de la crisis de las aguas residuales, él le daría al periódico la exclusiva sobre la demanda. Había hecho que me entusiasmara, y él lo sabía.

—Esta es una historia con hache mayúscula —me dijo.

Recibí el borrador de un artículo de Mamduh al-Harzy, el periodista novato. Procedía de una destacada tribu beduina pero, en lugar del *zobe*, solía llevar ropa occidental bastante exclusiva —vaqueros, camisetas de talla grande y gafas de sol— con el nombre del diseñador exhibido de manera prominente en cada prenda. «Las chavalas se fijan en estas cosas», me advirtió. Cuando nos dirigimos juntos al centro comercial, se detuvo en seco como un perro de caza y se quedó mirando a un par de chicas, completamente cubiertas de negro, que bajaban por una escalera mecánica. «¡Fíjate en eso!», exclamó, sin la menor sombra de ironía.

Mamduh era un niño del zoco. Su padre era dueño de una elegante tienda en el centro que vendía dátiles y golosinas. Tenía la facilidad para los idiomas propia del comerciante, hablaba el urdu y el turco, y su inglés era tan coloquial que nunca había pensado en preocuparme por su habilidad para escribirlo. Había estado trabajando en un artículo sobre la industria del turismo en relación con el *hadj*. Su primer borrador empezaba diciendo: «Cientos de aviones llueven hachíes a Arabia Saudí para realizado el *hadj* .la mayoría de esos aviones vuelven sin un pasajero como las aerolíneas turcas otras aerolíneas afirmaban están todas ocupadas». Leí por encima el breve artículo, preguntándome qué podría querer decir con «el ingreso es muy pluma fetal».

—¿Qué le parece, jefe? —me preguntó Mamduh.

—Quiero que me lo escriba en árabe —le dije yo.

—No hay problema —me respondió, aunque parecía algo desconcertado.

Cuando terminó, le llevé el borrador en árabe a uno de los traductores sudaneses.

—Es un árabe excelente —me dijo este.

Volví con Mamduh.

—¿Hasta qué nivel llegó en la escuela? —le pregunté.

—Tengo una licenciatura en literatura inglesa.

Esto me dejó parado.

—Vale, ahora es usted responsable de su propia formación —le dije—. Deje de mirar a las chicas. Lea un libro en inglés. Vea la BBC. Alquile películas estadounidenses. Todo lo que haga, hágalo en inglés. Mientras tanto, escriba sus artículos primero en árabe y luego tradúzcalos.

—De acuerdo, jefe —me dijo, en un tono algo desalentado.

Todos los reporteros tenían problemas con el inglés escrito; por eso estaban allí los redactores indios, que a veces lograban salvar artículos que para mí resultaban inescrutables. Al parecer, cada dos semanas se incorporaba un nuevo periodista, a menudo recién salido del instituto. En realidad, no se esperaba que fueran productivos. Algunos de ellos pasaban semanas sin escribir un solo artículo, y cuando lo hacían podía ser sobre un hecho que hubiera ocurrido diez días antes. Muchas mañanas, en el periódico no se podía leer ni una sola noticia sobre la ciudad. Empecé a preguntarme si era una casualidad que los periodistas locales estuvieran tan mal preparados para hacer su trabajo.

Por eso me animó especialmente leer unos cuantos artículos interesantes del equipo de la *Gazette* en La Meca. «El campamento de tiendas de Mina, en las afueras de Makkah [La Meca], está preparado por completo para acoger a los peregrinos», informaba la *Gazette* la víspera del *hadj*. Se habían montado cinco hospitales con más de 700 camas. 30.000 carniceros, trabajando en cinco mataderos, estaban listos para despachar cientos de miles de animales sacrificados. Según una noticia firmada por Hasan Hatrash, 4.000 *boy scouts* dispondrían de un nuevo software para ayudar a los peregrinos a localizar sus catres entre las 44.000 tiendas con aire acondicionado que llenaban el valle como un mar coronado de espuma. «Hasta hace poco los *scouts* solían atender cada día a más de 10.000 peregrinos perdidos», escribía Hatrash.

La segunda mañana del *hadj*, justo después de la plegaria del alba, los peregrinos se dirigieron al monte Arafat, a unos 20 kilómetros de La Meca. Allí, casi mil cuatrocientos años antes, el Profeta había pronunciado su último sermón. Se supone que el segundo día es una jornada de arrepentimiento y de examen de conciencia, pero el ambiente estaba cargado de política. «¿No veis cómo los enemigos se juntan y se preparan para haceros la guerra?», clamó el gran muftí, el jeque Abdulaziz bin Abdullah Al al-Sheij, en su sermón de mediodía. Muchos peregrinos declararon al equipo de la *Gazette* que esperaban que Irak saliera «victorioso» del inminente conflicto. «América quiere controlar el mundo árabe y su riqueza. Todos somos soldados de Irak», afirmaba un hachí sirio.

Más tarde, aquel mismo día, Hatrash me llamó por teléfono. Estaba furioso porque muchos de los artículos que estaban escribiendo él y su equipo no aparecían publicados en el diario... «¡y Nayla Fazi consigue un gran artículo sobre una conferencia de hace cinco días!». Era cierto que el artículo de Nayla, sobre un simposio cultural celebrado en La Meca, estaba un poco trasnochado, pero era la única noticia que teníamos en el periódico que reflejaba la participación de las mujeres en el *hadj*. Hatrash también había escrito una noticia sobre el primer bebé nacido durante la peregrinación de aquel año, en concreto en el monte Arafat, pero otro artículo suyo, sobre un hachí que había sufrido un infarto y había vuelto a la vida, no se había publicado.

—Tiene una voz terrible —observé.

—Es la gripe, amigo —me dijo él.

—Se suponía que los limones le protegían.

Hatrash admitió que se había olvidado de comprarlos. Me preocupó la posibilidad de que estuviera demasiado enfermo para poder supervisar a los demás reporteros, algunos de los cuales también habían contraído la gripe.

—Ahora seguro que nos la traen aquí —protestó el doctor Shukany de forma poco comprensiva—. Las dos próximas semanas todo el mundo estará enfermo.

El artículo publicado en la *Gazette* la mañana siguiente llevaba por título: «Los fieles lapidan al diablo y ofrecen sacrificios». Después de pasar la noche rezando bajo las estrellas, los peregrinos habían vuelto a Mina, recogiendo cada uno de ellos siete guijarros en el camino. Luego los arrojaron contra tres columnas de piedra, conocidas como el Yamarat, que representan el lugar donde Satanás probó a tentar al profeta Mahoma. La lapidación del diablo, que dura tres días, supone el punto culminante del hadj; y es también el período más peligroso, puesto que la gente se abre paso a empujones para poder tirar sus piedras, y a veces también zapatos o paraguas, al grito de *Allahu akbar!*

Mazhar Siddiqi, padre de Sabahat y redactor de la sección de noticias nacionales de la *Gazette*, se mostró contrariado por las citas textuales de un par de peregrinos que afirmaban que, cuando le arrojaban los guijarros al diablo, pensaban en George Bush. «¿Qué significa esto? —me preguntó—. Arabia Saudí nunca ha sido un lugar donde se hablara en contra de otros países. Siempre ha sido notorio por su neutralidad.» El subtítulo del artículo era: «Mueren 14 peregrinos en una estampida». Hacia las diez y media de la primera mañana de la lapidación, un grupo de hachíes que abandonaban el Yamarat se tropezó con otro grupo que llegaba entonces; hubo algunos empujones, que no tardaron en desatar el pánico. Catorce muertes eran una cifra lo bastante anodina como para no merecer un artículo aparte.

«Hay otra cosa que hemos pasado por alto —me dijo Mazhar en tono malhumorado la mañana que terminó la peregrinación—. Ha sido el *hadj* más seguro que se recuerda.» Y ello a pesar de producirse tres estampidas y de que hubo 32 peregrinos que murieron en accidentes de tráfico, cinco que carecían de los permisos válidos y fueron atropellados cuando intentaban eludir un control, y un paquistaní al que se tragó la arena mientras echaba una siesta. En total se registraron más de 400 muertes, la mayoría de ellas atribuibles a causas naturales. Varios cientos de peregrinos más sufrieron insolaciones o intoxicaciones alimentarias, pero por fortuna no hubo ninguna epidemia. Por supuesto, cuando el equipo de la *Gazette* volvió a Yeda, todo el mundo en la oficina cayó enfermo.

Seguí presionando a Sabahat Siddiqi para que redactara un borrador sobre las secuelas de la tragedia de la escuela femenina. Sabahat, que es paquistaní, no lee muy bien el árabe, de modo que Nayla aceptó estudiar los recortes de prensa y tomar unas cuantas notas para ella. Empezó leyendo los volúmenes encuadernados de *Okaz* guardados en nuestra biblioteca. Luego siguió por *Al-Madina*, que estaba a solo unas manzanas de allí. Le dijeron que podía solicitar páginas por 50 riyales cada una (unos 14 dólares), pero que, al ser mujer, no podía entrar en el centro de información, y los empleados de la biblioteca tampoco le llevarían los recortes a la sección femenina.

—La biblioteca pública debería tener todos los recortes en microfilm —sugerí.

—A las mujeres no se les permite entrar en la biblioteca pública excepto un día a la semana —me informó Nayla.

Y, puesto que había un límite en la cantidad que se le permitiría copiar —no más de unas cuantas páginas cada vez—, tardaría semanas en reunir todo el material.

Le prometí que llamaría al director de *Al-Madina* para pedirle que la ayudara. Asimismo, estaba seguro de que en el colegio universitario femenino había una biblioteca que podía utilizar. Lo importante era obtener los datos sobre lo que había ocurrido cuando empezó el fuego y sobre lo que el gobierno había prometido llevar a cabo después.

—Queda otro problema —me dijo—. Hay personas a las que no les gusta enterarse de cosas deprimentes, y una de esas personas soy yo. —Hizo una pausa—. Lo que me disgusta es cuando, en mi opinión, veo que puede haber gente que oculta cosas.

Nayla nunca me diría lo que había descubierto. Al cabo de unas semanas le pregunté por qué no había ido a La Meca a entrevistar a las familias o a visitar las escuelas locales para comprobar si se habían aplicado medidas contra los incendios.

—Las cosas están mejorando —insistió. Pero se negó a profundizar más.

Su renuencia me desconcertaba. Era posible que tuviera miedo de las autoridades; uno de los redactores me había confesado que las mujeres creían que yo las estaba obligando a escribir artículos que se mostraban críticos con el gobierno. Pero Nayla era una de nuestras periodistas más ambiciosas. Quizá guardaba cierto sentimiento de protección hacia su sociedad y no quería revelar sus deficiencias, aunque en nuestras conversaciones no dudaba en exponer sus críticas. En cualquier caso, su cautela se hallaba tan profundamente arraigada que yo no podía franquearla. Sin su ayuda, Sabahat no pudo continuar, y el artículo murió. El primer aniversario del incendio en la escuela pasó en gran medida sin pena ni gloria en la prensa saudí.

Presa de la frustración, hice algunas averiguaciones por mí mismo. Cuando oí hablar por primera vez de la tragedia, imaginé que las niñas habían muerto pisoteadas al caer en el hueco de una escalera o aplastadas contra la puerta cerrada. Entonces hablé con el doctor Jaled Abu El Fadl, profesor de derecho en la Universidad de California en Los Ángeles (UCLA) y miembro de la junta rectora de la ONG Human Rights Watch, que me dijo que había recibido una llamada de un empresario de La Meca que afirmaba ser el padre de una de las niñas fallecidas.

—Él estaba en el trabajo, a diez minutos en coche de la escuela —me explicó Abu El Fadl—. Recibió una llamada y acudió corriendo, y allí encontró a la policía y a los bomberos. Se abrió paso a empujones, y entonces advirtió la presencia de la Mutawa.

Unos minutos más tarde, explicó el padre, su hija corrió hacia la puerta con un grupo de niñas. Las chicas suplicaban que alguien las sacara de allí.

—Ella gritaba: «¡Romped el cerrojo! ¡Romped el cerrojo!» —prosiguió Abu El Fadl—. El humo era agobiante; hacía mucho calor. Una de las niñas gritaba que la ropa se le pegaba a la piel.

Diecisiete coches de bomberos habían respondido a la alarma, junto con miembros de la brigada de protección civil. Entre ellos y las estudiantes desesperadas se interponía la Mutawa. Ninguno de los representantes de la sociedad saudí que se encontraban ante la puerta de la escuela femenina —la policía, los bomberos, los padres, los transeúntes— fue capaz de concitar la voluntad colectiva de ignorar a la Mutawa y salvar a las niñas. El hombre que llamó a Abu El Fadl le dijo que tuvo miedo de desafiar a la policía religiosa, la cual obligó a su hija a regresar al interior de la escuela a coger su abaya. Murió abrasada.

—El hombre me dijo: «Quiero que se juzgue a los criminales. Asesinaron a mi hija. Ayúdeme a hacer justicia» —me explicó Abu El Fadl—. Pero eso fue lo último que supe de él.

Nadie fue procesado por aquellas muertes. Por entonces el jefe de la policía de La Meca declaró a Associated Press que, al llegar, se encontró a un miembro de la Mutawa —mencionaba solo a uno— discutiendo con un policía. «De inmediato le dije que se fuera, y él lo hizo», afirmó. El gobierno aseguró que habría una nueva investigación, pero esta se quedó en nada.

Las grandes historias suelen surgir de lo que podría denominarse tragedias representativas: aquellas que ponen de manifiesto las fuerzas sociales antagónicas que constituyen el núcleo de las inquietudes cotidianas de la gente. El incendio en la escuela femenina tenía esa cualidad propia de las historias que hacen época. Planteaba cuestiones sobre los papeles de las mujeres y la religión que apuntaban al corazón del dilema saudí. ¿Era cierto que un solo miembro de la Mutawa había impedido a la ciudad salvar a las niñas? ¿Acaso en la práctica no las había asesinado él? ¿Qué decía acerca del poder desmesurado de la religión el hecho de que un padre permitiera que su hija regresara al interior de un edificio en llamas para coger su abaya? ¿Acaso la prefería muerta antes que deshonrada? ¿Por qué se ocultó la investigación inicial? ¿Por qué el gobierno impidió a la prensa llevar a cabo un seguimiento de la noticia? ¿Por qué la prensa obedeció con tanta docilidad?

Los hombres de blanco, las mujeres de negro: el guardarropa básico saudí expresa una polaridad absoluta entre los sexos. Los hombres poseen cierto aspecto monacal, con sus *zobes* de algodón o seda similares a túnicas, y las cintas negras que rodean sus pañuelos de cabeza me hacían pensar en aureolas. Van casi tan cubiertos como las mujeres (salvo aquellas que, como Nayla, deciden ocultar el rostro). Al principio me sentía frustrado al ver qué poca información podía obtener sobre un hombre observando sus blancos ropajes, pero pronto aprendí a interpretar los accesorios —la pluma, el reloj, los zapatos—, cada uno de los cuales estaba cargado de estatus. Casi todos los varones saudíes tienen vello facial. Una barba larga y tupida señala a un hombre como piadoso. Una barba sin recortar, un *zobe* unos cinco centímetros más corto de lo habitual y la ausencia de cinta para sujetar el pañuelo de cabeza identifican a los fundamentalistas y a la Mutawa. Algunos hombres saudíes llevan calcetines y zapatos, pero muchos prefieren sandalias planas hechas de piel de avestruz o de cocodrilo. Los pañuelos de cabeza tienen un dibujo a cuadros rojos o un motivo blanco sobre blanco, pero hasta estas prendas idénticas en apariencia están llenas de matices para el ojo saudí, que sabe detectar el nombre de Valentino o de Christian Dior cosido en el tejido. El atuendo se completa con gruesos relojes Rolex o Tag Heuer de platino (el islam solo permite llevar oro a las mujeres).

La estricta separación entre los sexos es un fenómeno relativamente reciente, tal como me explicaba Abdullah al-Shehri, profesor de lingüística en la Universidad Rey Abdulaziz, durante una larga conversación en un Starbucks. «Hay un término religioso, *jalwah*, que alude a un hombre y una mujer que no están emparentados y se hallan detrás de una puerta cerrada —me decía Abdullah—. Hay otro término, *ijtilat*. Este es un término inventado. Solo se oye en Arabia Saudí, y nunca se menciona en ningún texto religioso. Significa "la mezcla de más de dos hombres y mujeres". En la mente saudí existe cierta confusión entre estos dos términos. El Profeta dijo que, cada vez que un hombre y una mujer están en *jalwah*, Satán los une. Pero el *ijtilat* forma parte de la cultura tribal saudí. Antes de que yo naciera, en los años treinta y cuarenta, los hombres y las mujeres solían celebrar juntos las bodas. Ahora las celebraciones de boda del novio y la novia se realizan por separado.»

«Dice la tradición que comer a solas con tus parientes femeninos es deshonroso —escribía el periodista Raid Qusti en una atrevida columna para el periódico *Arab News*, que se publica al otro lado de la ciudad—. ¿Dónde se dice en nuestra religión que esté prohibido sentarte con tu propia familia?» Qusti se quejaba de que muchos hombres saudíes pensaban que era tabú pronunciar el nombre de una mujer en público. «Pregunte por la calle a cualquier varón saudí cómo se llaman su esposa o sus hijas, y le hará sentirse o avergonzado u ofendido. ¿Islámico? En absoluto.» Hay algunas zonas del país donde una mujer jamás se quita el velo: su marido y sus hijos solo ven su rostro cuando muere. «Las mujeres siempre serán el principal problema que dificultará cualquier progreso social en Arabia Saudí —escribía Qusti—. Limitamos sus papeles en público, les prohibimos participar públicamente en la toma de decisiones, dudamos de ellas y las confinamos porque creemos que son la fuente de toda tentación y de todo mal en el mundo. Y luego decimos con orgullo: "Somos musulmanes".»

Un saudí de mediana edad me decía: «Me preocupa la próxima generación. No ven a ni una sola mujer real. Nadie ve a las esposas, las hijas o las hermanas de los demás. Todo es masculino. Y sin embargo los bombardean a imágenes. Pueden ver pornografía con facilidad. Viven en todo momento imaginando el sexo. No crecemos de una forma natural; ser amados, no ser amados… no sufrimos esos cambios. Aquí dos terceras partes de los matrimonios son básicamente sin amor. Muchos hombres engañan… Se hacen muchas cosas a escondidas».

Algunos hombres saudíes bromean sin tapujos acerca de su comportamiento cuando salen del país. «Todos somos maníacos sexuales, por cierto —me explicaba uno de ellos, que vuela con regularidad a Marruecos en busca de compañía femenina—. Hay una parte de mí que comparto con todos los hombres, la cual afecta a las mujeres. Y hay otra que comparto con los hombres árabes. Sin embargo hay una gran parte que solo los hombres saudíes tienen en común.»

Me daba la impresión de que la falta de socialización entre hombres y mujeres era un potente factor en las fantasías terroristas. Los secuestradores aéreos que se suicidaron el 11 de septiembre se vieron impulsados en gran medida por la idea de ser recompensados en el más allá con la compañía de vírgenes. Tales abstracciones no parecen en absoluto tan extrañas en un país donde las imágenes de mujeres difundidas a través de las antenas parabólicas parecen más vívidas que las mujeres saudíes reales, a las que los reporteros masculinos de la *Gazzete* les gustaba llamar OMN, u «objetos móviles negros».

En el despacho del doctor Shukany había una muñeca vestida con una abaya. Yo sabía cuánto odiaba esa prenda. Él me explicó que en cierta ocasión le había reprochado a una mujer amiga suya que le gustara la abaya, cuando debería detestarla. Por supuesto, la había atacado a un nivel teórico. «En el pasado, en Arabia, las mujeres eran un objeto de vergüenza —le había dicho a su amiga—. Los padres enterraban vivas a sus hijas. La abaya es una representación simbólica de esa clase de entierro femenino.» Como réplica jocosa, su amiga le había regalado la muñeca.

El año antes de mi llegada al reino saudí se había producido una breve tentativa de introducir abayas de color azul, pero la policía religiosa arrasó las tiendas de ropa y se llevaron todas las versiones de la prenda que no fueran negras. Luego, en Yeda —que se considera la más liberal de las ciudades saudíes—, apareció de repente una nueva abaya, negra, pero transparente y adaptada a las formas del cuerpo, que obtuvo el ferviente apoyo de los jóvenes reporteros masculinos de la *Gazette*, pero que desapareció de las tiendas con tanta rapidez como había surgido.

La abaya elimina la moda y oculta el cuerpo de las mujeres, pero las túnicas en sí mismas son variadas y están llenas de significado para quienes saben leer sus signos. «Algunas cubren la cabeza, otras solo los hombros; unas son abiertas, otras cerradas», me explicaba Nayla (hablábamos por teléfono, como de costumbre, ya que mantener reuniones individuales entre ambos habría sido tabú). La túnica de Sabahat —me dijo— se abrochaba por delante y tenía un atractivo ribete bordado. Hay otras que recuerdan un poco a las capas de ópera, con elegantes capuchas. Nayla lleva una abaya cerrada que parece un poncho de algodón y se denomina *baltu*. «Mi *baltu* es un diseño personal mío», precisó. Cada año acude a un sastre a que le haga una nueva. «Intento hacerla cada vez más conservadora —me explicaba—. Hace unos años vi unas abayas con un añadido que cubría las manos. Y lo incorporé.» También solía cubrirse el rostro por completo, pero el hecho de llevar gafas hacía que le resultara poco práctico, de modo que ahora lleva nicab, una prenda que le llega justo encima de la nariz y por debajo de la montura dorada de sus gafas de ojo de gato.

—Por cierto —me confesaba—, algunas personas creen que hacemos muecas bajo el velo, y es verdad.

—¿Y por qué cubrirse el rostro? —inquirí entonces.

—En el mundo de los prejuicios masculinos, ¿por qué no hacerlo? —me respondió ella. En otra ocasión me dijo: «Simplemente no me gusta que la gente se me quede mirando».

Empezó a llevar abaya cuando tenía unos catorce años. La abandonó cuando se marchó a estudiar a Estados Unidos, aunque siguió llevando el pañuelo, con camisa de manga larga y pantalones largos. Cuando volvió a casa adoptó el velo integral. «No hay ninguna otra chica en mi familia que haya hecho lo que yo —me explicaba—. Ellas se descubren el rostro, les estrechan la mano a los hombres. Yo no.»

Antes de marcharse a Estados Unidos, Nayla estudió biología en la Universidad Rey Faisal de Dammam y vivió en una residencia, donde su ventana daba a un muro elevado para que nadie pudiera verla. «Después de la magrib, la oración de la puesta del sol —recordaba—, me sentía muy triste. Ya no podía seguir viviendo allí. Pasaba el tiempo aprendiendo inglés solo para lograr que mi familia aceptara dejarme ir a Estados Unidos a sacarme el título. No quería volver a Yeda porque temía que me obligaran a casarme con alguien que no me gustara.»

Oyendo las historias de Nayla, me imaginaba a sus padres apretando los dientes por tener que tratar con una hija tan obstinada. «Después de tres años en la Rey Faisal le dije a mi familia: "¡Se acabó!". Dejé la facultad y volví a casa. Ellos me dijeron: "Cásate". Yo dije: "No".» Sus hermanos estaban en Estados Unidos, y ella también quería ir. Los padres de Nayla aceptaron dejarle terminar su licenciatura en Kentucky. «Lo que más me interesaba era la política —explicaba—. Hablé con mi padre. Él me dijo: "No te meterás en política… ¡No voy a gastar ni un céntimo en ti!".» A regañadientes, empezó a estudiar microbiología.

Una vez que obtuvo su licenciatura, Nayla quería quedarse en Estados Unidos para seguir estudiando, pero su familia le ordenó que volviera y se casara. «Fue con alguien con quien yo en realidad no quería», explicaba. No había tenido una sola cita en su vida. El matrimonio terminó pronto. «Me divorcié. Le obligué a hacerlo.»

El divorcio supone un paso muy drástico en un país donde la vida de la mujer está tan limitada y, sin embargo, más del 20 por ciento de los matrimonios saudíes terminan en divorcio el primer año. Sin un hombre en casa, la sociedad saudí da la espalda a las mujeres divorciadas. Como resultado, estas tienden a formar su propia comunidad; en Riad incluso hay una llamada calle de las Divorciadas. Los matrimonios saudíes sufren de todas las aflicciones habituales —infidelidad, incompatibilidad, violencia doméstica…—, pero el mayor problema es la poligamia. En el islam, al hombre se le permite tener hasta cuatro esposas a la vez, y muchos maridos saudíes cambian sin cesar de pareja, una práctica que genera un constante sufrimiento.

Tras poner fin a su matrimonio, Nayla siguió luchando por su independencia. «Dejé la microbiología —contaba—. Pensé: esto es mi vida. Voy a hacer lo que quiero. Voy a ser política, me da igual lo que piensen los demás.» Volvió a Kentucky y se sacó un máster en Ciencias Políticas.

Le pregunté qué significado entendía ella que tenía la política en un país sin sistema político alguno. Ella me respondió que se refería más bien a algo como el trabajo social. «Es un término que utilizo», me dijo. Hablando de su trabajo en la *Gazette*, comentaba: «Puede que este trabajo no esté al nivel de lo que yo entiendo que es un "político"». Y añadía: «Como periodista, hay muchas formas en que puedes hacer avanzar la sociedad. Pero ¿es eficaz?» En otra ocasión admitió: «Ya no sé lo que quiero».

Nayla viaja con bastante libertad, aunque necesita el permiso escrito de su padre para salir de la ciudad. Su familia tiene chófer, pero a Nayla no le gusta, de modo que dentro de Yeda suele desplazarse en taxi. En cualquier caso, considera inadecuado estar encerrada en un mismo vehículo con un hombre. Cree que, como mínimo, debería haber una separación entre la mujer y el conductor. La mejor solución, sostiene, es permitir conducir a las mujeres. «Tenemos que pagar a chóferes —comentaba—. Y eso es una carga para las mujeres.»

Hasta 1990 no había ninguna ley que prohibiera conducir a las mujeres: bastaba con la condena social. Ese año llegaron al reino saudí más de doscientos mil soldados estadounidenses —incluyendo mujeres que conducían camiones y jeeps— para repeler la invasión iraquí de Kuwait. Cincuenta mujeres saudíes decidieron que había llegado el momento de cuestionar la tradición. Se reunieron delante de un supermercado de la cadena Safeway, en Riad, y ordenaron a sus chóferes que bajaran de sus vehículos; luego dieron una vuelta de treinta minutos por la capital. La policía las detuvo, pero no había ninguna razón legal para retenerlas. El ministro del Interior prohibió de inmediato aquella práctica. El entonces gran muftí, Abdulaziz bin Baz, añadió con amabilidad una fetua calificando la conducción femenina de fuente de depravación. A las conductoras se les retiró el pasaporte, y las que tenían trabajo lo perdieron. Varias de ellas eran profesoras en el colegio universitario femenino de la Universidad Rey Saud, y el mismo rey las suspendió después de que sus propias alumnas protestaran contra ellas alegando que no querían ser educadas por «infieles».

Un caluroso sábado por la mañana fui a la playa con Hasan Hatrash, Hasan Baswaid y Mamduh al-Harzy. Me llevaron a un apartado complejo al norte de ciudad, propiedad del Sheraton. Estaba destinado a occidentales, pero todos los que se encontraban allí eran árabes; era uno de los pocos lugares de Yeda donde hombres y mujeres podían mezclarse con libertad. Hatrash llevó su guitarra y trajo un teclado para mí. Pasamos el día improvisando, tocando temas de blues y de reggae a orillas del mar Rojo. En un momento dado, Hatrash acometió los acordes de «Redemption Song», de Bob Marley. «¡Emancipaos de la esclavitud mental! —cantaba—. ¡Nadie salvo nosotros puede liberar nuestras mentes!»

Luego hicimos una barbacoa con un variopinto grupo de amigos suyos. Después de la cena, alguien sacó un oud, o laúd árabe. Hatrash cogió un tambor, Hasan Baswaid se hizo cargo del teclado, y la música dio un giro sinuoso. Estuvimos allí sentados hasta altas horas de la noche, hombres y mujeres juntos, disfrutando de la ligera brisa que llegaba surcando el mar procedente de África; una visión fugaz de lo que podría ser Arabia Saudí sin esa piedad impuesta que separa a los sexos.

Una tarde me encontraba en el centro comercial de Al-Mamlaka, en Riad, esperando junto a otros compradores a que abrieran las tiendas tras la oración de la puesta del sol. De repente, un grupo de filipinos que pasaban el rato delante del Planet Hollywood salieron corriendo como una bandada de patos que fuera a levantar el vuelo. Tras ellos venía un miembro de la Mutawa. Era un hombre rechoncho de cara ancha y roja con una barba negra que le llegaba hasta el pecho. Sobre su *zobe* acortado llevaba una *mashlah* —una túnica ceremonial— completamente negra, con ribetes dorados en las mangas. Caminaba inclinándose hacia atrás en actitud autoritaria, con los pulgares pegados a las solapas de su mashlah. A cada lado, y un paso por detrás de él, llevaba a un policía saudí; estos parecían dos cómicos sujetalibros, altos y flacos, con boina y lacias barbas fundamentalistas. Decidí seguirlos por el centro comercial, de cuatro pisos, el último de los cuales es solo para mujeres. Circunnavegamos el complejo mientras el representante de la Mutawa ahuyentaba a los hombres a una mezquita cercana, reprendía a las mujeres cuyo atuendo no se adecuaba a sus normas, echaba una ojeada a los maniquíes decapitados de los escaparates de las tiendas para comprobar que no hubiera ventas subrepticias y examinaba los restaurantes para asegurarse de que estaban cerrados para la plegaria.

Más adelante le pregunté al príncipe Alwaleed bin Talal bin Abdulaziz al-Saud, dueño del centro comercial y uno de los hombres más ricos del mundo, por aquel matón de la Mutawa. «Hablé personalmente con el jefe de aquel tío que iba de duro —me explicó—. Si hablas con sus líderes, son gente lógica, pragmática. Le dije: "Vuestros tipos están aterrorizando a la gente". Y le ordenaron cambiar de actitud.»

A menudo la policía religiosa parece empeñada en ponerse en ridículo: tapan las caras de los anuncios de los centros comerciales de forma del todo aleatoria, de modo que una tienda de ropa masculina puede exhibir una fotografía sin cabeza de un hombre con un traje Hugo Boss, mientras que los carteles de una tienda Gap cercana pueden permanecer intactos. Varios saudíes me dijeron que muchos de los miembros de la Mutawa son exconvictos inútiles para cualquier trabajo salvo por el hecho de que en la cárcel memorizaron el Corán. Reciben una gratificación del gobierno por cada detención que realizan: se dice que 300 dólares por cada saudí y la mitad si se trata de un extranjero. Un residente de Yeda los describía como una «fuerza de ocupación». Y me contaba que hacía poco habían irrumpido en la ceremonia de graduación de la escuela primaria francesa de su hija y habían ordenado a las niñas que dejaran de cantar «Alouette».

Una tarde, en Riad, me disponía a subir a un taxi cuando observé algo de lo más insólito: una mujer de pie en una esquina con la cabeza descubierta. Era extraordinariamente hermosa, y miraba directo hacia mí. Pude ver el temor en sus ojos. Estuve a punto de preguntarle si quería que la llevara, pero eso habría sido una impensable violación de la costumbre: por viajar en un mismo coche sin estar casados podían meternos a ambos en la cárcel. De modo que no dije nada. Mi taxi tuvo que hacer un cambio de sentido, y cuando volvimos a pasar por la esquina vi a la mujer corriendo. Ahora llevaba el cabello cubierto por la capucha de su abaya. Corrió a una tienda e intentó abrir la puerta, pero estaba cerrada para la plegaria. Entonces vi que la seguía un Chevrolet Suburban en cuya puerta figuraba el emblema del Comité para la Promoción de la Virtud y la Prevención del Vicio. La mujer fue de puerta en puerta, golpeando los cristales. Mi instinto me gritaba que la ayudara, pero no se me ocurría nada que no hiciera sino empeorar la situación. Seguí adelante, sintiéndome culpable e impotente, mientras la Mutawa la rodeaba.

A veces el principal objetivo de la policía religiosa parecía ser no la virtud, sino el amor. A los chicos y las chicas se los mantiene estrictamente separados durante toda su educación, y la Mutawa patrulla los lugares públicos tratando de mantener a raya cualquier posible idilio. La semana antes del día de San Valentín, la Mutawa empezaba a recorrer las tiendas de venta de tarjetas y flores, arremetiendo contra cualquier cosa con dibujos de corazones o que fuera de color rojo, el color romántico por excelencia; los floristas ocultaban sus rosas como si fueran de contrabando. El flirteo se produce en breves ráfagas aprovechando momentos oportunos, en los semáforos o en el centro comercial, donde se intercambian con furtividad números de teléfono. Algunos jóvenes adoptan estrategias más aventuradas. Para poder ver a su novia en público, Mamduh, el periodista beduino, se disfrazaba con una abaya. «Lo hago constantemente», me confesó.

Hasan Baswaid me dijo que el mejor modo de sortear a la Mutawa y conocer chicas era a través de internet. Él había conocido a una agradable muchacha en un chat, y luego había empezado a hablar con ella por teléfono. Más adelante quedaron en encontrarse en una cafetería, llevando cada uno de ellos a una hermana como carabina. Disfrutaron de la cita, y a los tres meses Baswaid decidió proponerle matrimonio. La muchacha aceptó, y celebraron una pequeña fiesta de compromiso, que incluyó una reunión con sus parientes para regatear la dote. «Después de esto, ya es mi esposa», me dijo el día de la reunión.

A la mañana siguiente, Baswaid volvió a la oficina como un hombre casado, aunque él y su cónyuge no podían vivir juntos hasta después de la ceremonia de la boda, que se celebraría unas semanas después. Aquel día nos encontramos en la cafetería del *Okaz*. Él sentía ya cierta nostalgia de sus días de soltero. Empezamos a hablar de fiestas, y él recordó un evento bastante alocado al que había asistido unos años antes. A excepción de los días en que se celebra un banquete al final del Ramadán y del *hadj*, todas las fiestas, incluyendo los cumpleaños, están oficialmente prohibidas en el reino. Un año, sin embargo, se marchó a ver a su primo a Dubai, y la esposa de este, que es estadounidense, organizó un baile de disfraces por Halloween.

—Quería que me disfrazara de mujer —me confesó.

—¿Y lo hizo?

Él rio, algo avergonzado, y siguió explicando: «Estuve en la fiesta durante unos quince minutos, luego dije que tenía que marcharme. Subí al piso de arriba con la esposa de mi primo, que tiene un salón de belleza». Su pariente le depiló las piernas y le afeitó los brazos, el bigote y hasta las cejas. «Por entonces yo llevaba el pelo muy largo. Así que me lo rizó. Me dejó unas medias y un vestido y metió calcetines en el sostén. Luego bajé al piso de abajo.» El disfraz resultó sorprendentemente convincente, y él se puso a flirtear; hasta se dejó caer sobre el regazo de un buen amigo. Por supuesto, los invitados no tardaron en descubrir quién era en realidad. Su colega se puso furioso, pero las mujeres se sintieron fascinadas por su imitación. «Me daban besos y todo. ¡Hasta me dejaron entrar en el lavabo de señoras!» Según me dijo, se lo pasó muy bien. «Pero por la mañana me odié a mí mismo: me desperté sin cejas.»

—¿Qué piensa su familia de que esté aquí? —me preguntó Hasan Hatrash una tarde.

Estábamos sentados, comiendo en el suelo de la sala de redacción de la *Gazette*: una gran fuente de pollo a la brasa con arroz, que cogíamos con los dedos.

—Están todos aterrorizados —admití.

—¿Cómo nos hemos metido en esta situación en la que todo el mundo piensa que somos terroristas? —dijo él con tristeza.

El temor de Occidente al mundo árabe se reflejaba en muchos saudíes con los que hablé. Muchos jóvenes que habían estudiado en países occidentales tenían miedo de volver allí. Los empresarios confesaban que se sentirían humillados si intentaran viajar a Estados Unidos y al entrar en el país les tomaran las huellas dactilares. Eran hombres que antaño habían disfrutado del acceso casi universal que les concedía el hecho de tener un pasaporte saudí. Para la mayoría de los líderes empresariales e intelectuales del país, y para muchos de los miembros de la realeza, el mundo occidental había sido un refugio de la esterilidad intelectual y sensual del reino. Yo sospechaba que muchos habían urdido un plan de fuga secreto en caso de que los extremistas obtuvieran el pleno control del país: se retirarían a sus segundas residencias en Santa Bárbara o en Miami. Pero ahora tales lugares les parecían hostiles. Aquellos hombres de la élite que se habían enorgullecido de vivir en dos mundos se sentían ahora atrapados en la severidad de su propia cultura, y eso los asfixiaba.

Una noche fui con el doctor Shukany a escuchar una charla de un asesor político árabe-americano, Hady Amr, sobre las relaciones entre Arabia Saudí y Estados Unidos.

—Sea razonable cuando hable con los estadounidenses —me aconsejó—. Está bien ser apasionado, pero no levante la voz ni agite las manos.

Aquella parecía ser una advertencia innecesaria: los hombres presentes en la sala estaban apagados, casi aletargados. Tras la conferencia, Shukany me llevó de regreso a mi apartamento, reflexionando sobre lo que Estados Unidos había significado para él. Había crecido en un pequeño pueblo de Asir, la provincia meridional de la que procedían varios de los secuestradores aéreos. Como la mayoría de los chicos en aquella parte del país y en aquella época, Shukany era pastor, y se rizaba el pelo y lo adornaba con flores. No vio un automóvil hasta cumplidos los diez años. «La mayoría de los hombres de mi edad le contarán la misma historia», me explicaba. Para Shukany, Estados Unidos era solo un rumor al otro lado del horizonte; y sin embargo, él y otros miles de jóvenes como él fueron a estudiar allí, a menudo sintiéndose atraídos por acogedoras ciudades universitarias. De hecho, Shukany estudió en la Universidad de

Texas, en Austin, donde yo vivo. Los jóvenes intelectuales como él se hicieron depositarios de la ciencia y el arte occidentales, y luego volvieron para llenar las facultades de las nuevas universidades saudíes. Para algunos de aquellos hombres, el regreso a su propio país fue una especie de exilio. Habían viajado demasiado lejos, y nunca volverían a sentirse del todo en casa en ninguna parte.

Shukany me explicó que, inmediatamente después del 11 de septiembre, había telefoneado para interesarse por un viejo amigo saudí que se había quedado en Estados Unidos. Su amigo le dijo que le habían tratado bien, pero se sentía lleno de inquietud. «La gente es magnífica —le dijo—. Creo que es culpa mía. Todavía hay algo del carácter agreste del desierto en mi interior.»

Me sorprendía lo abiertos que se mostraban los saudíes, tan reservados por naturaleza, a la hora de hablar sobre su estado de ánimo. Una mañana, varios de los periodistas de la *Gazette* me confesaron que estaban deprimidos. «Esta noche ni siquiera he dormido —me dijo Hasan Hatrash—. Me he quedado sentado en la playa. Hasta las cuatro de la madrugada. Cuando duermo, es como si estuviera muerto durante tres días.» Me preocupaban, sobre todo Hatrash. Siempre se olvidaba de comer, y durante las reuniones movía la pierna de un modo nervioso. En muchos sentidos era nuestro mejor periodista, pero su pasión era la música. No había sitio para él en una sociedad que reprimía el arte y otros placeres. También pesaba sobre él el hecho de que no había cumplido los treinta, vivía con sus padres y no tenía ocasión de conocer a mujeres, ni tampoco podía permitirse casarse con una si lo hacía.

En la *Gazette*, Baswaid informó sobre una encuesta realizada entre más de dos mil estudiantes de Yeda, de entre trece y veinticinco años, dirigida por un investigador de la Universidad Rey Abdulaziz. El 65 por ciento de los chicos y el 72 por ciento de las chicas mostraban síntomas de depresión. El uso de fármacos era casi del 5 por ciento en ambos sexos, al igual que el índice de alcoholismo, a pesar de que el alcohol estaba estrictamente prohibido. «Un alcoholismo del cinco por ciento entre los estudiantes de enseñanza media y secundaria en un país islámico es algo que rechina en nuestros oídos», le había dicho a Baswaid un profesor de la universidad. Pero lo que más me llamó la atención fue el índice de intentos de suicidio, algo que el islam prohíbe de manera estricta: el 7 por ciento de las chicas admitían que habían intentado matarse (más del doble que el porcentaje de los chicos).

Una tarde fui al gimnasio que había cerca de mi apartamento y me puse a hacer ejercicios de yoga. Un saudí me vio hacer el pino; se acercó, se inclinó y ladeó la cabeza.

—¿Eso es bueno para la depresión? —me preguntó.

—Es posible —le respondí.

—¿Puede enseñarme a hacerlo?

Lo ayudé a apoyarse contra una pared, y al cabo de un rato aprendió a mantener la posición. Cuando volví al vestuario era la hora de la plegaria, y resultó que había cuatro hombres rezando en el suelo justo delante de mi taquilla. Esperé a que terminaran. Luego uno de ellos me preguntó si daría un curso de yoga. «Tal vez ayude a aliviar el estrés», me dijo.

Aquellos ruegos corteses me pillaron desprevenido. Antes de llegar a Arabia Saudí me esperaba tener que afrontar ruidosas discusiones que se prolongarían hasta bien entrada la noche, tal como había experimentado en El Cairo en la primavera de 2002. Pero no encontré ni ira manifiesta, ni tampoco la natural exuberancia, humor y malicia que forman una parte tan esencial del carácter egipcio. Había, en cambio, una silenciosa desesperación, una siniestra monotonía emocional.

—¿Vosotros contáis chistes alguna vez? —le pregunté a un amigo saudí.

—Por supuesto —me respondió—. Somos muy graciosos.

—Vale, cuéntame un chiste saudí.

Se quedó pensativo un momento, y después me contó el siguiente:

—Les preguntan a un somalí, a un egipcio y a un saudí: «¿Qué opinión tienes de comer carne?». El somalí inquiere: «¿Qué es comer?»; el egipcio dice: «¿Qué es carne?»; el saudí pregunta: «¿Qué es una opinión?».

En marzo, un profesor de química ya jubilado de voz especialmente agradable, me invitó a comer a su casa, en Riad. El lugar era impresionante: tenía el suelo de mármol y dos grandes salas comunes con las sillas apoyadas contra la pared, al estilo islámico. Me enteré de que su esposa e hijas se unirían a nosotros; un gesto extraordinariamente amable y progresista para un hombre tan conservador.

La presentación de una familia saudí constituye un meticuloso ritual. El protocolo empieza con la entrada del hijo menor, que en este caso era oficial de la fuerza aérea saudí y veterano de la guerra del Golfo. Después de charlar durante unos minutos, se unió a nosotros el hijo mayor, que era banquero. Luego entró el padre, que aceptó un beso de su hijo mayor en la parte superior de la cabeza. Me invitaron a comer en la cocina, y no en el comedor, lo cual era un honor. Apareció la esposa del profesor y se sentó a la cabecera de una larga mesa, y a continuación empezamos a comer de ocho enormes fuentes de alimento. Luego, una a una, se sentaron a la mesa sus cuatro hijas adultas y sus nueras. Todos eran inteligentes, muy cultos y hospitalarios, y la conversación fue tan agradable que la discusión que siguió me pilló del todo desprevenido.

El profesor empezó a hablar de las cajas negras de los aviones secuestrados que se habían estrellado contra el World Trade Center. Puso en duda la afirmación de los estadounidenses de que estas no habían sobrevivido. Luego habló de los envenenamientos por ántrax aún no resueltos que habían seguido al atentado, sugiriendo que habían sido obra del gobierno estadounidense con la intención de asustar a la gente.

—¿Qué clase de país cree usted que somos? —dije yo con acaloramiento—. ¿De verdad cree que somos tan perversos como para envenenar a nuestros propios ciudadanos?

—¡Se ha enfadado usted en mi casa! —exclamó el profesor, ofendido.

La conversación giró sin poder evitarlo hacia la idea de que había sido el Mossad o la CIA quien había orquestado los secues-

tros aéreos del 11-S. La lógica del argumento se basaba en dos supuestos: que ambas organizaciones tramaban una excusa para atacar
al mundo árabe, y que los árabes son demasiado incompetentes
para haber llevado a cabo los atentados. Yo había tenido aquella
misma discusión innumerables veces.

—Preguntémosle a su hijo —sugerí, cuando el profesor dijo
que ninguno de los secuestradores aéreos tenía la suficiente formación para tripular un avión de pasajeros—. Preguntémosle al piloto
si es muy difícil.

El oficial miró a su padre y dijo:

—¿Embestir contra un rascacielos en un día despejado? Yo diría que ha de ser lo más fácil del mundo.

Se hizo un silencio en la cocina; creo que la familia se quedó
atónita al ver que el hijo menor contradecía de forma explícita a su
padre.

—¿Acepta usted su testimonio? —le pregunté al padre en tono
afectuoso, pero él se limitó a desviar la mirada.

Yo tenía la sensación de que las distintas generaciones estaban
embarcadas en una guerra sobre el futuro del país, pero no estaba
nada claro que los jóvenes tuvieran una visión más acertada de lo
que había que hacer. Una noche acudí a una *diwaniyya*, una cena
semanal de hombres que viene a ser como una especie de salón
literario y político. Nos sentamos en el suelo hasta pasada la medianoche, comiendo de unas fuentes de cordero y arroz. La mayoría de los asistentes eran profesionales: abogados, periodistas y médicos.

—Nosotros nos educamos en América, y ahora veo que el
mundo va en contra de todo lo que he construido —dijo el doctor
Muyahid al-Sawwaf, un abogado de Yeda y antiguo profesor de la
Universidad Umm Al-Qura de La Meca—. Siempre estuvimos a
favor del liberalismo, pero algunos de los terroristas eran alumnos
míos.

—Mi hija está a favor de Bin Laden —admitió otro hombre—.
Cuando voy a despertarla, veo que tiene en la pared fotos de muchachas mártires palestinas. Eso me aterroriza. Si entramos en su

habitación por la noche está escuchando a Britney Spears, pero en cuanto cerramos la puerta se pone a escuchar canciones sobre mártires.

Los demás asintieron con la cabeza.

—Vienen y nos dicen: «Papá, ¿por qué no luchaste en 1948 y 1967?». Nos ven como cobardes —terció un dentista.

—Uno de mis sobrinos me preguntó: «Tío, ¿es verdad que cuando fuiste a Occidente te convertiste en un títere como nuestros líderes?». Nuestros chicos no quieren estudiar en Estados Unidos como nosotros.

—Bin Laden ha cambiado nuestra vida. Ha demostrado que los poderosos Estados Unidos son vulnerables. Nosotros tenemos miedo de nuestro futuro, pero los jóvenes creen que Estados Unidos está al borde del colapso y que ha llegado el momento de que luchemos contra ellos.

—Nos dan miedo nuestros hijos.

Una luminosa mañana de abril cogí el coche y me acerqué a Taif, una encantadora ciudad de montaña situada en la gran sierra de Sarawat. Esta se alza sobre una escarpada cresta que se asoma al mar Rojo. Detrás se halla el vasto desierto saudí, que se extiende hasta el golfo Pérsico; delante está el Hiyaz, una estrecha franja de tierra costera que incluye Yeda, además de las ciudades santas de La Meca y Medina. Taif está a solo unos 90 kilómetros montaña arriba de La Meca, pero el reino no se consolidó del todo hasta que se construyó una carretera que unió sus dos mitades. Ello había representado un problema de ingeniería tan formidable que ninguna empresa acreditada se había atrevido a asumir el reto, hasta que un contratista tuerto y analfabeto llamado Mohammed bin Laden presentó una propuesta.

Existe una historia que Osama solía contar acerca de su padre. Cuando llegó el momento de realizar el trazado de la carretera, Mohammed empujó a un asno hasta el borde de la escarpadura y lo siguió en su largo y serpenteante camino montaña abajo, marcando así la ruta de la futura vía. Cuando se terminó, en 1962, el reino quedó unido, y Mohammed bin Laden se convirtió en un héroe nacional.

Taif es importante en relación con el 11-S por dos razones. La primera es que el profeta Mahoma puso sitio a la ciudad en el año 630. Entonces el ejército musulmán obtuvo el permiso de su líder para utilizar una catapulta a fin de quebrantar las defensas de la ciudad, a pesar de que con ello se causarían daños a mujeres y a niños. Al-Qaeda utilizaría más tarde ese precedente para justificar la matanza de inocentes en el 11-S, comparando el uso de aviones con el de la catapulta catorce siglos antes.

La otra razón es que Hani Hanjur, uno de los cuatro pilotos de los aviones secuestrados, era de Taif. Aquel día Hanjur se estrelló contra el Pentágono, matando a 125 personas en el edificio y a otras 64 entre los pasajeros y la tripulación del vuelo 77 de American Airlines.

Recogí a un periodista de un diario económico saudí, y luego aparcamos delante de la imponente casa de mármol de dos pisos donde había crecido Hanjur; como la mayoría de los secuestradores aéreos, era un producto de la clase media. Su padre era proveedor de una base militar cercana.

Un rato después de medianoche, Yasser Hanjur salió de la casa y se sentó en el asiento trasero del coche. Era un hombre menudo y apacible, y parecía un clon de su hermano mayor, con la misma tristeza en la mirada. Tal como él la veía, la historia de su hermano era sencilla. Hani nunca había querido ser otra cosa que piloto de avión. Se había formado en Estados Unidos, donde de repente se había convertido en una persona sumamente religiosa. Cuando volvió de su primer viaje a ese país, solicitó un puesto de trabajo en Saudi Arabian Airlines, pero fue rechazado. Se encerró en su habitación durante seis meses.

—¿Por qué estaba tan deprimido? —pregunté.

—Ya sabe la razón —intervino con impaciencia el periodista del diario económico—. La falta de trabajo.

Yasser se encogió de hombros y asintió.

Existía cierta similitud en las historias de los pilotos de los aviones secuestrados. Todos se habían convertido en extremistas musulmanes en Europa y Estados Unidos, presumiblemente como un modo de conservar su identidad en la vorágine de Occidente. Su propia cultura no les ofrecía ninguna forma de llegar a tener poder en el mundo. Antes la administración pública saudí absorbía a casi todos los graduados universitarios, pero tras la crisis del petróleo de mediados de la década de los ochenta, el gobierno, cargado de deudas, ya no podía contratar como antes. El paro y la ociosidad pasaron a convertirse en elementos centrales de la vida cotidiana de los jóvenes varones saudíes (como lo habían sido siempre para las mujeres). Bin Laden proporcionó a aquellos jóvenes sin control sobre sus vidas una identidad, y una absurda posibilidad de hacer historia. «¡La muerte es mejor que una vida de humillación!», afirmaba.

Este era un tema constante en los discursos de Bin Laden. Uno de los documentos clave para entender su motivación es su «Declaración de guerra contra los estadounidenses que ocupan la tierra de los dos santos lugares», redactada en 1996, donde menciona las fuentes de la ignominia de los árabes. Aunque la «Declaración» llama a los musulmanes de todas partes a combatir a los «judíos y cruzados», el núcleo de su argumento es un ataque populista a la mala gestión de la economía saudí. «Todo el mundo habla del deterioro de la economía, de la inflación y de las crecientes deudas —escribe—. El gobierno le debe al pueblo más de trescientos cuarenta mil millones de riyales saudíes, además de los intereses diarios acumulados, ¡por no hablar de la deuda extranjera! ¡La gente se pregunta si somos el principal país exportador de petróleo! Incluso creen que esta situación es una maldición que les ha impuesto Alá por no oponerse a las medidas y al comportamiento opresivos e ilegítimos del régimen gobernante.» En un país donde el descontento con la familia dirigente es generalizado pero raras veces se expresa de manera directa, donde el resentimiento contra el poder y la influencia de Occidente es casi universal, y donde el paro está creando una nueva clase de hombres jóvenes instruidos pero ociosos, las palabras de Bin Laden obtuvieron una fuerte resonancia, en parte porque nadie más las decía.

«Nuestra sociedad está confundida», me decía Abdullah al-Shehri, el profesor de lingüística antes mencionado, durante otro de nuestros «seminarios» en Starbucks. Él procedía de la misma tribu que tres de los quince secuestradores aéreos saudíes, pero eso apenas le diferencia en un país cuyos habitantes se hallan relacionados unos con otros de un modo tan íntimo. «Me molesta mucho ver cosas de nuestra sociedad que son negativas o atrasadas, y por las que en Occidente culpan a la religión. Es fácil examinar la historia musulmana, los omeyas y los abasíes, y ver lo poderosa que era entonces la cultura islámica. Lo que ha cambiado es la mentalidad y la cultura. El islam es una religión de tolerancia, pero ahora hay una sensación de frustración y de derrota que produce que la gente odie a los demás. Para algunos, el odio se convierte en su única arma. Si no puedes derrotarlos, ódialos.»

—De ahora en adelante habrá que llamarle «señor Aguas Residuales» —le dije a Hasan Hatrash, que no parecía precisamente muy convencido—. Con esto hará carrera. Es una historia «de mierda», se lo aseguro.

Él rio.

—Sí, ya le entiendo, amigo —me dijo.

La historia de las aguas residuales requería que Hatrash, que no había terminado la universidad, estudiara sobre geología, epidemiología, depuración y alcantarillado, embalses, normas de urbanismo y procedimientos legales. Se sentía intimidado, pero aprendía con rapidez. Su inglés autodidacta era tan fluido que podía pasar por un estadounidense (o un jamaicano). También hablaba un japonés y un alemán bastante pasables. Empezó a explorar la historia con cautela, sin fiarse por completo de mi entusiasmo. ¿Qué sentido tenía escribir un artículo de denuncia en un país donde no podías publicarlo?

Me lo llevé a entrevistar a Hussein Shobokshi, el contratista que primero me había hablado de ese escándalo. Nos recibió en un oscuro despacho cuyas paredes estaban cubiertas de hermosos ejemplos de caligrafía árabe. Preparé mi cuaderno de notas de tamaño grande y mi grabadora; Hatrash, por su parte, sacó una hoja doblada de un pequeño bloc del bolsillo de su *zobe*. Entonces le pregunté a Shobokshi por qué se tomaba la molestia de demandar al antiguo responsable de la gestión de las aguas residuales en Yeda, sabiendo que los tribunales saudíes siempre han protegido a los funcionarios del gobierno.

—Hyundai ganó un caso contra el Ministerio de Obras Públicas —nos dijo Shobokshi—. De modo que eso me hizo pensar: tal vez el sistema judicial esté dispuesto a subir un poco el listón. Y empezamos a reunir testimonios. Esa ha sido mi cruzada.

Shobokshi empezó catalogando los costes de la crisis de las aguas residuales: los precios del mercado inmobiliario habían caído un 70 por ciento en algunos barrios; las playas estaban contaminadas y la vida marina, moribunda; las aguas residuales estaban corroyendo el lecho de roca caliza de la ciudad... Nos dio referencias de fuentes médicas y estudios medioambientales, incluyendo uno encargado por la Cámara de Comercio e Industria de Yeda que, según nos explicó, advertía de una epidemia de hepatitis. «Veremos morir gente y derrumbarse edificios. Lejos de mejorar, esto sin duda empeorará.»

Cuando salimos del despacho de Shobokshi, Hatrash estaba entusiasmado. Empezó a hablar de todas las fuentes a las que iba a entrevistar. Le pedí que me enseñara sus notas. Pude ver algunas cifras —por ejemplo, que más del 60 por ciento de las palmeras estaban muriendo— garabateadas en el papel doblado, pero faltaba la esencia de la conversación con Shobokshi. Le di una pequeña charla sobre la importancia de recoger citas textuales y luego le envié a perseguir la noticia.

Mientras tanto, me dirigí a hablar con Ramesh Balan, el director editorial de la *Gazette*. Balan, que no era musulmán y procedía del sur de la India, revoloteaba de un lado a otro de la sala de redacción como un colibrí, y hablaba aún más deprisa de lo que se movía. Si lograbas que se quedara quieto en un sitio durante un momento, veías a un hombre apuesto y canoso de unos cuarenta y cinco años. Un día surgió de su despacho gritando: «¡Miren esto!». Esgrimía un ejemplar del *Arab News*: los titulares informaban de la detención de ocho presuntos miembros de Al-Qaeda implicados en un tiroteo que se había producido en enero en Riad. «¡Noticias locales, en primera página! —exclamó con envidia—. ¡Voy a contraatacar!»

Ramesh me entregó un puñado de cartas al director y me dijo que quizá me sirvieran de inspiración para encargar algún artículo. Entre el montón de cartas había una escrita a mano por un soldado saudí. «Por favor, ayúdenos», decía. Su autor se quejaba de que a todos los soldados de su unidad les acababan de reducir a la mitad el salario.

Mandé llamar a Hasan Baswaid a mi mesa.

—¿Conoce a alguien en el ejército? —le pregunté.

Baswaid asintió con la cabeza. Tenía más contactos que nadie en la oficina. Le di la carta del soldado.

—¿Por qué no hace algunas llamadas para ver si a otros soldados también les han reducido el salario? Este podría ser un gran artículo.

Baswaid volvió a dejar la carta en mi mesa de inmediato. Juntó las manos como si las tuviera esposadas.

—Esto puede llevarte al calabozo —me señaló con una tímida risita.

Sin embargo, al cabo de un rato volvió a mi mesa y me contó un rumor que circulaba por toda la ciudad: los Bin Laden se estaban cambiando el nombre.

—Ahora se llamarán Awad —me explicó.

Este era el nombre del abuelo de Osama bin Laden. Su motivación para hacer aquel cambio resultaba comprensible... si es que era verdad.

—Hasan, haga ese artículo y su firma saltará a las portadas de todos los periódicos del mundo.

Baswaid se encogió de hombros y se quedó mirándome.

—Deje que yo me ocupe de que se publique —añadí—. ¿Cree que puede conseguir a alguien que lo confirme?

Baswaid adoptó una expresión grave.

—Conozco un poco a Abdullah, el hijo de Osama —me respondió.

—¿Puede hablar con él?

—Es posible.

Baswaid empezó a hacer llamadas con su teléfono móvil. Mientras tanto, fui a ver de nuevo a Ramesh. Estaba dolido por una reciente discusión con el doctor Ahmed al-Yusuf, el jefe de redacción de la *Gazette*, un hombre al que yo veía en raras ocasiones. Ramesh me contó que quería publicar un gran artículo sobre la retirada del embajador libio en el reino a raíz de un enfrentamiento entre Muamar el Gadafi y el príncipe heredero Abdullah producido en una reunión de la Liga Árabe. Pero el doctor Yusuf le había ordenado que se quitara importancia a la noticia.

—¡No sabe lo que es la verdadera libertad de prensa! —me dijo Ramesh. Dio un profundo suspiro—. ¡Estoy a punto de tener una crisis nerviosa!

Le hablé de la historia de Hasan Baswaid.

—¿La publicará? —le pregunté.

—¡Si no la publican, me marcho! —exclamó.

De repente parecía enardecido. Entonces me ofreció una información apasionante: los trabajadores que gestionaban el tratamiento de aguas residuales de Yeda estaban en huelga. Ambos experimentamos una pequeña sensación de vértigo. Ya veíamos la portada de la *Gazette* con el cambio de nombre de los Bin Laden, la huelga del tratamiento de aguas residuales de la ciudad, y una referencia a la retirada del embajador libio… ¡Menudo día de noticias!

Envié a Hasan Hatrash a los terrenos municipales donde se solían agrupar los camiones cisterna de aguas residuales.

—Los conductores no están en huelga —me informó—. Tienen miedo porque la policía les está confiscando los camiones.

Debido a ello, los conductores se quedaban en casa, dejando que los desechos se acumularan.

—¿Por qué demonios lo hacen?

Hatrash me dijo que lo averiguaría, pero eran ya más de las diez de la noche y faltaba solo una hora para el cierre de la edición. Mientras tanto, Baswaid aguardaba expectante junto a mi mesa.

—He encontrado a Abdullah bin Laden —me dijo—. En este momento está cenando en el restaurante italiano.

El restaurante se hallaba en un centro comercial de la carretera de Medina, a unos veinte minutos de distancia; menos, dada la forma de conducir de Baswaid, que decidí ver como una especie de videojuego. El restaurante tenía delante una pequeña terraza, donde cuatro hombres jóvenes estaban sentados a una mesa, riendo. Baswaid y yo nos acercamos fingiendo una estudiada conversación casual, con la intención de aparentar naturalidad. Abdullah y dos de sus amigos vestían *zobe*; el cuarto llevaba vaqueros y un sombrero rasta. Todos rondaban los veinticinco años.

Nos sentamos a una mesa junto a la suya, y a simple vista Abdullah bin Laden no nos prestó atención. Era un hombre alto y bien afeitado, con la cabeza descubierta. Llevaba el pelo muy corto, casi al rape, y tenía una nariz larga y plana, como la de su padre. También su mirada afable era la misma.

Baswaid se levantó y entró en el restaurante, luego volvió a salir a la terraza con un paquete de cigarrillos. Entonces fingió que acababa de reconocer a Abdullah y se acercó a él sonriendo. Se intercambiaron unos cuantos cumplidos, y entonces Abdullah se volvió hacia mí para que nos presentaran. Al estilo saudí, me rozó la mano y se tocó el corazón.

Baswaid le hizo la pregunta. Pero Abdullah negó el rumor.

—Ese es mi nombre y estoy muy orgulloso de él. De ningún modo voy a cambiármelo —aclaró.

No había en su voz el menor tono de queja o de embarazo.

—¿Deberíamos escribir un artículo de todos modos? —me preguntó Baswaid mientras vimos como los jóvenes se subían a un todoterreno con los cristales tintados.

Yo le sugerí que siguiera preguntando por ahí, para averiguar, por ejemplo, si Saudi Binladin Group, la empresa de construcción de la familia, se estaba cambiando el nombre. Todavía había una posibilidad de que la familia quisiera cambiarse los pasaportes, pero antes de poder publicar el artículo hacía falta más información.

A la mañana siguiente, la portada de la *Gazette* llevaba el artículo de Hasan Hatrash, bajo el titular de «Se interrumpe la depuración de aguas residuales en Yeda». Los conductores —informaba— estaban desconcertados. «No sabemos por qué la policía nos está acosando», decía uno de ellos. Los propietarios de las viviendas ya se quejaban de que las fosas sépticas se estaban desbordando e inundando las calles de la ciudad. Hasan había sabido captar el calibre del inminente desastre en una única y bien elegida anécdota:

> Irfan Jan, un ciudadano de origen indio que acababa de volver del trabajo para encontrarse su apartamento, situado en una planta baja, hecho un completo desastre por culpa del desbordamiento de los lavabos, estaba lívido de rabia.
>
> —¡Venga!, ¡Mire mis alfombras, mi cocina! ¡Cómo voy a vivir aquí ahora! —despotricaba—. ¡Volved adentro! —Se interrumpió para gritar a dos niños que querían probar a pasar por encima de las piedras diseminadas sobre un pozo negro en la calle—. ¡Ahora habrá mosquitos y enfermedades, y ya hay una amenaza de dengue en la ciudad!

Cuando apareció el artículo, el impacto del problema de las aguas residuales ya era evidente en todo Yeda. En muchos sitios las calles estaban mojadas; el agua manaba a borbotones formando repugnantes lagos. Sin embargo, ningún otro periódico había prestado atención a la crisis.

Entonces Hatrash se enteró de que la policía estaba confiscando los camiones porque los conductores no habían pagado una nueva tasa de eliminación de residuos en el estanque de aguas residuales. Localizó a los conductores parados, luego volvió y escribió un artículo que empezaba diciendo: «Esta última semana la policía ha estado confiscando camiones por la falta de pago de una nueva tasa de eliminación de residuos».

172

—¿De cuánto es la tasa? —le pregunté.

—De cinco riyales. —Alrededor de un dólar.

—¿La ciudad entera se está ahogando en mierda por cinco riyales? ¡Hasan, describa el panorama! La recogida de aguas residuales se ha interrumpido. Los lavabos se desbordan. Las calles se están convirtiendo en lagos de excrementos. ¿Y por qué?

—¡Todo por cinco miserables riyales!

Hatrash se puso a trabajar de nuevo. La historia era tremenda. La policía se había visto presionada por la oficina del alcalde para que confiscara los camiones a los conductores que se negaban a pagar la nueva tasa. Pero estos últimos se veían obligados a pagarla de su propio bolsillo, y muchos de ellos ni siquiera tenían bastante para pagarse la gasolina. Las aguas residuales de las calles estaban entrando en las casas de la gente, y aunque los propietarios estaban dispuestos a pagar lo que fuera por sus servicios, los conductores tenían miedo de perder sus camiones. El departamento de salud advirtió del riesgo de hepatitis, pero la oficina del alcalde se negaba a emitir ningún comentario, limitándose a decir que el problema «pronto terminaría».

Por primera vez la *Gazette* parecía un periódico de verdad. El titular del siguiente artículo de Hasan fue «El municipio cede. La depuración de aguas residuales se reanuda en Yeda». Curiosamente, una vez más fuimos el único periódico que dio la noticia.

Al cabo de una semana los conductores volvían a estar parados, de nuevo a causa de la misma disputa.

—Acabo de enterarme de algo interesante —me dijo Hatrash una mañana.

Yo estaba leyendo con fruición su último artículo, titulado «Problema resuelto, dice el alcalde, mientras Yeda se hunde en aguas residuales». Había una página entera de fotos en las que se veían charcos infranqueables en las calles y patios delanteros inundados.

—Conozco una fuente que me ha dicho que la decisión de imponer la nueva tasa viene del gobernador, el príncipe Abdulaziz bin Mayid —prosiguió—. El príncipe había enviado una carta ordenando que se implementara el nuevo plan. Querían que la cuota de cinco riyales pagara la nueva represa de aguas residuales.

La represa, con un coste de veinticinco millones de riyales y destinada a complementar la ya existente, iba a construirla Saudi Binladin Group.

Hatrash me dijo que había hablado con un geólogo, que había señalado que la nueva presa de hormigón era potencialmente peor que la antigua de arena, ya que ampliaría el embalse y añadiría una presión considerable sobre la falla sísmica que discurría justo por debajo. Un temblor de gran magnitud liberaría un torrente de lodos residuales que podía convertir Yeda en una moderna Pompeya.

—Escribamos un artículo con esto —le dije.

—Sería un gran alivio contar la verdad —me respondió Hatrash.

No fue así. Cuando empezaron a circular los rumores sobre la implicación del príncipe, la historia murió. Pronto descubrimos que no solo el príncipe estaba detrás de la cuota de los cinco riyales, sino que este se hallaba además al frente de una nueva empresa que proponía construir un sistema de alcantarillado para la ciudad que le costaría al reino 20.000 millones de riyales. Sin embargo, nada de toda esta información aparecería en la *Gazette*. El jefe de redacción no la publicaría. Mientras tanto, se obligó a los contratistas de los camiones a pagar la tasa, y la crisis inmediata pasó; pero el príncipe no pagó ningún precio político por poner en peligro la salud de los ciudadanos y expoliar la ciudad.

Unas semanas después, la *Gazette* recibió una sugerente carta: una petición de un grupo de taxistas indios. Cincuenta de ellos habían sido invitados a trasladarse al reino saudí siete años antes con la promesa de empleos administrativos en empresas privadas y un salario mensual garantizado de 600 riyales (en la carta incluían una copia del contrato). A su llegada, el empresario se había quedado con sus pasaportes y sus permisos de residencia, y les había dicho que en realidad iban a ser «chóferes de limusina» —es decir, taxistas—, y que, en lugar de cobrar un salario, se les requeriría que pagaran cada día el alquiler de sus vehículos. Algunos de aquellos hombres ni siquiera tenían permiso de conducir, pero todos se vieron arrojados a las caóticas calles de Yeda. Estaban apiñados en un cuchitril, atrapados y hambrientos, prácticamente como prisioneros. Tras sufrir toda una serie de indignidades, incluyendo palizas, quince de los hombres se habían declarado en huelga.

No existe ninguna cifra clara de cuántos expatriados (como se llama aquí a los trabajadores extranjeros) existen en Arabia Saudí —cuatro millones, nueve millones…, se ignora—, pero también muy pocas personas saben cuántos saudíes hay. «Desde el censo del rey Faisal en los años sesenta, la cifra de población real ha sido un secreto de Estado —me informaba una fuente cercana al Ministerio del Interior—. El rey notó que la cifra era baja y la duplicó de inmediato.» Según las estadísticas de la CIA, la población autóctona es de unos 19 millones de personas, pero es posible que el número real de saudíes sea de solo 10 millones. Desde luego, uno tiene la sensación de que, al menos en las ciudades, hay tantos expatriados como saudíes.

Los expatriados ocupan siete de cada diez empleos del reino y el 90 por ciento de todos los puestos del sector privado. El gobierno saudí lleva décadas tratando de sustituir a los extranjeros por trabajadores autóctonos, pero se ha tropezado con la resistencia de los empresarios, que no quieren contratar a su propia gente. «Los saudíes no están cualificados —me decía el príncipe Sultan bin Salman bin Abdulaziz, secretario general de Turismo—. Presentarse a un trabajo no es una prioridad para ellos. Ni siquiera existe la cultura del trabajo en equipo.» De manera creciente, los parados autóctonos tienden a ver a los sirvientes bangladesíes, los camareros libaneses y los barberos egipcios con resentimiento antes que con gratitud. «¡Lo detestamos!», exclamaba un amigo saudí cuando le pregunté qué sentía cuando tenía que hablar en inglés o en urdu solo para pedir un café. Sin embargo, los trabajos de bajo nivel en el sector servicios son formas de empleo que los saudíes rechazan.

Pensé que los expatriados lectores de la *Gazette* simpatizarían con la historia de los taxistas indios. Me las arreglé para que tres de los chóferes que habían firmado la carta se acercaran a las oficinas de la *Gazette* para hablar con Faisal Bajaber, un inteligente periodista indio que acababa de salir del instituto. El líder de los taxistas era Nainan Philopose, un hombre menudo y vehemente que vestía una camisa sucia y que llegó cargado con una gruesa carpeta de documentos. Tenía el porte de un hombre que no se dejaba intimidar con facilidad. Nos informó de que su esposa estaba enferma de mucha gravedad en la India. Él tenía la intención de ir a verla pero, cuando le pidió el pasaporte a su patrón, unos matones de la empresa lo arrastraron a un centro de detención para extranjeros ilegales. El propio dueño de la empresa de limusinas le golpeó delante de varios funcionarios de inmigración. Philopose y algunos otros hombres se habían quejado a la embajada india del trato sufrido, pero sin resultado alguno. Dado que eran expatriados, no tenían realmente ningún estatus legal en el país. Su patrón les había hecho firmar unos documentos en árabe, que ellos no entendían, además de varias hojas de papel en blanco. Uno de los chóferes le dijo a Faisal que el dueño de la empresa tenía su propia cárcel, donde encerraba a los taxistas que le desafiaban.

Observé a Faisal mientras entrevistaba a los conductores en urdu. Aunque llevaba casi toda su vida en el reino, no se le permitía asistir a las universidades públicas porque no tenía la ciudadanía saudí. Sin embargo, hablaba cinco lenguas, y su inglés era casi impecable. Formulaba preguntas detalladas y tomaba notas con esmero. Era un excelente reportero en ciernes.

Faisal presentó la historia en la reunión de periodistas. El doctor Shukany estuvo escuchando con gesto soñoliento hasta que oyó que el dueño de la empresa de limusina tenía una cárcel privada. Entonces casi saltó de la silla. «No es un príncipe, ¿verdad? —preguntó—. ¿No? ¡Bien, pues vamos a ir a por él!»

Al cabo de unas semanas Faisal tenía un borrador. El dueño de la empresa de limusinas lo había estado esquivando, limitándose a repetir que los chóferes mentían. Ahora uno y otros habían acudido a la magistratura de trabajo, donde tales disputas casi siempre se resuelven en favor de los patronos saudíes. Faisal me llamó para decirme que había un problema con el artículo.

Entré en el despacho de Ramesh para reunirme con Faisal y el doctor Yusuf, el jefe de redacción, que estaba leyendo el borrador. Los periodistas le tenían miedo. Era un hombre menudo de mirada sagaz y risita nerviosa, pero tenía un temperamento imprudente y no le importaba humillar a sus empleados. En realidad, Yusuf no era periodista —había sido profesor de publicidad—, pero yo intenté apelar a su solidaridad corporativa. La *Gazette* no tenía realmente ninguna razón de ser si no abordaba el tipo de problemas reflejados en la historia del taxista.

Yusuf agitó el borrador con desdén y señaló que Faisal no había ido a hablar con la embajada india. Parecía un argumento menor, por más que válido. Faisal tenía una carta en la que se dejaba constancia de una queja presentada por la embajada en nombre de los conductores. Yusuf señaló también que la vista de la magistratura era a la mañana siguiente.

—No queremos presionar al gobierno —dijo.

—¿Y eso qué tiene de malo? —pregunté yo.

Yusuf explicó que los taxistas acabarían pagando el pato de cualquier intento quijotesco por nuestra parte de abanderar su caso. Luego le devolvió el artículo a Faisal. Yo protesté un poco, pero me retiré con docilidad. Quizá el doctor Yusuf tuviera razón. Yo no quería que se castigara a los taxistas, que ya estaban sin un céntimo, a causa de mis principios. Recordé la historia de Abd al-Karim Marai al-Naqshabandi, un trabajador expatriado sirio que había sido condenado a muerte supuestamente por haber practicado brujería contra su patrón, un sobrino del rey Fahd. Las pruebas presentadas contra él eran absurdas. Los activistas pro derechos humanos se abalanzaron sobre el caso cuando descubrieron que el patrón de Naqshabandi le había pedido que diera un falso testimonio contra otro empleado, y que había presentado la acusación de brujería cuando este se negó a hacerlo. La de Naqshabandi se convirtió en una causa célebre, pero fue decapitado sin permitirle posibilidad alguna de recurrir; un macabro mensaje para los extranjeros que se entrometieran en los asuntos saudíes.

Al día siguiente los taxistas fueron a la magistratura. Faisal me dijo que el documento en árabe que habían firmado al llegar al reino liberaba al dueño de cualquier responsabilidad financiera. Este también presentó otros documentos, aparentemente confeccionados a partir de las hojas de papel en blanco que también habían firmado los taxistas, en los que ese indicaba que le debían varios miles de riyales cada uno.

—¿Qué les pasará ahora? —pregunté.

—Irán a la cárcel —me respondió él.

El artículo de Faisal sobre los taxistas nunca se publicó.

Hasan Hatrash estaba caminando en círculos delante del edificio de *Okaz* cuando yo llegué. Parecía conmocionado.

—¡Ay, Dios mío! —exclamó—. ¡He encontrado un cadáver!

—¿Dónde?

—¡Aquí mismo, en el jardín! —Me condujo a un lado del edificio, junto al aparcamiento—. En realidad no es un cadáver, sino huesos, huesos humanos, al menos una mandíbula, y creo que hay más huesos alrededor.

La calle lateral y el aparcamiento los separaba una mediana en la que hacía poco se habían plantado brotes de adelfas. Se podían ver también algunos desechos —un librito de cerillas, unos cuantos clavos, trozos de una taza de té—, y del suelo asomaba una mandíbula humana.

—Verá que he estado cavando un poco alrededor —me dijo Hatrash—. Ahí debajo hay más huesos.

—Ya.

Vimos como una mosca aterrizaba sobre el hueso y luego seguía su camino. Le sugerí que llamáramos a la policía.

—Llámela si quiere, pero no vendrán —me dijo—. Es mejor encontrar a uno y hacer que llame por radio.

Nos metimos en mi coche y empezamos a dar vueltas buscando un policía, lo que nos llevó un rato sorprendentemente largo. Luego el policía nos pidió que le siguiéramos hasta el puesto local. Situado en la planta baja de un bloque de pisos, este era una sala oscura con baldosas de linóleo gris y unas sillas de piel con el asiento roto y por cuyos brazos asomaba la gomaespuma. Dos jóvenes detectives estaban sentados detrás de sendas mesas redactando informes. En la pared, tras ellos, había una prescripción coránica: «Quien teme a Dios tendrá un camino abierto». Uno de los detectives, ataviado con un uniforme de color caqui y sandalias, se acercó al edificio del periódico para ver la mandíbula. Aceptó con cautela que daba la impresión de ser humana, pero no parecía saber qué hacer con ella. Se fue sin colocar ningún precinto señalando la zona como escenario de un crimen. A la mañana siguiente la mandíbula había desaparecido, pero nunca más volvimos a tener noticias del detective.

Yo esperaba más de un estado policial. La naturaleza y el alcance de la represión eran difíciles de calcular. Me había encontrado con frecuentes controles, destinados sobre todo a atrapar a residentes ilegales. Los funcionarios de inteligencia estadounidenses me habían dicho que contara con que los saudíes iban a intervenir mis llamadas telefónicas y mis correos electrónicos, e incluso que irrumpirían en mi apartamento y clonarían mi ordenador. De modo que me mantenía en guardia.

—¿Ve aquel edificio? —me confesó un abogado en voz baja mientras circulábamos en coche por la calle Tahlia, señalándome con los ojos una gran estructura de dos plantas situada en la esquina con la carretera de Medina—. Es la cárcel de presos políticos.

El edificio no tenía ningún rasgo notable salvo la ausencia de tiendas y de letreros en su planta baja. No detecté ninguna presencia evidente de fuerzas de seguridad alrededor. El abogado me dijo que en el pasado había tenido clientes allí encerrados.

—¿Y quién está ahí ahora? —le pregunté.

—¡Vaya usted a saber!

A diferencia de Egipto, donde casi todo el mundo conocía a alguien que había sido detenido de forma ilegal, y a menudo torturado, en Arabia Saudí pocas personas podían decir que conocieran a alguien a quien se hubiera detenido por motivos políticos. Los residentes de Yeda siempre miraban por encima del hombro con recelo, pero cuando los presionaba, solo me hablaban de vagos rumores. Conocí un día a un hombre que había sido torturado por la policía secreta saudí diez años antes. «Me pincharon aquí», me dijo, mostrándome las manos, que tenían cicatrices de heridas de arma blanca. Creían que había ayudado a un disidente a huir el país. «¡Si yo supiera cómo hacer eso, sería el primero en huir!», les había dicho él.

—Le están vigilando —me dijo una vez un redactor de la *Gazette*.

Me hablaba en el hueco de una escalera, donde él suponía que no podían oírnos.

—¿Cómo lo sabe?

—Esta mañana ha venido un hombre de la policía secreta a ver al doctor Yusuf. Luego el doctor Yusuf me ha llamado para preguntarme por usted.

Le pregunté qué era lo que quería saber el doctor Yusuf.

—Cómo le iba, en qué andaba… —me respondió el redactor.

Eso no parecía tan siniestro. El doctor Yusuf se había interesado repetidamente por mi bienestar y había expresado con amabilidad su preocupación por mi seguridad, sobre todo desde que, durante mi estancia, varios occidentales habían sido asesinados. Nadie del Ministerio de Información había venido a verme, no se me había asignado ningún escolta, y si alguien podía seguirme en medio del tráfico de Yeda, representaba a una fuerza que yo era incapaz de reconocer.

Pero la sospecha ensombrecía la atmósfera de Arabia Saudí, incluso entre personas que trabajaban juntas cada día. En cierta ocasión le pregunté a Mahmud Shukri, un reportero de diecisiete años, dónde estudiaban sus amigos. «No nos explicamos esas cosas», me respondió. Cuando me pidió consejo sobre sus proyectos universitarios, tuvimos que reunirnos fuera de la oficina para evitar que nadie nos oyera. «Si dejas que la gente sepa en qué andas, puede que tengan envidia», me explicó.

Los números de teléfono resultaban especialmente difíciles de obtener. Uno de los periodistas más experimentados de la *Gazette* tenía un viejo libro de contabilidad con números escritos a mano que había ido recopilando durante años; quizá fuera el documento más valioso de toda la oficina, dada la renuencia de muchos saudíes a aparecer en las guías telefónicas.

Por entonces yo había empezado a entender la sociedad saudí como un conjunto de fuerzas opuestas: los liberales contra los conservadores religiosos, la familia real contra los reformadores democráticos, los parados contra los expatriados, los viejos contra los jóvenes, los hombres contra las mujeres. La cuestión era si la ira derivada de todo ese conflicto se dirigía hacia fuera, contra Occidente, o hacia dentro, contra el régimen saudí.

Cierto día me dirigí al Ministerio del Interior, en Riad, con la esperanza de obtener permiso para hablar con los miembros de la inteligencia saudí que habían investigado a los secuestradores aéreos del 11 de septiembre. El ministerio es una de las ramas más importantes del gobierno saudí, con medio millón de empleados. Su sede es una gigantesca pirámide invertida que se alza como una Estrella de la Muerte en los límites del centro urbano de Riad. Me dijeron que el arquitecto era un poeta y que el edificio era un desastre estructural. De lo que no cabe duda es de que proyecta un aire amenazador. En su atrio de mármol, varias columnas de ascensores tubulares negros se elevan a través de balcones interiores. El remate de este edificio vuelto del revés es una cúpula con una estrella de ocho puntas.

Mi cita era con el doctor Said al-Harzi, que era asesor del ministro del Interior y presidente de la junta directiva de *Okaz*; y como tal figuraba en un lugar destacado en la mancheta de la *Gazette*. Todas las líneas de poder de la prensa saudí convergen en este edificio. Me habían prometido una entrevista con el príncipe Naif, el ministro del Interior, y yo había preparado una larga lista de preguntas sobre los secuestradores aéreos. Un año después del 11 de septiembre, el príncipe había afirmado que detrás de aquella trama se escondían los sionistas. «Sigo sin poder creer que diecinueve jóvenes, incluyendo a saudíes, realizaran los atentados del 11 de septiembre con el apoyo de Bin Laden —había dicho—. Eso es imposible.» Más tarde, en febrero, la policía saudí detuvo a más de noventa presuntos miembros de Al-Qaeda, pese a lo cual el príncipe Naif seguía manteniendo que en Arabia Saudí no había ninguna amenaza terrorista. Parecía una extraña ceguera para el hombre encargado de proteger el reino, y yo estaba impaciente por oír su explicación.

Pero el doctor Harzi tenía otra idea en mente: él solo quería hablar de la *Gazette*. Me preguntó qué creía yo que podría ayudar a aumentar las ventas.

—La tirada se ha reducido casi a cero —me dijo. Tenía un ejemplar del periódico en la mesa, y le echó un vistazo sin llegar a leerlo—. Creo que el problema es el nombre —prosiguió—. *Saudi Gazette* suena como si fuera una publicación del gobierno.

Yo le dije que se venderían más ejemplares si fuera un periódico mejor; si cubriera la información local y adoptara líneas editoriales más valientes.

—No creo que el príncipe Naif realmente le vaya a servir de ayuda —me dijo entonces el doctor Harzi.

Tardé un momento en darme cuenta de que había cancelado de golpe mi cita.

Unas horas después de mi visita al ministerio volaron una casa en el centro de Riad. Más tarde, aquella misma noche, compartía un narguile —una pipa de agua en la que se fuma tabaco aromatizado— con uno de los ayudantes de Naif, mientras hablábamos del asunto. «Algún tipo guardaba un montón de explosivos en su casa, y ha estallado», me dijo con indiferencia. A mí me parecía mucho más siniestro.

Quería aprender sobre cómo funcionaba la justicia en el reino, de modo que en abril le pedí a Hasan Baswaid que escribiera un artículo sobre el nuevo código legal que había entrado en vigor en mayo de 2002, y que garantiza a los acusados el derecho a contar con el asesoramiento de un abogado. También contiene una prohibición del uso de la tortura. El reino saudí había estado esforzándose en adaptarse a los estándares legales internacionales a fin de tener éxito en su intento de unirse a la Organización Mundial del Comercio.

Solo hay unos setecientos jueces en todo el país, y todos ellos están formados única y exclusivamente en la sharía, o ley islámica.

Baswaid consiguió una entrevista con un prominente abogado llamado Jalid Abu Rashid, y yo le acompañé. Le pregunté a Rashid si el nuevo código estaba creando una nueva clase de abogados especializados en derecho penal al estilo occidental.

—Aquí nuestros casos son muy sencillos, no complicados como en Estados Unidos —nos dijo Rashid—. Nos dedicamos sobre todo a delitos financieros. Otro tipo de delitos, como el asesinato, son muy raros, y se trata sobre todo de muertes por venganza entre tribus.

Aquellos ajustes de cuentas —nos explicó— raras veces llegaban a los tribunales. Los delitos como el robo, nos dijo, «siempre se producen con extranjeros, y cuando los agarran, confiesan de inmediato, no solo el nuevo delito, sino también todos los demás. Nunca piden abogados».

En la mesa del despacho de Rashid había *maamul* —pasteles rellenos de dátiles— y dátiles frescos de su provincia natal. Llevaba un reloj de plata con unos diamantes que atrapaban la luz.

—El sistema judicial —nos dijo— es fijo porque se basa en la sharía. Por ejemplo, la idea de que un asesino debe ser a su vez ejecutado, eso no cambiará. Lo que puede cambiar son los procedimientos que deben seguirse antes de que se pueda ejecutar a alguien.

Cuando nos marchábamos, bromeé sobre lo ansiosa por confesar que se mostraba la gente en Arabia Saudí. El sistema judicial a menudo exigía la prueba indiscutible que solo una confesión puede proporcionar. No parecía regir aquí lo de que la acusación ofreciera contrapartidas a cambio de confesar, como ocurre en Occidente, ya que era frecuente que la gente confesara crímenes que le valían la pena de muerte. Yo supuse que la tortura era la motivación implícita de ello.

En febrero, por ejemplo, después de que las fuerzas de seguridad saudíes detuvieran a ocho presuntos miembros de Al-Qaeda en relación con un tiroteo producido en Riad, todos los sospechosos se declararon culpables de asesinato. «La entrega voluntaria de los culpables a la policía y sus confesiones reafirman su deseo de volver al camino recto y corregir sus errores», declaraba un miembro del Ministerio del Interior a *Asharq al-Awsat*. De manera similar, las autoridades saudíes acusaron a siete ciudadanos británicos de una serie de atentados con bomba producidos en Riad en 2000 y 2001 que supuestamente formaban parte de una guerra de bandas entre contrabandistas. Seis de ellos confesaron en la televisión saudí. El diario londinense *The Guardian* publicó un artículo argumentando que o bien se había torturado a todos esos hombres para que hicieran aquellas declaraciones, o bien las confesiones eran falsas; los atentados —insinuaba el periódico— en realidad eran asesinatos perpetrados por islamistas y dirigidos en concreto contra occidentales que consumían alcohol. Poco después estallaron más bombas, pero todos los acusados estaban en la cárcel. Después de considerables presiones del gobierno británico, los hombres fueron liberados. Uno de los detenidos, Ron Jones, explicaría más tarde que le habían golpeado en las plantas de los pies. Otro detenido declaró: «Amenazaron con introducir drogas en mi casa para hacer decapitar a mi esposa y a mi hijo».

Hay una clara diferencia entre el modo en que el gobierno saudí trata a sus propios ciudadanos y la forma en que trata a los trabajadores extranjeros. «Hay una enorme cantidad de población a la que no se considera humana en absoluto —me decía Jaled Abu El Fadl, el profesor de derecho de la UCLA antes mencionado—. Si se excluye Irak, Arabia Saudí sería uno de los mayores infractores del mundo árabe. En Arabia Saudí existe una arraigada práctica de "desapariciones", gente que ha estado desaparecida durante diez o quince años.»

En el reino saudí, la pena de muerte suele aplicarse en público. El verdugo de mayor rango era un hombre llamado Ahmad Rezkallah, que llevaba veintitrés años cortando cabezas de asesinos, violadores y traficantes de droga en la plaza pública. En ese tiempo había ejecutado a más de 300 personas, 70 de ellas mujeres, a las que se daba muerte de dos tiros en la cabeza. «La mayoría de las mujeres a las que he ejecutado se mostraban fuertes y serenas —declaraba a *Al-Majalla*, una revista en árabe que se publica en Londres—. Las mujeres en general tienen nervios de acero.» Su técnica con los hombres consiste en pinchar en la espalda al condenado con la punta de su espada, lo que produce que la cabeza dé un tirón hacia atrás. Luego viene el resto.

La práctica de las ejecuciones públicas provoca que en Occidente el sistema judicial saudí se considere medieval. No obstante, el método saudí parece tener éxito en su función disuasoria, ya que el índice de delincuencia es muy bajo. En Texas, donde yo vivo, las ejecuciones son comunes, mientras que la clemencia es tan rara como una tormenta de nieve, y el gobernador se mantiene al margen de los procesos de indulto y libertad condicional. En la provincia de La Meca, en cambio, el propio gobernador preside un comité de reconciliación que pide a las familias de las víctimas que perdonen la vida al hombre o la mujer condenados. Y antes de ejecutar al condenado, el verdugo vuelve a pedir en público a la familia de la víctima que muestre clemencia. «Voy y pido a la familia de la víctima que le dé otra oportunidad al criminal —declaraba el verdugo a *Al-Majalla*—. Esto ha funcionado muchas veces y la familia ha perdonado al criminal en el último momento. Hay aplausos y vítores. Las escenas de felicidad son indescriptibles.» A veces los miembros de la familia agraviada insisten en llevar a cabo ellos mismos la ejecución, algo que en Arabia Saudí está permitido. Normalmente hacen una chapuza.

Cuando los soldados estadounidenses entraron en Irak, en marzo de 2003, muchos saudíes se enfurecieron. «¡Estados Unidos se muere de ganas de masacrar a los iraquíes! —me dijo el príncipe Amr Mohammad Al Faisal, que trabaja como arquitecto en Yeda, durante la víspera de la invasión—. ¡Están ansiosos por hacerlo! ¡Lo están deseando!» Pero muchas de las personas que denunciaban la invasión delante de sus amigos me confesaban en privado que al menos en parte se alegraban de ella. «Toda esta región se halla en un estado fosilizado —reconocía el príncipe Amr—. Lo que está ocurriendo en Irak va a afectar a todo. Yo creo que llevará a un aumento del nacionalismo. Habrá una participación más amplia en la toma de decisiones, aunque no necesariamente una democracia como en Occidente.» «Necesitamos un empujón —me decía un periodista—. Quizá sea este.»

La noche antes de que empezara la guerra fui a cenar con Ihsan Bu-Hulaiga, economista y miembro del consejo de la Shura, el órgano consultivo del rey. En el exterior del restaurante chino, una tormenta de arena oscurecía las calles y difuminaba las luces del tráfico. Él y yo ya habíamos hablado varias veces antes, y había empezado a considerarle mi amigo. Ihsan, un hombre pálido de ojos azules y perilla rubia, formaba parte de la minoría chií de la comunidad, pero él aseguraba que no se sentía perseguido; lejos de ello, estaba agradecido por los numerosos avances que habían sacado al país de la pobreza de su infancia.

—Cuando era niño, vivía en una casita de adobe en Hofuf, una aldea de la Provincia Oriental —me explicó—. No solo mi familia: todo el mundo vivía en casas muy humildes, ¡hasta el rey Abdulaziz! No teníamos, que digamos, calles, solo caminos estrechos y sin asfaltar.

Sin embargo, justo bajo las arenas de Hofuf se hallaba el yacimiento petrolífero más grande del mundo.

Entonces, el reino pasó a tener un nuevo problema: en qué destinar el dinero. En 1970 inauguró su primer plan de desarrollo quinquenal.

—Por entonces teníamos muy pocas infraestructuras —me explicó Ihsan—. Construimos escuelas, carreteras, hospitales… Enviamos a nuestra gente a estudiar al extranjero e invitamos a extranjeros a venir a trabajar. No puedo afirmar que los ingresos del petróleo se utilizaran de la manera más eficiente, pero en comparación con otros países en desarrollo lo hemos hecho muy bien.

Mientras estábamos en el restaurante la tormenta de arena se había intensificado. Cuando salimos, el viento era ruidoso y cortante, y por encima de las farolas el aire era una amenazadora sombra anaranjada. La misma tormenta causaba estragos a unos cientos de kilómetros de distancia entre las fuerzas estadounidenses y británicas destinadas en Kuwait que se disponían a cruzar la frontera de Irak.

—Eso es que Dios se interpone en el camino de vuestros chicos —dijo Ihsan en tono de broma, pero también estaba enfadado y lleno de temor—. Ayer hubo un anuncio oficial de la corte real sobre la plegaria. El soberano ha pedido a la gente que vaya a rezar fuera de la ciudad, al desierto. —Lo llamaban *istisqa*, una oración habitualmente destinada a pedir que llueva—. Los musulmanes creen que, cuando no llueve durante mucho tiempo, Dios está enfadado con ellos —prosiguió Ihsan—, de modo que se van al desierto y le suplican que los perdone. Este año es a causa de Irak. La gente intenta ser lo más humilde posible. Algunas personas llevan la ropa del revés solo para mostrar su humildad. Esta plegaria está muy cerca del pánico.

Al día siguiente el tiempo se aclaró, y los bombarderos estadounidenses iniciaron su ataque sobre Bagdad.

Se supone que la guerra va bien para los periódicos. El director de *Arab News*, Jaled al-Maeena, se jactaba de que las ventas en quioscos habían aumentado ya un 27 por ciento la primera mañana de la guerra. Él tenía a un periodista «empotrado» con los marines estadounidenses y a otros dos en Kuwait intentando colarse a través de la frontera de Irak. En la *Gazette* nadie hablaba de ventas, dado que apenas las había, y ninguno de nuestros reporteros se encontraba cerca del escenario bélico. Cuando llegué a la oficina, los redactores indios se apelotonaban delante del televisor, pero estaban viendo los partidos de la copa del mundo de críquet. Aquella no era su guerra.

Me sentía algo ansioso por salir a la calle. La gente había estado advirtiéndome una y otra vez de la explosión de ira que invariablemente iba a acompañar a la invasión si esta de veras se producía. Durante semanas, los saudíes habían estado diciéndose que toda la palabrería sobre la guerra no era más que un aparatoso farol, y que todas las bravuconadas del Pentágono sobre «shock y pavor» no pretendían más que aterrorizar a Sadam para que entregara el poder.

Hubo cierto debate en torno a la posibilidad de ofrecerle refugio en el reino, pero el príncipe Naif lo acalló. Arabia Saudí —argumentó— tenía ya muchos refugiados políticos (Idi Amin, el antiguo dictador caníbal de Uganda, era uno de los ciudadanos más infames de Yeda). Yo esperaba que tuvieran razón. Se sucedían manifestaciones por la paz en todo el mundo, incluso en otros países árabes, pero no en Arabia Saudí. Mi propia esposa y mis hijos se habían manifestado en Austin, en Boston y en Florencia. «¿Cómo cree que nos sentimos al respecto? —me preguntó un saudí durante aquel largo y tenso preludio—. El mundo entero tiene libertad para comentarlo, salvo nosotros, ¡y somos los que nos veremos afectados!»

Pasé la mayor parte de la guerra en mi apartamento siguiendo el conflicto por Al-Yazira y la Fox, dos canales de noticias bastante similares. Ambos estaban ligados a un discurso concreto. En la Fox la noticia era: «Operación Libertad Iraquí», la liberación estadounidense de los oprimidos iraquíes, narrada desde el estrecho punto de vista de los periodistas «empotrados». El objetivo implícito de la guerra era la gente bailando en las calles, la imagen que acompañaría al lema de la liberación. En Al-Yazira, en cambio, la noticia era la constante humillación de los árabes. La «Hiroshima iraquí», rezaba el logo que aparecía detrás de los locutores. Había incontables tomas de soldados iraquíes que, tras rendirse, desfilaban con las manos detrás de la cabeza y arrastrando los pies por delante de los conquistadores estadounidenses; de cadáveres carbonizados en las calles; de mujeres vestidas con abaya cacheadas por una marine. Eran imágenes de una nación subyugada, no de una nación liberada.

En una de tales secuencias, que vi por primera vez en la CNN, aparecen un par de marines estadounidenses llamando a la puerta de una casa que pretendían registrar. Un analista militar —un general estadounidense muy a la última con el pelo cortado a cepillo y la chaqueta de sport arremangada— muestra con orgullo a la audiencia las educadas maneras con que los soldados evacuan la casa. «Fíjense en la postura que adoptan a ambos lados de la puerta —señala el general, mientras ordenan que el padre haga salir a su esposa y a sus hijos—. Fíjense en que los soldados tienen las manos fuera del guarda-monte —prosigue el general, ignorando el rostro de una niña pequeña cuyos labios tiemblan y que tiene los ojos tan abiertos del susto que parece que vayan a estallar—. Fíjense en el modo en que los soldados han tomado el control de la situación», añade el general, mientras obligan a arrodillarse a la familia a los pies de los estadounidenses.

Esta escena fue captada por Al-Yazira y repetida una y otra vez, de un modo obsesivo y ritualista, debido a que, desde la perspectiva árabe, expresaba de forma patética el tema de la guerra.

Mi propio periódico, la *Gazette*, publicó en la portada la foto de un niño iraquí con la cabeza reventada. La prensa árabe y muchos de los canales por satélite definieron el bombardeo de Bagdad como «la guerra de América contra los niños». Todo ello, de forma comprensible, enardeció a la opinión pública saudí. Un comerciante de Yeda se me acercó agitando un ejemplar de *Al-Watan* ante mi cara y señalando una fotografía de un muchacho iraquí al que estaban tratando de horribles quemaduras. «¿Cree usted que cuando crezca pensará que Estados Unidos es una gran nación?», me preguntó. Luego me enseñó otro periódico con una foto de dos soldados iraquíes muertos en una trinchera, sin cabeza, y con una bandera blanca al lado. De pie sobre la trinchera se erguían dos soldados estadounidenses.

No me opongo a esta clase de periodismo. Detesto la guerra, y creo que debería verse como lo que es. Los niños iraquíes muertos y heridos deberían forman parte de nuestra conciencia.

La postura editorial de la *Gazette* fue clara desde el principio. «Soldados estadounidenses heridos en [la operación] Shock y Pavor», rezaba un titular una semana después de que estallara la guerra. Como todos los demás periódicos del reino saudí, la *Gazette* se regodeaba cuando las tropas iraquíes luchaban para resistir. Hubo una noticia de portada informando de que el imán de la Gran Mezquita había pedido que se pusiera fin a aquella guerra «injusta». «Los musulmanes de todo el Reino han rezado por la victoria de Bagdad contra los agresores estadounidenses y británicos», rezaba el artículo.

Una tarde húmeda y calurosa, me dirigí a un bar de narguiles con el doctor Jaled M. Batarfi, columnista de *Al-Madina*. De niño, Jaled había vivido al lado de Osama bin Laden y habían sido amigos. Ahora trabajaba sin cesar en favor de la paz y se había asignado la misión de ayudar a que saudíes y occidentales se entendieran unos a otros. Yo había llegado a tenerle bastante afecto. Empezamos a hablar de lo que pensábamos que implicaría el efecto a largo plazo de la guerra en Arabia Saudí. En opinión de Jaled, la agresión de Estados Unidos mostraba que este país tenía la intención de rehacer Oriente Próximo a su imagen y semejanza. «Pero lo que ustedes quieren en realidad es dividir el reino en varios estados para poder quedarse con nuestro petróleo, y nosotros no tendremos poder para resistirnos», me dijo.

Muchos saudíes creían que la invasión de Irak era solo el primer acto de un drama que terminaría con su principal aliado y protector reduciéndolos a cenizas. «El mundo entero está viendo sin ninguna duda que los *cowboys* estadounidenses han venido con un solo propósito: el asesinato, la destrucción y el derramamiento de sangre», declaraba el periódico de Jaled en un editorial aquella misma mañana. El tema constante de los medios de comunicación saudíes era que los únicos objetivos del poder estadounidense eran el petróleo y el asesinato.

La mañana siguiente, en la oficina de la *Gazette*, Ramesh entró en la sala de los reporteros locales con una expresión maliciosa en el rostro.

—¡Bueno, ahora resulta que todos somos proestadounidenses! —dijo.

—¿A qué se refiere?

Me explicó que se había ordenado a todos los jefes de redacción del reino que abandonaran su línea editorial antiestadounidense.

Aquel mismo día, a la hora de comer, le pregunté a Jaled Batarfi si *Al-Madina* de verdad iba a cambiar sus editoriales. Asintió con la cabeza con expresión resignada.

—Les han dicho a los redactores: «No más fotos de bebés muertos. Y dejen de llamarlo "invasión"».

De hecho, al día siguiente toda la prensa saudí había moderado su postura sobre la guerra. Aquella fue una extraña experiencia para mí después de haber predicado tanto sobre la necesidad de una prensa libre. De repente los periódicos parecían más sobrios y responsables, y yo experimenté una turbia sensación de alivio.

Los días posteriores a la guerra, sin embargo, empezaron a aparecer informaciones sobre jóvenes saudíes que habían respondido a las llamadas de la yihad contra la coalición angloestadounidense. «Los voluntarios alcanzan el martirio», rezaba el titular de la información en la *Gazette*. Uno de mis reporteros, que había perdido a un amigo en Irak, me había invitado a reunirme con algunos otros jóvenes miembros de su tribu. Eran beduinos, y en el piso de clase media donde vivía su hermano, en el sur de Yeda, una habitación reproducía una tienda del desierto: el techo estaba cubierto de tela, y en la alfombra había unos cojines sobre los que nos recostamos mientras tomábamos té. En la tienda había cuatro hombres de veintitantos años. La muerte de un amigo —me dijeron— no era nada nuevo para ellos: ya habían perdido a varios jóvenes parientes varones en Afganistán, y a otro en Irak.

Les pregunté en qué creían que Arabia Saudí sería distinta dentro de diez años. El más joven, que lucía una barba rala, me dijo:

—Creo que los estadounidenses invadirán Arabia Saudí, y encerrarán a una cuarta parte de la población en sus cárceles.

Otro me dijo que rezaba para que el gobierno saudí se transformara en un estado islámico puro, siguiendo el modelo de los talibanes.

El beduino de mayor edad era un hombre de aspecto frágil con dedos largos y finos, y una perilla puntiaguda que le confería una apariencia noble y estilizada. Sus gafas redondas de montura metálica reflejaban cualquier luz que hubiera en la sala por tenue que fuera, haciendo que resultara difícil interpretar su mirada. Me sentí fascinado por él, quizá debido a su aureola intelectual y a su aspecto romántico y revolucionario. El hombre al que habían matado era su primo. Le pregunté qué fuerza había arrastrado a su pariente a Irak.

—Cuando vas a tales sitios es porque tienes un poder dentro de ti que en este país cerrado no puedes sacar —me dijo.

Me explicó que su primo no encontraba trabajo, y ni siquiera tenía los contactos necesarios para entrar en el ejército. Él mismo había experimentado los mismos problemas.

—Después de la primera crisis del Golfo me gradué en una buena especialidad, y el gobierno me prometió muchas cosas —prosiguió—. Tenía la aspiración de obtener un doctorado o un buen puesto de trabajo, y de repente me encontré con que el gobierno sacó una nueva normativa. ¡Cancelaron cualquier nueva oferta de empleo público! El precio de la luz y el gas se duplicó, y el teléfono, y hasta el arroz y el azúcar. Pero ellos decían: «Sed pacientes, hemos de pagar el precio de la guerra». Prometieron que sería solo durante un breve período. ¡Y ya llevamos trece años! Hace siete que me gradué y todavía no tengo trabajo.

Me confesó que a menudo pensaba en convertirse él mismo en mártir, como su primo, que debía de haber ido directamente al Paraíso.

—¡El Paraíso es mejor que esta vida miserable!

Le pregunté qué había estudiado en la facultad.

—Biblioteconomía.

A pesar de todo su discurso sobre el martirio, había otro pensamiento sombrío en las mentes de esos jóvenes.

—Puede que sea una política del gobierno enviar a todos esos chicos a Irak en lugar de tenerlos aquí tocando las narices —dijo el mayor.

—¿De qué habla? —pregunté yo—. ¿Quien los está enviando allí?

—Alguien que quiere ganar puntos morales en todo el mundo. Pretenden hacer que maten a esos chicos en lugar de quedarse en el país y echar una mano.

Los demás asintieron con la cabeza. Creían que existía una conspiración entre el clero y el gobierno, un complot para eliminarlos a ellos, a los parados saudíes.

—Lo que ha ocurrido en Irak y Afganistán ha sido un holocausto para los jóvenes —dijo el bibliotecario.

Aquellos hombres reconocían el sinsentido de la yihad, al menos del modo en que esta se fomentaba por parte de unos clérigos sanguinarios que, al fin y al cabo, eran empleados públicos. Tenía que haber alguna razón por la que el gobierno permitía tan peligroso discurso, y en la mente de aquellos jóvenes la razón era que los creían prescindibles. Y parte de ellos decían que sí a eso. Querían una salida, y la única salida era el Paraíso.

Me reuní con mis reporteros por última vez en la sala de conferencias de la *Gazette*. Experimentaba un profundo sentimiento de decepción con respecto a lo poco que había logrado. Muchas de las historias en las que habían trabajado mis periodistas no se habían publicado. Había unos cuantos buenos artículos, como la semblanza que había escrito Nayla de la cónsul general estadounidense en Yeda, Gina Abercrombie-Winstanley, pero el doctor Yusuf estaba enfadado porque él no había aprobado el artículo.

Repartí unos cuantos recuerdos, incluyendo llaveros de los Texas Longhorns —los equipos deportivos de la Universidad de Texas— para las mujeres, para el día en que por fin pudieran conducir.

Me hicieron una breve fiesta de despedida, con ponche y pasteles. El doctor Yusuf me regaló un reloj. La fiesta se retrasó un poco por mi insistencia en que se permitiera asistir a las mujeres. Luego Nayla me dio una tarjeta con la firma de todos. Me despedí sin haber llegado a verle la cara ni una sola vez.

Hasan Hatrash no estuvo presente. Me lo encontré en la cafetería, con los hombros encorvados, bebiendo té y mordisqueando con desgana un trozo de pastel de chocolate a medio comer. Parecía estar hecho polvo. «Acabo de salir del hospital —me contó—. El médico me ha dicho que no debería conducir, pero yo quería venir a verle. —Me dijo que tenía hipotensión, pero que ese no era el verdadero problema—. Le he explicado al médico que cuando duermo no hay manera de despertarme, ¡ni siquiera puedo ordenar mis pensamientos. Él me ha dicho que es depresión.»

Me pareció que le ocurría lo que a muchos otros jóvenes saudíes, cuyas vidas son tan insatisfactorias como inexpresadas. Yo deseaba poder ofrecerle unas últimas palabras de consejo, pero no se me ocurría nada útil que decir.

El 12 de mayo, unas semanas después de que abandonara el reino saudí, Al-Qaeda atentó contra tres complejos de viviendas de Riad, y mató a 34 personas. Un posterior atentado en noviembre acabó con la vida de otras 18. Durante todo el otoño, y hasta bien entrado el invierno, hubo frecuentes redadas e intercambios de disparos con presuntos terroristas, y las autoridades saudíes afirmaron que habían evitado otros varios atentados potencialmente catastróficos, incluido al menos uno dirigido contra la familia real. Los reformistas aprovecharon este momento de inestabilidad para hacer campaña en favor de ciertos cambios de naturaleza progresista, como la existencia de un poder judicial independiente y la celebración de elecciones populares. El gobierno inició un proceso muy difícil para tratar de embridar las voces radicales en las mezquitas y eliminar ciertos pasajes que incitaban al odio de los libros de texto utilizados en las aulas saudíes. Se permitió a la prensa cubrir todos aquellos acontecimientos con más libertad que en el pasado; aun así, dicha cobertura sirvió a los intereses del gobierno de cara a acallar las críticas occidentales al régimen.

Cuando leí algunos de aquellos artículos, más francos y abiertos, resurgió mi optimismo con respecto a la prensa saudí. En marzo contrataron a Yamal Jashoggi como jefe de redacción de *Al-Watan*, lo que parecía un signo de que el gobierno iba a permitir más libertad a la prensa. Y, de hecho, Jashoggi publicó varios artículos de investigación sobre el legado del wahabismo y viñetas en las que se ridiculizaba a la policía religiosa y al clero corrupto que alentaba el suicidio de jóvenes musulmanes. «Quienes cometieron el crimen de ayer no son solo los terroristas suicidas, sino también todos los que han instigado o justificado los atentados, todos los que se autodenominan muyahidines, e incluso todos los que guardan silencio», escribía Jashoggi después de los atentados de mayo. Pero al cabo de unos días le despidieron. Poco después, Hussein Shobokshi, el empresario que había planificado la demanda colectiva en relación con el problema de las aguas residuales de Yeda, escribió una columna en *Okaz* en la que fantaseaba sobre una futura Arabia Saudí. La historia tenía fuerza porque todo lo que narraba parecía muy asequible, pero a la vez resultaba tremendamente inalcanzable. Shobokshi escribe que vuelve de un viaje de negocios a Riad, donde ha recibido un premio en representación del reino otorgado por una conferencia internacional sobre derechos humanos. Su hija, que es abogada, le recoge en el aeropuerto y le lleva en coche a la oficina. De camino, charlan sobre la votación en las elecciones municipales que se celebrarán a la mañana siguiente. Luego él le pide a ella que se apresure, ya que no quiere perderse la retransmisión de la presentación del presupuesto nacional por parte del ministro de Economía. Cuando el artículo apareció en *Okaz*, el gobierno ordenó al periódico que dejara de publicar la columna de Shobokshi.

Poco después de mi regreso a casa, Nayla me escribió una nota diciéndome que la habían despedido. Me pedía ayuda para encontrar trabajo. Luego tuve noticias de Mamduh al-Harzy, quien me explicó que había dejado la *Gazette* y que quería asistir a una facultad de Periodismo en Occidente. Y Hasan Hatrash me escribió para contarme que había ido de vacaciones a Malasia. En Kuala Lumpur le habían invitado a tocar con una banda. «Pasé el mejor rato de mi vida, y el número de chicas que querían hablar conmigo era más de lo que podía manejar —me informaba—. Lo bueno es que me invitaron a tocar con ellos en su segundo bolo, en un club más grande, el domingo siguiente. ¡Vaya! ¡Por fin vivo!»

La red del terror

Durante una gran parte de la historia contemporánea de España, la organización que ha definido su experiencia con el terror ha sido ETA, siglas de *Euskadi Ta Askatasuna* («País Vasco y Libertad»). Fundada en 1959, ETA tiene un claro objetivo político: quiere establecer una nación independiente, integrada por el País Vasco y Navarra, en el norte de España, y el denominado País Vasco francés, en el sur de Francia. Aunque ETA ha matado a unas ochocientas personas, se ha ganado cierta reputación de ser en general bastante específica en sus objetivos, apuntando casi en exclusiva —aunque no siempre— a políticos, a miembros de las fuerzas armadas y de seguridad, y a periodistas. Con los años, los terroristas y la policía española han llegado a una especie de escabroso acuerdo sobre las reglas del combate. «Ellos no atentan contra la clase obrera, y siempre nos llaman antes de una explosión, revelándonos dónde está situada la bomba —me explicaba un funcionario de inteligencia de la Policía Nacional española—. Si ponen una bomba en una mochila dentro de un tren, habrá una cinta de casete que diga: "Esta mochila va a explotar. Por favor, abandonen el tren".» De modo que el 11 de marzo de 2004, cuando empezaron a llegar las primeras informaciones sobre el importante número de víctimas causado por una serie de explosiones producidas en varios trenes de cercanías, los funcionarios de inteligencia españoles supusieron que ETA había cometido un espantoso error.

LOS AÑOS DEL TERROR

A las 7.37 de la mañana, cuando uno de los trenes estaba a punto de entrar en la estación madrileña de Atocha, tres bombas reventaron los vagones de acero, proyectando restos humanos a través de las ventanas de los pisos cercanos. La estación se halla en el centro de Madrid, a solo unas manzanas del museo del Prado. A los pocos segundos estallaron otras cuatro bombas en otro tren, a unos 500 metros de la estación. Las bombas mataron casi a un centenar de personas. Si las explosiones se hubieran producido con los trenes en la estación, las víctimas podrían haberse contado por miles: cada día laborable pasa por Atocha un cuarto de millón de personas. A aquella hora los trenes estaban llenos de estudiantes y de jóvenes oficinistas que residen en viviendas de protección oficial y en modestos bloques de pisos al este de la ciudad. Muchos eran inmigrantes que habían acudido a España atraídos por el boom económico.

Cuando los equipos de emergencia se precipitaban al lugar, otras dos bombas destrozaron un tren en la estación de El Pozo del Tío Raimundo, a unos cinco kilómetros de distancia. Por entonces el presidente del Gobierno, José María Aznar, ya estaba al corriente de los atentados, que se producían justo al final de una campaña política que había transcurrido sin incidentes. El Partido Popular, el grupo conservador que lideraba Aznar, sacaba una ventaja de cuatro puntos y medio a los socialistas en los sondeos, pese a la abrumadora oposición de la población española a la participación del país en la guerra de Irak, que Aznar había respaldado. Era un jueves por la mañana; las elecciones habían de celebrarse el domingo.

A las 7.42, un minuto después de las bombas de El Pozo, estalló una última bomba en otro tren en la estación del barrio residencial de Santa Eugenia. Cuando llegó el personal de emergencias, encontró las vías sembradas de cuerpos destrozados. Los españoles nunca habían visto nada semejante: la peor atrocidad de ETA, perpetrada en 1987, había matado a 21 clientes de un supermercado de Barcelona. En Santa Eugenia había tantos heridos que los equipos de rescate tuvieron que romper los bancos de la sala de espera para utilizarlos como parihuelas. En total hubo 191 muertos y 1.600 heridos. Fue el acto terrorista más devastador de toda la historia europea exceptuando solo el atentado producido en 1988 contra el vuelo 103 de Pan Am sobre la localidad escocesa de Lockerbie.

Aznar, que en 1995 había sobrevivido a un atentado con coche bomba perpetrado por ETA, había convertido la eliminación de ese grupo su principal prioridad. Las fuerzas de seguridad habían diezmado las filas de la organización, pero eran conscientes de que lo que quedaba de esta intentaba llevar a cabo un atentado de represalia en Madrid. La Nochebuena anterior, la policía había detenido a dos comandos etarras que habían puesto varias bombas dentro de mochilas en vagones de tren, y en febrero la Guardia Civil había interceptado una furgoneta de ETA que se dirigía hacia a la capital cargada con 500 kilos de explosivos. Las autoridades habían planeado un gran golpe contra la organización para el 12 de marzo, el último día oficial de campaña. El golpe podría haber coronado al partido de Aznar en las urnas. Pero al parecer ETA había golpeado primero.

A las 10.50 de la mañana, la policía de Alcalá de Henares recibió una llamada de un testigo que mencionó una furgoneta Renault cuadrada de color blanco que alguien había dejado aquella mañana en la estación de tren. «Al principio no le prestamos demasiada atención —me dijo uno de los investigadores—. Luego vimos que la matrícula no se correspondía con la furgoneta.» Pero aquella pista resultaba engañosa: cuando los miembros de ETA roban un coche, le ponen una matrícula del mismo modelo de vehículo. Hacía años que ETA no cometía un error tan elemental.

La circunstancia de que no se hubiera producido advertencia alguna, el gran número de víctimas, el origen proletario de muchas de ellas y el hecho de que ETA se apresurara a negar la autoría del crimen, todo ello sugería que había razones para cuestionar a quién había que atribuir la culpa. Además, los teléfonos de varios conocidos colaboradores de ETA estaban intervenidos. «Los malos se llamaban unos a otros preguntando: "¿Hemos sido nosotros?". ¡Es absurdo!», explicaba un alto funcionario de inteligencia.

Aquella tarde los detectives examinaron la furgoneta blanca con mayor detenimiento. Recogieron huellas digitales, y bajo el asiento del pasajero encontraron una bolsa de plástico con siete detonadores que se correspondían con el tipo utilizado en los atentados. Había también colillas, una peluca de mujer y un casete de Plácido Domingo. En el reproductor había introducida una grabación muy distinta: llevaba escritas unas inscripciones en árabe que resultaron ser recitaciones de versículos coránicos para novicios religiosos. Por entonces la policía había descubierto que el explosivo utilizado en los atentados era goma-2, que ETA ya no empleaba. «Le dijimos al gobierno que había algo extraño, que quizá no era ETA», me explicaba el funcionario de inteligencia.

Aquella noche, no obstante, el presidente Aznar llamó a los directores de los diarios españoles. «ETA está detrás de los atentados», les aseguró. Luego llamó a José Luis Rodríguez Zapatero, su adversario socialista, para hablarle de la furgoneta con la cinta en árabe; al mismo tiempo insistió en que «no cabe duda de quién ha cometido los atentados».

El caso dio un giro en mitad de la noche, cuando un joven agente de policía, revisando las pertenencias recuperadas de los trenes, abrió una bolsa de deporte y descubrió 10 kilos de goma-2, rodeados de clavos y tornillos. Dos cables conectaban un teléfono móvil de color azul a un detonador. No estaba claro por qué la bomba no había explotado.

Los policías se percataron de que la tarjeta del teléfono tenía que contener un registro de los últimos números marcados. Siguiendo el rastro de aquellas llamadas, no tardaron en dibujar una red de jóvenes inmigrantes árabes, muchos de ellos ya conocidos por la inteligencia española. Los datos almacenados en la tarjeta revelaron que su poseedor había contratado un plan de llamadas en una pequeña tienda de fotocopias y teléfonos móviles de Lavapiés, un barrio de clase obrera situado cerca de la estación de Atocha. La tienda era propiedad de Yamal Zugam, un marroquí que con anterioridad ya había sido sometido a vigilancia por sus presuntas conexiones con Al-Qaeda.

La información sobre el rumbo que tomaba la investigación empezó a filtrarse a la opinión pública. El viernes por la tarde se congregó un grupo de manifestantes frente a la estación de Atocha con carteles que vinculaban la tragedia a la guerra de Irak. Era evidente que las elecciones iban a girar en torno a la cuestión de si los responsables de los atentados eran terroristas de ETA o islamistas. Aquel día, el ministro del Interior, Ángel Acebes, insistió en público que ETA era la principal sospechosa, a pesar de que ahora la policía ya estaba segura de que la organización no estaba directamente implicada.

Al anochecer, unos once millones de españoles se congregaron en todo el país para protestar contra la violencia. En Madrid, donde estaba lloviendo, los paraguas se extendían a lo largo de kilómetros desde el paseo del Prado. A la ira y la aflicción de los manifestantes venía a añadirse la confusión en torno a la investigación. «Yo estuve caminando junto a un millón de personas por las calles de Madrid —me explicaba Diego López Garrido, diputado socialista en el Congreso—. Mucha gente decía: "¿Quién es el autor de estos atentados?". Y se preguntaba: "¿Por qué el gobierno nos está mintiendo?".»

El día de los atentados, los analistas del Forsvarets Forskningsinstitutt, un centro de expertos noruego con sede cerca de Oslo, recuperaron un documento que habían detectado en un sitio web islamista el diciembre anterior. Por entonces el documento no había causado una gran impresión, pero ahora, a la luz de los acontecimientos producidos en Madrid, parecía una hoja de ruta terrorista. Titulado «Irak yihadista: esperanzas y peligros», había sido elaborado por una entidad hasta entonces desconocida denominada Comisión de Medios de Comunicación para la Victoria del Pueblo Iraquí (Centro de Servicios Muyahidines).

El documento, que tiene cuarenta y dos páginas de extensión y parece ser obra de varios autores anónimos, se inicia con la propuesta de que, aunque no se puede derrotar al conjunto de las fuerzas de la coalición desplegada en Irak liderada por Estados Unidos, mediante una insurgencia guerrillera sí se podría expulsar a los otros miembros de dicha coalición, dejando así a Estados Unidos en una posición cada vez más vulnerable y desalentadora en la medida en que fuera aumentando el número de víctimas y el coste económico llegara a hacerse insoportable. Tres países —Reino Unido, España y Polonia— formaban la espina dorsal europea de la coalición. Polonia parecía ser la más decidida, ya que la población respaldaba en gran parte la decisión del gobierno de invadir Irak. En el Reino Unido, en general, se condenaba el conflicto. «Antes de la guerra, en febrero, alrededor de un millón de personas salieron en una enorme marcha que llenó las calles de Londres —observa el documento—. Fue la mayor marcha de protesta política de toda la historia del país.» Sin embargo, los autores sugieren que los británicos no se retirarían a no ser que el número de víctimas se disparara.

España, en cambio, presentaba una sorprendente oportunidad. La guerra era casi universalmente impopular. A diferencia de otros líderes de la coalición, Aznar había metido a su país en Irak sin buscar un consenso. «Si la disparidad entre el gobierno y el pueblo tuviera ese mismo índice porcentual en el Reino Unido, el gobierno de Blair caería», observa el autor de este apartado. La razón de que todavía no se hubiera echado a Aznar —afirma el autor— era que España era una democracia inmadura y carecía de una tradición consolidada en cuanto a pedir responsabilidades a sus gobernantes. Asimismo, los votantes españoles de derechas tendían a ser más leales y organizados que sus homólogos de izquierdas. Además, se habían producido menos de una docena de víctimas en sus filas. «Para obligar al gobierno español a retirarse de Irak, la resistencia debería asestar dolorosos golpes a sus fuerzas —propone el autor—. Es necesario hacer el máximo uso de las próximas elecciones generales españolas en marzo del año que viene. Creemos que el gobierno español no podría tolerar más de dos o como máximo tres golpes, después de lo cual tendrá que retirarse como consecuencia de la presión popular. Si sus tropas todavía permanecen en Irak después de dichos golpes, la victoria del Partido Socialista está casi asegurada, y la retirada de las fuerzas españolas estará en su programa electoral.» Una vez retirada España de Irak —teoriza el autor—, la presión sobre Tony Blair, el primer ministro británico, para que hiciera lo mismo podría

LA RED DEL TERROR

volverse insoportable, «y a partir de ahí las fichas del dominó irían cayendo con rapidez».

El documento especifica que los ataques se dirigirían contra las fuerzas españolas desplegadas en Irak; no se hace llamamiento alguno a actuar en España. Sin embargo, la lectura de los autores del calendario político occidental llamó la atención a los investigadores noruegos por su especial agudeza. «No está clara la relación entre el texto y los atentados —me decía Thomas Hegghammer, uno de los investigadores del Forsvarets Forskningsinstitutt—. Pero sin el texto todavía seguiríamos preguntándonos: "¿Ha sido una coincidencia?".»

Aquel mismo día, Hegghammer envió una copia del documento a Haizam Amirah Fernández, un colega del Real Instituto Elcano de Madrid. Amirah se quedó estupefacto. Hasta entonces, los objetivos declarados de Al-Qaeda habían sido en su mayor parte de ámbito restringido, dirigidos sobre todo a purgar el mundo islámico, sobre todo Arabia Saudí, de influencias occidentales; a derribar los gobiernos árabes establecidos y a restaurar el dominio clerical del antiguo califato; y a purificar el islam devolviéndolo a la época idealizada del Profeta. En una cinta de audio emitida por la cadena árabe de televisión por satélite Al-Yazira en febrero de 2003, Osama bin Laden había identificado a Jordania, Marruecos, Nigeria, Pakistán, Arabia Saudí y Yemen como «las regiones con mejores condiciones para la liberación» (Irak estaba notoriamente ausente de su lista). Sin embargo, no ofrecía ninguna plataforma política; ningún plan, por ejemplo, para gobernar Arabia Saudí la mañana siguiente a la revolución. En cuanto al resto del mundo, los objetivos de Bin Laden parecían estar motivados sobre todo por la venganza. En 1998 había decretado que era «deber de todo musulmán» matar a los estadounidenses y a sus aliados. La espectacular violencia que caracterizaba los atentados de Al-Qaeda no era un medio para un fin: era el fin. El éxito debía medirse por el número de muertos, no por el cambio político.

El documento de internet sugería que se había puesto en marcha una nueva estrategia de inteligencia, una racionalidad hasta entonces nunca vista en los documentos de Al-Qaeda. El Centro de

Servicios Muyahidines, fuera lo que fuese, parecía funcionar como una especie de grupo de expertos islamistas. «La persona que reunió aquellos capítulos tenía una visión estratégica clara, realista y bien planeada», opina Amirah, que le dijo a Hegghammer: «Esto es ciencia política aplicada a la yihad».

Aunque el documento se colgó en internet en diciembre de 2003, los autores señalan que en septiembre ya se había escrito un borrador. En octubre, unos asesinos dispararon al agregado militar español en Irak, José Antonio Bernal Gómez, cerca de su residencia; en noviembre, siete agentes de inteligencia españoles cayeron en una emboscada y murieron asesinados al sur de Bagdad. Las fotografías de los asesinos de pie sobre los cuerpos de los agentes se difundieron en los sitios web islamistas. Pronto apareció otro documento en internet, titulado «Mensaje a los españoles», en el que se amenazaba con más atentados. «Volved a vuestro país y vivid en paz», exigía, o de lo contrario «los batallones de la resistencia iraquí y sus partidarios fuera de Irak pueden aumentar la dosis y eclipsarán vuestro recuerdo de los espías putrefactos».

Las variaciones en las transcripciones árabes de diversos términos ingleses en el documento «Irak yihadista» le sugirieron a Amirah que había sido redactado por autores de diferentes nacionalidades. Por ejemplo, en algunos casos la «T» del nombre de Tony Blair se transcribía en árabe como «ta», mientras que en la sección sobre España el autor empleaba «dha», una opción más típica del dialecto marroquí. También era característico de Marruecos el uso de números arábigos (como los utilizados en Occidente) en lugar del sistema de numeración utilizado desde Egipto hasta el golfo Pérsico. Aquellas pistas, más ciertas inquietudes políticas específicamente marroquíes expresadas en el documento, como el movimiento de independencia del Sáhara Occidental, sugerían que al menos algunos de los autores eran marroquíes emigrados, que tal vez vivían en España.

El vínculo entre el documento de internet y los atentados pronto se hizo más evidente. Al comienzo del documento se hacía referencia a Abu Duyana, un compañero del Profeta conocido por su ferocidad en la batalla. Su nombre había sido invocado ya por otros yihadistas, sobre todo en los atentados suicidas contra el hotel JW Marriott de Yakarta en agosto de 2003. El sábado por la tarde, un canal de televisión de Madrid recibió una llamada de un hombre que hablaba español con acento marroquí, que dijo que se había depositado una cinta de vídeo en una papelera en las inmediaciones de la principal mezquita de la ciudad. «Declaramos nuestra responsabilidad por lo ocurrido en Madrid, exactamente dos años y medio después de los ataques contra Nueva York y Washington», declaraba en la cinta un enmascarado que se identificaba como Abu Duyan al-Afghani, «el portavoz militar de Al-Qaeda en Europa». Y proseguía: «Esta es una respuesta a vuestra colaboración con el criminal Bush y sus aliados. Vosotros amáis la vida y nosotros amamos la muerte, lo que da un ejemplo de lo que dijo el profeta Mahoma. Si no ponéis fin a vuestras injusticias, cada vez correrá más y más sangre».

Hasta que apareció aquella cinta, incluso los investigadores que sostenían que los atentados de los trenes habían sido perpetrados por terroristas islamistas, y no por ETA, se habían sentido desconcertados por el hecho de que en los atentados no hubiera habido «mártires». Uno de los rasgos distintivos de Al-Qaeda era el de sacrificar a sus asesinos, proporcionando así una ligera cobertura moral a lo que de otro modo se vería solo como una matanza. Sin embargo, cuando los investigadores vieron que el hombre que se autodenominaba Abu Duyan al-Afghani iba vestido con ropas fúnebres de color blanco, comprendieron que le aguardaba el suicidio.

La célula española de Al-Qaeda era antigua y estaba bien arraigada. Mohamed Atta, el comandante de los atentados del 11 de septiembre, acudió a España dos veces en 2001. La segunda, en el mes de julio, tenía como objeto mantener una reunión en la población turística costera de Salou que al parecer se organizó para dar la luz verde definitiva a los atentados. Tras el 11 de septiembre, la policía española calculaba que había trescientos radicales islamistas en el país que podrían estar afiliados a Al-Qaeda. Aun antes de eso, varios miembros de la célula española habían sido objeto de observación por parte de diversos cuerpos policiales, como evidenciaría el abundante uso de grabaciones de escuchas y de información de vigilancia en los autos de procesamiento emitidos en noviembre de 2001, cuando se acusó a once sospechosos de ser miembros de Al-Qaeda en la que sería la primera de varias redadas de terroristas. Y sin embargo, según algunos oficiales de la policía española, en el momento de los atentados de Madrid no había ni un solo agente de inteligencia que hablara árabe en todo el país. Al-Qaeda simplemente no se veía como una amenaza para España. «Nunca creímos que fuéramos un verdadero objetivo —admitía un alto mando de la policía—. Esa es la realidad.»

A las cuatro en punto del sábado por la tarde, sesenta horas después de los atentados y el día antes de las elecciones, el ministro Acebes anunció la detención de Yamal Zugam y dos marroquíes más, pese a lo cual siguió señalando a ETA. Pero para entonces los socialistas acusaban en público al gobierno de mentir sobre la investigación para mantenerse en el poder.

Las urnas se abrieron a las nueve de la mañana siguiente. Votaron veinticinco millones de personas, más del 77 por ciento del electorado y un 8 por ciento más de lo esperado. Muchos eran jóvenes que votaban por primera vez, y sus votos dieron la victoria a los socialistas. Cuando José Luis Rodríguez Zapatero se declaró vencedor, volvió a condenar la guerra de Irak y subrayó su intención de retirar las tropas.

Cuatro días más tarde, las brigadas Abu Hafs al-Masri, un grupo que afirma estar afiliado a Al-Qaeda, enviaron un mensaje al periódico de Londres *Al-Quds Al-Arabi* atribuyéndose la responsabilidad de los atentados de los trenes. «¿A quién le tocará el turno ahora? —se mofan sus autores—. ¿Será Japón, América, Italia, Reino Unido, Arabia Saudí o Australia?» El mensaje también abordaba las especulaciones de que los terroristas tratarían de reproducir su éxito político en España alterando las elecciones estadounidenses en noviembre. «Estamos muy interesados en que Bush no pierda las próximas elecciones», escriben los autores. La «estupidez y el fanatismo religioso» de Bush resultan útiles —sostienen— porque estimulan al mundo islámico a actuar.

El 2 de abril, dos semanas después de las elecciones, un guarda de seguridad del AVE —la línea de tren de alta velocidad española— descubrió una bolsa de plástico azul situada junto a las vías a unos 65 kilómetros al sur de Madrid. En la bolsa había 12 kilos de goma-2. Se habían tendido unos 140 metros de cable a través de la valla de seguridad y se habían conectado, de forma incorrecta, a un detonador. Si la bomba hubiera estallado al pasar el AVE —a casi 300 kilómetros por hora y con 1.200 pasajeros a bordo—, los resultados podrían haber sido mucho más catastróficos que los del 11 de marzo. Los españoles se preguntaron entonces: si los atentados del 11 de marzo habían logrado los objetivos establecidos por Al-Qaeda, ¿a qué venía lo del 2 de abril?

Hasta los atentados de Madrid, todas las operaciones de Al-Qaeda —en Dhahran, Nairobi, Dar es-Salam, Adén, Nueva York, Washington, Yerba, Karachi, Bali, Mombasa, Riad, Casablanca, Yakarta y Estambul— habían fracasado desde un punto de vista político. Las matanzas cometidas en nombre de la yihad apenas habían provocado otra cosa que ira, aflicción y la muerte de miles de personas. Poco después del 11 de septiembre, Al-Qaeda perdió su base en Afganistán y, con ella, su singular papel en la coordinación del terror internacional. Aparecieron nuevos grupos, como los terroristas de Madrid, que actuaban en nombre de Al-Qaeda, y aunque es posible que gozaran de la bendición de los líderes de la organización, carecían del entrenamiento, los recursos o los contactos internacionales que habían reforzado a la anterior generación de terroristas. Algunas operaciones, como los atentados de 2003 a varios complejos residenciales occidentales de Riad, que mataron sobre todo a musulmanes, fueron fiascos de tal magnitud que parecía que Al-Qaeda ya no era capaz de tomar el control.

«Al-Qaeda siempre fue un movimiento social», me decía Marc Sageman, psiquiatra, exagente de la CIA y autor del libro *Understan-*

ding Terror Networks, señalando que los últimos conversos a la causa ya no pasaban tiempo en Afganistán y se planteaban la yihad de manera distinta. «Estos tipos locales son temerarios y no están tan bien entrenados, pero están dispuestos a suicidarse, mientras que los líderes anteriores no», añadía Sageman. Además, como revelaban los atentados de España, a la nueva generación le interesaba más cometer actos de violencia para obtener beneficios políticos inmediatos.

El tipo de pensamiento táctico a corto plazo exhibido en el documento «Irak yihadista» y en los atentados del 11 de marzo está decididamente reñido con la cosmovisión tradicional de Al-Qaeda, que contempla la historia como una infinita lucha entre creyentes e infieles, la mentalidad de los fundamentalistas de todas las religiones. Esa guerra es eterna, y nunca se gana de manera definitiva hasta el ansiado día del Juicio. En esta contienda, el primer objetivo es provocar el conflicto. Los actos audaces y violentos marcan la pauta y despiertan antiguos resentimientos, y son útiles incluso cuando tienen consecuencias imprevistas. Hay que alentar la polarización, ya que la simplicidad radical resulta esencial para la guerra religiosa. Una declaración de Al-Qaeda colgada en internet tras los atentados del 11 de marzo afirmaba: «Ser el objetivo de un enemigo es lo que nos despertará de nuestro sopor». Desde esta perspectiva, el terrorismo desempeña un papel sacramental, dramatizando un conflicto religioso al dotarlo de un trasfondo apocalíptico. Y Madrid era solo un paso más en la marcha incesante del islam radical contra el mundo moderno y secular. Si la célula de Madrid se hubiera conformado con su logro tras el 11 de marzo, podría considerarse de un modo acertado a Al-Qaeda como una organización dirigida ahora por estrategas políticos, como una entidad más cercana en espíritu a ETA, con objetivos tácticos claros.

Pero el 2 de abril arroja dudas sobre tal perspectiva. Había poco que ganar a nivel político atacando a un adversario que estaba cumpliendo la demanda establecida; al fin y al cabo, el gobierno había capitulado y había retirado las tropas de Irak. Pero si se trataba de mera humillación o venganza, entonces el 2 de abril tiene más sentido: los terroristas querían más sangre, incluso si un segundo atentado les resultaba políticamente contraproducente (es difícil que los socialistas hubieran podido seguir adaptándose a la agenda terrorista con un millar de nuevos cadáveres sobre las vías). El 2 de abril solo resulta comprensible si el verdadero objetivo de los terroristas no era Irak, sino la propia España, donde el imperio islámico iniciara su retirada quinientos años atrás.

En las semanas que siguieron a los atentados del 11 de marzo, la policía peinó los barrios de inmigrantes de las afueras de Madrid mostrando fotografías de los sospechosos. «No los teníamos del todo localizados, pero sabíamos que estaban en Leganés», me explicaba un oficial de la policía. Leganés es un anodino municipio periférico del área metropolitana de Madrid caracterizado por bloques uniformes de pisos de ladrillo rojo. Sus calles más anchas están flanqueadas por jóvenes robles distribuidos de manera regular. Por las mañanas las aceras bullen de gente que corre a coger el tren para ir a trabajar a la capital; luego el lugar se queda vacío, salvo por las abuelas y los cochecitos de niño. Por las tardes los trabajadores vuelven y se encierran en casa.

A las tres de la tarde del 3 de abril, el día después del descubrimiento de la bomba en las vías del AVE, la policía se acercó a un bloque de pisos de la avenida de Carmen Martín Gaite. Allí vieron a un joven marroquí con una gorra de béisbol del revés que estaba sacando la basura. Gritó algo en árabe, y luego salió corriendo a una velocidad impresionante (resultó ser un campeón de atletismo en pista, y la policía no logró atraparlo). Al cabo de un momento, unas voces gritaron «*Allahu akbar!*», y un fuego de ametralladora procedente del segundo piso del edificio barrió la calle, dispersando a los policías. Durante las horas siguientes, el Grupo Especial de Operaciones (o GEO, la unidad táctica de la policía) evacuó a los residentes de los pisos cercanos. Se desplegaron tanques y helicópteros, y se inició así el asedio de Leganés.

En el piso había siete jóvenes, la mayoría de los cuales eran inmigrantes marroquíes que habían acudido a Europa buscando una oportunidad económica. Habían pasado por un período de «occidentalización»; es decir, se habían convertido en bebedores, narcotraficantes y mujeriegos. Pasaban el rato en cibercafés. Se incorporaron a la mezcla étnica del Madrid urbano. Pero también vivían en la clandestinidad europea del radicalismo islamista, cuyos miembros se reclutaban más a menudo en las cárceles que en los campos de entrenamiento de Afganistán.

Su líder era Sarhane Ben Abdelmayid Fajet, un hombre de treinta y cinco años, cara redonda y mofletuda y barba desigual. Era un agente inmobiliario que había ido a Madrid ocho años antes con una beca para estudiar economía. Su jefe declaró a la prensa española que Fajet era «un vendedor estupendo», que ostentaba el récord de pisos vendidos en un mes. Pero no hablaba con sus compañeros de trabajo ni trababa amistad con otros españoles: permanecía aislado en su mundo musulmán.

«Era muy dulce y bien educado», me decía Moneir Mahmud Aly el-Messery, el imán de la principal mezquita de Madrid. La mezquita —una enorme estructura de mármol construida con dinero saudí— era el centro de la vida cultural musulmana en la capital española. Estaba situada junto a la M-30, una autopista que constituye una de las principales vías de circunvalación de Madrid. Cuando era estudiante, Fajet trabajó en un restaurante adyacente a la mezquita, y a veces asistía a la clase de religión semanal de Messery. Al principio, el imán observó que Fajet hablaba con igual familiaridad tanto con las mujeres como con los hombres. «Luego, durante tres o cuatro años, percibí que tenía algunas ideas extremistas», recordaba Messery. Después de la clase, Fajet solía plantear preguntas provocativas, como si el imán pensaba que los líderes de los países árabes eran verdaderos creyentes, o si el islam autorizaba el uso de la fuerza para difundir la religión. Se casó con una muchacha marroquí de dieciséis años que llevaba el rostro cubierto por un velo y vestía completamente de negro, incluyendo unos guantes. Su rendimiento en el trabajo fue disminuyendo y a la larga dejó de aparecer por allí. Empezó a asistir a reuniones con un pequeño grupo de musulmanes en una barbería de Madrid, donde los hombres bebían agua sagrada de La Meca. La policía creía que este ritual estaba destinado a absolver a los hombres del pecado de suicidio, que el islam condena.

Poco después de los atentados del 11 de septiembre, el imán tuvo un sueño en el que aparecía Fajet. «Sarhane estaba en su cocina, cocinando algo en el fuego —recordaba—. Vi que lo que cocinaba era una gran olla de gusanos. Él intentó darme un plato de aquella comida. Yo lo rechacé. Le dije: "¡Por favor, limpia la cocina!".» Al cabo de unos días el imán le contó el sueño a Fajet. «¡Es un mensaje de Dios! —le dijo—. La cocina es el pensamiento, y el pensamiento está sucio.» Fajet no respondió. «Es una persona muy fría», me explicaba el imán.

Fajet no era el único joven de la mezquita de la M-30 que había dado un giro hacia el extremismo. Amer Azizi, un marroquí de treinta y seis años veterano de la yihad en Bosnia y Afganistán, había sido encausado en España por ayudar a planear los atentados del 11 de septiembre (se le acusaba de organizar la reunión de julio de 2001 entre Mohamed Atta y otros conspiradores en Salou). Entre las personas que frecuentaban la mezquita, Azizi tenía reputación de drogadicto, aunque asistía a algunas clases sobre el islam junto con Fajet. En junio de 2000, cuando los embajadores de los países árabes en España acudieron a la mezquita para llorar la muerte del dictador sirio Hafez al-Asad, Azizi los insultó, gritando: «¿Por qué venís a rezar por un infiel?». Después de un tiempo la policía le acusó de ser un miembro de alto rango de Al-Qaeda y líder del Grupo Islámico Combatiente Marroquí (GICM), que era el responsable de cinco atentados con bomba perpetrados en Casablanca en mayo de 2003. Huyó de España justo antes de ser encausado.

Otro de los amigos de Fajet era Yamal Ahmidan, un narcotraficante que, según la policía, financió los atentados del 11 de marzo con la venta de unos 30 kilos de hachís. Messery echaba a culpa a un clérigo islamista de Londres, Abu Qatada, un palestino radical de Jordania que había emigrado al Reino Unido como refugiado en 1994. Después del 11 de septiembre, la policía de Hamburgo encontró 18 cintas con sermones de Abu Qatada en el piso de Mohamed Atta en dicha ciudad. Las autoridades británicas lo detuvieron en octubre de 2002, pero siguió ejerciendo una gran autoridad entre los islamistas de todo el mundo. El imán me dijo: «Era como si hubiera unas manos negras entre bastidores empujando a aquellos jóvenes».

A las seis de la tarde del 3 de abril, tres horas después de que diera comienzo el asedio de Leganés, llegaba un fax escrito a mano en árabe y firmado por Abu Duyan al-Afghani al periódico conservador madrileño *ABC*. Haciendo referencia a la bomba que se había encontrado junto a las vías del AVE el día anterior, el autor argumentaba que no había explotado porque «nuestro objetivo era solo advertiros y mostraros que tenemos el poder y la capacidad, con el permiso de Alá, de atacaros cuando y como queramos». La carta exigía que España retirara sus tropas tanto de Irak como de Afganistán el domingo siguiente. De lo contrario, «convertiremos España en un infierno y haremos que vuestra sangre corra como ríos». A primera vista, el fax representaba otro giro hacia el pensamiento político táctico, pero es más probable que se tratara de un intento de salvar una operación mal ejecutada.

Delante del piso de Leganés, la policía trató de negociar, pero los terroristas acorralados gritaron: «¡Moriremos matando!». Las llamadas telefónicas que hicieron a sus parientes durante el asedio confirmaron sus intenciones. También intentaron llamar a Abu Qatada a la cárcel londinense de Belmarsh, parece que buscando una fetua que respaldara su suicidio a nivel moral.

En lugar de cortar la electricidad y esperar a que aparecieran, la policía decidió asaltar el piso. Ordenaron a los terroristas que salieran «desnudos y con las manos en alto». Uno de los ocupantes respondió: «Entrad y hablaremos». A las 9.05 de la noche, la policía voló la cerradura de la puerta y echó gases lacrimógenos en el interior. Casi de inmediato, una explosión destrozó el piso, matando a los terroristas y a uno de los policías. La explosión fue tan fuerte que hubieron de pasar varios días antes de que las autoridades pudieran determinar cuántas personas se encontraban en el piso. El cuerpo de Yamal Ahmidan salió despedido a través de las paredes y acabó en una piscina.

Entre los escombros, la policía encontró 10 kilos de goma-2 y 200 detonadores de cobre similares a los utilizados en los atentados de los trenes. También encontró los restos de una cinta de vídeo destrozada. La policía volvió a unir los fragmentos después de un gran trabajo, y pudieron ver la última declaración de Fajet y otros dos miembros de la célula, que se autodenominaba «la brigada destacada en Al-Ándalus». A menos que las tropas españolas abandonaran Irak en el plazo de una semana —declaraban los tres hombres—, «proseguiremos nuestra yihad hasta el martirio en la tierra de Tariq ibn Ziyad».

Como es sabido, Al-Ándalus es el nombre árabe de la parte de España que cayó ante los ejércitos musulmanes tras la invasión del general bereber Tariq ibn Ziyad en el año 711. Ello incluye no solo la región meridional de Andalucía, sino de hecho la mayor parte de la península Ibérica. Durante ochocientos años, Al-Ándalus permaneció en manos islámicas. «Ya sabéis de la cruzada española contra los musulmanes, y que no ha pasado mucho tiempo desde la expulsión de Al-Ándalus y los tribunales de la Inquisición», dice Fajet en la cinta, aludiendo a los acontecimientos de 1492, cuando el rey Fernando de Aragón y la reina Isabel de Castilla completaron la reconquista de España, obligando a judíos y a musulmanes a convertirse al catolicismo o abandonar la península Ibérica. «¡Sangre por sangre! —grita Fajet—. ¡Destrucción por destrucción!»

¿Eran esos los auténticos objetivos de Al-Qaeda? ¿Los terroristas acorralados en Leganés luchaban solo para lograr que España saliera de Irak, o para recuperar las colonias perdidas del islam? En otras palabras, ¿se trataba de terroristas capaces de responder a los intentos de negociación o apaciguamiento, o eran soldados de una lucha religiosa hasta el fin que simplemente se había interrumpido durante quinientos años?

Washington Irving, el primer estadounidense autor de best sellers de éxito internacional, se trasladó a España en 1826 invitado por el embajador de Estados Unidos, Alexander Hill Everett. Irving poseía un genio especial para recoger leyendas y cuentos tradicionales y convertirlos en literatura popular. Ya había escrito muchos de los relatos que le proporcionarían la inmortalidad literaria, incluyendo «Rip Van Winkle» y «La leyenda de Sleepy Hollow». Everett lo convenció para que escribiera una historia sobre los viajes de Cristóbal Colón al Nuevo Mundo, basándose en los manuscritos de archivo que se habían hecho públicos.

Tres años después, Irving viajó de Sevilla a Granada. Cuando llegó a las ruinas de la Alhambra, la gran fortaleza mora, Irving se sintió hechizado por su arquitectura «ligera, elegante y voluptuosa»: los azulejos geométricos, la interacción de fuentes y canales, los grandiosos patios tan meticulosamente fusionados con el paisaje... Cautivado por las fábulas de un imperio pasado, Irving se alojó en el desamueblado palacio del sultán Boabdil, el último de los reyes moros.

Escribiendo en aquellos destartalados aposentos, «sin más que murciélagos y mochuelos revoloteando alrededor», Irving inició su imaginativa narración. «Como conquistadores, su egoísmo solo se vio igualado por su moderación», escribe de los príncipes islámicos. «Amaban la tierra que les había sido deparada, según ellos, por Alá, y se esforzaron en embellecerla con cuanto pudiera contribuir a la felicidad del hombre. Basando los cimientos de su poder en un sistema de sabias y equitativas leyes, cultivando con diligencia las artes y las ciencias, y fomentando la agricultura, la industria y el comercio, constituyeron poco a poco un imperio que no encontró rival por su prosperidad entre los imperios de la cristiandad.» Esos sentimientos eran inusuales en una época en la que el islam era tan oscuro como menospreciado en Occidente, pero Irving era el heraldo de un nuevo romanticismo. Tras la publicación de su éxito de ventas *Cuentos de la Alhambra*, en 1832, la España musulmana se convirtió en un objeto de veneración de pintores, poetas y músicos, que ahora veían en aquellas magníficas ruinas una desaparecida Camelot. «Tal es la Alhambra —escribe Irving—: una fortaleza musulmana en medio de un país cristiano; un palacio oriental rodeado de góticos edificios occidentales; un elegante recuerdo de un pueblo valeroso, inteligente y grácil, que conquistó, dominó y desapareció.»

El nostálgico retrato que hizo Irving de la Alhambra se tradujo al árabe, y sus historias llegaron a los libros de texto con los que más tarde aprenderían los futuros líderes de Al-Qaeda. Menos de un mes después del 11-S, Osama bin Laden y su principal lugarteniente, el doctor Ayman al-Zawahiri, habían aparecido en Al-Yazira. «No aceptaremos que la tragedia de Al-Ándalus se repita en Palestina», declaró entonces Zawahiri, estableciendo un paralelismo entre la expulsión de los moros de la península Ibérica y la grave situación actual de los palestinos. Dos meses antes de los atentados de Madrid, Bin Laden hizo público un «Mensaje a los musulmanes» que se difundió por Al-Yazira. En él lamentaba el declive del mundo islámico en comparación con España: «Baste saber que la economía de todos los países árabes es más débil que la de un país que antaño formó parte de nuestro mundo cuando de verdad nos ateníamos al islam. Ese país es la perdida Al-Ándalus».

Resulta paradójico que Bin Laden glorificara una civilización con valores tan rotundamente opuestos a los que él representaba. Su uso del arcaico nombre de Al-Ándalus dejó desconcertados a la mayoría de los españoles. «Nos lo tomamos como algo folclórico —me decía Ramón Pérez-Maura, redactor de *ABC*—. De hecho, quizá nos riésemos.»

Los musulmanes que fueron expulsados de la España del siglo XV se refugiaron en su mayor parte en Marruecos, Argelia y Túnez. Se dice que algunas familias todavía guardan las llaves de sus casas de Córdoba y Sevilla. Pero el legado de Al-Ándalus persistiría hasta mucho después de la diáspora. De hecho, casi hasta la época victoriana algunos países extranjeros todavía veían a España como un país más oriental que europeo. La lengua, la comida y la arquitectura se hallaban profundamente influenciadas por la experiencia islámica; una historia rival que la España católica, pese a su esplendor, nunca pudo enterrar. «En la moderna literatura árabe, Al-Ándalus se considera el paraíso perdido —me explicaba Manuela Marín, investigadora del Consejo Superior de Investigaciones Científicas, con sede en Madrid—. Para España, la historia de Al-Ándalus tiene un significado del todo distinto. Al fin y al cabo, lo que hoy conocemos como España se formó en oposición a la presencia islámica en la península. Solo desde tiempos recientes la gente ha empezado a aceptar que el islam formó parte de España.»

Aunque muchos historiadores españoles han descrito la España musulmana como algo bien distinto de un paraíso para judíos y cristianos, para los musulmanes sigue representando no solo el símbolo de una grandeza desaparecida, sino también una especie de visión alternativa del islam; una en la que se invertirían todos los males de las actuales sociedades islámicas. Los turistas musulmanes, incluyendo muchos jefes de Estado, acuden a España para imaginar una época en la que el islam se encontraba en el centro del arte y el saber, no en la periferia. «La Alhambra es el monumento islámico número uno —me explicaba Malik A. Ruiz Callejas, emir de la comunidad islámica en España y presidente de la nueva mezquita de Granada—. En un tiempo en que en París y en Londres a la gente se la comían viva las ratas, en Córdoba todo el mundo sabía leer y escribir. La civilización de Al-Ándalus tal vez fuera la más justa, la más unificada y la más tolerante de la historia, la que proporcionó el mayor nivel de seguridad y el nivel de vida más alto.»

A veces los imanes invocan la gloria de Al-Ándalus en las oraciones de los viernes como un recordatorio del precio que pagaron los musulmanes por alejarse de la verdadera fe. Cuando le pregunté a Moneir el-Messery (el imán de la mezquita de la M-30) si los terroristas de Madrid podrían haber estado motivados por el deseo de recuperar Al-Ándalus, alzó la vista con brusquedad y me respondió: «Puedo hablar del sentimiento de todos los musulmanes. Esa fue una parte de la historia. Estuvimos aquí durante ocho siglos. Eso no puedes olvidarlo, nunca».

El temor de que un día vuelvan los «moros» y reclamen su paraíso perdido —por la conquista o por la inmigración— es un tema que se repite con cierta paranoia en la política española. La construcción de la mezquita de Granada se retrasó durante veintidós años debido a la intensa inquietud que rodea la creciente presencia islámica, que experimentó un brusco incremento a partir de 1986, cuando España se incorporó a la Unión Europea. Las generosas subvenciones de la Unión Europea propiciaron un boom económico que atrajo a miles de jóvenes del norte de África. Provistos de lanchas rápidas, los traficantes realizaban descargas nocturnas en las irregulares costas españolas, y el frecuente descubrimiento de cadáveres arrastrados a las playas testimoniaba la desesperación de los que ni siquiera conseguían llegar a la orilla.

La inmigración musulmana está transformando a toda Europa. Se trata de una población desproporcionadamente joven, masculina y desempleada. Las sociedades que estas personas han dejado atrás son casi siempre pobres, religiosas, conservadoras y dictatoriales, mientras que aquellas a las que se incorporan suelen ser ricas, laicas, progresistas y libres. Para muchos el cambio resulta vigorizante, pero para otros Europa se convierte en una cárcel de marginación. La experiencia de un emigrante musulmán puede entenderse en parte por la visión que guarda de su patria de adopción. En términos generales, el pensamiento islamista divide la civilización en *dar al-Islam*, la tierra de los creyentes, y *dar al-Kufr*, la tierra de la impiedad. Francia, por ejemplo, es una democracia laica, en su mayor parte católica, pero hoy en día alberga a alrededor de cinco millones de musulmanes. Entonces ¿debería considerársela parte del mundo islámico? Esta cuestión es crucial en el debate sobre si los musulmanes de Europa pueden integrarse en sus nuevas comunidades o deben diferenciarse de ellas. Si cabe considerar a Francia parte del *dar al-Islam*, los musulmanes pueden formar alianzas y participar en política, deberían tener derecho a instituir la ley islámica, y pueden enviar a sus hijos a escuelas francesas. Si, por el contrario, forma parte del *dar al-Kufr*, los musulmanes estrictos no solo deben mantener las distancias, sino que además tienen que luchar contra su país de adopción.

«Internet es la clave —me decía Gilles Kepel, destacado arabista y profesor del Institut d'Études Politiques de París—. Borra las fronteras entre el *dar al-Islam* y el *dar al-Kufr*. Permite la propagación de una norma universal, con un sistema de sharía y de fetuas a través de la red.» Ahora no hace falta estar en Arabia Saudí o en Egipto para vivir conforme a los preceptos de la ley islámica. «Cualquiera puede buscar un dictamen de su jeque favorito en La Meca —decía Kepel—. En los viejos tiempos se buscaba una fetua del jeque que poseía el mayor conocimiento. Ahora se busca la de aquel que ostenta el mejor sitio web.»

En gran parte —sostiene Kepel—, internet ha venido a reemplazar a las cadenas árabes de televisión por satélite como canal de información y comunicación. «Se puede afirmar que esta guerra contra Occidente empezó en televisión —me explicaba—, pero, por ejemplo, en la decapitación de aquellos pobres rehenes en Irak y Arabia Saudí, las imágenes se difundieron a través de webcams y de internet. Se ha creado una subcultura yihadista que no existía antes del 11-S.»

Aunque internet se ha convertido en un hogar ideológico para muchos musulmanes, a la mayoría de los árabes que han emigrado a Europa les ha proporcionado consuelo y apoyo, al tiempo que les ha permitido gozar de la libertad para mantener sus identidades islámicas. Tres inmigrantes marroquíes murieron en los trenes el 11 de marzo. Uno de ellos era una devota muchacha de trece años de edad, Sanae Ben Salah, de la que se decía que la mezquita de la M-30 era «su segunda casa». Otro, Mohamed Itabien, de veintisiete, era un inmigrante ilegal que impartía clases de árabe en una mezquita de Guadalajara. Constituía el único sostén económico de su familia, incluyendo a sus once hermanos, la mayoría de los cuales vivían en una diminuta población de Marruecos donde no había teléfono. El tercero, Osama el-Amrati, era un trabajador de la construcción que estaba prometido con una española. «Europa nos ha dado oportunidades que nuestros países no nos daban —me decía en Madrid Mustafa el-M'Rabet, líder de la Asociación de Trabajadores e Inmigrantes Marroquíes—. Nuestros hijos van a la escuela y nosotros trabajamos. Con el dinero que aquí ganamos pueden vivir miles de familias en Marruecos.» Cuando le pregunté a M'Rabet si Al-Ándalus formaba parte del atractivo de España para los inmigrantes marroquíes, me respondió: «Nadie en su sano juicio hablaría de volver a aquello. Eso es una locura. Una enfermedad».

Bajo el gobierno de Aznar, las relaciones con Marruecos se deterioraron hasta el punto de que en 2002 los dos países rompieron relaciones diplomáticas debido a diversos problemas, incluyendo disputas territoriales, la cuestión de la inmigración y la afluencia de drogas a Europa a través de España. A la larga, ambos gobiernos volvieron a enviar a sus embajadores, sin que por ello se resolvieran las disputas que habían llevado a la ruptura. Cuando doce terroristas suicidas cometieron varios atentados en Casablanca, en mayo de 2003, matando a cuarenta y cinco personas, uno de sus objetivos era un restaurante llamado Casa de España.

«España es el puente entre el mundo islámico y Occidente —me decía Haizam Amirah Fernández, cuando nos reunimos en una sala de conferencias en el Real Instituto Elcano de Madrid poco después de los atentados de los trenes—. Piense en el otro puente con Oriente, Turquía. Ambos países han sido atacados por terroristas yihadistas, y en la misma semana.» El 9 de marzo, en Estambul, dos terroristas suicidas atentaron contra un club judío, matando a una persona e hiriendo a otras cinco. «La idea es cortar esos puentes —me decía Amirah—. Si el objetivo es polarizar a la gente, musulmanes e infieles, esa es una forma de hacerlo. Los yihadistas son los más fervientes defensores de la idea de un choque de civilizaciones.»

Una noche acudí a un bar junto con varios policías españoles. «Existe la leyenda de que España y el mundo árabe eran amigos —me decía un investigador de alto rango. Señaló con la cabeza hacia la camarera y los clientes de varias mesas cercanas—. Aquí en la barra hay cinco árabes sentados junto a usted. Antes a nadie le parecía extraño. Ahora la gente reacciona de manera distinta. —Hizo una pausa y añadió—: Quieren oler el jazmín de Al-Ándalus y volver a rezar en la mezquita de Granada. ¿Puede imaginar la mentalidad que tienen esos hijos de puta?»

Una de las informaciones que más daba que pensar de las derivadas de la investigación sobre los atentados del 11 de marzo era que su planificación podría haberse iniciado casi un año antes del 11-S. En octubre de 2000, varios de los sospechosos se reunieron en Estambul con Amer Azizi, que había adoptado el nombre de guerra de

Ozman al-Andalusi, es decir, Ozman de Al-Ándalus. Más tarde Azizi dio permiso a los conspiradores para actuar en nombre de Al-Qaeda, aunque no está claro si también autorizó la entrega de dinero u otro tipo de ayuda; o, de hecho, si Al-Qaeda tenía mucho apoyo que ofrecer. En junio, la policía italiana hizo pública una cinta de vigilancia de uno de los presuntos planificadores de los atentados del tren, un pintor de brocha gorda egipcio llamado Rabei Osman Sayed Ahmed, en la que afirmaba que la operación «me llevará dos años y medio». Ahmed había servido como experto en explosivos en el ejército egipcio. Parece ser que se habría producido uno u otro tipo de atentado aun en el caso de que España no se hubiese unido a la coalición, o aunque la invasión de Irak no hubiera ocurrido nunca.

«El verdadero problema de España para Al-Qaeda es que somos vecinos de países árabes —Marruecos y Argelia—, y somos un modelo de economía, democracia y laicidad —me decía Florentino Portero, analista político del Grupo de Estudios Estratégicos de Madrid—. Nosotros apoyamos la transformación y la occidentalización de Oriente Próximo. Defendemos la transición de Marruecos de simple monarquía a monarquía constitucional. Somos aliados de los enemigos de Al-Qaeda en el mundo árabe. Eso es algo que los españoles no acabamos de entender. Somos una amenaza para Al-Qaeda simplemente por ser quienes somos.»

Plasmado en película

«Por un lado, es una tragedia que solo haya filmado dos largometrajes en treinta años —observaba el director sirio Ossama Mohammed—. Pero, por otro lado, me parece un milagro.» Corría el mes de abril de 2006. Estábamos sentados en el café Rawda, el centro de la modesta vida intelectual de Damasco, donde a media mañana se reunían estrellas de la televisión, guionistas y poetas para charlar con tranquilidad. El ruidito de los tableros de backgammon y el olor a tabaco con sabor a manzana de los narguiles llenaban la sala. Un hombre con chaqueta negra que se sentaba a la mesa de al lado, y que en apariencia leía una revista, se inclinaba de vez en cuando hacia nosotros para escuchar la conversación.

«En Siria tenemos un enorme ejército de policía secreta y una absoluta falta de amparos legales —me dijo Mohammed en voz baja y tono airado—. Puedes ir a la cárcel durante treinta y cinco años y nadie preguntará por ti.» Mohammed era un hombre de cincuenta y dos años, ancho de pecho, con una barba rebelde y el cabello gris hirsuto que le caía hacia atrás sobre los hombros; sus ojos eran del mismo color que su habitual cigarro a medio fumar. «Aquí la gente es consciente del equilibrio de fuerzas. Se dan cuenta de que no son lo bastante fuertes para resistir —advirtió—. En Siria, lo que guardamos en nuestra imaginación, lo que no decimos, esa es la principal realidad.»

Casi todos los países de Oriente Próximo están gobernados por regímenes autoritarios, pero eso no ha impedido a muchos de esos países —en especial Irán y Egipto— desarrollar una tradición cinematográfica de una viveza sorprendente. En una región dada a hablar por los codos y a discutir, Siria es un lugar extrañamente callado. Yo me preguntaba si examinando películas sirias y hablando con cineastas sirios podría vislumbrar aquel mundo interior guardado con tanto celo.

Las películas a las que aludía Mohammed, *Estrellas de día* (1988) y *Sacrifices* (2002), constituyen una crítica implacable a la dictadura baazista que ha controlado Siria desde 1963, cuando accedió al poder en un golpe militar. Ambos filmes fueron elogiados a nivel internacional, aunque se prohibieron en Siria. Muchos críticos extranjeros han retratado a Mohammed y a otros directores sirios como símbolos de la persecución que sufren los artistas, pero él rechaza desafiante ese papel. «¿Quiere que juegue a ser un héroe? —preguntó—. ¿Quiere que repita doscientas veces al día que mis películas están prohibidas? Esta es mi sociedad. Yo pertenezco a este mundo. No soy una víctima.»

Sin embargo, un vistazo al café Rawda parece sugerir que en Siria los creadores disponen de mucho tiempo libre. Un escritor al que conocí tenía un trabajo que consistía en contar las farolas de la ciudad. La mayoría de los cineastas del país, incluyendo a Mohammed, son empleados de la Organización Nacional del Cine, que gestiona la producción de todas las películas sirias. Mohammed cobra 250 dólares al mes, que es el salario medio en la administración pública. Este sueldo permite a los cineastas pagar el alquiler y pasar la mayor parte del día ociosos en el Rawda, que posee la atmósfera de un salón en perpetuo estado de meditación.

El gobierno sirio y los cineastas del país han desarrollado una incómoda interdependencia. Ibrahim Hamidi, jefe de la delegación en Damasco del periódico panárabe *Al-Hayat*, afirma: «Al permitir a Ossama Mohammed y a otros rodar películas financiadas por el gobierno, el régimen está dañando la credibilidad de los cineastas, a la vez que trata de contenerlos. Las películas obtienen premios en el extranjero, lo que constituye una buena propaganda para el régimen. Al mismo tiempo, no se permite a los sirios ver esos filmes». Mientras los cineastas tienen la oportunidad de poner a prueba los límites de la censura del gobierno, el régimen se hace una idea bastante exacta del ambiente que reina entre la intelectualidad del país. «Las personas que gobiernan Siria no son estúpidas —sostiene Hamidi—. Juegan a un juego muy sofisticado.»

En este asfixiado y paralizado país, el intercambio unilateral entre los cineastas y el régimen de Al-Asad es prácticamente el único diálogo político disponible. «Tengo la obsesión de enfrentarme a la autoridad —decía Mohammed—. Esta sociedad es responsable de crear la dictadura: está en nuestra cultura, en nuestra forma de creer y de pensar. Yo trato de poner de manifiesto la autoridad que hay dentro de nosotros y la sombra de autoridad política que hay ante nuestras puertas.»

Estrellas de día es tal vez la mejor película realizada en Siria. Explora el efecto tóxico del totalitarismo en los sirios de la calle a través de las luchas internas de una familia disfuncional. El mayor de tres hijos trabaja en la compañía telefónica, donde escucha con despreocupación las llamadas. Brutal, corrupto y caprichoso, obliga a sus hermanos a prometerse con personas a las que desprecian para poder ampliar sus propiedades. Anima a su hermano a golpear de un modo salvaje al pretendiente de su hermana, y luego hace que esta se comprometa con un miembro del régimen, que la viola. No es casual que el actor que representa a este monstruoso personaje se parezca a Hafez al-Asad, el hombre que gobernó Siria durante casi treinta años, hasta su muerte en 2000.

Le pregunté a Mohammed cómo pudo rodar la película. «La dictadura no es como un monolito donde todo el mundo es igual —me explicó—. No. Dentro, encuentras a mucha gente dispuesta a apoyarte. *Estrellas de día* no existiría sin tres o cuatro cineastas sirios que leyeron el guion en nombre de la Organización Nacional el Cine.» En aquel momento el gobierno quería filmar un guion inocuo de otro director, pero los cineastas lo habían rechazado repetidas veces. Por último —recordaba Mohammed— llegaron a un acuerdo: «Dijeron: "Os daremos esa película si vosotros nos dais *Estrellas*"».

Mientras Mohammed trabajaba en el guion, su hermano Ali, ingeniero eléctrico, fue encarcelado. Los funcionarios del gobierno le habían engañado invitándolos a él y a otros profesores universitarios a compartir sus opiniones sobre la reforma, para luego encerrarlos. Después, las autoridades amenazaron con enviar a Ali a una cárcel de Palmira conocida por ser una cámara de tortura si Mohammed no rebajaba el tono del guion. Pero este se negó a hacer ningún cambio. «Mi relación con mi hermano es la siguiente: en homenaje a él, haré mi película. ¡Así es como le doy mi apoyo!» Ali fue liberado después de cuatro años y medio, justo antes de que Mohammed empezara a rodar.

Durante el rodaje, los miembros del equipo empezaron a asustarse. «El juego consistía en hacer el amor con el miedo —explicaba Mohammed—. Era: "Sí, metamos a Hafez al-Asad dentro de mi película".» De modo que le dio el papel protagonista a otro colega director de cine, Abdullatif Abdulhamid, debido en gran parte a su inequívoco parecido con Al-Asad.

Le pregunté a Mohammed cómo se las había arreglado para producir un filme tan desafiante. «Cuando vives en un jardín de corrupción, aprendes la habilidad de echarte faroles —me explicó—. Algunos de mis colegas vinieron a decirme: "Como no sea una gran obra de arte, te van a joder vivo". Cuando rodaba me olvidé de ello, pero un día, en un atasco de tráfico, pensé: ¡Dios mío! ¿Qué estoy haciendo?» Entonces se le ocurrió que en el momento en que enviara la versión definitiva le meterían en la cárcel. Para su sorpresa, no fue así. Pero su película se metió en la nevera.

Mohammed tardó catorce años en realizar su segundo proyecto, *Sacrifices,* que retrata la desintegración de las relaciones sociales bajo la dictadura. «Es la historia de Siria —me explicaba—. Se ha perdido una enorme cantidad de tiempo albergando ilusiones —las ilusiones del heroísmo, la religión, el nacionalismo árabe— y no afrontando al Otro. Ese Otro no es Israel. Está dentro de nuestros hogares. Está dentro de cada uno.» Cuando se completó el guion, Mohammed lo presentó a la Organización Nacional del Cine. El argumento, sobre un hombre moribundo con una gran familia cuyos miembros compiten todos ellos por su bendición, era lírico pero a la vez oscuro, y estaba cargado de referencias que a los funcionarios del gobierno les resultaron tan misteriosas como provocativas. ¿Qué significado tenía —preguntaron— el niño que mete pájaros dentro de botellas? ¿O el bebé que, como Moisés, flota corriente abajo en un río sirio en su cuna de mimbre?

El filme termina con una toma de un árbol gigantesco, justo después de un niño gateando en un ataúd.

—El árbol es positivo, ¿verdad? —le preguntó un miembro de la Organización Nacional del Cine—. Es la patria, ¿verdad?

—No —respondió Mohammed—. El árbol es el árbol.

Desde luego, no se puede decir que se pusiera las cosas fáciles a sí mismo. «¿Quieren saber mi opinión sobre la política siria? —preguntó Mohammed a los miembros del comité—. ¿Es una democracia? Absolutamente no. ¿Es una dictadura? Sí. Pero si quieren que este país tenga una democracia dentro de cien años, ese es nuestro trabajo conjunto en este momento. Así que no me jodan la película.» Había una escena en concreto que preocupaba al director de la Organización Nacional del Cine. En ella se enseña a tres muchachos cómo sacrificar una vaca mientras recitan versículos del Corán.

—Todo Occidente nos ataca porque, para ellos, somos asesinos y extremistas —le dijo el director a Mohammed—. Usted no quiere decir eso.

Y le pidió que cortara la escena. Mohammed se negó, afirmando que la violencia era una parte esencial de la cultura.

—No puedes ser un hombre a menos que aprendas a matar —declaró.

La escena representa la iniciación de una nueva generación en las patologías de la vida siria.

Los dos hombres se encontraban en un punto muerto. Por último, Mohammed dijo:

—Conozco un secreto sobre usted. Cuando era joven, saltó de un edificio a otro para reunirse con su novia.

—¿Cómo lo sabe? —inquirió asombrado el burócrata.

—Pregúntele al hombre que saltó qué piensa él. ¿Le gusta el guion?

225

—Es increíblemente hermoso.

—Por favor, hágase caso a sí mismo. No olvide quién es.

—¡Adelante! —dijo entonces el director de la Organización Nacional del Cine—. ¡Hágala!

Cuatro años después, cuando terminó por fin el rodaje de *Sacrifices*, los funcionarios del Partido Baaz exigieron una considerable cantidad de cortes. Mohammed se negó a hacerlos, aunque sabía que en ese caso la película no se exhibiría en Siria.

Dio la casualidad de que Ali, el hermano de Mohammed, apareció en el café Rawda mientras conversábamos. Le reconocí —un hombre canoso, de ojos verdes y mirada afable— porque aparece en *Sacrifices*. En una llamativa escena, un muchacho pubescente es atado a un poste después de haber violado el ayuno durante el Ramadán, y atan un Corán en el nudo de la cuerda. Entonces aparece Ali y lo desata. La imagen tiene profundas resonancias personales: Mohammed me había contado que Ali había sido el primero en su familia que había negado la autoridad de la religión.

«Cuando rodamos aquella escena, Ossama me llevó aparte y me pidió que sacara mi ira —explicó Ali—. Entonces le conté una historia. Cuando estaba en la cárcel, vinieron a llevarse a un muchacho de trece años a la prisión de Palmira. Él estaba aterrorizado. Se agarró a mí y me suplicó que no dejara que se lo llevaran. Esta toma es por aquel chico.»

Sacrifices recibió críticas entusiastas en su estreno en el festival de cine de Cannes de 2002, aunque algunos espectadores se sintieron hastiados por el elíptico relato de Mohammed. De hecho, la primera vez que vi *Sacrifices*, las referencias me parecieron tan personales que me pregunté si eso es lo que ocurre cuando un director ya no espera volver a tener público: que hace una película que es por completo para sí mismo. Incluso los intelectuales sirios que han conseguido clandestinamente la película en DVD se sintieron desconcertados por algunas de las escenas, como la toma inicial, en la que aparece un muchacho desnudo al que bajan a una cueva para que saque una gallina, o la secuencia en la que los calzoncillos de un chico estallan en llamas.

Mohammed no considera ese carácter hermético de *Sacrifices* una debilidad. «Aquí la cocina del cine está llena de sustancias venenosas —me dijo—. Pero como cineastas tenemos suerte de trabajar ahí. Como no hay público, al menos no hemos de preocuparnos de la censura impuesta por el mercantilismo. —Hizo una pausa, y luego añadió—: Y aunque hubiera público, yo no cambiaría mi forma de hacer las cosas.»

A unas pocas manzanas del café Rawda se levanta el Parlamento sirio, con sus obligatorios retratos de Hafez al-Asad y su hijo Bashar, que ha gobernado el país desde la muerte de su padre. Por casualidad, el Parlamento se alza en el emplazamiento de la que fuera la primera sala de cine de Siria, que se incendió un mes después de construida, en 1916. Enfrente se halla el Cham Palace, el único cine de la capital que exhibe películas actuales. El día que fui a esta sala, un jueves por la tarde, me encontré con un reducido público de familias con niños que habían ido a ver *Esta abuela es un peligro 2*, la comedia de Martin Lawrence. En otro tiempo Damasco albergó docenas de cines de estreno pero, dado que el hecho de ir al cine reúne a la gente en una experiencia comunitaria, el régimen baazista lo considera un hábito peligroso. A partir de la década de los ochenta los matones del partido empezaron a importunar al público que acudía a los cines; al mismo tiempo, la selección de películas exhibidas con el respaldo oficial se fue haciendo cada vez más y más reducida, y los cines, a los que se prohibió subir el precio de las entradas, se fueron deteriorando. «Hace dos décadas había ciento veinte cines en Siria —me decía un cineasta—. Ahora solo funcionan seis.» Mientras las salas de todo el país se convertían en ruinas, la vida civil se marchitó y los sirios fueron quedándose cada vez más en casa.

Ossama Mohammed recuerda con cariño la época en la que los sirios iban con regularidad al cine. Él creció en Latakia, una ciudad de la costa mediterránea, junto con otros ocho hermanos. «Hasta 1963 la gente podía ver películas el mismo año de su estreno», decía. Me explicó que, cuando llegó a la ciudad *Espartaco*, el clásico de

227

1960 de Stanley Kubrick, «yo no tenía dinero para ir al cine, de modo que se lo robaba a mi hermano Ali e invitaba a mis amigos. Ali lo descubrió, cogió un palo grande y me dijo: "Por cada franco que robes, te daré un golpe". Yo pensé en ello, y al día siguiente robé tres francos. ¡Valió la pena!».

El padre de Mohammed era maestro en una escuela primaria donde eran habituales los castigos corporales. «Pero estoy orgulloso de que mi padre no los practicara ni una sola vez —me decía—. En la escuela me castigaron cientos de veces. En cierta ocasión advertí a un profesor que iba a pegarme. Yo estaba acostumbrado a pelear en las calles, y le dije: "Si me pega, le devolveré el golpe". Él no me creyó. Así que le di una paliza. Yo tenía entonces dieciséis años.»

Expulsado de las escuelas de Latakia, Mohammed se trasladó a Damasco para terminar la secundaria. Al año siguiente, una de sus hermanas, que era médico, lo llamó para darle una buena noticia. Había salvado la vida a un funcionario del gobierno que era el responsable de conceder becas para estudiar en el extranjero a estudiantes sirios.

—¿Quieres ir a estudiar a Rusia? —le preguntó a Mohammed.

—¿A estudiar qué?

—Medicina —propuso ella.

—No.

—¿Ingeniería?

—No.

—¿Cinematografía?

Mohammed se acordó de *Espartaco*, y aceptó. En 1974 se matriculó en el renombrado Instituto Estatal Ruso de Cinematografía (VGIK, por sus siglas en ruso), del que habían salido numerosos maestros del cine, como Andréi Tarkovski y Vasili Shukshín. También sería la incubadora de la industria cinematográfica siria. En Moscú, Mohammed conoció a otro sirio, Mohammed Malas, que cursaba su último año en el VGIK; este le presentó a su mentor, Igor Talankin, que aceptó a Mohammed como su protegido. En 1975 llegó a Moscú un tercer sirio, Abdullatif Abdulhamid.

A su regreso de Rusia, los tres sirios se propusieron crear un cine autóctono. En 1974, Malas, junto con Omar Amiralay, otro joven cineasta, fundaron el Club de Cine de Damasco. Amiralay ya había suscitado las iras del régimen al describir la desesperación del campesinado rural en *Everyday Life in a Syrian Village*, un documental que socava con dureza los alardes del gobierno en torno a la reforma agraria. La película se prohibió. Tres años después, Amiralay rodó *The Chickens*, una mirada crítica a los torpes esfuerzos del gobierno para estimular la industria privada. El filme se centra en una aldea donde los campesinos acuerdan invertir todo lo que tienen en el negocio de las aves de corral, llegando incluso a convertir sus casas en gallineros. Una plaga que afecta a todas las gallinas lleva a los lugareños a la bancarrota, pero ellos persisten en su imprudente inversión. Al final de la película, el cacareo de las gallinas ahoga las palabras de los malhadados capitalistas del pueblo.

Decía Amiralay, hablando del club de cine: «Exhibíamos la clase de películas que soñábamos con hacer». Utilizando proyectores prestados por el centro cultural soviético, los miembros del club montaron una sala de proyección en la planta baja de un bloque de pisos. La sala, que daba a un jardín, era demasiado estrecha para poder proyectar la película directamente por delante de la pantalla. De modo que acudieron a Nazih Shahbandar, un hombre ya anciano que había sido un pionero de la proyección cinematográfica en Siria fabricándose él mismo todo el equipamiento. Shahbandar montó el proyector en una cocina contigua de modo que la imagen se proyectara en un espejo situado en el jardín, que a su vez la reflejaba en la parte posterior de la pantalla. De ese modo, el club de cine presentó las obras de Bergman, Fellini y Godard, junto con un puñado de filmes sirios.

A las proyecciones les seguían apasionados debates, que proporcionaban una forma segura de hablar de los aprietos más importantes que pasaban los cineastas. Los miembros del club celebraban seminarios sobre elaboración de guiones y talleres técnicos, además de publicar una revista, *Film*. En cierta ocasión visitó el club el actor y director cómico francés Jacques Tati, mientras que el escritor y director italiano Pier Paolo Pasolini fue a dar una charla cuando rodaba *Medea* en Alepo. En 1978, en colaboración con la revista francesa *Cahiers du Cinéma*, el club patrocinó dos semanas de «cine y política», con dos proyecciones diarias. «Agotamos las entradas de cada espectáculo», recordaba Amiralay. Los editores de *Cahiers du Cinéma* habían escogido dieciocho películas, pero cuando el gobierno sirio prohibió más de la mitad, el crítico francés Serge Daney se sentó en el escenario e improvisó una imaginativa narración de lo que habrían mostrado. «Fue una proyección sin imagen, un *happening* absolutamente hermoso», decía Amiralay.

En 1980, Hafez al-Asad inició una serie de detenciones masivas en un intento de eliminar por completo la disensión. Cientos de disidentes fueron encarcelados y torturados. Cuando Amiralay descubrió que su nombre figuraba en una lista de personas a las que había que detener, se trasladó a Francia. Sin embargo, la mayoría de los cineastas que trabajaban para la administración se quedaron e intentaron ejercer su oficio en una sociedad intimidada y rota.

Fares Helou es una de las más grandes estrellas del cine y la televisión sirios. Es un hombre fornido, de pelo muy rizado y rostro fuerte y expresivo, y su delicado humor en la pantalla me recordaba al de Jack Lemmon. Helou es conocido asimismo por declarar en público sus opiniones contrarias al régimen. «Como actor me quieren, de modo que estoy protegido», decía una tarde en el café Rawda. De hecho, mientras hablábamos, sus admiradores se acercaban a él para pedirle autógrafos y tomarse fotos. Pero a sus amigos les preocupaba que la carrera de Helou se viera perjudicada por su postura política. «Su "estrellómetro" está bajando —me decía uno de ellos—. La gente tiene miedo de trabajar con él. Puede que no esté tan protegido como cree.»

Helou se enamoró del cine cuando estudiaba en el Instituto Superior de Artes Escénicas de Siria; poco después de graduarse, obtuvo un papel en el segundo largometraje de Mohammed Malas, *La noche* (1992). Sus posteriores papeles en televisión han hecho que se le conozca en todo el mundo árabe (la miniseries sirias son ubicuas en las cadenas árabes de televisión por satélite). Le pregunté si habían cambiado las cosas desde que accediera al poder Bashar al-Asad, que se había presentado ante Occidente como un reformista. «Teníamos la misma libertad, o más, en tiempos de Hafez —me dijo él—. Al menos Hafez era claro: con cualquier postura, sabías exactamente el espacio que se te permitía. Pero cuando vino el hijo, la libertad que nos dieron no era real; era una trampa. Cuando empezaron a oírse voces que proponían ideas nuevas y modernas, el régimen hizo detener esas voces.»

Mientras Helou y yo hablábamos, se acercó a la mesa un joven admirador con una chaqueta tejana y una camisa a cuadros.

—Me encanta usted —le dijo a Helou en árabe—. Solo deseo intercambiar los números de móvil. Le prometo que no abusaré de ello.

Para mi sorpresa, Helou le dio su número.

—¿Cómo te llamas? —le preguntó a su admirador.

—Mis amigos me llaman Stalin —respondió él—, porque soy un asesino.

Stalin era ancho de hombros, tenía una única y larga ceja que se extendía por toda la frente y lucía una cadena de oro alrededor del cuello.

Helou hizo un movimiento de cabeza en señal de desdén, y Stalin se retiró a su mesa.

Luego le pregunté a Helou por la segunda película de Mohammed Ossama, *Sacrifices*, donde el actor interpreta a un padre que deja Siria para luchar en la guerra de 1973 contra Israel. Cuando regresa al hogar familiar, en una remota cumbre montañosa, está cubierto de barro seco por completo. En una escena ferozmente irónica, reúne a la familia para contar su historia. Las mujeres machacan cápsulas de algodón sobre la mesa, mientras una vaca permanece inmóvil ante la puerta. El personaje que interpreta Helou explica que estuvo a punto de morir tras quedar enterrado por una explosión. Hicieron falta tres días para que sus camaradas árabes consiguieran una excavadora con la que desenterrarlo. «Al parecer no quedaba combustible», cuenta el personaje con amargura. ¿Dónde está el petróleo árabe cuando se lo necesita?, se pregunta.

Hablando de su personaje, me decía Helou: «La conmoción de verse derrotado le hace cruel. Abrazar la ilusión de autoridad le hace creer que había salido victorioso». Pero, como muestra la película, el único legado de la violencia es más violencia. A la larga el personaje de Helou abusa del poder de la misma forma que el estado corrupto e incompetente que le había enviado a aquella desastrosa guerra. Cuando vuelve a casa, obliga a sus hijos a beber aceite.

De repente Stalin volvió a acercarse a nuestra mesa.

—Tengo otro teléfono —le dijo a Helou, esta vez en inglés en atención a mí—. Quiero darle el número. Muy poca gente lo tiene. Incluso lo llevo conmigo en las operaciones.

Estaba dejando claro que era de la policía secreta.

—¿Es la primera vez que viene a este café? —le preguntó Helou.

—No, estoy aquí siempre —respondió Stalin—. Ya habíamos hablado antes. Normalmente llevo uniforme militar, así que es posible que no me reconozca.

Stalin le preguntó a Helou si era miembro del Partido Baaz. Helou le dijo que no.

—No es posible que no sea miembro —exclamó Stalin en tono airado, agarrándole la mano a Helou—. ¡Este es un auténtico apretón de manos baazista! ¡Yo pagaré sus deudas!

Stalin observó que yo tomaba notas de lo que decía, y empezó a explayarse sobre la invasión estadounidense y británica de Irak, y la intromisión de los activistas pro derechos humanos en los asuntos sirios.

—Deberíamos poder disciplinar a los campesinos sin interferencias externas —añadió—. Cito las palabras de Aristóteles a su alumno, Alejandro Magno. Le dijo que había que tratar a los griegos como caballeros y a los pueblos de Oriente como esclavos.

Y diciendo esto, Stalin volvió de nuevo a su mesa.

«Ha venido a darme un mensaje —comentó Helou con inquietud, moviendo nerviosamente la pierna izquierda—. Me está diciendo que me lo tome con calma.»

Al cabo de unos minutos Stalin volvió de nuevo, esta vez con una taza de café y un paquete de Gitanes. No tenía la menor intención de dejar que mi entrevista continuara. Extrañamente, sacó un tercer teléfono de un bolsillo de la chaqueta.

—Este es mi número más privado —le dijo a Helou. Señaló una flecha que aparecía en la pantalla del teléfono, junto al número de móvil de Helou—. Esta flecha le atraviesa a usted —le dijo, riendo.

Luego se encajonó junto a Helou, que se había quedado mudo.

—¿Trabaja para el gobierno? —le pregunté a Stalin.

—Por supuesto, por eso estoy hablando con ustedes —respondió—. Pero yo soy muy abierto. No soy un *espío*. ¿Se dice *espío* o espía?

—*Espío*.

Stalin contó que, como yo, él también era periodista, y trabajaba para una revista progubernamental. Añadió que le gustaba el cine; «el cine sirio», especificó.

—Me gustan las películas que produce la Organización Nacional del Cine, y las que hace este hombre, más allá del hecho de que no sea obediente.

Stalin volvió a cogerle la mano a Helou.

—Siento la necesidad de pegar a alguien —dijo riendo, con el rostro junto al hombro de Helou—. ¿Puedo pegarle?

Vi que Helou estaba deseando salir de allí.

—Bienvenido a Siria —dijo Stalin cuando nos íbamos.

«Reúnase conmigo en la plaza Salhieh dentro de diez minutos», me pidió Orwa Nyrabia, un joven cineasta sirio, cuando le llamé una tarde para preguntarle acerca del mercado de películas pirateadas en DVD.

En el centro de la plaza se alza un soldado de bronce sobre una columna; una bandera siria de verdad ondea contra la vaina de su espada. «Es Yusuf Azmeh —me explicó Nyrabia—. Era el ministro de Defensa cuando la invasión del ejército francés en 1921. Él y un grupo de quinientos fusileros fueron a hacerles frente porque no querían ver el país ocupado sin oponer resistencia. No hubo ni un superviviente entre ellos. Me gusta esta historia. Podría ser una película tremenda, épica.»

Nyrabia me contó que tenía la intención de ser el primer productor independiente de Siria. El equipamiento digital ha reducido el coste de hacer películas, y la televisión por satélite ha creado un mercado potencialmente enorme para el cine árabe; pensaba que pronto sería posible que los directores sirios crearan obras sin la financiación del gobierno, aunque los guiones seguirán requiriendo la aprobación del Instituto General del Cine.

Nyrabia es un hombre corpulento con una perilla y un corte de pelo al rape que hacen que su expresivo rostro resulte aún más imponente. Nos dirigimos a Media Mart, una tienda de la plaza que tenía una enorme selección de DVD y software pirata. En 2004, George W. Bush sometió a Siria a un embargo de productos estadounidenses, exceptuando alimentos y medicinas, debido al constante apoyo del país al terrorismo y a su incapacidad para controlar el desplazamiento de insurrectos hacia Irak. La película Kodak y los productos químicos se incluyeron en el embargo. «Sería un problema para nuestra industria, si en efecto tuviéramos una industria», me decía Nyrabia mientras deambulábamos entre las pequeñas tiendas. Aunque ahora el hardware resultaba más difícil de obtener, el software seguía siendo barato e ilegal. «La piratería ha sido una gran bendición —comentaba Nyrabia—. Gracias a ella, la mayoría de los miembros de mi generación tenemos conocimientos de informática.» Para su negocio, no obstante, había decidido pagar el precio de mercado del software a fin de evitar problemas de compatibilidad. «Muchos tíos se reirían de mí», me dijo, señalando que el software profesional de edición de películas cuesta varios miles de dólares en Occidente, pero «en el mercado de Damasco puedes comprarlo por veinte».

Media Mart estaba abarrotado de películas recientes, como *Capote* y *Sin City*. Recordaba Nyrabia: «Cuando yo era niño, había tiendas de alquiler de VHS, pero todo estaba censurado. Todas llevaban el sello del Ministerio de Cultura. Ahora no hay nada censurado». Solo la pornografía, y las películas sirias prohibidas, se encontraban ausentes de las estanterías. Al parecer, el gobierno Al-Asad había decidido que podía aplacar a sus ciudadanos permitiendo la circulación de miles de películas estadounidenses con tal de que no se vieran en grandes grupos. Como explicaba Nyrabia, «El régimen ha decidido: "Alentemos a la gente a quedarse en casa. Es más seguro"».

Nyrabia compró *El viaje del emperador* y, a propuesta mía, la producción de Mike Nichols *Angels in America*. Luego fuimos paseando, más allá del Cham Palace, hasta una cafetería llamada Aroma, situada frente a los jardines del Parlamento. Las azoteas de los pisos de las inmediaciones estaban cubiertas de antenas parabólicas que apuntaban al oeste, como girasoles que se inclinaran hacia el sol de la tarde. Nyrabia me hablaba de un guion que acababa de presentar para su revisión por parte de una comisión del Instituto General, y que esperaba dirigir él mismo. «Trata de una familia, el marido, la mujer y el hijo, que pasan por delante de una tienda —me explicaba Nyrabia—. Solo vemos los ojos del marido mirando un traje marrón. La esposa se da cuenta y le pregunta: "¿Entramos? Ese traje te quedaría de maravilla". Pero él se niega, tiene prisa. "Cada semana somos siempre los primeros en llegar a casa de tu madre —le dice ella—. ¡Tómate veinte minutos para ti!" Pero, aun así, él sigue negándose. Mientras discuten, el niño se escapa. Pero trata de la relación entre el hombre y la mujer, y lo notas todo solo en las miradas y en el modo en que reaccionan el uno al otro.»

—¿Y qué ha dicho la comisión?

—No la han aceptado. Querían que todo girara en torno a la búsqueda del niño. Pero eso sería trivial, los padres buscando por todas partes, ya sabes lo que ocurre.

Yo le dije que de hecho estaba de acuerdo con la comisión. Su idea parecía extrañamente inerte.

Nyrabia recordó una protesta en la que había participado en diciembre de 1990, justo antes del bombardeo estadounidense de Bagdad, cuando el gobierno sirio autorizó una manifestación ante la embajada de Estados Unidos que luego se descontroló. «Empezó de forma pacífica, pero luego se convirtió en un monstruo», me dijo Nyrabia. Se incendió la embajada, junto con la residencia del embajador, la escuela americana y el Consejo Británico. Le pregunté qué le parecía ahora haber formado parte de aquella turba.

—Me parece bien —me explicó—. Por primera vez en mi vida formé parte de una protesta violenta, algo que es normal en todo el mundo. Creo que ese es el principal problema de Siria. Es una sociedad muy estática, de modo que soy feliz cuando veo que ocurre algo dinámico. Quiero decir, ¡ni siquiera tenemos crímenes! Eso no es bueno. Puede que suene como un anarquista, pero esto se aplica incluso a la industria cinematográfica comercial. ¡La mayoría de las películas de acción de Hollywood aquí no podrían hacerse, porque no tenemos acción que filmar en película! Y te prohíben hacer filmes sobre la corrupción, o comedias sobre la policía o el ejército. Tampoco las películas policíacas o de terror están permitidas aquí. ¿Adónde puedes acudir para encontrar un proyecto decente que te permita rodar un éxito de taquilla como es debido? Necesitas *thrillers* de acción o comedias, y no podemos hacer ninguna de las dos cosas.

Yo señalé que su propio argumento evitaba la acción obvia: los padres buscando a su hijo desaparecido.

—Seguro que eso no esta prohibido —le dije—. Quizá sea un problema de su imaginación, que no se permite a sí mismo pensar en la acción.

Nyrabia hizo una pausa.

—No lo sé —me respondió—. Es posible.

En 1992, Omar Amiralay, después de filmar ocho películas en Francia, volvió a Siria. «Estaba harto de París», decía, y le pareció que podía volver a casa sin que le detuvieran. Además, se había enamorado de una damascena. «Fue un giro sentimental», comentaba.

Pero Amiralay tenía también una cuenta que saldar. Como joven documentalista, le habían dado la posibilidad de rodar una película sobre la represa del Éufrates. El resultado, *Film-Essay on the Euphrates Dam* (1970), estaba fuertemente influenciado por los documentales soviéticos, con una visión reverencial de los potentes instrumentos de trabajo utilizados. Él ha llegado a verla como una obra de un marxismo ingenuo —«un himno a la grúa», la llama él— que se muestra del todo acrítica con el régimen baazista. «Para mí, aquella primera película es una profunda herida en mi corazón —me decía Amiralay—. Pude hacer carrera fuera de mi patria. No lo lamento, pero si me hubieran dado la oportunidad de vivir en Siria quizá mis colegas y yo podríamos haber creado un país mejor.»

En 2003 volvió a la región de la presa. «Quería hacer una película de quince tomas, que son las quince razones por las que odio al Partido Baaz. La última de dichas razones era que me odiaba a mí mismo por haberme visto obligado a hacer una película para ellos. Arruinaron cuarenta años de mi vida.»

A Flood in Baath Country empieza con una amarga voz en off. Dice Amiralay: «En 1970 yo era un firme partidario de la modernización de mi patria, Siria, hasta el punto de que dediqué mi primera película a la construcción de una presa en el Éufrates, orgullo y alegría del Partido Baaz a la sazón en el poder. Hoy lamento ese error de mi juventud».

Le pregunté si *Flood* se había exhibido alguna vez en Siria. Amiralay negó con la cabeza. «Pero cuando terminé decidí dársela a unos cuantos piratas de películas —me explicó—. Al cabo de dos meses todo el mundo en Damasco la había visto. Fue una inundación digital.»

En abril de 2000, el cineasta Nabil Maleh creó la Comisión para la Reactivación de la Sociedad Civil junto con un pequeño grupo de juristas e intelectuales. Unas décadas antes, Maleh había dirigido algunos de los filmes más sediciosos de Siria, incluyendo *The Leopard* (1972), una película histórica sobre una revuelta contra un régimen sirio anterior. Maleh, que nació en 1936, era lo bastante mayor como para recordar una Siria con una prensa vigorosa y numerosos partidos políticos, además de una vibrante vida civil.

Una vez que su movimiento se puso en marcha, empezaron a brotar comisiones aliadas por toda Siria. Hafez al-Asad murió aquel mes de junio, lo que acrecentó las expectativas de que por fin pudiera existir cierta apertura en Siria. En septiembre, 99 sirios prominentes, incluyendo a 15 cineastas, firmaron una petición reclamando el fin de las restricciones a la libertad de reunión, de opinión y de prensa; una amnistía general para todos los presos políticos; y un decreto que permitiera volver a los exiliados políticos en el extranjero. El régimen respondió liberando a 600 presos políticos.

Alentados por ello, en enero de 2001 más de un millar de sirios de renombre, algunos de los cuales vivían en el exilio, firmaron otra petición más ambiciosa y audaz, denominada «Documento básico», que había sido redactada por la comisión de Maleh. Esa petición pedía el fin del dominio del Partido Baaz. «De inmediato se produjo el choque», recordaba Maleh. Bashar al-Asad advirtió de que los partidarios de una mayor apertura eran todos intrusos y estaban socavando la estabilidad del país, y declaró que todas las reuniones de carácter social, político y cultural tenían que ser aprobadas con antelación. Unos meses después, diez de los firmantes del «Documento básico» fueron encarcelados por «intentar cambiar la constitución por medios ilegales». Los funcionarios le dijeron a Maleh que no podría volver a hacer ninguna película. El gobierno sofocó el movimiento reformista, pese a mantener cierta apariencia de liberalización poniendo en libertad a los presos políticos de mayor edad y permitiendo la publicación de nuevos diarios con un mínimo contenido político. «El desarrollo de instituciones de la sociedad civil vendrá en una etapa posterior», declaró Bashar.

«Perdimos la guerra sin haberla librado siquiera», admitió Maleh una noche cenando en una antigua casa del barrio cristiano de Damasco, convertida ahora en un restaurante encantador, pero casi siempre vacío. Yo había sugerido la idea de que la oposición política de Damasco a menudo parecía más gestual que real, y que, por lo tanto, hacer películas que nadie podía ver constituía una expresión característica de disensión siria. Quizá la sociedad estaba tan domesticada por el régimen que no cabía esperar más de ella, pero también era posible que el régimen fuera la expresión política de una cultura brutal y autoritaria.

Maleh me había hablado de un incidente que había ocurrido en su infancia, cuando tenía siete años. «Yo estaba con mi familia en un parque público de Damasco —recordaba—. Quería utilizar el columpio. Ya había algunos niños jugando allí, todos ellos bajo la vigilancia de un soldado, tal vez el chófer de algún pez gordo. No sé qué hice para provocarlo, pero el soldado me dio un bofetón, arrojándome a cuatro metros de distancia. Yo cogí un terrón del suelo, se lo tiré y salí corriendo. Desde aquel momento, toda mi vida ha estado unida al odio al uniforme y a la autoridad.» De adulto, después de una protesta, Maleh fue encarcelado y golpeado. «Aquello formaba parte de la diversión de la época», me explicaba, en un tono extrañamente desaforado.

Antes de mi viaje a Damasco los personajes de las películas sirias me habían parecido llenos de crueldad gratuita, pero ahora empezaban a cobrar sentido. En cada película que veía el maltrato físico desempeñaba cierto papel; y cuanto más hablaba con los cineastas, más comprendía que el maltrato —y la consiguiente experiencia de sentirse impotente y víctima— había configurado sus vidas de una manera definitoria.

Esta ira resultaba palpable en las películas de Maleh, de forma especialmente patética en *The Extras* (1993), en la que dos amantes mantienen una cita secreta en el piso de un amigo. Suponen que por fin han dejado fuera el mundo que les ha impedido consumar su relación, pero el temor les impide disfrutar de su momento de soledad. El título de la película hace referencia al personaje masculino, que interpreta pequeños papeles en producciones teatrales, subrayando la creencia de Maleh de que «en esta sociedad somos todos extras». El mundo real penetra cuando la policía secreta irrumpe en el piso, en apariencia para investigar a un músico ciego que vive al lado. El hombre trata de evitar que detengan al músico y, en una ensoñación, se imagina dando cuenta de la policía con unas cuantas llaves de judo, pero su fantasía se ve interrumpida por un fuerte bofetón que lo tira al suelo. Se ve así humillado e impotente ante su amante, lo que constituye un punto de inflexión en su relación. «Entran en el apartamento como amantes —me decía Maleh—. Pero salen como extraños.»

Pensé en otras escenas del cine sirio en las que el maltrato físico también desempeña un papel significativo; por ejemplo, en la película de Mohammed *Estrellas de día*, uno de los personajes queda sordo de por vida debido a un manotazo de su padre. Yo sabía que esas escenas reflejaban las experiencias de los propios cineastas. Pero cuando le pregunté por el maltrato, sus respuestas me sorprendieron. Abdullatif Abdulhamid, en cuyas películas suelen aparecer padres punitivos, me explicó que de niño había ido a ver *Hércules*. A continuación irrumpió en el campo de trigo de su familia armado con un palo, librando un combate imaginario. Después de que arruinara unos cuantos tallos —me explicaba con una sonrisa—, «mi padre me pegó». Amiralay, cuyo padre murió cuando él tenía cinco años, me decía: «A mí solo me pegaron las zapatillas de mi madre, y estoy agradecido por ello. Aquellas palizas me hicieron despertar».

Una noche fui a cenar a un restaurante con unos cuantos artistas sirios, y saqué el tema del maltrato físico.

—Es algo frecuente —reconoció la mujer de mediana edad que se sentaba frente a mí en la mesa, y añadió—: Para mí fue una experiencia positiva.

—¿A qué se refiere?

—Yo tenía veintiséis años —recordó—. Al principio me dolió. Solo vivía para complacer a los demás; por ejemplo, a mi exmarido y a su familia. Entonces comprendí que una palabra de tu boca puede suponer la diferencia entre la supervivencia y la destrucción.

Me miraba con fijeza; sus brillantes ojos castaños parecían extrañamente tranquilos.

—¿Una paliza tuvo ese efecto en usted?

Ella asintió con la cabeza.

—Fue como una revolución. Como dejar de vivir para complacer a los demás. De repente te vuelves muy valiente. Estuve a un paso de la muerte, pero pensaba en mis hijos, y estaba decidida a sobrevivir. Fue positivo para mí. Fue en ese momento cuando decidí ser una persona creativa.

—Entonces ¿su exmarido le pegaba?

—No —dijo en voz baja, para que no la oyeran los otros invitados.

Cogió mi cuaderno y escribió: «Violada por el gobierno».

Más tarde le pregunté a Maleh si la sociedad siria había sido siempre tan maltratadora. «No —me respondió—. La violencia ha pasado a formar parte de la práctica diaria en los últimos cuarenta años.» Él creía que la sofocación de la expresión democrática por parte de los baazistas se reproducía en las relaciones entre las figuras de autoridad y las personas carentes de todo poder: las mujeres, los niños y los pobres.

Aunque los cineastas solían hablar de la libertad, revelaban cierto deseo perverso de idealizar las restricciones artísticas de la dictadura. «Las películas soviéticas más hermosas se produjeron en la época de Stalin —me explicaba Abdulhamid—. Cuando se desintegró la Unión Soviética y de repente podías decir lo que querías, los rusos empezaron a producir los filmes más triviales. No debería prohibirse a nadie decir lo que quiere, pero este es un fenómeno que me fascina: cuando te reprimen, piensas mejor.»

«El cine árabe tiene pocas obras maestras, no más de diez», sentenciaba Omar Amiralay una tarde tomando un capuchino. Entre ellas incluía dos filmes egipcios, *Estación central*, de Yussef Chahine, y *El callejón de los locos*, de Tewfik Saleh. Ambas películas —observaba— constituían los primeros grandes esfuerzos de sus directores. «Un síndrome del cine árabe es que los directores que hacen una primera película extraordinaria raras veces tienen éxito cuado filman otras», me decía. En su panteón no había ninguna película siria.

Le pregunté dónde situaba a su amigo Ossama Mohammed. «Ossama es una excepción —me dijo Amiralay—. Pero no ha tenido libertad para hacer una película bien lograda y, por supuesto, adolece de falta de oportunidades y de experiencia. Las películas sirias tienen el potencial de ser grandes películas —siguió diciendo—, pero carecen de la dimensión de unidad: la estructura compacta, el estilo resuelto, la sensibilidad visual. Muchos de los actores no son lo bastante maduros o experimentados. Siempre tengo la sensación de que algo está mal, como si fueran personas normales y corrientes que si-

mularan estar actuando. Y por último, la narración. Estamos tan ob-
sesionados por la realidad cotidiana que los guionistas no tienen el
valor de inventar nuevas realidades a partir de su propia imaginación.
Debido a ello, creo que están realizando malos documentales y ha-
ciéndolos pasar por ficción.»

Una tarde me dirigí a la ciudad vieja con un camarógrafo sirio,
Samer al-Zayat, para tomar algo en el café Mar Mar, situado en un
edificio del siglo XVI con paredes de piedra y techos de seis metros
de altura. Allí dimos con una sala llena de rostros que miraban hacia arriba iluminados por la familiar luz parpadeante de una película. Me había tropezado con la última encarnación del Club de
Cine de Damasco. Pedí palomitas de maíz y un martini (es un club
de lo más agradable), y vi *Big Fish*. Ente el público figuraban muchas de las estrellas del cine y la televisión sirias, que al parecer
tenían la suficiente influencia como para mantener viva aquella
operación clandestina. «Es el único local que queda para las nuevas
películas artísticas —me explicó Zayat—. Se anuncian a través de
mensajes SMS en los teléfonos, y proyectan películas cada lunes
por la noche. La semana pasada vimos *Munich*.» Sin embargo, a
diferencia de los viejos tiempos del club, al terminar la película la
gente se marchó en silencio.

La semana posterior a mi partida de Siria, un periódico aprobado por el gobierno anunció que al día siguiente tendría lugar la
primera proyección pública de *Sacrifices*, de Ossama Mohammed, en
Homs, una ciudad de provincias de la parte central de Siria. Mohammed corrió a Homs solo para descubrir que al final allí no se
exhibía su filme; lejos de ello, se estaba celebrando un mitin de las
juventudes baazistas. Había sido una broma. Aunque sabía que no
cambiaría la situación, representó el papel del disidente intrépido.
«Grité e hice una escena —me explicaba Mohammed—. Dije que
llamaría al gobernador. Desde luego, participé en el juego.»

POSDATA

Muchas de las personas a las que entrevisté para escribir este artículo se encuentran ahora en el exilio, junto con varios millones de sirios. Ossama Mohammed está en París. Orwa Nyrabia fue detenido y encarcelado en la primera fase de la guerra civil, pero fue liberado a raíz de una campaña internacional en su favor organizada por otros cineastas; actualmente vive en Berlín. En 2013 produjo *Retorno a Homs*, del director sirio Talal Derki, un crudo retrato de la resistencia en una de las ciudades más maltratadas del país, que obtuvo el Gran Premio del Jurado del Festival de Cine de Sundance. Nyrabia también hizo de productor para el filme de Ossama Mohammed (con Wiam Simav Bedirxan) *Silvered Water. Syria Self-Portrait*, que se estrenó en el Festival de Cine de Cannes en 2014. Nabil Maleh murió en Dubai en febrero de 2016.

El plan maestro

El 11 de septiembre de 2001, en el mismo momento en que los miembros de Al-Qaeda observaban exultantes cómo caían las Torres Gemelas y se incendiaba el Pentágono, tomaron conciencia de que el péndulo de la catástrofe oscilaba ahora en dirección a ellos. Osama bin Laden se jactaría más tarde de que él había sido el único entre la alta jerarquía del grupo que había previsto la magnitud de la herida que Al-Qaeda infligiría a Estados Unidos, pero también hubo de admitir que le sorprendió el desmoronamiento de las torres. Su objetivo había sido provocar a Estados Unidos para que invadiera Afganistán, una ambición que le había hecho elevar sin descanso la apuesta: primero los atentados simultáneos contra las embajadas estadounidenses en Kenia y Tanzania en agosto de 1998, y luego el ataque contra el buque de guerra *USS Cole*, en el puerto yemení de Adén, en octubre de 2000. Ninguna de aquellas acciones había llevado a Estados Unidos a enviar tropas a Afganistán. Sin embargo, tras los atentados de Nueva York y Washington estaba claro que habría una respuesta arrolladora. Los miembros de Al-Qaeda empezaron a enviar a casa a sus familias y a prepararse para la guerra.

Dos meses después, el gobierno talibán de Afganistán, que había dado refugio a Bin Laden, caía derrotado, mientras los combatientes de Al-Qaeda eran aplastados en Tora Bora. Aunque Bin Laden y sus principales lugartenientes escaparon de la muerte o la captura, murieron casi el 80 por ciento de los miembros de Al-Qaeda en Afganistán. Además, su causa fue repudiada en todo el mundo, incluso en países musulmanes, donde el asesinato indiscriminado de civiles y el uso de terroristas suicidas se denunciaron como contrarios al islam. Los miembros restantes de la organización se dispersaron. Al-Qaeda estaba básicamente muerta.

Desde sus escondrijos en Irán, Yemen, Irak y las áreas tribales del oeste de Pakistán, los supervivientes lamentaron el fracaso de su estrategia. Abu al-Walid al-Masri, uno de los principales líderes del consejo privado de la organización, escribiría más tarde que la experiencia de Al-Qaeda en Afganistán fue «un trágico ejemplo de un movimiento islámico gestionado de un modo alarmantemente falto de sentido». Y proseguía: «Todo el mundo sabía que su líder los conducía al abismo e incluso llevaba al país entero a una completa destrucción, pero siguieron cumpliendo sus órdenes con fidelidad y crudeza».

En junio de 2002, uno de los hijos de Bin Laden, Hamzah, colgó un mensaje en un sitio web de Al-Qaeda que rezaba: «¡Padre! ¿Dónde está la salida, y cuándo tendremos un hogar? ¡Padre! Veo esferas de peligro allá adonde miro… Padre, dime algo útil sobre lo que veo».

«¡Hijo! —le respondió Bin Laden—. Baste decir que estoy lleno de aflicción y de suspiros… Solo veo un camino muy empinado por delante. Ha transcurrido una década de vagabundeos y viajes, y aquí estamos en nuestra tragedia. La seguridad se ha ido, pero el peligro permanece.»

En opinión de Abu Musab al-Suri, un sirio que había sido miembro del consejo privado de Al-Qaeda y que además es un teórico de la yihad, la mayor pérdida no fue la destrucción de la organización terrorista, sino la caída de los talibanes, que supuso que Al-Qaeda ya no tuviera un lugar de entrenamiento, organización y reclutamiento. A la expulsión de Afganistán —escribiría más tarde Suri— le siguieron «tres años precarios que pasamos como fugitivos», eludiendo la operación de busca y captura internacional a base de «movernos entre pisos francos y escondrijos». En 2002, Suri escapó al este de Irán, donde también se había refugiado ya otro hijo de

Bin Laden, Saad, y el jefe de seguridad de Al-Qaeda, Saif Al-Adl. Había una generosa recompensa de cinco millones de dólares por su cabeza. En aquel momento de exilio y derrota, empezó a concebir el futuro de la yihad.

Abu Musab al-Suri nació en una familia de clase media de Alepo en 1958, un año después del nacimiento de Bin Laden. Su verdadero nombre es Mustafa Setmariam Nasar. Empezó a involucrarse en política en la Universidad de Alepo, donde estudiaba ingeniería. Más tarde se trasladó a Jordania, y allí se unió a los Hermanos Musulmanes. En 1982, cuando Al-Asad decidió que estos representaban una amenaza para su autoridad, sus tropas masacraron a no menos de treinta mil personas en la ciudad de Hama, uno de los bastiones del grupo. La crueldad de la reacción de Al-Asad conmocionó a Suri. Renunció a los Hermanos, a los que hizo responsables de haber provocado la destrucción de Hama, y durante varios años buscó refugio en Europa. En 1985 se trasladó a España, donde se casó y se convirtió en ciudadano español; dos años después volvió a Afganistán, donde conoció a Osama bin Laden.

Los dos hombres mantuvieron una relación conflictiva. Aunque Suri pasó a ser miembro del consejo privado de Al-Qaeda, se sintió decepcionado por la incompetencia y la desorganización que caracterizaban los campos de entrenamiento de Al-Qaeda en Afganistán. «La gente viene a nosotros con la cabeza vacía y se va con la cabeza vacía —se quejaba—. No han hecho nada por el islam. Ello se debe a que no han recibido ninguna formación ideológica o doctrinal.»

En 1992, Suri regresó a España, donde ayudó a crear una célula terrorista que tuvo cierto papel en la planificación del 11 de septiembre. Dos años más tarde se trasladó a Inglaterra. Pelirrojo y de complexión fuerte, cinturón negro de judo y con fama de hacer comentarios de viejo cascarrabias, no tardó en convertirse en un personaje fijo de la prensa islamista londinense. Escribió artículos para la revista *Al-Ansar*, que promovió la insurrección en Argelia que causó más de cien mil muertes. El director de la revista era Abu Qatada, un clérigo palestino a menudo descrito como un guía espiritual de Al-Qaeda en Europa. *Al-Ansar* fue, en muchos aspectos, el primer núcleo de pensamiento yihadista; Suri y otros estrategas sugirieron diversas tácticas para socavar los regímenes despóticos del mundo árabe y promovieron atentados contra Occidente. Sin embargo, las agencias de inteligencia estadounidenses y europeas todavía permanecían ciegas a la amenaza que planteaba el movimiento islamista.

Yamal Jashoggi, un destacado periodista saudí, conoció a Qatada y a Suri a comienzos de la década de los noventa. Estos le parecieron mucho más radicales que Osama bin Laden, ya que por entonces Al-Qaeda era básicamente una organización anticomunista. «Osama estaba en el bando moderado», me explicaba Jashoggi. Él acuñó la expresión «salafistas yihadistas» para describir a los hombres que, como Abu Qatada y Suri, se habían visto influenciados por el salafismo, la facción puritana y fundamentalista del islam que promovía la idea de una guerra constante contra los infieles. «Osama coqueteaba con aquellos conceptos —decía Jashoggi—. No fue el único que dio origen al pensamiento radical que llegó a caracterizar a Al-Qaeda. Fue él quien se unió a aquellos hombres, y no al revés. Su organización se convirtió en el vehículo del pensamiento de estos.»

Suri escribiría más tarde sobre la conversión de Bin Laden a sus propias ideas, que se produjo después de que este último regresara a Afganistán desde Sudán en 1996. Por entonces Bin Laden estaba ya enfurecido con su propio país por dejar que las tropas estadounidenses y de la coalición defendieran el reino saudí contra el ejército de un millón de hombres de Sadam Husein, en lugar de confiar en el reducido grupo de veteranos árabes afganos del propio Osama. También atribuía a los estadounidenses la responsabilidad de haber provocado que sus anfitriones sudaneses le expulsaran sumariamente de este país y le robaran todo lo que poseía. De modo que, cuando los salafistas yihadistas le presentaron su análisis, encontraron a alguien más que dispuesto a escucharlos.

Estos señalaron ante todo la constante presencia de tropas estadounidenses en el sagrado suelo de la península Arábiga. Los corruptos eruditos islámicos prestaban su autoridad a la familia real, que a su vez sancionaba la presencia de las fuerzas de la coalición. Existían dos posibles soluciones: o bien atacar a la familia real —lo que podría enfurecer a los saudíes—, o actuar contra la presencia estadounidense. «Bin Laden escogió la segunda opción», recordaba Suri.

Suri creía que el movimiento yihadista prácticamente se había extinguido debido al agotamiento de los recursos financieros, la muerte o la captura de muchos líderes terroristas, la pérdida de refugios seguros y la creciente cooperación internacional entre diversos cuerpos policiales. De modo que consideró que la toma del poder por los talibanes en Afganistán en 1996 representaba «una oportunidad de oro», y al año siguiente viajó a dicho país. Allí estableció un campamento militar y experimentó con armas químicas. También organizó la primera entrevista televisada de Bin Laden en la CNN. El periodista Peter Bergen, que pasó varios días en compañía de Suri mientras se realizaba la entrevista, recordaba: «Era un hombre duro y realmente inteligente. Parecía un verdadero intelectual, muy versado en historia, y se tomaba muy en serio sus objetivos. Sin duda me impresionó más que Bin Laden».

En 1999, Suri le envió un correo electrónico a Bin Laden acusándolo de poner en peligro el régimen talibán con sus ataques de tan extrema teatralidad a objetivos estadounidenses y mofándose de su afición a la publicidad: «Creo que nuestro hermano ha contraído la enfermedad de las pantallas, los flashes, los admiradores y los aplausos». En sus escritos, Suri raras veces menciona a Al-Qaeda y rechaza cualquier conexión directa con esta, pese a haber formado parte de su consejo privado. Prefiere hablar, en términos más generales, de la yihad, que él considera un movimiento social que abarca «a todos los que tienen armas —individuos, grupos y organizaciones— y libran la yihad contra los enemigos del islam». En 2000 había empezado a predecir el fin de Al-Qaeda, cuya preeminencia retrataba como una mera etapa en el desarrollo del alzamiento islamista mundial. «Al-Qaeda no es una organización, no es un grupo, ni queremos que lo sea —escribía—. Es un llamamiento, una referencia, una metodología.» A la larga sus líderes serían eliminados, de modo que en el tiempo que quedaba el principal objetivo de Al-Qaeda debía ser estimular a otros grupos de todo el mundo para que se unieran al movimiento yihadista. La misión de Suri era codificar las doctrinas que alentaban la yihad islamista, de modo que los jóvenes musulmanes del futuro pudieran descubrir la causa e iniciar su propia guerra religiosa de manera espontánea.

En 2002, Suri, desde su escondite en Irán, empezó a escribir su obra definitiva, *Llamamiento a la resistencia islámica global*, un documento de 1.600 páginas que se publicó en internet en diciembre de 2004. El libro, didáctico y repetitivo, pero también despiadadamente sincero, disecciona las deficiencias del movimiento yihadista y presenta un plan para el futuro de la lucha. El objetivo —escribe— es «causar el mayor número posible de víctimas humanas y materiales a Estados Unidos y a sus aliados». Apunta específicamente a los judíos, «los occidentales en general», los miembros de la OTAN, Rusia, China, los ateos, los paganos y los hipócritas, así como «cualquier tipo de enemigo externo». Al mismo tiempo y de forma paradójica, culpa a Al-Qaeda de arrastrar a todo el movimiento yihadista a una batalla desigual que tal vez vaya a perder.

En opinión de Suri, el movimiento terrorista clandestino —es decir, Al-Qaeda y sus células durmientes— está caduco. Ese planteamiento era «un fracaso en todos los frentes» debido a su incapacidad de lograr la victoria militar o de agrupar a los musulmanes en torno a su causa. Para él, la próxima etapa de la yihad se caracterizará por un terrorismo creado por individuos o pequeños grupos autónomos (lo que él denomina «resistencia acéfala») que desgastará al enemigo y preparará el terreno para el objetivo, mucho más ambicioso, de librar una guerra en «frentes abiertos», esto es, una lucha total y absoluta por el territorio. Explica Suri: «Sin la confrontación en el campo y sin tomar el control de la tierra, no podemos establecer un estado, que es el objetivo estratégico de la resistencia». Sus ideas sentarían las bases intelectuales para el auge del ISIS.

Para Suri, son cinco las regiones donde los yihadistas deberían concentrar sus energías: Afganistán, Asia Central, Yemen, Marruecos y, sobre todo, Irak. La ocupación estadounidense de ese último país, declara, inauguró un «nuevo período histórico» que casi por sí solo rescató al movimiento yihadista justo cuando muchos de sus críticos creían que estaba acabado.

Suri fue capturado en Pakistán en noviembre de 2005, y se rumoreaba que había sido entregado a Siria; sin embargo, en 2010 apareció un artículo con su firma en la revista online *Inspire*, una publicación de la filial de Al-Qaeda en Yemen. No está claro cuál es su paradero actual.

La ocupación estadounidense supuso una gran oportunidad para un hombre llamado Abu Musab al-Zarqawi, un beduino originario de Jordania. Zarqawi no era ni un intelectual ni un estratega, sino un delincuente convicto que actuaba en gran medida por instinto animal, pero que era a la vez un temerario guerrero que se ganó el respeto de los muyahidines árabes cuando llegó a Pakistán a comienzos de la década de los noventa. Su guía espiritual fue un jeque palestino llamado Abu Muhammad al-Maqdisi, que transformó aquel soldado raso de la yihad en un líder capaz de rivalizar con Bin Laden.

Maqdisi y Zarqawi forjaron un vínculo inmediato, una alianza entre el hombre de pensamiento y el hombre de acción. Pasaron cinco años juntos en una cárcel jordana, pero en marzo de 1999 el nuevo rey de Jordania, Abdullah II, concedió una amnistía a todos los presos políticos. Entonces Zarqawi se marchó a Afganistán, mientras que su mentor decidió permanecer desafiante en Jordania, donde consideraba que realizaba un trabajo productivo; sin embargo, no tardó en ser enviado de nuevo a la cárcel.

Rebelde e independiente, Zarqawi se negó a jurar fidelidad a Bin Laden, estableciendo en cambio su propio campamento en el oeste de Afganistán, poblado sobre todo por jordanos, sirios y palestinos. Se mostró abiertamente crítico con la decisión de Al-Qaeda de librar una guerra contra Estados Unidos y Occidente en lugar de hacerlo contra las corruptas dictaduras árabes. Tras el 11 de septiembre, Zarqawi y sus seguidores se vieron obligados a huir de Afganistán por la invasión de las fuerzas de la coalición. Buscó refugio en Irán y, más adelante, en la región kurda de Irak.

En abril de 2003, tras la invasión estadounidense de Irak, Zarqawi creó un nuevo grupo terrorista, Al-Tawhid wal-Yihad («Monoteísmo y Yihad»). A diferencia de los miembros de alto rango de Al-Qaeda, Zarqawi estaba obsesionado por combatir a los chiíes, «los más malvados de la humanidad», pensando que uniría al mundo sunní, mucho más extenso, en una conquista definitiva de lo que él entendía como la gran herejía islámica. Aquel agosto, poco después de que iniciara su campaña de Irak, voló una mezquita chií y mató a ciento veinticinco devotos musulmanes, incluyendo al político chií más popular del país, el ayatolá Mohammad Bakir al-Hakim, quien, de haber vivido, quizá se habría convertido en el primer presidente libremente elegido de Irak. Zarqawi también hizo estallar la delegación de las Naciones Unidas en el hotel Canal de Bagdad, expulsando en la práctica a toda la comunidad de ayuda internacional del país. Entre las personas asesinadas figuraba Sergio Vieira de Mello, uno de los líderes más capaces y carismáticos que jamás han dado las Naciones Unidas. Aquellas muertes, tan significativas en sí mismas, eran características de la guerra de Zarqawi contra las personas que podían hacer de Irak una sociedad que funcionara: maestros, médicos, pensadores políticos valerosos...

En una carta a Bin Laden escrita en enero de 2004 e interceptada por la inteligencia estadounidense, Zarqawi explicaba que «si logramos arrastrar [al chiísmo] a la arena de la guerra sectaria, será posible despertar a los distraídos sunníes en la medida en que perciban un peligro inminente». Afirmaba que prometería formalmente lealtad a Al-Qaeda si Bin Laden respaldaba su batalla contra los chiíes. Puesto que se hallaba en una posición debilitada, Bin Laden aceptó, dando luz verde a Zarqawi para «utilizar la carta chií», quizá debido a que su hijo Saad y otras figuras de Al-Qaeda estaban siendo retenidos en Irán, y esperaba en vano que Zarqawi presionara a los iraníes para que los liberaran.

Zarqawi cogió el timón de Al-Qaeda en un momento en que sus fundadores estaban inmovilizados y su actividad se reducía a grabar de vez en cuando un alegato en vídeo destinado a influir sobre las ocultas masas yihadistas. La capacidad de Zarqawi de actuar, en lugar de limitarse a hablar, representaba una afrenta para sus aislados líderes, que se veían incapaces de intervenir en el sangriento flujo de los acontecimientos en Irak, donde se jugaba la «liga» terrorista. Privada de la supervisión empresarial de Bin Laden, un líder económico y hombre de negocios de ámbito internacional, Al-Qaeda empezó a reconfigurarse en torno a la experiencia organizativa de Zarqawi, lo que equivale a decir que se convirtió en una banda. Era un modelo fácilmente reproducible por los aspirantes a yihadistas de cualquier parte.

Los agentes de Zarqawi se extendieron por toda Europa, donde falsificaron documentos y buscaron reclutas para Irak. Uno de sus lugartenientes en España, Amer Azizi, colaboró con los secuestradores aéreos del 11-S durante su estancia en este país, además de participar en los atentados del 11-M contra los trenes en Madrid. Zarqawi y sus hombres estaban llevando a la práctica la visión que Abu Musab al-Suri había diseñado para ellos: grupos pequeños de carácter espontáneo que llevan a cabo actos de terrorismo individuales en Europa, al tiempo que libran una guerra abierta por el territorio en Irak.

Los atentados suicidas se convirtieron en un sello distintivo de la operación de Zarqawi, pese a la condena de dicha práctica por parte de Abu Muhammad al-Maqdisi. Pero Zarqawi no tardó en improvisar una firma aún más espantosa: en mayo de 2004 fue filmado decapitando a Nicholas Berg, un joven contratista estadounidense. La filmación se colgó en internet. Luego siguieron otras decapitaciones, además de atentados con bombas y asesinatos; cientos de ellos.

En los círculos islamistas radicales, las sangrientas ejecuciones de Zarqawi y sus ataques a musulmanes en momentos de oración se convirtieron en motivo de controversia. Desde la cárcel, Maqdisi reprendió a su antiguo protegido. «Las manos puras de los combatientes de la yihad no deben mancharse vertiendo la sangre inviolable —escribía en julio de 2004—. No tiene sentido cometer actos vengativos que aterrorizan a la gente, provocan a todo el mundo en contra de los muyahidines, y empujan al mundo a luchar contra ellos.» Maqdisi también aconsejaba a los yihadistas que no se marcharan a Irak, «porque será un infierno para ellos. Por Dios que esta es la mayor catástrofe».

Zarqawi rechazó airado los comentarios de su mentor espiritual, afirmando que él solo aceptaba órdenes de Dios; sin embargo, estaba empezando a darse cuenta de que sus esfuerzos en Irak eran otro callejón sin salida para la yihad. «El margen de movimiento comienza a hacerse más pequeño —le había escrito a Bin Laden en junio—. Empieza a aumentar la presión sobre el cuello de los guerreros santos y, con el despliegue de soldados y policías, el futuro se está volviendo aterrador.» El testarudo terrorista estaba pidiendo ayuda. Al final, Bin Laden aceptó que Zarqawi utilizara la marca de Al-Qaeda como un modo de atraer reclutas a su causa. En octubre de 2004, Zarqawi anunció su nuevo cargo: emir de Al-Qaeda en Irak.

Zarqawi lanzó una campaña homicida sin parangón en toda la historia de la organización. Antes de que él se convirtiera en uno de sus miembros, Al-Qaeda había matado a unas 3.200 personas, la mayoría de ellas en el 11-S. Las fuerzas de Zarqawi llegaron a matar tal vez el doble de esa cifra.

En julio de 2005, Ayman al-Zawahiri, el principal ideólogo y segundo de a bordo de Al-Qaeda, trató de reconducir al nihilista Zarqawi más cerca del rumbo original de los fundadores de la organización. Así, escribió una carta perfilando los que habían de suponer los siguientes pasos de la yihad iraquí: «Primera etapa: expulsar a los estadounidenses de Irak. Segunda etapa: establecer una autoridad o emirato islámico, luego desarrollarlo y respaldarlo hasta que alcance el nivel de califato. [...] Tercera etapa: extender la oleada de la yihad a los países laicos vecinos de Irak. Cuarta etapa: puede coincidir con lo que vino antes, el choque con Israel, puesto que Israel se estableció solo para desafiar cualquier nueva entidad islámica». Era una agenda clara y profética.

Zawahiri también aconsejaba a Zarqawi que moderara sus ataques a chiíes iraquíes y dejara de decapitar a rehenes. «Estamos librando un combate —le recordaba—. Y más de la mitad de ese combate se desarrolla en el campo de batalla de los medios de comunicación.»

Zarqawi ignoró las peticiones de Al-Qaeda. Mientras la yihad iraquí se sumía en el desenfreno, los líderes de la organización empezaron a aconsejar a sus seguidores que se dirigieran a Sudán o a Cachemira, donde las posibilidades de victoria parecían más prometedoras. Mientras tanto, Al-Qaeda afrontaba un nuevo problema, que uno de sus principales pensadores, Abu Bakr Nayi, había anticipado ya en un documento colgado en internet y titulado «La gestión de la barbarie».

Se desconoce la identidad de Nayi. Otros escritores islamistas han afirmado que era tunecino, pero un periódico saudí lo identificaba como jordano. William McCants, miembro de la Brookings Institution y autor de *El apocalipsis del ISIS: la historia, la estrategia y los objetivos del Estado Islámico*, ha traducido los textos de Nayi. McCants sostiene que «Abu Bakr Nayi» podría ser el seudónimo colectivo de varios teóricos de la yihad, pero añade también que los textos de Nayi han aparecido en *Sawt al-Yihad*, una publicación online autorizada de Al-Qaeda, lo que significa que reflejan los puntos de vista predominantes de la organización.

El documento de Nayi, publicado en la primavera de 2004, aborda la crisis y la oportunidad planteadas por el caos que tenía lugar en el mundo árabe. «Durante nuestro largo viaje, a través de victorias y derrotas, a través de la sangre, miembros y cráneos cortados, algunos movimientos han desaparecido y otros han permanecido —escribe—. Si meditamos sobre el factor común de los movimientos que han permanecido, encontramos que es la acción política además de la acción militar.» Entender la política del enemigo, sugiere Nayi, es un mal necesario. «Instamos a los líderes a trabajar para dominar la ciencia política tal como trabajan para dominar la ciencia militar.»

El control de los medios de comunicación resulta especialmente importante en el período anárquico en el que ha entrado el movimiento yihadista, en que la gente se siente indignada ante las matanzas. «Si logramos gestionar esta barbarie, esa etapa, si Dios quiere, será un puente hacia el Estado islámico esperado desde la caída del califato —proclama—. Si fracasamos, Dios nos proteja de ello, eso no significará el fin del asunto. Antes bien, ese fracaso llevará a un aumento de la barbarie.»

Nayi escribe con el estilo cáustico y extrañamente moderado que caracteriza a muchos estudios estratégicos de Al-Qaeda. Y, como todos los teóricos yihadistas, enmarca su análisis en la tradición de Ibn Taymiyya, el teólogo árabe del siglo XIII cuyas ideas sustentan el salafismo yihadista. Sin embargo, Nayi es también un atento lector de los pensadores occidentales; de hecho, la tesis de «La gestión de la barbarie» se basa en una observación realizada por un historiador de Yale, Paul Kennedy, en su libro *Auge y caída de las grandes potencias* (1987): que los excesos imperiales conducen a la caída de los imperios.

Nayi empezó a escribir su estudio en 1998, cuando los objetivos más prometedores del movimiento yihadista parecían ser Jordania, los países del norte de África, Nigeria, Arabia Saudí y Yemen; una serie de países muy parecida a los que más tarde señalaría Bin Laden. Nayi recomendaba que los yihadistas atacaran sin descanso los centros económicos vitales de dichos países, tales como destinos turísticos o refinerías de petróleo, para forzar a aquellos regímenes a concentrar sus fuerzas, dejando sus periferias sin protección. Al sentirse débil —predice Nayi—, la gente perderá la confianza en sus gobiernos, que a su vez responderán con medidas de represión cada vez más ineficaces y enajenantes. A la larga, los gobiernos acabarán por perder el control. A ello le seguirá de forma natural la barbarie, que ofrecerá a los islamistas la oportunidad de obtener la lealtad de una población desesperadamente necesitada de orden. Aunque hayan sido los propios yihadistas quienes han causado el caos, ese hecho se pasará por alto en la medida en que los combatientes impondrán seguridad, proporcionarán alimento y tratamiento médico, y establecerán tribunales de justicia islámicos.

Cuando las fuerzas de la coalición invadieron las instalaciones de Al-Qaeda en Afganistán, a finales de 2001, se incautaron miles de páginas de memorandos internos, actas de sesiones estratégicas, debates éticos y manuales militares, pero no encontraron ni una sola página dedicada a la política de Al-Qaeda. Nayi aborda con brevedad la cuestión de si los yihadistas están preparados para gobernar un estado en el caso de que lograran derrocar un régimen. Y cita a un colega que planteaba esta pregunta: «Suponiendo que hoy nos libráramos de los regímenes apóstatas, ¿quién se hará cargo del Ministerio de Agricultura, Comercio, Economía, etc.?». Más allá de la idea simplista de imponer un califato y establecer los preceptos de la ley islámica, no parece que los líderes de la organización hubieran pensado nunca en las cuestiones más básicas de gobierno. ¿Qué tipo de modelo económico seguirían? ¿Cómo afrontarían el paro, tan galopante en el mundo musulmán? ¿Qué postura adoptarían con respecto al medio ambiente? ¿Y la atención sanitaria? Lo cierto —como Nayi básicamente admite— es que los islamistas radicales no tienen el menor interés en el gobierno: solo les interesa la yihad. En su libro, Nayi responde con inocencia a su amigo del siguiente modo: «No es un requisito previo que el movimiento muyahidín tenga que estar preparado de algún modo especial para la agricultura, el comercio y la industria. [...] Con respecto a quién gestione los aspectos técnicos en cada ministerio, puede ser un empleado remunerado que no tenga ningún interés en la política y no sea miembro del movimiento o del partido. Hay muchos ejemplos de ello, y una explicación apropiada llevaría mucho tiempo».

Fuad Hussein, un periodista jordano radical, conoció a Zarqawi y a Maqdisi en 1996, cuando —escribe— «una carrera problemática me llevó a la cárcel de Suwaqah». Había publicado una serie de artículos criticando al gobierno jordano y, en respuesta, las autoridades lo encerraron durante un mes. Dado que Zarqawi y Maqdisi se encontraban presos en la misma cárcel, Hussein intentó entrevistarlos; al final, Zarqawi le servía un té mientras Maqdisi hablaba de política. Zarqawi mencionó que acababan de levantarle el régimen de aislamiento después de más de ocho meses, y que había perdido las uñas de los pies a consecuencia de la tortura. La semana siguiente, Zarqawi fue enviado de nuevo a una celda de aislamiento, y sus partidarios organizaron un motín. Hussein se convirtió entonces en el negociador entre los presos y el alcaide, que acabó cediendo; un episodio que vino a cimentar el estatus de Hussein entre los islamistas radicales.

En 2005, Hussein elaboró el que tal vez sea el perfil más definido del plan maestro de Al-Qaeda: un libro escrito en árabe y titulado *Al-Zarqawi: la segunda generación de Al-Qaeda*. Aunque en gran medida constituye una halagadora biografía de Zarqawi y su movimiento, Hussein también incorpora las ideas de otros miembros de Al-Qaeda, en especial de Saif al-Adl, el jefe de seguridad de la organización.

Resulta escalofriante leer este trabajo y advertir de qué modo algunos acontecimientos se han ceñido a los pronósticos de Al-Qaeda. Basándose en sus entrevistas con Zarqawi y Adl, Hussein afirma que arrastrar a Irán al conflicto con Estados Unidos era clave en la estrategia de Al-Qaeda. La organización —escribe— espera que los estadounidenses vayan a por el principal aliado de Irán en la región, Siria. La eliminación del régimen de Al-Asad —un antiguo objetivo de los yihadistas— permitirá la infiltración de Al-Qaeda en el país, poniendo por fin a Israel al alcance de los terroristas.

El plan de Al-Qaeda a veinte años vista, iniciado el 11 de septiembre, inauguró una etapa que Hussein denomina «El Despertar». Los ideólogos de Al-Qaeda creían que «la nación islámica se hallaba en un estado de hibernación» debido a los repetidos desastres infligidos a los musulmanes por Occidente. Atacando Estados Unidos —«la cabeza de la serpiente»—, Al-Qaeda provocaba que dicho país «pierda la conciencia y actúe caóticamente contra quienes le han atacado. Eso facultará al grupo que ataque a la serpiente a guiar a la nación islámica». Esa primera etapa —sostiene Hussein— terminó en 2003, cuando las tropas estadounidenses entraron en Bagdad.

Escribe Hussein que la segunda etapa, «Abrir los ojos», duraría hasta finales de 2006. Irak se convertiría en un campo de reclutamiento para hombres jóvenes deseosos de atacar a Estados Unidos.

La yihad electrónica propagaría las ideas de Al-Qaeda en internet, y los musulmanes se verían presionados para donar fondos a fin de compensar la incautación de activos terroristas por parte de Occidente. La tercera etapa, «Alzarse y mantenerse en pie», duraría desde 2007 hasta 2010. Al-Qaeda se centraría en Siria y Turquía, pero también empezaría a enfrentarse directamente a Israel, a fin de ganar mayor credibilidad entre la población musulmana.

En la cuarta etapa, que duraría hasta 2013, Al-Qaeda provocaría la desaparición de los gobiernos árabes. «La progresiva pérdida de poder de los regímenes —predice Hussein— se traducirá en un constante fortalecimiento interno de Al-Qaeda.» Mientras tanto proseguirían los ataques contra la industria del petróleo de Oriente Próximo, y el poder de Estados Unidos se deterioraría por la expansión constante del círculo de confrontación. «Para entonces Al-Qaeda habrá completado sus capacidades electrónicas, y será el momento de utilizarlas para lanzar ataques con tales herramientas destinados a socavar la economía estadounidense.»

Entonces podrá declararse un califato islámico: la quinta etapa del grandioso plan de Al-Qaeda. «En esta etapa, el puño de Occidente en la región árabe se aflojará, e Israel ya no podrá realizar ataques preventivos o precautorios —escribe Hussein—. Se alterará el equilibrio internacional.» Al-Qaeda y el movimiento islamista atraerán a nuevos y poderosos aliados económicos, como China, y la Unión Europea se sumirá en el caos.

La sexta fase —predice— será un período de «confrontación total». El califato ahora establecido formará un ejército islámico e instigará a una lucha global entre «creyentes» y «descreídos». Proclama Hussein: «El mundo comprenderá el significado del verdadero terrorismo». En 2020 se habrá alcanzado «la victoria definitiva». Dicha victoria, según los ideólogos de Al-Qaeda, implica que «se pondrá fin a la falsedad. […] El Estado Islámico llevará de nuevo a la raza humana a la orilla de la seguridad y al oasis de la felicidad».

El jefe de los espías

En mayo de 2007, el director de Inteligencia Nacional de Estados Unidos, Michael McConnell, un hombre de voz suave originario de Carolina del Sur, se enteró de que en la región central de Irak unos insurgentes sunníes habían capturado a tres soldados estadounidenses. Mientras un equipo de búsqueda de seis mil efectivos norteamericanos e iraquíes peinaba la provincia de Babilonia, los analistas en la NSA, en Fort Meade (Maryland), empezaron a examinar el tráfico de comunicaciones en Irak, con la esperanza de detectar conversaciones entre los captores de los soldados. Para consternación de McConnell, aquella clase de vigilancia requería una orden judicial, no porque los secuestradores tuvieran derecho a las garantías de la Constitución estadounidense, sino porque podía darse el caso de que sus comunicaciones electrónicas pasaran a través de circuitos de Estados Unidos.

Aquellos secuestros podrían haber sido solo otra tragedia apenas advertida en una guerra larga y sangrienta, pero en aquel momento se estaba produciendo un importante debate político en Washington. Los legisladores trataban de encontrar un equilibrio justo entre respetar la privacidad de los ciudadanos y ayudar a las fuerzas del orden y a los funcionarios de inteligencia a proteger el país contra la delincuencia, el terrorismo, el espionaje y la traición. McConnell, que llevaba menos de tres meses en el cargo cuando fueron capturados los soldados, instaba al Congreso a hacer cambios en la Ley de Vigilancia de la Inteligencia Extranjera (o FISA, por sus siglas en inglés), promulgada en 1978, que regula los procesos de escucha de nacionales y extranjeros dentro del territorio estadounidense y requiere que las distintas agencias obtengan una orden judicial en el plazo de setenta y dos horas una vez iniciada la vigilancia. La ley había sido una respuesta a los abusos cometidos en la época de Nixon, cuando el gobierno estadounidense volvió sus formidables capacidades de observación contra pacifistas, periodistas, grupos religiosos, activistas pro derechos civiles, políticos y hasta un miembro del Tribunal Supremo. Con los años, la FISA había sufrido numerosas enmiendas, pero McConnell creía que ahora —dado que era una ley redactada antes de la era de los teléfonos móviles, el correo electrónico y la web— había quedado peligrosamente obsoleta. «Si no actualizamos la FISA, la nación se halla en considerable peligro», me comentaba McConnell, añadiendo que los jueces federales habían decidido hacía poco, en una serie de sentencias secretas, que cualquier transmisión telefónica o correo electrónico que por casualidad desembocara en un sistema informático estadounidense era en potencia objeto de supervisión judicial. Para McConnell, debido a ello la capacidad de la Agencia de Seguridad Nacional de intervenir comunicaciones extranjeras se había visto reducida en un 70 por ciento. Ahora, sostenía, estaban en la balanza las vidas de tres soldados estadounidenses.

McConnell era el jefe de la dispersa colección de agencias encubiertas conocida como la «comunidad de inteligencia», un término que apareció por primera vez en 1952 en las actas de una reunión de los mandos de la Comisión Asesora de Inteligencia. Aquel año, el presidente Truman firmó un memorando secreto por el que se creaba la Agencia de Seguridad Nacional, que todavía sigue siendo el mayor de los dieciséis organismos burocráticos de la inteligencia estadounidense. El Pentágono cuenta con una Agencia de Inteligencia de la Defensa, y cada uno de los tres ejércitos tiene también su propio organismo de inteligencia. Existen tres agencias técnicas especialmente costosas: la NSA, responsable de desencriptación, encriptación, vigilancia de comunicaciones y guerra de información; la

Agencia Nacional de Inteligencia-Geoespacial, que confecciona mapas y analiza fotografías de vigilancia; y la Oficina Nacional de Reconocimiento, que proporciona imágenes de los satélites. Por su parte, la CIA (Agencia Central de Inteligencia) es responsable de la «inteligencia humana» (*human intelligence*, o *humint*) en relación con objetivos extranjeros, mientras que la Agencia de Inteligencia de la Defensa realiza operaciones similares de *humint* para los militares. Los asuntos de inteligencia interior corren a cargo del FBI (Oficina Federal de Investigación), la DEA (Administración para el Control de Drogas) y las diferentes divisiones del Departamento de Seguridad Nacional. El Departamento de Estado cuenta asimismo con su propia oficina de análisis de inteligencia, al igual que los Departamentos de Energía y Hacienda. La comunidad de inteligencia emplea a más de 100.000 personas, incluyendo a decenas de miles de contratistas privados. Y su presupuesto oficial, que en 2007 era de 43.500 millones de dólares, no incluye las operaciones de inteligencia de los militares, que, de incluirse, tal vez elevarían el coste anual total a más de 50.000 millones de dólares; más de lo que gasta el gobierno en energía, en investigación científica, o en los sistemas judicial federal y penitenciario.

Calificar de comunidad a un conjunto de organismos burocráticos de inteligencia tan dispares sugiere que estos comparten un espíritu colegial, pero a lo largo de toda su historia estas organizaciones se han mostrado brutalmente competitivas, socavándose unas a otras e incluso guardándose para sí información vital. Desde la creación de la CIA, en 1947, la díscola comunidad ha cometido auténticas chapuzas en muchas de las grandes tareas que se le han asignado. Sus fracasos incluyen la fallida invasión de la bahía de Cochinos, la incapacidad de prever la desintegración de la Unión Soviética y, también, de evitar los atentados del 11 de septiembre, así como la catastrófica evaluación de que Irak, bajo el gobierno de Sadam Husein, poseía armas de destrucción masiva. Ha habido éxitos: en 2006, la inteligencia estadounidense contribuyó a la detención en Inglaterra de 24 terroristas que conspiraban para hacer volar al menos diez aviones trasatlánticos de pasajeros; pero estos no compensan el daño causado por las operaciones chapuceras y los análisis desacertados. «Tenemos una infraestructura tan enorme que a menudo añade poco a nuestro conocimiento y con frecuencia nos mete en problemas», afirma Richard Clarke, que fue coordinador de antiterrorismo durante la administración Clinton y, hasta 2003, asesor especial en el Consejo de Seguridad Nacional en la administración Bush. «Uno tiene la impresión de que daría exactamente igual que no existieran.»

Durante los últimos sesenta años, una serie de presidentes y legisladores estadounidenses, todos ellos también frustrados, han encargado más de 40 estudios sobre las organizaciones de inteligencia del país, a fin de determinar cómo reorganizarlas, reformarlas, o incluso, en algunos casos, suprimirlas. La mayoría de dichos estudios han concluido que las rivalidades y las misiones contrapuestas de unas agencias en permanente conflicto solo podrían resolverse poniendo a una sola persona al mando de todas ellas. Sin embargo, hasta los atentados del 11 de septiembre no hubo ningún político dispuesto a hacerlo. Al fin, en 2004, después de que la Comisión del 11-S recomendara el nombramiento de un supervisor con suficiente poder, el Congreso aprobó la Ley de Reforma de la Inteligencia y de Prevención del Terrorismo, por la que se creaba la Oficina del Director de Inteligencia Nacional (ODNI, por sus siglas en inglés). Los legisladores que discrepaban de la medida se quejaron de que la nueva oficina no haría sino añadir una nueva capa de burócratas a una nómina ya abarrotada. De hecho, aunque la Comisión del 11-S sugirió que la ODNI no necesitaba más de unos pocos cientos de empleados, esta no tardó en rondar los 1.500. La CIA se opuso con ferocidad a la creación de la nueva oficina, cuyo director pasaba a convertirse en el jefe oficial de toda la comunidad de inteligencia. Actualmente la CIA responde ante el director de Inteligencia Nacional (o DNI, por sus siglas en inglés) del mismo modo que lo hace, por ejemplo, la sección de inteligencia de los guardacostas.

En abril de 2005, el Congreso confirmó a John Negroponte, entonces embajador estadounidense en Irak, como primer director de la oficina, mientras que el general Michael Hayden, jefe de la

NSA, se convirtió en su adjunto. Pero Negroponte duró solo dos años en el cargo antes de volver al Departamento de Estado, donde estaba claro que se sentía más a sus anchas, y Hayden dejó el puesto para dirigir la CIA. Había pocos candidatos ansiosos por reemplazar a Negroponte en los dos últimos años de una administración asediada y fracasada.

El presidente acudió entonces a Mike McConnell, un almirante retirado que había dirigido la NSA desde 1992 hasta 1996, pero que no era muy conocido fuera de la comunidad de inteligencia. McConnell, por entonces un hombre de sesenta y tres años, de cabello fino y de un rubio rojizo, ojos azules y la piel tan rosada como un bebé, formaba parte del anodino elenco de consultores de gestión y expertos en seguridad que trabajan para contratistas federales con sede en el norte de Virginia, cerca del cuartel general de la CIA. Sus amigos lo describen como un hombre astuto y de mente ágil, con una insólita capacidad para sintetizar grandes cantidades de información, que cada noche solía volver a casa cargado con dos maletines de documentos. Como muchos espías retirados, aprovechaba las ventajas de su experiencia de trabajar para el gobierno y su acreditación de nivel alto secreto para empezar por fin a ganar dinero de verdad —dos millones de dólares anuales como vicepresidente de Booz Allen Hamilton— y aspirar a una cómoda jubilación, quizá en una cabaña en una de las Carolinas, donde podría dedicarse a construir pajareras (él y su esposa, Terry, son miembros de una sociedad ornitológica para la protección del azulejo gorjicanelo o pájaro azul del este) y a escuchar soft rock y rhythm and blues. Él afirma ser, además, un magnífico bailarín.

A McConnell ya le habían ofrecido antes el puesto de DNI, pero lo había rechazado. Una de las principales limitaciones del cargo era que el 80 por ciento del presupuesto de inteligencia estaba controlado por el secretario de Defensa, y en septiembre de 2006 este era Donald Rumsfeld, cuyo desprecio por la CIA y otras agencias de inteligencia de índole civil era bien conocido. Sin embargo, dos meses después Rumsfeld dimitió y fue reemplazado por Robert M. Gates. Entonces el vicepresidente Dick Cheney abordó de nuevo a McConnell durante las Navidades, y este le pidió tiempo para pensarlo.

McConnell llamó a Gates. Los dos hombres se conocían desde la primera guerra del Golfo, cuando Gates trabajaba en la Casa Blanca como asesor adjunto de Seguridad Nacional y McConnell era el oficial de inteligencia en la Junta de Jefes de Estado Mayor. A Gates, que había sido director de la CIA, le habían ofrecido el puesto de DNI antes que a Negroponte, pero también lo había rechazado. «Mike tenía muchas de las mismas inquietudes que yo con respecto a la ley de 2004 en lo referente a la capacidad de conseguir que las cosas se llevaran a cabo —me explicaba Gates—. Al amparo de la legislación, el DNI tenía la responsabilidad de ejecutar el presupuesto de inteligencia y garantizar que todo el mundo en la comunidad obedeciera la ley, pero no tenía autoridad para despedir a nadie.» La comunidad a la que ambos hombres llevaban décadas sirviendo se hallaba en estado de confusión. La moral era baja, sobre todo tras el desastre de las armas de destrucción masiva, cuando muchos estadounidenses culpaban a la comunidad de inteligencia de haber arrastrado al país a un conflicto innecesario. Varios oficiales experimentados habían dimitido llenos de vergüenza y frustración. Además, el país que había iniciado una guerra en Irak por culpa de una información deficiente estaba perdiendo la batalla, debido en parte a lo mal preparado que estaba para entender al enemigo. Al-Qaeda, que la CIA y los militares creían haber vencido en Afganistán, se estaba reorganizando en dicho país, así como en Pakistán, Irak, Somalia y el norte de África. Mientras tanto, Corea del Norte había detonado una bomba nuclear de bajo rendimiento y China se alzaba como un rival de la supremacía estadounidense. Tal vez la necesidad de inteligencia fiable era mayor que durante la Guerra Fría, cuando el enemigo resultaba fácil de localizar, por más que difícil de destruir; ahora el enemigo quizá fuera un pequeño grupo de hombres equipados con armas ligeras que podían estar en cualquier parte, y cuya capacidad para causar grandes daños había quedado demostrada de un modo muy conviente.

Gates informó a McConnell de que había recomendado a un viejo amigo de este último, el teniente general James Clapper, para el puesto de subsecretario de Defensa responsable de inteligencia. «Pensé que entre Hayden, McConnell, Clapper y yo mismo podríamos llegar a un acuerdo sobre algunas de las cuestiones que la legislación no había resuelto», recordaba Gates. Si McConnell y Clapper asumían el cargo, todas las grandes agencias estarían dirigidas por militares. Gates y McConnell creían que aquel equipo único ofrecería la mejor oportunidad que tendría nunca la comunidad de inteligencia para reformarse a sí misma. De manera en absoluto sorprendente, el modelo que tenían en mente eran las fuerzas armadas del país.

Los cuatro hombres conocían bien los entresijos de los métodos de recopilación de información de la inteligencia. «No había visto un equipo de estrellas como ese en mis más de cuarenta años de experiencia en la comunidad», explicaba Gates. La cuestión era si podían ser lo bastante objetivos y poderosos como para reformar aquella rama subterránea del gobierno que tan estrepitosamente había fracasado en su misión.

McConnell aceptó el puesto, y en febrero de 2007 prestó juramento. La esposa de Clapper les regaló a McConnell y a su marido unos relojes que llevaban la cuenta atrás hasta el último segundo de la administración Bush, que terminaría el 20 de enero de 2009. McConnell creía que esa era la cantidad de tiempo de la que disponía para liderar una revolución.

—No sé mucho de usted —le reconocí a McConnell cuando nos reunimos para mantener la que sería la primera de varias conversaciones en Washington.

Pese a su larga carrera, había muy pocos datos en su historial que fueran de dominio público.

—Eso es bueno —me respondió—, puesto que soy un espía.

Me explicó que había nacido en Greenville, Carolina del Sur, en 1943. «De clase trabajadora. Mi padre creció en una colonia fabril. Durante la Depresión, trabajaba sesenta horas [a la semana] por seis pavos. Su visión del mundo era que no era justo. De modo que decidió convertirse en líder sindical.» El padre de McConnell hizo campaña contra el trabajo infantil y fue un rotundo defensor de los derechos civiles. «Arremetía contra todo —recordaba McConnell—. Cuando yo tenía unos diez años, o quizá fueran trece, me describió el comportamiento burocrático y me explicó que la gente tiene miedo al cambio. Me dijo que la gente nunca acepta el cambio de buen grado. Lo recuerdo tan claro como la luz del día, y que pensé: a mí nunca me asustará el cambio.»

Los padres de McConnell eran pobres —«No tenían prácticamente nada»—, así que pidió un préstamo de estudios, consiguió un trabajo y asistió a la Universidad North Greenville, donde fue elegido presidente del alumnado; luego pasó a la Universidad Furman, una universidad privada, donde estuvo viviendo en un cuartucho en el gimnasio durante su primer semestre mientras dirigía el equipo de baloncesto. En su último año de carrera se casó con su amor de la infancia, Suzanne Gideon, en el que sería el primero de dos matrimonios. Era el año 1965, en plena guerra de Vietnam.

«Donde yo crecí, en Carolina del Sur, si hay una guerra se supone que vas», explicaba McConnell. De modo que se alistó en la marina, y en agosto de 1967 fue enviado a Vietnam, donde pasó un año en un barco patrullando por el Mekong. La lección que aprendió de Vietnam fue: «Vigila dónde te metes». Y explicaba: «Durante las últimas etapas de la guerra los soldados mataban a sus propios oficiales y las drogas corrían sin control. El ejército era un desastre». Como las agencias de la comunidad de inteligencia, las distintas ramas del ejército se socavaban entre sí en lugar de ayudarse. En palabras de McConnell, «la marina tiene su propia fuerza terrestre, su propia fuerza aérea y sus propios barcos. De modo que su visión es: ¿para qué necesitamos a nadie más?».

McConnell explicaba que una nueva generación de líderes del Pentágono decidieron que había que reformar el ejército. «Tipos como Colin Powell tomaron una decisión: "Es nuestro ejército, así que vamos a recuperarlo". Y lo hicieron. Ello dio como resultado una fuerza completamente voluntaria, el ejército más profesional de la historia.» En 1986 se promulgó la Ley Goldwater-Nichols, que reestructuraba el ejército, pese a la resistencia de los jefes de sus distintas ramas. La ley designaba al secretario de Defensa como responsable de las decisiones últimas y otorgaba mayor control a los comandantes en los campos de batalla. La guerra del Golfo de 1991, con su uso coordinado de la denominada «potencia abrumadora», vino a proporcionar un imponente ejemplo de la reestructuración de las fuerzas armadas. Recordaba McConnell: «Todos los jefes de Estado Mayor se levantaron y dijeron: "Esto es lo más grande que le ha ocurrido al ejército de Estados Unidos"».

La legislación sobre inteligencia de 2004 no era ni de lejos tan exhaustiva como la Ley Goldwater-Nichols, pero McConnell asumió el cargo con una lista de reformas a la que denominó «Plan de los 100 días», basado en la racionalización de los mandos militares. Propuso una «cultura de la colaboración», que requeriría que las distintas agencias trabajaran juntas. El coste de que una agencia ocultara información de inteligencia a las demás se volvió estrepitosamente evidente en el informe del inspector general de junio de 2005 sobre la actuación de la CIA antes del 11-S. Este revelaba que en marzo de 2000, entre cincuenta y sesenta personas en la agencia sabían que dos miembros de Al-Qaeda —dos de los futuros secuestradores aéreos— se habían infiltrado en Estados Unidos, pero nadie en la CIA había informado al FBI hasta que ya resultó demasiado tarde para localizarlos.

En agosto, justo antes de que se suspendieran las sesiones del Congreso por el período vacacional, varios miembros de la Cámara de Representantes y del Senado trataban desesperadamente de encontrar una solución de compromiso en torno a una iniciativa legislativa para reformar la ley FISA. Me contaba McConnell, un día en su oficina a la hora de comer: «Cuando se aprobó la ley, en el setenta y ocho, casi toda la comunicación internacional era inalámbrica», lo que significaba que se basaba en su mayor parte en satélites. «Hoy, el 90 por ciento pasa por un tubo de cristal», es decir, un cable de fibra óptica. «Así que se ha pasado de casi todo inalámbrico a casi todo por cable.» Dejó a un lado su sándwich y se dirigió hacia un mapamundi que tenía colgado en la pared. «Un terrorista con un teléfono móvil, justo aquí —señaló Irak— hablando con una torre, ocurre todo el tiempo, no hay orden judicial. De la torre va a una torre de microondas, no hay orden judicial. Va a un satélite, vuelve a la estación terrestre, no hay orden judicial. Ahora supongamos que va a un satélite, y en el proceso hace esto —clavó el dedo en Estados Unidos antes de desviarlo de nuevo a Pakistán—. ¡Has de tener una orden judicial! Era una locura.»

En su opinión, los cambios a la ley FISA que proponía McConnell eran menores. «Queríamos tres cosas —me explicaba, en un característico lenguaje de boletín—. Primero, teníamos que tener una situación en la que no se necesitara una orden judicial para una persona extranjera en un país extranjero. Segundo punto, era precisa la cooperación del sector privado. Se están presentando demandas contra el sector privado por su supuesta cooperación con el gobierno.» Se refería a diversos informes que afirmaban que, aun antes del 11-S, muchas de las grandes empresas de telecomunicaciones de Estados Unidos habían estado desviando prácticamente todos los registros de tráfico telefónico y de correo electrónico de sus routers a bancos de datos de la NSA, donde podían ser almacenados y examinados. McConnell quería una exención de responsabilidad no solo para la futura cooperación de dichas compañías, sino también para sus acciones pasadas. El tercer punto de McConnell era incontrovertible: deseaba que se emitiera una orden judicial cada vez que hubiera de someterse a vigilancia a una persona en territorio estadounidense. Sin embargo, el proyecto de ley de reforma presentado ante el Congreso, y que los demócratas habían rechazado en ambas cámaras, no protegía a los estadounidenses —viajeros, soldados, estudiantes en programas de intercambio, diplomáticos...— que se encontraran fuera de Estados Unidos.

Al aproximarse la fecha de votación de la iniciativa legislativa, la administración Bush hizo saber que las amenazas de Al-Qaeda habían aumentado en número, afirmando asimismo que incluso habían detectado signos de una trama para atentar contra el Congreso. Muchos legisladores se sintieron manipulados y recelaron. En una de mis reuniones con McConnell, le dije:

—Según el senador Harry Reid, la legislación «autoriza registros y vigilancias sin orden judicial en Estados Unidos en llamadas telefónicas, correos electrónicos, hogares, oficinas y...».

—¡Absolutamente falso! —exclamó McConnell—. Yo le digo que si estás en Estados Unidos has de tener una orden. Autorizada por el tribunal. ¡Y punto!

Sin embargo, los críticos argumentaban que la propuesta de ley dejaba un resquicio legal. Si el fiscal general y el DNI decidían que un objetivo extranjero era un sujeto de interés, la ley les permitía someter a vigilancia a cualesquiera estadounidenses que pudieran estar en contacto con esa persona, irrumpir en sus casas, abrir su correo, examinar sus historiales médicos... y todo ello sin una orden judicial. A los legisladores les preocupaba la posibilidad de que la ley permitiera a la comunidad de inteligencia considerar «objetivos a posteriori» a cualquier persona que hiciera llamadas internacionales pero no tuviera nada que ver con el terrorismo.

«Eso es una violación de la Constitución —comentaba McConnell—. Nosotros no podemos hacer eso, no haríamos una cosa así.» En efecto, admitió, habría algunos estadounidenses inocentes que serían objeto de escucha. «¿Qué hacer al respecto? Se llama "minimizar". Los tribunales lo han evaluado, y funciona. ¿Captas sin querer una información? Cuando te das cuenta de ello la destruyes. La excepción: supongamos que era terrorismo o delincuencia. En ese caso, como comunidad, nuestra obligación es informar de ello. Pero afirmar que esta comunidad interviene el correo electrónico y las llamadas telefónicas de millones de estadounidenses, tratándolos como objetivos a posteriori, es del todo absurdo.»

McConnell admitía que el Congreso tenía razón al recelar de las intenciones de la comunidad de inteligencia. «En los años cuarenta, cincuenta, sesenta, setenta, cada presidente ha utilizado las fuerzas del orden o a la inteligencia para realizar actividades en interés de la seguridad nacional interviniendo teléfonos de estadounidenses», me decía. La FISA había sido un correctivo útil en ese sentido. Él resumía así lo que se pretendía con aquella ley: «Vosotros, tíos de inteligencia, marchaos a cumplir vuestra misión de inteligencia en el extranjero, pero si alguna vez lo hacéis en este país debéis tener una orden judicial, ¿de acuerdo?». Seis semanas después del 11-S, el Congreso aprobó la denominada Ley Patriótica de Estados Unidos. En ella se ampliaba la autoridad del FBI para enviar «cartas de seguridad nacional», una forma de citación que autorizaba a dicha entidad a fisgar en las transacciones privadas de ciudadanos estadounidenses y visitantes extranjeros que no eran objeto de ninguna investigación criminal y que incluso podían no ser siquiera sospechosos de terrorismo o espionaje. No había supervisión de un juez. A diferencia de una orden judicial amparada por la ley FISA, una carta de seguridad nacional no permite al gobierno intervenir llamadas telefónicas o leer correos electrónicos, pero sí examinar registros telefónicos, cuentas bancarias, búsquedas en internet y compras realizadas con tarjeta de crédito. Se exige al FBI que demuestre la existencia de una necesidad de seguridad nacional concreta antes de emitir tales cartas, pero una reciente auditoría del Departamento de Justicia había destapado docenas de casos en los que los funcionarios del FBI parecían haber violado esa norma. Le pregunté a McConnell en qué resultaría distinta la nueva ley FISA. ¿Cómo los estadounidenses podían estar seguros de que la comunidad de inteligencia no incurriría en invasiones aún más íntimas de su privacidad?

«La carta de seguridad nacional era una herramienta enteramente nueva —me explicó—. Ahora bien, ¿tenía el FBI la estructura, la experiencia y el tiempo necesarios para aprenderla, como ocurre en el mundo FISA? No, en absoluto. Se utilizó de un modo chapucero.» Él afirmaba que el sistema FISA, en cambio, se regía por un estricto protocolo que llevaba décadas en vigor (un tribunal especial FISA, creado en Washington en 1978, sopesa de forma confidencial todas las peticiones de órdenes judiciales realizadas al amparo de dicha ley; raras veces ha rechazado alguna de tales peticiones).

El 1 de agosto, McConnell y sus colaboradores permanecieron despiertos toda la noche preparando su postura sobre FISA para presentársela a los legisladores. Pese a su largo servicio en la administración, McConnell nunca se había involucrado en un debate legislativo partidista, y su inexperiencia resultaba patente. La tarde siguiente, una serie de importantes líderes demócratas se reunieron en la oficina de Nancy Pelosi, la portavoz de la Cámara, e hicieron una llamada a McConnell. Los demócratas le presentaron entonces su propuesta, que declaraba, entre otras cosas, que si el Congreso iba a permitir al presidente autorizar operaciones de vigilancia sin orden judicial de objetivos extranjeros, ese poder había de limitarse a asuntos de terrorismo. McConnell respondió que eso obstaculizaría la capacidad de la comunidad de inteligencia de recabar información sobre potencias extranjeras peligrosas como Irán y Corea del Norte. También rechazó el redactado del proyecto de ley donde se requería al fiscal general y al tribunal FISA que establecieran una serie de directrices con respecto a qué tipo de contacto entre un objetivo extranjero y un ciudadano estadounidense merecía una orden judicial, una idea que calificó de «píldora envenenada». Los demócratas cedieron en ambos puntos, y él prometió volver a llamar a los líderes al cabo de media hora con un nuevo borrador que reflejara sus propias inquietudes.

Al ver que McConnell no llamaba, los demócratas volvieron a telefonearle a su despacho. Su ayudante les dijo que estaba hablando con la Casa Blanca. Al fin, hacia las siete de la tarde, McConnell les devolvió la llamada. Se disculpó, alegando que había estado hablando con «el otro lado» y que ya no podía cumplir con su compromiso. Luego les dijo a los demócratas: «Llevo cuarenta años de mi vida en este negocio y durante la guerra me dispararon. Pero nunca en mi vida había sentido tanta presión».

El viernes 3 de agosto, en una feroz disputa, demócratas y republicanos defendieron proyectos de ley rivales en el hemiciclo. McConnell se encontraba por casualidad en el Capitolio, explicando parte del lenguaje técnico a los senadores, y se sorprendió al descubrir que el Senado estaba a punto de votar. «En aquel momento yo no había visto ninguna de las dos versiones», explicaba, pero cada uno de los dos bandos afirmaba estar auspiciando el «proyecto de ley de McConnell». Escribió una nota rechazando oficialmente la versión demócrata y afirmando que creaba «una incertidumbre significativa».

La iniciativa republicana, denominada Ley Protege América, se aprobó aquella misma noche. Al día siguiente la Cámara, desesperada por disolverse e iniciar el período vacacional, ratificó la legislación, que se diseñó como una medida transitoria que expiraría en el plazo de seis meses, permitiendo a los legisladores deliberar con más detalle después de la pausa estival.

«Entonces empezó todo el asunto de la prensa —explicaba McConnell—: "¡La Casa Blanca arrolla a McConnell!"; "El ingenuo almirante aprende una dura lección política". Supongo que la parte que me molestó un poco fue la retórica procedente del Capitolio, poniendo en duda mi integridad, diciendo que yo no era tan honesto.» Cuando le pregunté si había cedido ante la Casa Blanca, McConnell me respondió: «Nada más lejos de la verdad».

Seis días a la semana, a las seis en punto de la mañana, un oscuro Chevrolet Suburban blindado llega a casa de McConnell, en el norte de Virginia, lo recoge y le lleva a la Casa Blanca. Por el camino, McConnell lee resúmenes sobre tráfico de operaciones y de información de inteligencia de las últimas veinticuatro horas. La reunión informativa presidencial se inicia entre las siete y media y las ocho, y raras veces dura más de una hora. Además de Bush y Cheney, el reducido grupo incluye a Joshua Bolten, jefe de gabinete de Bush, y a Stephen Hadley, asesor de seguridad nacional. A las nueve y media McConnell sube de nuevo al Suburban, ahora rumbo a la base de la fuerza aérea Bolling. Su despacho provisional se encuentra en el edificio de la Agencia de Inteligencia de la Defensa, una fría estructura de acero y cristal con un misil Scud en posición vertical junto al pasillo del ascensor y dos de las armas automáticas chapadas en oro de Sadam Husein exhibidas en el vestíbulo. Su despacho es austero, salvo por una fotografía de sus hijos y algunos objetos preciados: una daga yemení y un jarrón azul del Ejército Popular de Liberación chino. A través de las grandes ventanas se ve aterrizar los aviones en el Aeropuerto Nacional de Washington y a los marines corriendo por una pista. A menudo tiene que abandonar su despacho para declarar ante el Congreso o tomar el avión para dar un discurso. Suele llegar a casa hacia las ocho de la tarde. «Mi esposa consigue unos quince minutos al día —explicaba—. No es que esté muy contenta. Pero yo no me quejo. Es un trabajo exigente, pero lo hago a gusto.»

McConnell solía hablar con admiración del general Colin Powell, quien, en 1990, siendo presidente de la Junta de Jefes de Estado Mayor, contrató a McConnell, por entonces capitán de la marina, como su oficial de inteligencia. «Me impresionó su reputación y su entrevista», me explicaba Powell. McConnell estaba muy versado en inteligencia técnica, pero no en otras áreas importantes, como la guerra terrestre. Por entonces eso no parecía un gran obstáculo. «Aquel iba a ser un verano tranquilo, de modo que le contraté», decía Powell, riendo. Cuatro días después, las tropas de Sadam Husein invadieron Kuwait.

Al principio, el gobierno estadounidense estaba desesperado por determinar si las tropas iraquíes solo estaban de maniobras o se preparaban para una invasión. Cheney, entonces secretario de Defensa, exigía un veredicto, y la comunidad de inteligencia a menudo suele mostrarse renuente a dar veredicto alguno. Veintidós horas antes de la invasión, McConnell juzgó de forma acertada que Sadam tenía la intención de entrar en Kuwait. Su predisposición a tomar partido le valió la admiración de Cheney. Poco después de que se iniciara la operación «Tormenta del Desierto», el esfuerzo liderado por Estados Unidos para repeler la invasión iraquí, Powell tenía tanta confianza en la capacidad de aquel hombre de la marina para entender las maniobras del ejército que eligió a McConnell como encargado de dar cada día una rueda de prensa. «Llegó a ser tan bueno que empezaron a parodiarle en *Saturday Night Live* —recordaba Powell—. Fue así como supe que habíamos tomado una buena decisión.»

En 1992, tanto Powell como Cheney avalaron la candidatura de McConnell para convertirse en jefe de la NSA, a pesar de que este había sido ascendido a almirante con una estrella solo nueve meses antes. Por ley, el puesto de la NSA requiere tres estrellas; pero gracias a sus poderosos patrocinadores, McConnell recibió dos estrellas adicionales.

Cuando McConnell tomó posesión de su cargo en la NSA, acababa de terminar la Guerra Fría y el Congreso había decidido obtener un «dividendo de paz» de la comunidad de inteligencia. Las nuevas contrataciones se interrumpieron en su mayoría, al tiempo que los retos de seguridad se volvían mucho más diversos. Había un exceso de lingüistas rusos, pero apenas nadie que, por ejemplo, supiera hablar el serbocroata durante la desintegración de la antigua Yugoslavia, o el dialecto criollo de Haití cuando la administración Clinton envió tropas a dicho país para restaurar el orden. La agencia tuvo que contratar a jardineros haitianos en Washington y ponerlos a trabajar escuchando conversaciones interceptadas en la sede central de la NSA.

Había, no obstante, un reto aún mayor para la NSA que contratar a nuevos lingüistas: internet y el correo electrónico estaban expandiendo de manera radical las capacidades de comunicación de los terroristas y de los denominados «estados canalla». «Cuando llegué allí, en el noventa y dos, internet ya existía (se llamaba Arpanet), pero la World Wide Web no —recordaba McConnell—. Luego la red hizo internet accesible para todos. Mi mundo estalló.»

Una tarde, cuando McConnell y yo volvíamos a su despacho desde la cafetería, pasamos por la sala de seguridad, donde un par de guardias vigilaban media docena de pantallas que mostraban imágenes de vídeo de los jardines del edificio. En comparación con los estándares de Hollywood, el sistema era de una tecnología tan anticuada que resultaba decepcionante. Le pregunté a McConnell si había visto la película *El ultimátum de Bourne*, donde el personaje que interpreta Matt Damon es perseguido por agentes de la CIA con acceso global inmediato a cámaras de vigilancia, transacciones bancarias y controles de pasaportes. «Cierto, no podemos hacer eso —admitió McConnell—. Todo eso no son más que gilipolleces.»

La comunidad de inteligencia va considerablemente por detrás de la industria privada en cuanto al desarrollo y empleo de tecnología innovadora. «Ha habido avances», me decía el general Clapper, subsecretario de Defensa, aludiendo al uso de teléfonos móviles y ordenadores en el campo de batalla, aunque reconocía que Al-Qaeda también había hecho un uso creativo de aquellas tecnologías. En comparación, durante la Segunda Guerra Mundial el gobierno estadounidense desarrolló sistemas de radar y motores a reacción avanzados, además de inventar la bomba atómica.

Tras las reformas de 2004, que exigían un mayor intercambio de información, la comunidad acudió a la industria privada en busca de ayuda para la creación del Centro Nacional de Antiterrorismo, que se encuentra en un emplazamiento secreto en el norte de Virginia. Fue diseñado por un ingeniero de Walt Disney Imagineering, la promotora que construye los parques temáticos. «Hasta las sillas del comedor son las mismas que teníamos en los Estudios Disney —me explicaba una antigua ejecutiva de Disney que hoy en día trabaja en el centro—. La única diferencia es que estas sillas no tienen orejas de ratón.» Ella se cuenta entre varios antiguos empleados de Disney que se apuntaron a trabajar para el gobierno a raíz del 11-S. Los mundos de fantasía que crea Disney tienen sorprendentemente mucho en común con el universo ideal concebido por la comunidad de inteligencia, donde todos los entornos están controlados con gran cuidado y la gente es observada con atención, y a nadie parece importarle.

El centro posee una sala de videoconferencias de aspecto futurista, con una mesa que cambia de forma y de la que emergen consolas de ordenador. Tres veces al día, los analistas se reúnen en torno a ella para hablar de la «matriz de amenazas». El corazón del edificio es el centro de operaciones, donde la luz procedente de múltiples monitores de ordenador ilumina los rostros de analistas de varias agencias. Cuando estuve allí, había una enorme pantalla de televisión situada en la parte delantera de la sala que emitía las noticias del canal Fox News.

Disney Imagineering también proporcionó al primer director de ciencia y tecnología de la ODNI, Eric Haseltine, que se incorporó a la NSA tras el 11 de septiembre. Este se sintió consternado al comprobar el ritmo tremendamente lento de innovación, la ausencia

de colaboración y la falta de ideas acerca de cómo podrían emplearse nuevos productos. De hecho, gran parte de la comunidad de inteligencia es tecnofóbica, y se halla paralizada por las inquietudes relativas a la seguridad. Muchas oficinas ni siquiera tenían conexión a
internet. «No se prestaba suficiente atención al usuario final —explicaba Haseltine—. En Disney teníamos que conseguir que la tecnología funcionara al instante para un niño de cuatro años y una
abuela, y que ambos se divirtieran.»

Haseltine y su sucesor, Steve Nixon, crearon una versión de inteligencia de DARPA, siglas en inglés de la Agencia de Proyectos de
Investigación Avanzados de Defensa, establecida en 1958 tras el lan-
zamiento soviético del *Sputnik*, que había llevado al desarrollo de
internet, el Sistema de Posicionamiento Global (o GPS), las gafas
de visión nocturna, los drones Predator y el avión invisible (tras el
11-S, DARPA también dio origen al programa denominado «Conciencia de Información Total», diseñado para examinar enormes con-
juntos de datos sobre personas, incluyendo a ciudadanos estadounidenses, a fin de identificar a potenciales terroristas. El Congreso
liquidó el programa en 2003, pero muchas de sus capacidades —incluyendo su software de extracción de datos— se traspasaron a otros
departamentos, en particular a la NSA). Como la DARPA original, la
versión ODNI auspicia una innovación radical, «avances que cam-
bien las reglas del juego», como decía Nixon. Hasta ahora el producto más significativo de este esfuerzo es Argus, un programa que monitoriza los reportajes de noticias extranjeros y otras fuentes de
información públicas en busca de evidencias de mortandad de aves,
cosechas perdidas o un número insólito de noticias sobre muertes,
cualquier cosa que pueda proporcionar una alerta temprana sobre
una epidemia, un accidente nuclear o una catástrofe medioambien-
tal. El programa, iniciado en 2004, detectó la aparición de la gripe
aviar en 2006 y un brote de ébola en Angola un año después. Argus
monitoriza más de un millón de páginas web en veintiocho lenguas
y en casi todos los países del mundo, salvo Estados Unidos, donde se
dio por supuesto que tal escrutinio provocaría recelos con respecto a
un posible espionaje interno.

En 2007, el Departamento de Defensa detectaba cada día tres millones de intentos no autorizados de penetrar en sus redes informáticas, mientras que el Departamento de Estado rechazaba dos millones. A veces dichos intentos constituían ataques en toda regla, como el caso de uno lanzado contra el Pentágono en la primavera de ese año que obligó a desconectar 1.500 ordenadores de la red. El espionaje ruso —explicaba McConnell— no había disminuido en absoluto desde el final de la Guerra Fría; y por su parte los chinos planteaban un inmenso desafío. Ed Giorgio, un asesor de seguridad que trabajaba en la NSA a las órdenes de McConnell y que es la única persona que ha sido a un tiempo el mejor especialista tanto en desencriptación como en encriptación del país, explicaba: «Hay cuarenta mil hackers chinos recabando información de inteligencia de los sistemas de información estadounidenses y de los de nuestros socios. ¿Cuántos de ellos saben leer inglés? Casi todos. Si preguntas cuántas personas dedicadas a recabar información de inteligencia están haciendo cosas parecidas en el vasto imperio de Mike, la respuesta sería ridícula. Y no encontrarás a nadie que entienda el mandarín. Jamás deberíamos entrar en una guerra de hackers con los chinos».

—¿Hemos obtenido información significativa gracias a la tortura? —le pregunté a McConnell.

—Nosotros no torturamos —replicó de forma automática.

—Vale, pues gracias a las técnicas de interrogatorio agresivas.

—Lo de «agresivas» lo dice usted —me respondió—. ¿Que si hemos obtenido información significativa? ¡Y tanto! ¡Toneladas! ¿Eso salva vidas? ¡Toneladas! Hemos obtenido información increíble. Jalid Sheij Mohammed. J. S. M. n.º 3. Vaya y lea su testimonio. Mucho de lo que sabemos sobre Al-Qaeda y de las conclusiones a las que hemos podido llegar salió de ahí. —(La fiabilidad de la confesión de Mohammed, que fue sometido 183 veces al denominado «submarino», ha sido ampliamente cuestionada.) McConnell me miró por encima de sus gafas—: Y eso fue una prueba para Mike McConnell. Cuando ocurrió lo de Abu Ghraib, mi opinión fue que habíamos perdido la superioridad moral.

McConnell aún no había vuelto a trabajar para el gobierno cuando estalló el escándalo de Abu Ghraib, pero tras convertirse en el director de Inteligencia Nacional recibió el protocolo secreto diseñado por la Casa Blanca para regir los futuros interrogatorios. Por otra parte, poco después de que el fiscal general Alberto Gonzales asumiera el cargo, en febrero de 2005, hizo pública su opinión avalando las técnicas de interrogatorio más brutales que la CIA había empleado jamás. Según el *New York Times*, la agencia había aprendido algunos de aquellos métodos de oficiales de inteligencia egipcios y saudíes, mientras que otros se basaban en antiguas técnicas soviéticas. Además del «submarino», una técnica de ahogamiento simulado que ya utilizaba la Inquisición española, estos métodos incluían desnudar al sospechoso y meterlo en una celda fría; esposarlo en una postura dolorosa; someterlo a música rock a un volumen ensordecedor y darle manotazos en la cabeza. Cualquiera de estas técnicas abusivas quizá violaría los estándares legales internacionales que prohíben la tortura, como las Convenciones de Ginebra. McConnell supo que la CIA había utilizado «métodos de interrogatorio especiales» con unas treinta personas.

«Tuve que cerrar aquel programa —me explicó McConnell—. El presidente aseguraba que nosotros no torturamos a nadie, pero yo tenía que convencerme siguiendo todos los pasos.» Estudió con gran minuciosidad los procedimientos que la administración Bush había autorizado en secreto. «Me senté a hablar con los doctores y el personal médico que había supervisado el proceso —me dijo—. Nuestra política no es la tortura.»

Le pregunté cómo definía él la tortura.

«Ha habido gente a lo largo de la historia que afirma que, si no fuerzas el fallo de un órgano importante, no es tortura», me dijo McConnell, aludiendo al infame memorando redactado en 2002 por John Yoo, un abogado del Departamento de Justicia, que argumentaba que una técnica de interrogatorio solo era tortura cuando resultaba tan dolorosa como el fallo de un órgano o causaba la muerte. «Mi opinión es que eso es absurdo. Es bastante sencillo. ¿Resulta terriblemente doloroso hasta el punto de forzar a alguien a decir algo a causa del dolor? —McConnell se inclinó hacia delante con aire confidencial—. Ahora bien, ¿hasta qué punto quiero ser descriptivo con usted? No quiero decírselo todo, ¿y por qué? Mire, esos tíos hablan, entre otras cosas, porque tienen miedo.»

McConnell afirmaba que no era difícil evaluar la veracidad de una confesión, aunque fuera forzada. «Podemos saber en cuestión de minutos si están mintiendo —declaraba—. Para empezar, tú sabes mucho. Y sabes cuándo alguien te da una información que no cuadra con lo que sabes. Y también sabes cuándo usar un polígrafo.»

McConnell se negaba a especificar cuáles eran los nuevos métodos que se habían aprobado para la CIA. «Hay técnicas para obtener información, y cuando han obtenido dicha información, esta ha salvado vidas —explicaba de un modo vago—. Tenemos a gente andando por la calle en este país que hoy está viva gracias a que se produjo ese proceso.»

¿Y no podía haberse obtenido la información por otros medios?

«No —me respondió McConnell a esa pregunta—. Puede afirmarlo de forma categórica.» Volvió a citar el caso de Jalid Sheij Mohammed. «No nos habría dicho nada ni en cien años. Un tipo duro. Absolutamente comprometido. Tenía esa imagen mental de sí mismo como guerrero y mártir. No habría hablado de ningún modo.»

Mencioné al héroe de McConnell, el general Powell, cuyo desastroso discurso ante las Naciones Unidas, en febrero de 2003, expuso al mundo las razones para invadir Irak; unas razones fundadas en una información de inteligencia deficiente. Parte de la intervención de Powell se basaba en el testimonio de Ibn al-Sheij al-Libi, un agente de Al-Qaeda que había sido apresado por las fuerzas paquistaníes en diciembre de 2001 y después entregado a los estadounidenses. Según Jack Cloonan, un antiguo agente del FBI que participó en el interrogatorio, Libi estaba proporcionando información de inteligencia útil y exacta hasta que pasó a estar bajo la custodia de la CIA. La agencia lo metió en una caja de madera contrachapada y lo envió a Egipto para ser torturado (un portavoz de la agencia declaraba al respecto: «La CIA no transporta a personas a ningún sitio para ser torturadas»; por su parte, Michael Scheuer, antiguo jefe de Alec

Station —la unidad de la CIA dedicada a seguir el rastro de Osama bin Laden—, declaró a mi colega de *The New Yorker* Jane Mayer que se había elegido Egipto como destino porque allí podían enviar una lista de preguntas por la mañana y tenían las respuestas por la tarde). Libi les dijo a sus interrogadores que el ejército iraquí había entrenado a dos cómplices de Al-Qaeda en el manejo de armas químicas y biológicas. Aquella era la base de la afirmación de Colin Powell de que Sadam tenía armas de destrucción masiva y colaboraba con Al-Qaeda. Ninguna de las dos afirmaciones era cierta. Entonces, ¿cómo podíamos confiar en una información obtenida bajo tortura cuando tales métodos ya nos habían llevado a una guerra catastrófica?

—Bueno, espere un minuto —me dijo McConnell—. Usted alega tortura. Yo no lo sé. Tal vez lo fuera. No lo sé. —En aquel momento él no trabajaba para el gobierno.

Entonces le pregunté en qué experiencias personales fundamentaba su opinión.

—¿A qué se refiere?

—¿Ha participado alguna vez en el programa SERE? —Me refería a un protocolo de entrenamiento militar que recibía ese nombre por las siglas en inglés de Supervivencia, Evasión, Resistencia y Fuga.

McConnell asintió con la cabeza.

—Me torturaron —comentó.

—Hábleme de ello.

—Era una preparación para Vietnam. Tenías que pasar por un entrenamiento en la jungla, te daban manotazos, te tiraban al suelo, te metían en una caja, te maltrataban físicamente —me explicó—. Eso debía prepararte para lo que pudiera hacerte el enemigo.

A McConnell también lo arrojaron a un foso con una serpiente. «Nos sacudieron a base de bien», me dijo. Sin embargo, él sabía en todo momento que no iba a morir.

Cuando McConnell pasó por el SERE, el submarino no formaba parte del entrenamiento, aunque a veces ha sido así.

—¿Sabe lo que es el submarino? —me preguntó—. Pones a alguien sobre esta mesa, o lo colocas en una posición inclinada, luego le pones una toalla en la cara, y simplemente le viertes agua justo aquí. —Señaló sus fosas nasales—. ¡Pruébelo! Lo que ocurre es que el agua te sube por la nariz. Y entonces tienes la sensación de que puedes ahogarte. Eso es el submarino.

Le pregunté si él lo consideraba tortura. McConnell se negó a responder de un modo directo, pero me dijo:

—Mi propia definición de tortura es algo que causa un dolor insoportable.

¿Y encajaba el submarino en aquella descripción?

Refiriéndose a su época de adolescente como socorrista, me explicó: «Una cosa sí sé. Yo soy instructor de seguridad acuática, pero me siento incapaz de nadar sin taparme la nariz. No sé si es cosa del tabique desviado o de la membrana mucosa, pero el agua siempre se me mete dentro». Para él, pues, «el submarino sería insoportable. Si alguien me vertiera agua en la nariz, ¡ay, Dios!, ¡no puedo ni imaginar el dolor! Sea o no tortura según la definición de otros, para mí sería tortura».

Más tarde volví a pedirle a McConnell su opinión sobre el submarino, dado que aquella conversación parecía sugerir que él personalmente lo condenaba. Pero negó aquella interpretación. «Puedes hacer el submarino de muchas formas distintas —aclaró—. Supongo que puedes llegar al punto de que la persona se ahogue de verdad.» Sin duda eso sería tortura, añadió. La definición no parecía muy distinta a la de John Yoo. La razón de que no pudiera ser más concreto —me explicó McConnell— era que, «si alguna vez se determina que se trata de tortura, habrá un castigo enorme para cualquiera involucrado en ello».

A primeros de septiembre de 2007, las autoridades alemanas detuvieron a tres radicales islamistas que presuntamente planeaban llevar a cabo sendos atentados terroristas contra una base militar estadounidense y el aeropuerto de Frankfurt. En una audiencia de la Comisión de Seguridad Nacional y Asuntos Gubernamentales del Senado estadounidense celebrada el 10 de septiembre, el senador Joseph Lieberman le preguntó a McConnell si la nueva ley FISA transitoria que el Congreso acababa de aprobar había contribuido a la detención de aquellos hombres.

—Sí, señor, lo ha hecho —respondió McConnell, explicando que, al intervenir las comunicaciones de la célula clandestina, el gobierno estadounidense había sabido que ya habían conseguido explosivos líquidos—. Entonces las autoridades alemanas decidieron actuar —añadió.

En realidad, la información sobre la célula alemana se había obtenido en el marco de la anterior ley FISA. McConnell admitió ese hecho al cabo de dos días, después de que un artículo publicado en el *Times* hubiera cuestionado su afirmación.

Más tarde, aquel mismo mes, McConnell compareció ante varias comisiones del Congreso con la intención de lograr que la Ley Protege América, también de carácter transitorio, se convirtiera en una ley permanente. Subrayó la necesidad de la reforma de la ley FISA mencionando el ejemplo de los tres soldados estadounidenses secuestrados en Irak (aunque por entonces aún no se sabía, los soldados ya habían sido asesinados después de haber sido sometidos a una dilatada tortura; más adelante se recuperarían sus cuerpos). En una audiencia ante la Comisión de Inteligencia de la Cámara, McConnell afirmó que los retrasos burocráticos provocados por la necesidad de solicitar una orden judicial en virtud de la ley FISA habían ralentizado la investigación en los momentos clave tras la captura de los soldados. Este argumento causó una profunda impresión en los legisladores. La diputada Heather Wilson, de Nuevo México, le preguntó a McConnell: «Teníamos a unos soldados estadounidenses que habían sido capturados en Irak por insurgentes y [...] no pudimos escuchar sus comunicaciones. ¿Es correcto? Si fuera su hijo, ¿le parecería bien?».

Le pregunté a McConnell por la pertinencia de sacar a colación el secuestro de los soldados, dado que la ley FISA permitía un período de gracia de tres días una vez iniciada la vigilancia para obtener la orden judicial. «Cuando la gente escucha esa historia, dice: "Bueno, ¿no tienen ustedes una autoridad de emergencia?" —respondió McConnell—. Por supuesto que la tenemos. Pero esa autoridad de emergencia también tiene que pasar por un proceso. Alguien tiene que aprobarlo.»

Se negó a ser más concreto acerca de qué había sido, en caso de haber algo, lo que había impedido a la comunidad de inteligencia someter a vigilancia a los secuestradores de inmediato. «Si usted lo sabe, y lo escribe, entonces lo sabrán los malos —me dijo de forma enigmática—. Ya le he dicho que este debate va a costar vidas estadounidenses. —Dio un golpecito en la mesa para subrayar sus palabras—. ¡Este debate va a costar vidas estadounidenses!»

El 25 de septiembre, McConnell volvió a comparecer en otra audiencia. Muchos demócratas seguían enfadados con él por haber retirado su apoyo a la iniciativa legislativa negociada durante el debate del mes de agosto en torno a la ley FISA. «Usted dio garantías que no se cumplieron y estableció acuerdos que no se respetaron», le había escrito el senador Jay Rockefeller, de Virginia Occidental, durante las vacaciones estivales. El senador Sheldon Whitehouse, de Rhode Island, se hizo eco de esas mismas quejas. «La desbandada funcionó —le escribió en una nota—. Ganó usted. Pero lo hizo a un precio sustancial, un precio que se pagará en rencor, recelo y desconfianza.»

Aquellas emociones afloraron en gran medida cuando McConnell se sentó a la mesa de los testigos en una sala de audiencias con las paredes revestidas de madera. El rostro ceñudo del senador Patrick Leahy, de Vermont, asomó sobre el estrado. Antes de tomar juramento a McConnell, le reprendió:

—Espero que no sigamos oyendo más retórica irresponsable sobre investigaciones del Congreso que ponen en peligro vidas estadounidenses.

Muchos demócratas claramente lamentaban la aprobación de la nueva ley FISA transitoria. En su introducción, Leahy afirmó que la ley «no proporciona ningún control significativo por parte del tribunal FISA o, de hecho, por parte del Congreso». Poco después de que McConnell diera comienzo a su declaración inicial, Leahy le interrumpió con irritación. Mencionó el testimonio erróneo de McConnell sobre la relevancia de la Ley Proteger América para las recientes detenciones realizadas en Alemania.

—Ahora bien, yo me pregunto por qué declaró usted algo que era falso.

Las orejas de McConnell adquirieron un vívido color rojo, y respondió que él se refería a la ley FISA en general, no a las nuevas reformas.

Leahy hizo referencia entonces a un abogado de su estado natal que representaba a un cliente encarcelado en la prisión que Estados Unidos mantenía en la bahía de Guantánamo, en Cuba.

—Le preocupa que el gobierno esté interviniendo las llamadas relacionadas con su cliente —explicó Leahy—. Él hace llamadas al extranjero, incluyendo Afganistán, en representación de su cliente… Puede ver por qué se preocupa la gente.

Aquel mes, la oficina de McConnell se vio obligada a hacer otra revelación embarazosa. Silvestre Reyes, el presidente de la Comisión de Inteligencia de la Cámara, exigió que la ODNI hiciera pública la cronología del secuestro de los soldados estadounidenses en Irak. McConnell había declarado con anterioridad que había tardado «algo así como unas doce horas» en conseguir que el fiscal general autorizara una escucha telefónica de emergencia de los insurgentes en el marco de la ley FISA.

La cronología de la ODNI mostraba que los soldados habían sido secuestrados el 12 de mayo al sur de Bagdad. Durante los dos días siguientes, los funcionarios de inteligencia captaron señales que creyeron que procedían de los secuestradores, y obtuvieron autorización —en el marco de la ley FISA— para intervenir las comunicaciones de los insurgentes. El historial muestra que la comunidad de inteligencia había asignado de inmediato todos los activos disponibles a la búsqueda de los soldados desaparecidos.

Luego, el 15 de mayo a las diez de la mañana, los jefes de varias agencias de inteligencia clave se reunieron para discutir otras opciones de vigilancia «aumentada» (McConnell no revelaría qué forma de vigilancia adicional se estaba explorando). A la una de la tarde, la NSA había determinado que se cumplían todos los requisitos para una autorización de emergencia en el marco de la ley FISA. Pero los funcionarios de inteligencia y los abogados siguieron debatiendo minucias legales durante otras cuatro horas. A las 17.15 de la tarde, horas después de que la NSA hubiera tomado su determinación, y tres días después de la desaparición de los soldados, los abogados del Departamento de Justicia retrasaron aún más el proceso al decidir que tenían que llamar al fiscal general Gonzales, que estaba en Texas impartiendo una conferencia, para que les diera su autorización directa. Gonzales devolvió por fin la llamada a las 19.18 de la tarde, y veinte minutos después se iniciaba la vigilancia aumentada. Las disputas internas entre el Departamento de Justicia y la comunidad de inteligencia retrasaron el incremento de la observación de los insurgentes y revelaron la confusión en torno a los límites del derecho estadounidense cuando este se aplica a una situación desesperada en un país extranjero, subrayando la necesidad de una mayor claridad legal.

Pese a sus errores, hasta entonces McConnell había logrado salirse con la suya en cada uno de los aspectos importantes del debate en torno a la ley FISA. Los proyectos de ley que se estaban examinando otorgaban a la comunidad de inteligencia casi tanta autoridad como la que disfrutaba en el marco del programa de escuchas telefónicas secretas del presidente, aunque con algo más de supervisión y con la estipulación de que se necesitaba una orden judicial para someter a vigilancia a ciudadanos estadounidenses dentro del país. No obstante, la batalla dañó la reputación de McConnell. «Es muy cómodo decir: "McConnell era un mal tipo", "McConnell faltó a su palabra"... ¡Es fácil decirlo porque perdieron! —afirmaba McConnell—. Nos enzarzamos en una pelea, y perdieron.»

McConnell forzó un debate que el país se mostraba renuente a mantener. Al haber aceptado reformar la ley FISA según los parámetros que él proponía, el Congreso reconocía que la tecnología había creado nuevas herramientas para los terroristas y había dejado obsoletas las leyes existentes que diferenciaban entre inteligencia nacional y extranjera. Las comunicaciones globales instantáneas, los teléfonos móviles, la libre circulación de datos comerciales, una internet sin cortapisas y una facilidad para viajar sin precedentes han venido a eliminar la antaño rígida distinción entre lo autóctono y lo extranjero. El derecho estadounidense tenía que reflejar esos cambios. Pero las reformas dejan en manos de la comunidad de inteligencia la decisión de intervenir o no las comunicaciones internacionales de un ciudadano estadounidense sin una orden judicial, y qué hacer con la información obtenida. Además, al dar inmunidad a las empresas de telecomunicaciones de cara a acciones futuras, la legislación las presiona para entregar al gobierno todos y cada uno de sus registros de comunicaciones cada vez que se los pida.

Por desgracia, los funcionarios de inteligencia no tienen precisamente un buen historial en lo que se refiere a salvaguardar las libertades civiles dentro del país, ni tampoco los estadounidenses poseen ningún recurso evidente si descubren que han estado siendo espiados.

Cuando McConnell y yo nos reunimos por primera vez, él defendió el enorme poder de la comunidad de inteligencia para intervenir las llamadas telefónicas y los correos electrónicos internacionales de ciudadanos estadounidenses. Para muchos, el programa parecía violar el espíritu de la ley FISA, puesto que se trataba con claridad de conversaciones que involucraban a estadounidenses. Pero McConnell no lo veía así. «No se estaba espiando a estadounidenses —me dijo—. La cuestión era que, si un tipo malo conocido, alguien relacionado con Al-Qaeda, llamaba a Estados Unidos, el presidente autorizaba a la comunidad [de inteligencia] a intervenir esa llamada. Si usted tiene un punto de vista político distinto, convertirá este hecho en lo de que "se está espiando a estadounidenses".»

—Déjeme hacerle una revelación —le dije—. Yo he sido objeto de vigilancia.

Le conté que, mientras llevaba a cabo mi investigación para escribir el libro *La torre elevada*, una obra sobre Al-Qaeda, el FBI se había presentado en mi casa, en Austin, para preguntar por algunas llamadas que yo había realizado desde la habitación que utilizaba como despacho. También le expliqué que un contacto en la comunidad de inteligencia me había leído un resumen de una conversación telefónica que yo había mantenido desde casa con una de mis fuentes en Egipto.

—Eso no me sorprende —me dijo McConnell—. Puesto que recibía usted una llamada de un número de teléfono que está asociado a algún aparato conocido… Vale, eso es vigilancia. En mi opinión, debe ser así.

En realidad, la llamada la había hecho yo.

En otra ocasión, a instancias del propio McConnell, le describí con mayor detalle lo que había ocurrido. Después de que publicara una semblanza de Ayman al-Zawahiri —la mano derecha de Bin Laden— en *The New Yorker*, en febrero de 2002, uno de sus parientes, un reputado arquitecto de El Cairo que había constituido una útil fuente de información para mí, me preguntó si podía averiguar que los hijos de Zawahiri hubieran muerto todos. Una fuente del FBI me confirmó que así era, y me dijo que no había razón alguna por la que la familia no pudiera saberlo. Le transmití la noticia al arquitecto (aunque al final resultó que el funcionario del FBI estaba equivocado). Después, una fuente distinta en la comunidad de inteligencia me dijo que existía un resumen de mi conversación archivado en una base de datos interna. Me quedé sorprendido, porque la ley FISA establecía que mi parte de la conversación debería haberse «minimizado» —es decir, debería haberse modificado su redacción, o bien considerarse anónima— dado que soy ciudadano estadounidense.

—O él es un terrorista, o está relacionado con terroristas —me dijo McConnell en relación con mi contacto egipcio—. Entonces, si lo considero un objetivo, examino su número. Si hace una llamada, escucho. Si le llaman a él, escucho. No sé quién va a llamarle, pero una vez que lo tengo he de ocuparme de ello. A lo mejor resulta que es Larry Wright.* Usted habría constado como "ciudadano estadounidense 1". Nunca habría sido identificado, salvo si el FBI descubre que ese ciudadano estadounidense no identificado está hablando con un terrorista conocido. Entonces el FBI solicitaría conocer la identidad del estadounidense 1. La NSA tendría que se-

---

* Célebre exjugador y entrenador de baloncesto estadounidense. *(N. del T.)*

guir un proceso para determinar si la solicitud es legítima. De modo que esto es lo que pienso; es un suponer: usted llamó a un tipo malo, el sistema escuchó, intentó clasificarlo, e hicieron un informe de inteligencia porque tenía valor como inteligencia extranjera. Esa es nuestra misión.

Luego le hablé de los funcionarios del FBI que estuvieron en mi casa.

—Eran miembros de la Fuerza Especial Antiterrorista Conjunta —le dije. Querían informarse sobre ciertas llamadas telefónicas realizadas a un abogado de Inglaterra que representaba a varios yihadistas a los que yo había entrevistado para mi libro.

—Ahora bien, si usted se convirtiera alguna vez en un objetivo de vigilancia, ellos conseguirían una orden judicial y le pincharían el teléfono —me dijo McConnell—. Pero para hacer eso habrían de tener una causa probable.

—Lo que me molesta es que salió a colación el nombre de mi hija —le expliqué. Los agentes me dijeron que creían que las llamadas las había hecho ella. Eso era ridículo, pero la había colocado en el mapa de conexiones del FBI relacionándola con Al-Qaeda—. Su nombre no consta en ninguno de nuestros teléfonos —proseguí—. Entonces, ¿de dónde había salido?

—No lo sé —admitió McConnell—. Tal vez usted lo mencionara.

—Eso me preocupa —le dije.

—Puede que sea preocupante, o puede que no —dijo McConnell—. Eso no lo sabe.

En 2005, la comunidad de inteligencia informó al presidente Bush de que el mayor peligro en Oriente Próximo provenía de Irán. Una Estimación de Inteligencia Nacional (NIE, por sus siglas en inglés) sobre el tema declaraba que Irán tenía la intención de construir un arma nuclear. Parte de aquella información procedía de un ordenador portátil sustraído que contenía dibujos de un dispositivo de implosión e información sobre la historia del proyecto nuclear iraní.

Pero había pocas evidencias que lo respaldaran, y el presidente se sentía frustrado por el hecho de que resultara tan difícil obtener información de inteligencia fiable. Poco después, la CIA creó la División de Operaciones de Irán. En la ODNI ya había un responsable de las misiones en dicho país, cuyo trabajo consistía en coordinar todos los recursos disponibles en la comunidad.

Todos aquellos esfuerzos se iban incorporando a una nueva NIE sobre Irán que había sido requerida por el Congreso; pero dicho informe, que se esperaba para la primavera de 2007, se iba retrasando de un modo misterioso. A mediados de noviembre, McConnell aseguró que no tenía intenciones de desclasificar parte alguna de la NIE. En ocasiones los postulados clave de las NIE se han hecho públicos, aunque en general se mantienen en secreto para que los analistas puedan presentar sus conclusiones con franqueza. «Pero la verdadera razón es esta —explicaba McConnell—: si tengo que informar a la opinión pública, estoy informando al adversario.» Él ponía el ejemplo de las criptoanalistas en la Segunda Guerra Mundial. «En Nebraska Avenue, donde hoy se encuentra el Departamento de Seguridad Nacional, había una escuela femenina. La nación reclutó a muchas jóvenes con talento en ciencia y matemáticas para aquella escuela. Las llevaron allí y les dijeron: "Si le decís a alguien lo que estáis haciendo, iréis a la cárcel de por vida".» Aquellas mujeres manejaron la maquinaria que descifró el código naval alemán, acortando la guerra en varios meses. «Entonces, eso es secretismo en su forma más evidente —añadió McConnell—. Yo diría que cambió el curso de la historia para bien.»

No obstante, el secretismo comporta sus propios riesgos. En 1991, Daniel Patrick Moynihan, que fue un distinguido sociólogo antes de convertirse en senador por Nueva York, trató de entender por qué la comunidad de inteligencia estadounidense había sido incapaz de prever la desintegración de la Unión Soviética. Examinando la historia de la Guerra Fría, Moynihan detectó una serie de desacertadas aventuras guiadas por información de inteligencia que, o bien era incorrecta, o bien fue malinterpretada, desde la supuesta «brecha de misiles» que en realidad nunca existió hasta el confiado supuesto de que los cubanos se alzarían contra Fidel Castro tras una invasión auspiciada por Estados Unidos. En tales casos, la comunidad había respaldado sus conclusiones con Estimaciones de Inteligencia Nacional o estudios autorizados que habían desorientado a los responsable políticos estadounidenses. Dado que había formado parte de la Comisión de Inteligencia del Senado, Moynihan había comprobado cómo la comunidad de inteligencia se guardaba secretos y los sobrevaloraba hasta el punto de prescindir del sentido común; él hablaba de una «cultura de secretismo» que inevitablemente se traducía en teorías conspiratorias y pruebas de lealtad, y recomendaba que se cerrara la CIA.

McConnell discrepaba con rotundidad del análisis de Moynihan. Además, me dijo que tenía la intención de demandar a cualquiera que filtrara información clasificada, como la NIE sobre Irán. Eso es algo que raras veces se ha hecho en el pasado, debido en gran parte a que un juicio tendría la consecuencia no deseada de revelar fuentes y métodos secretos. «Creo que deberíamos responder y pagar el precio de pasar por una investigación, una acusación formal y un juicio; y, cabe esperar, desde mi punto de vista, una condena», afirmaba.

Como muchos periodistas, en el pasado he recibido información clasificada, y a menudo estaba plagaba de errores.

—Dado que era secreta, nunca se había puesto a prueba —le comenté a McConnell—. En realidad, el secretismo resultaba autodestructivo.»

—Discrepo por completo de eso —me respondió él—. Hay tanta desinformación y basura tanto dentro del sistema como fuera. —Señaló que muchos artículos de prensa que hablaban de él contenían errores de hecho y de interpretación—. Así que no me sorprende que usted viera un documento clasificado que contenía alguna información incorrecta.

—¿Demandaría usted a un tipo que me filtrara algo a mí?

—Por supuesto —me dijo McConnell—. Debería ir al talego.

—¿Y me demandaría a mí también?

—Depende de lo que hiciera con ello.

Y sin embargo, tres semanas después de nuestra conversación, McConnell decidió de repente desclasificar los postulados clave de la NIE, cuyo título rezaba: «Irán: intenciones y capacidades nucleares». Una de las revelaciones del informe era que en el otoño de 2003 Irán había decidido interrumpir un programa secreto para diseñar armas nucleares. Este hallazgo invalidaba la evaluación que en 2005 había afirmado que el régimen iraní estaba decidido a construir un arsenal nuclear. Si el antiguo documento había respaldado la postura agresiva de la administración Bush contra Irán, el nuevo introducía un desconcertante matiz de incertidumbre. «Evaluamos con moderada confianza [que] al menos hasta mediados de 2007 Teherán no había reiniciado su programa de armas nucleares —declaraba la NIE, en el lenguaje probabilístico característico de la inteligencia—, pero no sabemos si hoy en día tiene o no la intención de desarrollar armas nucleares.»

El informe llegó en un momento en que la administración Bush recababa apoyo internacional en las Naciones Unidas para incrementar las sanciones contra el régimen iraní. John Bolton, antiguo embajador estadounidense en la ONU, declaró a la revista alemana *Der Spiegel* que la NIE era «política disfrazada de inteligencia», y que la desclasificación del documento equivalía a «casi un golpe de Estado» por parte de la comunidad de inteligencia. Sin embargo, en Washington, muchas figuras políticas demócratas acogieron favorablemente la decisión de McConnell. «Los postulados clave revelan que la comunidad de inteligencia ha aprendido las lecciones de la debacle de Irak —declaraba el senador Rockefeller—. Esto manifiesta una nueva predisposición a cuestionar supuestos internos, y un nivel de independencia de los líderes políticos del que carecía en el pasado reciente.»

Le pregunté a McConnell qué le había hecho cambiar de opinión.

«El temor a que, si no lo hacíamos público, se filtrara, y en ese momento se acusara a la administración de ocultar información», me explicó. Al mismo tiempo, también tenía un conflicto personal: la nueva información contradecía su propio testimonio sobre Irán ante el Congreso y diversos comentarios que había hecho en una rueda de prensa informativa. Él era consciente de la impresión que podía transmitir si mantenía aquella información de inteligencia clasificada y más tarde salía a la luz.

McConnell me explicó que la NIE casi se había completado cuando, en julio, una nueva información provocó que la comunidad de inteligencia reconsiderara sus conclusiones. Se interceptó una conversación en la que funcionarios nucleares iraníes se quejaban de la suspensión del programa militar. Por otra parte, el análisis de las fotografías tomadas en 2005 durante una visita a una planta de enriquecimiento de uranio iraní, en la ciudad de Natanz, sugería que esta no se había diseñado para obtener el alto nivel de enriquecimiento requerido para fabricar armas nucleares.

«Tuvimos que detenernos a considerar la nueva información, analizarla a fondo, compararla con cientos de fuentes de datos —me explicaba McConnell—. ¿Guarda correlación? ¿Es desinformación? ¿Es un plan de contrainteligencia?» Él comparaba ese proceso con un juicio: se evalúan los datos en términos del nivel de confianza que la comunidad otorga a su veracidad. «También examinamos lo que falta —prosiguió McConnell—. ¿Qué lagunas hay? ¿Qué nos permitiría saber más?» Desde julio hasta finales de noviembre, los analistas dedicados a Irán examinaron toda la información. «Se cuestiona cada una de las fuentes —me decía McConnell—. Llevamos a cabo un análisis alternativo. Tomamos un grupo de personas inteligentes y les decimos: "Bueno, su misión es descubrir por qué nos hemos equivocado. ¿Qué alternativa podría haber?". Cuando terminamos, entra un Equipo Rojo. El Equipo Rojo ataca para ver si hay puntos débiles. ¿Hemos cuestionado nuestras hipótesis de la manera correcta? ¿Hemos puesto excesivo énfasis en alguna evidencia?» Todo eso tenía lugar bajo la alargada sombra de los fracasos del pasado. «Esta comunidad está obsesionada por no repetir los errores cometidos en 2002 —me explicaba McConnell, aludiendo a la deficiente información de inteligencia que llevó a la guerra de Irak—. He de decirle que el nivel de competencia técnica y de profesionalidad encarnado en esta NIE tal vez fuera el mayor que hemos tenido nunca.»

Mientras la comunidad de inteligencia digería todavía la nueva información, la administración estadounidense continuó con su retórica beligerante contra Irán. En octubre de 2007, el vicepresidente Cheney advirtió: «No permitiremos que Irán tenga un arma nuclear»; mientras que, por su parte, el presidente Bush invocaba el fantasma de una tercera guerra mundial si Irán seguía adelante con su supuesto programa de armamento secreto. Bush sostendría más tarde que en agosto McConnell le había comunicado que existía nueva información de inteligencia sobre Irán: «No me dijo qué información era, solo me informó de que iba a llevar un tiempo analizarla». Más tarde, Dana Perino, secretaria de prensa de la Casa Blanca, admitió que en la reunión de agosto también le habían dicho al presidente que era posible que Irán hubiera interrumpido su programa de armamento nuclear. «El presidente podría haber sido más preciso en su lenguaje —declaró Perino a los periodistas—. Pero estaba siendo sincero.»

McConnell seguía preguntándose por qué, si hasta el otoño de 2003 Irán desarrollaba un programa de armamento nuclear, de repente lo había dejado en suspenso. Decía: «Siguen buscando material fisible, siguen construyendo, probando y armando misiles; entonces, ¿por qué lo han hecho?». Haciendo referencia a la invasión de Irak producida antes de aquel mismo año, señalaba: «Aunque no tengamos a ningún alto funcionario iraní que nos diga:"Lo hemos hecho porque nos preocupaba adónde querían ustedes, los chiflados occidentales, llegar con esa invasión", yo creo, como analista, que sin duda eso ha tenido algo que ver con la decisión».

El miércoles 28 de noviembre de 2007, McConnell acudió a la Casa Blanca para la reunión informativa diaria y transmitió a Bush los postulados clave de la NIE. Llevaba consigo a los tres principales analistas que habían realizado la evaluación. Cheney también estaba presente, al igual que los miembros del Consejo de Seguridad Nacional. «Dimos a leer al presidente los postulados clave, y él les echó un vistazo —me explicaba McConnell—. Podías ver que estaba pensando en lo que aquello significaba, en cómo gestionábamos aquella información.»

La nueva NIE refutaba una evaluación anterior y planteaba inevitablemente la cuestión de si esta otra era más fiable. A McConnell también le preocupaba que su divulgación tuviera el efecto de minimizar la grave amenaza que el creía que seguía planteando Irán. «¿Qué diferencia hay entre que esté en suspenso y que no lo esté? —se preguntaba retóricamente—. El Líder Supremo puede decir: "Volved a ponerlo en marcha".»

La última vez que hablamos, le pregunté a McConnell si creía que, al hacer públicos los postulados clave de la NIE, había comprometido sus fuentes y métodos, que era la razón que me había dado con anterioridad para retener el documento. «Nuestro trabajo es robar los secretos de los gobiernos extranjeros, o de las organizaciones terroristas extranjeras, y, por lo tanto, cuanto más sepan estos acerca de la eficacia de nuestra competencia técnica, más difícil nos resultará —me dijo—. Creo que sacarlo a la luz fue lo correcto, pero, como jefe de esta comunidad, debo decirle que en el futuro vamos a necesitar mejor información. Hemos de volver a verificar: "¿Lo han reiniciado?". Para la comunidad que represento, solo hice nuestra vida mucho más difícil.»

El reloj de su escritorio mostraba que le quedaban cuatrocientos dos días, quince horas, diecisiete minutos y cuarenta y cinco segundos.

POSDATA

McConnell se retiró el 27 de enero de 2009, y volvió a la empresa privada como vicepresidente de Booz Allen Hamilton. Su sucesor en el puesto de director de Inteligencia Nacional fue, por un breve período, Dennis C. Blair, y luego el general James Clapper.

El «Informe sobre la tortura de la Comisión de Inteligencia del Senado» cuestiona de una forma muy amplia las declaraciones que me hizo McConnell sobre la eficacia de las denominadas «técnicas de interrogatorio mejoradas». El informe dividió a la comisión del Senado en función de criterios partidistas, con los demócratas avalando sus conclusiones mientras los republicanos se oponían a ellas de manera unánime. El informe alega que dichas técnicas no tuvieron ningún papel de cara a obtener información precisa o la cooperación de los detenidos en los éxitos de la lucha antiterrorista que la CIA les atribuía; además, esta había mentido u ocultado información al Congreso, la Casa Blanca y la comunidad de inteligencia, así como al pueblo estadounidense. El informe mencionaba de forma expresa que el director de Inteligencia Nacional había sido engañado por la agencia: «Se proporcionó a la ODNI información inexacta e incompleta sobre el programa, impidiendo que el director de Inteligencia Nacional pudiera ejercer su responsabilidad estatutaria de actuar como el principal asesor del presidente en asuntos de inteligencia».

En una refutación del informe, el director de la CIA, John Brennan, admitió que había habido casos en los que la agencia había distorsionado la eficacia del programa. La respuesta de la agencia señala que «es imposible determinar si, sin las técnicas de interrogatorio mejoradas, los interrogadores, de la CIA o no de la CIA, podrían haber obtenido la misma información de aquellos detenidos».

La rebelión interna

En mayo de 2008 llegó un fax a la sede londinense del periódico árabe *Asharq al-Awsat* procedente de una oscura figura del movimiento islamista radical que respondía a muchos nombres distintos. Nacido como Sayyid Imam al-Sharif, era un antiguo líder del grupo terrorista egipcio Al-Yihad, conocido en la clandestinidad principalmente como «doctor Fadl». Los miembros de Al-Yihad pasaron a formar parte del núcleo original de Al-Qaeda; entre ellos se contaba Ayman al-Zawahiri, el principal lugarteniente de Osama bin Laden. Fadl fue uno de los primeros miembros del consejo superior de Al-Qaeda. Veinte años antes, había escrito dos de los libros más importantes del moderno discurso islamista, que Al-Qaeda utilizaba para adoctrinar a sus reclutas y justificar el asesinato. Ahora Fadl anunciaba un nuevo libro en el que rechazaba la violencia de Al-Qaeda. «Tenemos prohibido cometer agresión, incluso si los enemigos del islam lo hacen», escribía Fadl en su fax, que había sido enviado desde la prisión de Tora, en Egipto.

El fax de Fadl venía a confirmar los rumores de que los líderes de Al-Yihad encarcelados se enmarcaban en la tendencia de varios antiguos terroristas a renunciar a la violencia. Su defección planteaba una terrible amenaza a los islamistas radicales, puesto que cuestionaba directamente su autoridad. «Hay una forma de obediencia mayor que la obediencia debida a cualquier líder, a saber, la obediencia a Dios y a Su Mensajero», escribía Fadl, afirmando que cientos de yihadistas egipcios de distintas facciones respaldaban su postura.

Dos meses después de que apareciera el fax de Fadl, Zawahiri hizo público un vídeo magníficamente producido en nombre de Al-Qaeda. «¿Ahora hay máquinas de fax en las celdas de las cárceles egipcias? —preguntaba en tono de reproche—. Me pregunto si están enchufadas a la misma línea que las máquinas de electrochoque.» Este sarcástico rechazo tal vez pretendía aliviar la inquietud creada en torno al manifiesto de Fadl —que había de publicarse por entregas en periódicos de Egipto y Kuwait— entre los miembros de Al-Qaeda. Al fin y al cabo, el anterior trabajo de Fadl había establecido el fundamento intelectual de los actos criminales de Al-Qaeda. En El Cairo, me reuní con Gamal Sultan, un escritor y editor islamista allí establecido. Hablando de Fadl, me comentaba: «Nadie puede cuestionar la legitimidad de esta persona. Sus escritos podrían tener efectos de gran alcance no solo en Egipto, sino también en los líderes de fuera». Usama Ayub, un antiguo miembro de la comunidad islamista egipcia que hoy en día es director del Centro Islámico de Münster, Alemania, me decía: «Mucha gente basa su trabajo en los escritos de Fadl, de modo que se trata de alguien muy importante. Cuando habla el doctor Fadl, todos deberían escuchar».

Las raíces de esta guerra ideológica en el seno de Al-Qaeda se remontan a cuarenta años atrás, cuando en 1968 dos precoces adolescentes se encontraron en la facultad de Medicina de la Universidad de El Cairo. Zawahiri, que estudiaba allí, contaba entonces diecisiete años, pero ya estaba involucrado en la actividad islamista clandestina. Aunque no era un líder natural, tenía buen ojo para captar a otros jóvenes ambiciosos y frustrados que creían que aquel destino les susurraba al oído.

No resulta sorprendente, pues, que se sintiera atraído por un compañero de clase alto y solitario llamado Sayyid Imam al-Sharif. Admirado por su genio y su tenacidad, se esperaba que Imam se convirtiera en un gran cirujano o bien en un destacado clérigo (el nombre «al-Sharif» indica que la familia desciende del profeta

Mahoma). Su padre, que dirigía una escuela en Beni Suef, una ciudad situada a 120 kilómetros al sur de El Cairo, era conservador en las cuestiones religiosas, y su hijo seguía su ejemplo. Ayunaba dos veces por semana, y cada mañana, después de la plegaria del alba, estudiaba el Corán, que al llegar a sexto curso había memorizado ya por completo. A los quince años, el gobierno egipcio lo matriculó en un internado para estudiantes excepcionales en El Cairo. Tres años después entró en la facultad de Medicina y empezó a prepararse para una carrera como cirujano plástico, especializándose en quemaduras.

Tanto Zawahiri como Imam eran piadosos y altruistas, orgullosos y firmes en sus opiniones. Tendían a contemplar los asuntos del espíritu del mismo modo que las leyes de la naturaleza: como una serie de reglas inmutables dictadas por Dios. Esta mentalidad era típica de los ingenieros y tecnócratas que constituían una parte desproporcionadamente elevada de la rama extremista del salafismo, una escuela de pensamiento que pretendía devolver el islam a los primeros e idealizados días de la religión.

Imam supo que Zawahiri pertenecía a un mundo subterráneo. «Me enteré por otro estudiante de que Ayman formaba parte de un grupo islamista», declararía más tarde a un reportero de *Al-Hayat*, un periódico panárabe. La organización pasó a llamarse Al-Yihad. Sus debates se centraban en la idea de que el verdadero islam ya no existía, puesto que los gobernantes de Egipto se habían apartado de la sharía y guiaban a los creyentes hacia una modernidad laica. Los jóvenes miembros de Al-Yihad decidieron que tenían que actuar.

Al hacerlo, aquellos hombres pusieron sus vidas, así como a sus familias, en un terrible peligro. El gobierno militar egipcio, por entonces liderado por Gamal Abdel Nasser, contaba con una vasta red de confidentes y policía secreta. Las cárceles rebosaban de islamistas detenidos, encerrados en mazmorras donde era habitual la tortura. A pesar de aquella atmósfera represiva, un creciente número de egipcios desencantados acudían a las mezquitas en busca de respuestas políticas.

En 1977, Zawahiri le pidió a Imam que se uniera a su grupo, presentándose como un mero delegado de la organización. Imam entendió que su aceptación dependía de la reunión con los eruditos islámicos que —según insistía Zawahiri— dirigían el grupo, ya que la autoridad clerical era esencial para validar las drásticas acciones que aquellos hombres concebían. Pero la reunión nunca se produjo. «Ayman era un charlatán que utilizaba el secretismo como pretexto —explicaba Imam—. Descubrí que el propio Ayman era el emir de aquel grupo, y que no contaba con jeque alguno.»

En 1981, unos soldados afiliados a Al-Yihad asesinaron al presidente egipcio, Anwar el-Sadat, que dos años antes había firmado un tratado de paz con Israel. El sucesor de Sadat, Hosni Mubarak, hizo detener a miles de islamistas, incluyendo a Zawahiri, que fue acusado de contrabando de armas.

Durante los tres años siguientes, Zawahiri e Imam, que habían congeniado de un modo tan profundo, empezaron a distanciarse. La cárcel endureció a Zawahiri, al tiempo que la tortura exacerbó su sed de venganza. Humillado y avergonzado por haber revelado los nombres de sus cómplices, abandonó la pureza ideológica de su juventud. Imam, por el contrario, no se vio obligado a afrontar los límites de su fe. Dejando atrás su verdadera identidad, huyó de Egipto y logró llegar a Peshawar, en Pakistán, donde la resistencia afgana tenía su base contra la ocupación soviética de Afganistán. Allí adoptó el nombre de doctor Fadl, dado que era habitual entre quienes se unían a la yihad tomar un nombre de guerra. Al mismo tiempo adoptó el personaje del intelectual revolucionario en la tradición de León Trotski y el Che Guevara. En lugar de participar directamente en la lucha, Fadl trabajó como cirujano para los combatientes heridos y se convirtió en guía espiritual de la yihad.

Cuando Zawahiri terminó de cumplir condena, en 1984, también huyó de Egipto. No tardó en reunirse en Peshawar con Fadl, que se había convertido en director de un hospital de la Media Luna Roja. Su relación se había crispado y se había vuelto competitiva, y además Fadl tenía en muy baja estima las habilidades de Zawahiri como cirujano. «Me pidió que me quedara con él y le enseñara a operar —declararía Fadl a *Al-Hayat*—. Yo le enseñé hasta que pudo valerse por sí mismo. De no haber sido por eso habría estado expuesto, ya que había sido contratado para un empleo para el que no estaba cualificado.»

A mediados de la década de los ochenta, Fadl se convirtió en el emir de Al-Yihad (si bien declararía más tarde a *Al-Hayat* que tal cosa era falsa, afirmando que su papel consistía solo en ofrecer «la guía de la sharía»). A Zawahiri, cuya reputación se había visto manchada por sus confesiones en la cárcel, se le dejó el manejo de las operaciones tácticas, cediendo ante la superioridad de Fadl en el conocimiento de la jurisprudencia islámica. Kamal Helbawy, antiguo portavoz de los Hermanos Musulmanes, también se encontraba en Peshawar, y recuerda a Fadl como «una presencia altanera y dominante», alguien que con frecuencia arremetía contra los musulmanes que no creían en las mismas doctrinas que él. Fadl no es «un hombre social; es muy solitario —explica Hani al-Sibai, un abogado islamista que conoció a ambos hombres—. Ayman era el que daba la cara, pero el verdadero líder era el doctor Fadl».

A Fadl le molestaba la atención de la que era objeto Zawahiri (en la entrevista con *Al-Hayat* declararía que Zawahiri era «un enamorado de los medios de comunicación y un fanfarrón»). Sin embargo, dejó que Zawahiri asumiera el papel público y diera voz a ideas y doctrinas que provenían de su propia mente, no de la de aquel. A la larga esta dinámica se convertiría en la fuente de una encarnizada disputa entre los dos hombres.

En Peshawar, Fadl se dedicó a formalizar las reglas de la guerra santa. Los yihadistas necesitaban un texto que los instruyera en la forma correcta de librar unas batallas cuyo verdadero objetivo no era la victoria sobre los soviéticos, sino el martirio y la salvación eterna. En 1988, cuando la yihad afgana tocaba a su fin, apareció la «Guía esencial de preparación», que no tardaría en convertirse en el texto central de la formación de los yihadistas.

La guía se inicia con la premisa de que la yihad es el estado natural del islam. Los musulmanes siempre deben estar en conflicto con los descreídos —afirma Fadl—, recurriendo a la paz solo en los momentos de absoluta debilidad. Dado que la yihad es, por encima de todo, un ejercicio religioso, permite obtener recompensas divinas. A quien da dinero para la yihad se le compensará en el Cielo, aunque no tanto como a la persona que actúa: el mayor premio es para el mártir. Todo creyente sano está obligado a participar en la yihad, ya que la mayoría de los países musulmanes están gobernados por infieles a los que hay que eliminar por la fuerza para poder dar lugar a un estado islámico. «La forma de poner fin al descreimiento de los gobernantes es la rebelión armada», declara la guía. Algunos gobiernos árabes llegaron a considerar el libro tan peligroso, que cualquiera al que se descubriera con un ejemplar podía ser detenido.

El 11 de agosto de 1988, el doctor Fadl asistió a una reunión en Peshawar con varios líderes de alto rango de Al-Yihad, acompañado de Abdullah Azzam, un palestino que supervisaba el reclutamiento de árabes para la causa. Se unió a ellos un protegido de Azzam, un joven saudí llamado Osama bin Laden. Los soviéticos habían anunciado ya su intención de retirarse de Afganistán, y la perspectiva de la victoria despertaba muchos viejos sueños entre aquellos hombres. Sin embargo, no todos tenían los mismos sueños. Los líderes de Al-Yihad, sobre todo Zawahiri, querían utilizar a sus bien entrenados guerreros para derrocar al gobierno egipcio. Azzam ansiaba que la atención de los muyahidines árabes pasara a centrarse en Palestina. Pero ninguno de los dos tenía ni el dinero ni los recursos necesarios para llevar a cabo tales objetivos. Por su parte, Bin Laden era rico, y poseía su propia visión: crear una legión extranjera panárabe que luchara por la retirada de los soviéticos de Asia Central y combatiera asimismo al gobierno marxista que por entonces controlaba Yemen del Sur. Según Montasser al-Zayyat —abogado islamista residente en El Cairo y, como ya hemos mencionado antes, biógrafo de Zawahiri—, fue el doctor Fadl quien abogó por conceder a Bin Laden el apoyo de los miembros de Al-Yihad. Aunando el dinero del saudí a la experiencia de los egipcios, los hombres que se reunieron aquel día formaron un nuevo grupo llamado Al-Qaeda. Fadl pasaría a formar parte de su círculo íntimo. «Durante años, tras la constitución de Al-Qaeda, no harían nada sin consultarme», se jactaba en sus declaraciones a *Al-Hayat*.

En 1992, tres años después de la retirada soviética de Afganistán, Zawahiri y la mayoría de los miembros de Al-Yihad se trasladaron a Sudán, donde Bin Laden había establecido su base de operaciones. Zawahiri instó a Fadl y a su familia a unirse a ellos. Fadl, que por entonces estaba terminando la que consideraba su obra maestra, el *Compendio de la búsqueda del conocimiento divino*, se mostró conforme. «Zawahiri vino a recogernos al aeropuerto de Jartum y nos llevó a nuestro piso —me explicaba el hijo de Fadl, Ismail al-Sharif—. Zawahiri [le] dijo [a mi padre]: "Usted no tiene que trabajar; le pagaremos su sueldo. Solo queremos que termine su libro".»

Desde Sudán, los miembros de Al-Yihad observaban con envidia cómo una organización mucho mayor, el Grupo Islámico, libraba una guerra abierta contra el estado egipcio. Ambos grupos deseaban el derrocamiento del gobierno laico y la institución de una teocracia, pero se diferenciaban en sus métodos. Al-Yihad estaba organizada como una red de células clandestinas centradas en El Cairo; el plan de Zawahiri era tomar el control del país mediante un golpe militar. Por su parte, el Grupo Islámico era un movimiento de una base amplia que actuaba a cara descubierta y que estaba decidido a llevar a cabo una revolución social imponiendo austeros valores islamistas. Saqueaban tiendas de vídeo, cines y licorerías. Reventaban recitales de música. Exigían que las mujeres llevaran el hiyab, y arremetían contra la minoría copta de Egipto, poniendo bombas en sus iglesias. Atacaron una sede regional del servicio de seguridad del Estado, decapitando al comandante y matando a un gran número de policías. La sangre derramada en el suelo no tardó en convertirse en la medida del éxito del Grupo Islámico, y el hecho de que la matanza se cometiera en nombre de Dios lo hacía aún más estimulante.

En 1990, el portavoz del Grupo Islámico murió tiroteado en una calle de El Cairo. Había pocas dudas de que el gobierno se ocultaba detrás de aquella muerte, y poco después el Grupo Islámico anunció su intención de responder con una campaña de terror. Docenas de policías fueron asesinados. También los intelectuales formaban parte de su lista negra, incluyendo a Naguib Mahfuz, el novelista y premio Nobel, al que apuñalaron en el cuello (aunque sobrevivió a la agresión). A continuación, el Grupo Islámico dirigió sus miras al sector turístico, declarando que corrompía a la sociedad egipcia al introducir «costumbres y morales extranjeras que ofenden al islam». Los miembros del grupo atentaron contra turistas con bombas caseras en autobuses y trenes, además de disparar contra los barcos que hacían cruceros por el Nilo. La economía se resintió. Durante la década de los noventa murieron más de mil doscientas personas en atentados terroristas en Egipto. El ministro del Interior, Abdul Halim Mussa, respondió a aquella afrenta declarando: «No quiero prisioneros. Quiero cadáveres».

Envidiosos, los miembros exiliados de Al-Yihad decidieron que tenían que intervenir en la contienda. Fadl discrepaba: pese a propugnar la guerra constante contra los gobernantes injustos, sostenía que el gobierno egipcio era demasiado poderoso y que la insurrección fracasaría. También se quejaba de que Al-Yihad ejecutara operaciones solo para emular al Grupo Islámico. «Esa es una actividad absurda que no traerá ningún beneficio», advirtió. No tardaría en demostrarse que tenía razón cuando los servicios de seguridad egipcios se incautaron de un ordenador que contenía los nombres de los seguidores de Zawahiri, casi un millar de los cuales fueron detenidos. Como represalia, Zawahiri autorizó un atentado suicida perpetrado en agosto de 1993 que tenía como objetivo a Hasan al-Alfi, el nuevo ministro del Interior. Alfi sobrevivió con solo un brazo roto. Dos meses después, Al-Yihad intentó asesinar al primer ministro egipcio, Atef Sidqi, en un atentado con bomba. El primer ministro no sufrió daños, pero la explosión mató a una colegiala de doce años.

Avergonzados por aquellos fracasos, los miembros de Al-Yihad exigieron la dimisión de su líder. Muchos se sorprendieron entonces al descubrir que el emir era Fadl. Este renunció a su puesto de buen grado, y Zawahiri no tardó en convertirse en el líder de Al-Yihad ya no solo de nombre, sino también *de facto*.

En 1994, Fadl se trasladó a Yemen, donde reanudó su práctica médica y trató de dejar atrás la obra de la yihad. Sin embargo, antes de marcharse le dio una copia de su manuscrito ya terminado a Zawahiri, diciéndole que podía utilizarse para recaudar dinero. Pocos libros en la historia reciente han causado tanto daño.

Fadl escribió el libro bajo otro seudónimo, el de Abdul Qader bin Abdul Aziz, en parte porque no era un nombre egipcio y ocultaba todavía más su identidad. Dada la anterior crítica de Fadl a las violentas operaciones de Al-Yihad como «absurdas», el documento intransigente y sanguinario que Fadl le entregó a Zawahiri debió de haber sido una emocionante sorpresa.

El *Compendio de la búsqueda del conocimiento divino*, que tiene más de mil páginas, empieza con la afirmación de que la salvación solo está al alcance del perfecto musulmán. Incluso un creyente ejemplar puede alejarse del camino del Paraíso con un solo error. Fadl sostiene que los gobernantes de Egipto y de otros países árabes son apóstatas del islam. «El gobierno del infiel, sus plegarias y las plegarias de quienes rezan con él son inválidos —decreta Fadl—. Su sangre es legal.» Declara que los musulmanes tienen el deber de librar la yihad contra tales líderes; quienes se someten a un gobernante infiel son infieles también, y están destinados a la condenación. El mismo castigo aguarda a quienes participan en elecciones democráticas. «Yo digo a los musulmanes con toda franqueza que la democracia laica y nacionalista se opone a vuestra religión y vuestra doctrina, y que al someteros a ella olvidáis el libro de Dios», escribe. Quienes trabajan en el gobierno, la policía y los tribunales son infieles, como lo es cualquiera que trabaje en favor de un cambio pacífico: el único mandato es la guerra religiosa, no la reforma política. Hasta los creyentes devotos caminan en la cuerda floja sobre el abismo. «Un hombre puede entrar en la fe de muchas formas, pero ser expulsado de ella por un solo acto», advierte Fadl. Cualquiera que piense lo contrario es un hereje y merece que lo maten.

Fadl también se extiende sobre la herejía del *takfir*, la excomunión de un musulmán por parte de otro. Negar la fe de un creyente —sin evidencias convincentes— es una grave injusticia. Se dice que el profeta Mahoma observaba: «Cuando un hombre llama infiel a su hermano, podemos estar seguros de que uno de ellos es en efecto un infiel». No obstante, Fadl define el islam dentro de unos límites tan estrechos que casi todo el mundo queda fuera de sus sagradas fronteras. El *Compendio* proporcionaba a Al-Qaeda y a sus aliados la justificación para matar a todo aquel que se interpusiera en su camino. Zawahiri exclamó extático: «Este libro es una victoria de Dios Todopoderoso».

Cuando Fadl se trasladó a Yemen, consideraba que su labor en el islam revolucionario había terminado. Rompió todo contacto con Bin Laden, quejándose de que el líder terrorista «no escucha el consejo de otros, solo se escucha a sí mismo». Fadl trasladó a sus dos esposas, sus cuatro hijos y sus dos hijas a la población montañosa de Ibb, y adoptó el nombre de doctor Abdul Aziz al-Sharif. Los días de fiesta la familia paseaba por la ciudad. Por lo demás, Fadl pasaba el tiempo libre leyendo. «No tenía interés en ver la televisión, salvo las noticias —me decía Ismail al-Sharif—. No le gustaba hacer amigos porque era un fugitivo. Él cree que tener demasiadas relaciones es una pérdida de tiempo.»

Mientras esperaba un permiso de trabajo del gobierno yemení, Fadl ofreció sus servicios como voluntario en un hospital local. Sus habilidades pronto se hicieron evidentes. «Venía gente de todo el país», me explicaba su hijo. El hecho de que Fadl estuviera trabajando sin sueldo en unas instalaciones tan primitivas —en lugar de abrir un consultorio en una flamante clínica moderna en Kuwait o en Europa— atrajo una atención no deseada: tenía el perfil de un hombre con algo que esconder.

Mientras vivía en Ibb, Fadl se enteró de que su libro había sido expurgado. Su manuscrito original contenía una crítica mordaz al movimiento yihadista, nombrando organizaciones y personas concretas cuyas acciones despreciaba. Aquellas partes del libro se habían eliminado. Otras se habían alterado de manera significativa. Incluso le habían cambiado el título, que se había convertido en *Guía del camino recto de la yihad y la creencia*. La idea de que un autor menos cualificado se hubiera tomado tales libertades con su obra maestra le enfureció. ¿Quién podía haber sido? Un miembro de Al-Yihad que había ido a Yemen por un trabajo le dio la noticia: «Me informó de que quien había cometido aquellas perversiones había sido única y exclusivamente Zawahiri», explicaba Fadl.

Avergonzado, en 1995 Zawahiri viajó a Yemen para pedir indulgencia a Fadl. Por entonces Zawahiri había suspendido sus operaciones en Egipto, y su organización luchaba por mantenerse a flote. Pero su antiguo emir se negó a verlo. «No conozco a nadie en toda la historia del islam antes de Ayman al-Zawahiri capaz de pecar con tanta mentira, fullería, falsificación y abuso de confianza contra el libro de otro», declararía a *Al-Hayat* el enardecido autor. Zawahiri y Fadl no volverían a hablarse desde entonces, pero su guerra de palabras no había hecho más que empezar.

En paralelo, se estaban produciendo una serie de conversaciones furtivas entre los líderes encarcelados del Grupo Islámico, incluyendo a uno de sus fundadores, Karam Zuhdy. «Empezábamos a hacernos mayores —explica Zuhdy—. Comenzamos a examinar las evidencias. Empezamos a leer libros y a reflexionar.» El mero hecho de someter la cuestión a debate resultaba ya extremadamente amenazador, no solo para los miembros de la organización, sino también para aquellos grupos que tenían interés en prolongar el conflicto con el gobierno egipcio. Zuhdy señala en especial a los Hermanos Musulmanes. «En lugar de respaldarnos, ellos querían que continuáramos con la violencia —explica—. Afrontábamos una oposición muy fuerte dentro de la cárcel, fuera de la cárcel y fuera de Egipto.»

En 1997, los rumores de un posible acuerdo entre el Grupo Islámico y el gobierno egipcio llegaron a oídos de Zawahiri, que por entonces se ocultaba en un piso franco de Al-Qaeda en la ciudad afgana de Kandahar. Montasser al-Zayyat, el abogado islamista antes mencionado, mediaba en las conversaciones entre las partes. Zayyat había actuado a menudo como emisario entre los islamistas y el aparato de seguridad, un papel que le convertía universalmente en una persona poco fiable a la vez que inestimable. En su biografía de Zawahiri, *El camino hacia Al-Qaeda: la historia de Zawahiri, lugarteniente de Bin Laden*, Zayyat relata que este le llamó en marzo de aquel año, cuando él acababa de llegar a Londres en viaje de negocios. Zawahiri estaba furioso por la iniciativa en favor de la no violencia. «¿Por qué están haciendo enfadar a los hermanos?», quiso saber. Zayyat le respondió que la yihad no tenía por qué limitarse a un planteamiento armado. Zawahiri instó a Zayyat a cambiar de opinión, prometiéndole incluso que podía conseguirle asilo político en Londres. «Yo rechacé cortésmente su oferta», escribe Zayyat.

Las conversaciones entre el Grupo Islámico y el gobierno egipcio se mantuvieron en secreto hasta julio, cuando uno de los líderes encarcelados, que estaba siendo juzgado por un tribunal militar, se levantó y anunció a los perplejos observadores la intención de la organización de poner fin a toda actividad violenta. Enfurecido, Zawahiri escribió una carta a los líderes encarcelados del grupo. «Solo Dios sabe la aflicción que sentí cuando supe de esta iniciativa y el impacto negativo que ha causado —escribía—. Si vamos a detenernos ahora, ¿para qué empezamos siquiera?»

Para irritación de Zawahiri, los miembros encarcelados de Al-Yihad, su propia organización, también empezaron a expresar cierto interés en unirse a la iniciativa en favor de la no violencia. «Los líderes empezaron a cambiar de opinión», explicaba Abdel Moneim Monib, que en 1993 fue acusado de formar parte de Al-Yihad. Aunque Monib nunca llegó a ser condenado, pasó catorce años en una cárcel egipcia. «Hubo un momento en que, si mencionabas esa idea, todas las voces te acallaban. Pero más tarde se hizo posible.» Albergar un pensamiento independiente sobre la cuestión de la violencia no era algo que resultara fácil cuando había no menos de treinta hombres apelotonados en unas celdas de aproximadamente tres por cuatro metros y medio. A excepción de unos cuantos aparatos de radio introducidos de forma clandestina, los presos se veían en gran medida despojados de cualquier fuente de información exterior, de modo que se entregaban a interminables debates teológicos y a una triste especulación acerca de en qué se habían equivocado. A la larga, no obstante, aquellos debates incitaron a los líderes encarcelados de Al-Yihad a abrir su propio canal de comunicación secreta con el gobierno.

Zawahiri se fue quedando cada vez más aislado dentro de su propio movimiento. Él creía que la violencia era el único combustible que mantenía en funcionamiento a las organizaciones islamistas radicales; estas no tenían ningún futuro sin el terror. Junto con varios líderes del Grupo Islámico que vivían fuera de Egipto, fraguó un modo de elevar la tensión y hacer naufragar para siempre todas las tentativas de reforma. El 17 de noviembre de 1997, solo cuatro meses después del anuncio de la iniciativa en favor de la no violencia, seis jóvenes entraron en las majestuosas ruinas del templo de la reina Hatshepsut, en las inmediaciones de Luxor. Cientos de turistas deambulaban por el exterior del recinto. Durante cuarenta y cinco minutos, los asesinos dispararon al azar. Dentro de uno de los cuerpos mutilados introdujeron un panfleto reivindicando el atentado en nombre del Grupo Islámico. Murieron 62 personas. Fue el peor atentado terrorista en toda la sangrienta historia política de Egipto.

Si Zawahiri y los miembros exiliados del Grupo Islámico esperaban que aquella acción socavara la iniciativa en favor de la no violencia, se equivocaron. Los líderes encarcelados del Grupo Islámico escribieron una serie de libros y folletos, conocidos de forma colectiva como «las revisiones», donde explicaban formalmente su nuevo ideario. «Queríamos transmitir nuestra experiencia a los jóvenes para protegerlos de caer en los mismos errores que habíamos cometido nosotros», me explicaba Zuhdy. En 1999, el Grupo Islámico hizo un llamamiento para poner fin a toda acción armada, no solo en Egipto, sino también contra Estados Unidos. «El Grupo Islámico no comparte el credo de matar en función de la nacionalidad», explicaría más tarde uno de sus representantes.

Antes del 11-S, el gobierno egipcio, con discreción, había permitido a los líderes del Grupo Islámico trasladar sus debates sobre la posibilidad de renunciar a la violencia a los miembros encarcelados en otras prisiones de todo el país. Después de los atentados, la seguridad del Estado decidió prestar más atención a aquellos debates. A Makram Mohamed Ahmed, una persona cercana al ministro del Interior y por entonces director de *Al-Musawar*, un semanario gubernamental, se le permitió cubrir algunos de ellos. «Había tres generaciones en la cárcel —comentaba—. Estaban desesperados.» Muchos de aquellos islamistas habían fantaseado con la idea de que su sociedad iba a aclamarlos como héroes; en cambio, se veían aislados y rechazados. Ahora Karam Zuhdy y otros líderes encarcelados pedían a los radicales que aceptaran que habían sido engañados desde el principio. «Empezamos a ir de una cárcel a otra —recordaba Ahmed—. Aquellos chicos veían a sus líderes ofrecerles la nueva concepción de las revisiones.» Ahmed recuerda que muchos de los presos se enfadaban. «Decían: "¡Nos habéis estado engañando durante dieciocho años! ¿Por qué no nos dijisteis esto antes?".»

A pesar de tales objeciones, los veinte mil miembros encarcelados del Grupo Islámico aceptaron en gran parte la nueva postura de sus líderes. Ahmed confiesa que al principio era escéptico con respecto al aparente arrepentimiento de los presos, que parecía una estratagema para que los trataran mejor; sin embargo, varios de los participantes en los debates ya habían sido condenados a muerte y vestían la ropa roja que los identificaba como tales. No tenían nada que ganar. Ahmed cuenta que uno de aquellos presos le dijo: «¡Yo no estoy ofreciendo estas revisiones por Mubarak! No me importa este gobierno. Lo importante es que he matado a gente —coptos, personas inocentes— y antes de reunirme con Dios debo declarar mis pecados». Luego el hombre rompió a llorar.

Las dimensiones morales del dilema de los presos se fueron revelando en la medida en que estos exploraban las ramificaciones de las revisiones. ¿Qué pasa con el hermano que murió realizando un atentado que ahora comprendemos que iba contra el islam? ¿Es un mártir? Si no lo es, ¿cómo consolamos a su familia? Uno de los líderes propuso que, si el hermano que había muerto había sido sincero, aunque en verdad engañado, obtendría de todos modos su divina recompensa; sin embargo, puesto que «todo el mundo sabe que la violencia no aporta beneficio alguno, y que es religiosamente incorrecta», en adelante quienes cometieran tales actos acabarían condenados. ¿Y cómo corregir los pecados de otros musulmanes? El Grupo

Islámico tenía fama en Egipto de actuar como una especie de policía moral, a menudo con bastante ferocidad; por ejemplo, arrojando ácido a la cara de las mujeres que se maquillaban. «Solíamos culpar a la gente y decir: "la gente es cobarde" —admitía uno de los líderes—. Ninguno de nosotros pensaba en decir que la violencia que empleábamos le resultaba repugnante.»

La prensa egipcia dio una amplia cobertura a aquellos emotivos debates. Zuhdy pidió perdón en público al pueblo egipcio por las acciones violentas del Grupo Islámico, empezando por el asesinato de Sadat, al que calificó de mártir. El gobierno egipcio respondió a la iniciativa en favor de la no violencia liberando a 12.500 miembros de la organización. A muchos de ellos no se los había llegado a acusar siquiera de ningún delito, por no hablar de juzgarlos y condenarlos. A otros el confinamiento los había destrozado. «Imagine lo que pueden hacer veinte años de cárcel», explicaba Zuhdy.

Los presos volvieron a integrarse en una sociedad que era mucho más religiosa que la que habían dejado. Debieron de sentirse reconfortados al comprobar que la mayoría de las mujeres egipcias, que antaño habían disfrutado de las modas occidentales, iban ataviadas ahora con el hiyab, u ocultas por completo tras velos faciales. Había muchos más hombres egipcios que exhibían las señales del rezo en la frente. Los imanes se habían convertido en personajes célebres, y sus sermones resonaban en las radios y los televisores. Puede que aquellos hombres recién liberados creyeran honradamente que habían logrado una gran victoria social mediante sus acciones y su sacrificio.

Y sin embargo, la brutal indiferencia del gobierno egipcio hacia su pueblo permanecía inalterada. Cuando los islamistas salieron de la cárcel, nuevos detenidos pasaron a ocupar su lugar: manifestantes, progresistas, blogueros, candidatos a cargos políticos… La riqueza se concentraba cada vez más en las manos de quienes ya eran ricos; mientras tanto, el precio de la comida se disparaba a tal velocidad que la gente llegaba a pasar hambre. A los pocos meses de ser liberados, cientos de islamistas solicitaron, sin éxito, que se les permitiera volver a la cárcel.

Desde la perspectiva del gobierno egipcio, el acuerdo con el Grupo Islámico había resultado un éxito sin precedentes. Según Makram Mohamed Ahmed, el antiguo director de *Al-Musawar* que presenció los debates en las cárceles, solo hubo dos casos en que los miembros de la organización mostraron signos de volver a su antiguo camino violento, y en ambos casos fueron traicionados por confidentes de su propio grupo. «Puede que la cárcel o el tiempo los hayan derrotado —comenta el abogado Montasser al-Zayyat, hablando del Grupo Islámico—. Algunos lo calificarían de desplome.»

El doctor Fadl se encontraba operando en Ibb cuando se produjeron los atentados del 11-S. «Oímos las primeras informaciones en BBC Radio», recuerda su hijo Ismail al-Sharif. Cuando terminó su turno, Fadl volvió a casa y estuvo viendo la noticia en televisión junto con su familia. Le preguntaron quién creía él que era el responsable. «Esta es una acción de Al-Qaeda, porque no hay ningún otro grupo en el mundo capaz de matarse en un avión», respondió.

El 28 de octubre de 2001, dos oficiales de inteligencia yemeníes se presentaron en la clínica de Fadl para hacerle algunas preguntas. Él les dio largas. Pero el director del hospital persuadió a Fadl de que se entregara, asegurándole que él movería algunos hilos para protegerlo. Fadl estuvo retenido en Ibb durante una semana antes de ser transferido a un centro de detención del gobierno en la capital, Saná. El portavoz del Parlamento y otros destacados políticos yemeníes hicieron campaña en favor de su liberación, aunque sin éxito.

En opinión de Fadl, Al-Qaeda se había «suicidado como grupo» al atacar a Estados Unidos, que con toda certeza iba a tomar fuertes represalias. De hecho, casi el 80 por ciento de los miembros de Al-Qaeda en Afganistán morirían durante los últimos meses de 2001. «Mi padre estaba muy triste por el asesinato de Abu Hafs al-Masri, el líder militar de Al-Qaeda —declararía Ismail al-Sharif a *Al-Yarida*—. Decía que con la muerte de Abu Hafs Al-Qaeda ha terminado, porque el resto era un puñado de ceros.»

Al principio, las autoridades yemeníes no sabían muy bien qué hacer con el célebre filósofo yihadista. Había muchos yemeníes, incluso en las agencias de inteligencia, que simpatizaban con Al-Qaeda. Entonces ofrecieron a Fadl la oportunidad de huir al país que escogiera. Él dijo que iría a Sudán. Pero la prometida liberación se pospuso. Al año siguiente se modificó la oferta: Fadl podía pedir asilo político, o bien las autoridades egipcias se presentarían para llevárselo. Él solicitó el asilo, pero antes de que recibiera una respuesta desapareció.

Según un informe publicado en 2005 por Human Rights Watch, que seguía su caso, a Fadl lo sacaron de su celda y lo metieron de forma clandestina en un avión rumbo a El Cairo. Había sido juzgado y condenado en ausencia por cargos de terrorismo, y durante más de dos años estuvo retenido en secreto por las autoridades egipcias. A la larga fue transferido a «Escorpión», una instalación situada en el recinto de la cárcel de Tora donde están recluidos importantes personajes políticos. Era evidente que estaba siendo objeto de un trato especial. Su hijo asegura que dispone de una habitación privada con baño y una pequeña cocina; y añade: «Tiene nevera y televisor, y recibe cada día el periódico». Fadl pasa el tiempo leyendo y procurando no engordar. Las autoridades egipcias han rechazado múltiples peticiones para hablar con él en la cárcel.

Puede que hubiera numerosos incentivos para las revisiones del doctor Fadl, la tortura entre ellos, pero su encendido resentimiento por los crímenes literarios de Zawahiri constituía, en efecto, un factor. Fadl declaró a *Al-Hayat* que sus diferencias con Zawahiri eran «objetivas», no personales. «Él era una carga para mí en los niveles educativo, profesional, jurisprudencial y a veces personal —se quejaba—. No supo agradecer la generosidad que yo había mostrado hacia él y mordió la mano que le había tendido. Lo que obtuve a cambio de mis esfuerzos fue engaño, traición, mentira y chulería.»

El primer fragmento del nuevo libro del doctor Fadl apareció publicado en los periódicos *Al-Masri al-Youm* y *Al-Yarida* en noviembre de 2007, en el décimo aniversario de la matanza de Luxor. Bajo el título de *Racionalizar la yihad en Egipto y en el mundo*, trataba de reconciliar los conocidos puntos de vista sangrientos de Fadl con sus radicales modificaciones. La mayoría de los miembros encarcelados de Al-Yihad firmaron el manuscrito de Fadl, con la esperanza, sin duda, de seguir a sus colegas del Grupo Islámico en su salida de prisión.

Hisham Kassem, un activista pro derechos humanos y editor de El Cairo, me confesó que los periódicos que publicaron la obra de Fadl «se la compraron al Ministerio del Interior por ciento cincuenta mil libras egipcias». Las circunstancias de la publicación incrementaron la sospecha generalizada de que el gobierno había supervisado las revisiones, si es que no las había escrito directamente. Quizá para contrarrestar aquella impresión, se permitió a Mohammad Salah, el jefe de la delegación de *Al-Hayat* en El Cairo, entrar en la cárcel de Tora para entrevistar a Fadl. En la serie de seis artículos resultante, Fadl reivindicó la autoría de la obra y no dejó ninguna duda acerca de su rencor personal contra Zawahiri. Fueran cuales fueren los motivos subyacentes a la redacción del libro, su publicación supuso un importante ataque a la teología islamista radical por parte del mismo hombre que en su origen había formulado la mayor parte de aquel pensamiento.

La premisa que inicia *Racionalizar la yihad* es que «No hay nada que invoque tanto la ira de Dios y su cólera como el derramamiento de sangre y la destrucción de propiedad injustificados». A continuación, Fadl establece un nuevo conjunto de reglas para la yihad, que en esencia definen la mayoría de las formas de terrorismo como ilegales según la ley islámica y restringen la posibilidad de la guerra santa a circunstancias extremadamente improbables. Su argumentación puede parecer críptica incluso para la mayor parte de los musulmanes, pero para los hombres que habían arriesgado su vida para cumplir con lo que ellos consideraban los auténticos preceptos de su religión, cada una de aquellas palabras hacía que tambaleara su visión del mundo y cuestionaba sus posibilidades de salvación.

Para declarar la yihad —escribe Fadl—, hay que observar ciertos requisitos. Hay que tener un lugar donde refugiarse. Se debería contar con suficientes recursos financieros para emprender la campaña.

Fadl reprende a los musulmanes que recurren al robo o al secuestro para financiar la yihad: «En el islam no existe eso de que el fin justifica los medios». Hay que velar por los miembros de la familia. «Están los que golpean y luego huyen, dejando que sus familias, las personas a su cargo y otros musulmanes sufran las consecuencias —señala Fadl—. Eso no es en absoluto religión o yihad. Eso no es virilidad.» Por último, hay que identificar apropiadamente al enemigo para evitar hacer daño a inocentes. «Quienes no han seguido estos principios han cometido el más grave de los pecados», escribe Fadl.

Para librar la yihad, primero hay que obtener el permiso de los propios padres y acreedores. El potencial guerrero también necesita la bendición de un imán o jeque cualificado; no puede limitarse solo a responder a la llamada de un líder carismático que dice actuar en nombre del islam: «Vosotros, jóvenes, no os dejéis engañar por los héroes de internet, los líderes de los micrófonos, que hacen declaraciones incitando a la juventud mientras ellos viven bajo la protección de servicios de inteligencia, o de una tribu, o en una cueva distante o bajo asilo político en un país infiel —advierte Fadl—. Ya han arrojado a muchos otros antes que vosotros a los infiernos, tumbas y prisiones».

Incluso si una persona es apta y capaz, puede que no requiera de ella la yihad —dice Fadl, señalando que Dios también elogia a quienes deciden aislarse de los descreídos en lugar de combatirlos—. Tampoco es obligatoria la yihad si el enemigo es el doble de poderoso que los musulmanes; en tan desigual contienda, escribe Fadl, «Dios ha permitido tratados de paz y treguas con los infieles, ya sea a cambio de dinero o sin él; todo ello a fin de proteger a los musulmanes, a diferencia de quienes los ponen en peligro». En lo que parece un ataque deliberado a Zawahiri, comenta: «Quienes han provocado conflictos y arrastrado a sus hermanos a desiguales confrontaciones militares no son especialistas ni en fetuas ni en asuntos militares. [...] Al igual que quienes practican la medicina sin una base deben compensar el daño que han hecho, lo mismo vale para quienes promulgan fetuas sin estar cualificados para hacerlo».

Pese a su anterior llamamiento a la yihad contra los gobernantes musulmanes injustos, ahora Fadl afirma que solo puede combatirse a dichos gobernantes si no son creyentes, y aun entonces solo en la medida en que la batalla vaya a mejorar la situación de los musulmanes. Por supuesto, no es ese el caso de Egipto o de la mayoría de los demás países islámicos, donde el resultado habitual de la insurrección armada ha sido un incremento de la represión. Fadl cita unas palabras del profeta Mahoma en las que aconseja a los musulmanes que se muestren pacientes con sus líderes imperfectos: «Quienes se rebelan contra el sultán tendrán una muerte pagana».

Fadl subraya, una y otra vez, que está prohibido matar a civiles —incluyendo cristianos y judíos— a menos que ataquen activamente a los musulmanes. «No hay nada en la sharía sobre matar a los judíos y los nazarenos, a los que algunos denominan "cruzados" —observa Fadl—. Son los vecinos de los musulmanes […] y ser amable con los vecinos es un deber religioso.» No están permitidos los ataques indiscriminados con bombas —«como volar hoteles, edificios y transportes públicos»—, porque sin duda morirán inocentes. «Si el vicio se mezcla con la virtud, todo se vuelve pecaminoso —escribe—. No hay ninguna razón legal para hacer daño a la gente de la forma que sea.»

La prohibición de asesinato se aplica incluso a los extranjeros que residen en países islámicos, ya que muchos de ellos pueden ser musulmanes. «Uno no puede decidir quién es un musulmán o quién es un descreído o a quién hay que matar basándose en el color de su piel o del pelo o en la lengua que habla o porque lleva ropa occidental —escribe Fadl—. Esas no son indicaciones apropiadas de quién es musulmán y quién no lo es.» En cuanto a los extranjeros que no son musulmanes, puede que se los haya invitado a venir al país para trabajar, lo que constituye una especie de tratado. Es más, hay muchos musulmanes que viven en territorios extranjeros considerados hostiles al islam, y sin embargo se los trata con justicia; por lo tanto, los musulmanes deben corresponder del mismo modo en sus propios países. Por lo que respecta a los fieles que viven en países no islámicos, Fadl escribe con dureza: «Afirmo que no es honorable residir con unas personas —aunque sean descreídos y no formen parte de un tratado, si te dan permiso para entrar en sus casas y vivir con ellas, y si te dan seguridad para ti y para tu dinero, y si te dan la oportunidad de trabajar o estudiar, o te han concedido asilo político junto con una vida decente y otros actos de generosidad— y luego traicionarlas mediante el asesinato y la destrucción. Tal cosa no figuraba en las maneras y prácticas del Profeta».

Sin embargo, Fadl no condena toda la actividad yihadista: «La yihad en Afganistán llevará a la creación de un estado islámico con el triunfo de los talibanes, Dios mediante», declara. La yihad de Irak y Palestina resulta más problemática. Tal como lo entiende Fadl, «De no ser por la yihad en Palestina, hace tiempo que los judíos habrían penetrado de forma subrepticia en los países vecinos». Aun así, escribe, «durante un tiempo la causa palestina ha sido una hoja de parra utilizada por unos líderes arruinados para tapar sus propios defectos».

Fadl aborda la sangrienta división entre sunníes y chiíes que reside en el corazón del islam: «Está prohibido hacer daño a quienes están afiliados al islam pero practican un credo diferente». Y cita unas palabras de Ibn Taymiyyah, uno de los eruditos más reverenciados de los primeros tiempos del islam, y también una de las autoridades favoritas de Bin Laden: «La sangre y el dinero de un musulmán están protegidos aunque su credo sea distinto».

Fadl todavía afirma que «aterrorizar al enemigo es un deber legítimo»; pero señala que ese «terror legítimo» tiene numerosas limitaciones. Los atentados terroristas de Al-Qaeda en Estados Unidos, Londres y Madrid estuvieron mal, porque se basaron en la nacionalidad, una forma de matanza indiscriminada prohibida por el islam. En su entrevista para *Al-Hayat*, Fadl califica el 11-S como «una catástrofe para los musulmanes», porque las acciones de Al-Qaeda «causaron la muerte de decenas de miles de musulmanes: árabes, afganos, paquistaníes y otros».

El argumento más original de Fadl es su afirmación de que los secuestradores aéreos del 11-S «traicionaron al enemigo», puesto que se les habían dado visados estadounidenses, lo cual constituye un contrato de protección. «Los seguidores de Bin Laden entraron en

Estados Unidos con su conocimiento y, siguiendo sus ordenes, traicionaron a la población, asesinando y destruyendo —prosigue Fadl—. Dijo el Profeta (que las plegarias y la paz de Dios sean con él): "El día del Juicio, a cada traidor se le meterá por el ano una bandera proporcional a su traición".»

En un momento dado, observa Fadl: «La gente odia a Estados Unidos, y los movimientos islamistas sienten su odio y su impotencia. Arremeter contra Estados Unidos se ha convertido en la vía más corta hacia la fama y el liderazgo entre los árabes y musulmanes. Pero ¿qué bien hay en que tú destruyas uno de los edificios de tu enemigo y él destruya uno de tus países? ¿Qué bien hay en que tú mates a uno de los suyos y él mate a mil de los tuyos? [...] Esa, en breve, es mi evaluación del 11-S».

Si los servicios de seguridad egipcios, en colaboración con los eruditos de Al-Azhar, se hubieran propuesto escribir una refutación de la doctrina de Al-Qaeda, quizá habría resultado ser algo parecido al libro que escribió el doctor Fadl; y, de hecho, es posible que fuera exactamente eso lo que ocurriera. No obstante, habiendo tantos líderes de Al-Yihad que respaldaban la obra, parecía claro que en Egipto la propia organización ya estaba muerta. El terrorismo podía continuar de una forma u otra, pero las facciones violentas históricas habían llegado a su fin, despidiéndose entre exclamaciones públicas de arrepentimiento por la inutilidad y la pecaminosidad de sus acciones.

Mientras el mundo musulmán aguardaba la inevitable respuesta de Zawahiri, la prensa y el clero se mantuvieron sorprendentemente callados. Una de las razones era que las revisiones de Fadl planteaban dudas sobre una actividad política que muchos musulmanes no consideran terrorismo; por ejemplo, los movimientos de resistencia de Palestina y otras partes que se oponen a Israel y a la presencia de tropas estadounidenses en países musulmanes. «En esta región, debemos diferenciar entre la violencia contra los gobiernos nacionales y la de la resistencia: en Irak, el Líbano, Palestina... —me decía Essam el-Erian, portavoz de los Hermanos Musulmanes—. No podemos llamar "violencia" a esa resistencia.» No obstante, tales movimientos se vieron inevitablemente arrastrados al debate en torno al libro de Fadl.

Varios clérigos musulmanes se esforzaron en responder a la crítica generalizada del doctor Fadl al derramamiento de sangre por razones políticas. Muchos habían promulgado fetuas respaldando aquellas mismas acciones que ahora Fadl declaraba injustificadas. Sus respuestas fueron a menudo sorprendentes. Así, por ejemplo, el jeque Hamid al-Ali, un influyente clérigo salafí de Kuwait a quien el Departamento del Tesoro estadounidense ha calificado de «conseguidor» y recaudador de fondos de Al-Qaeda, declaraba en un sitio web que él celebraba el rechazo de la violencia como medio de fomentar el cambio en el mundo árabe. A veces las fetuas del jeque Ali se han vinculado a acciones de Al-Qaeda (es sabido que unos meses antes del 11-S dio su autorización a la idea de estrellar aviones contra objetivos en operaciones suicidas). Ali observaba que, si bien los regímenes árabes mantenían un lógico interés en alentar la no violencia, eso no debía provocar que los lectores desdeñaran el argumento de Fadl. «Creo que es un gran error dejar que esta importante transformación intelectual se vea anulada por el recelo político», declaró Ali. Sin embargo, la decisión de los grupos islamistas radicales de adoptar una vía pacífica no implica necesariamente que puedan evolucionar para convertirse en partidos políticos. «Hemos de admitir que en nuestra tierra no tenemos un verdadero proceso político digno de tal nombre —argumentaba Ali—. Lo que tenemos son regímenes que practican un juego en el que utilizan cualquier cosa que garantice la continuidad de su existencia.»

Por otra parte, el jeque Abu Basir al-Tartusi, un islamista sirio que vive en Londres, despotricaba contra lo «paralizante y desalentador» del mensaje de Fadl, en cuanto que les decía a los musulmanes que son demasiado débiles para emprender la yihad o para derrocar a sus gobernantes opresivos. «Más de la mitad del Corán y cientos de máximas del Profeta llaman a la yihad y a combatir contra esos tiranos injustos —clamaba Tartusi en un sitio web yihadista—. ¿Qué quiere que hagamos con su enorme cantidad de disposiciones relativas a la sharía, y cómo quiere que las entendamos y las interpretemos? ¿Dónde está la ventaja de abandonar la yihad contra esos tiranos? ¡Por culpa de ellos la nación perdió su religión, su gloria, su honor, su dignidad, su tierra, sus recursos y todo lo que tenía de precioso!» Las publicaciones yihadistas se llenaron de condenas a las revisiones de Fadl. Hani el-Sibai, el abogado islamista leal a Zawahiri a quien ya hemos mencionado antes, dirige un sitio web de carácter político en Londres; con respecto a Fadl, decía: «¿Cree usted que algún grupo islamista le escuchará? No. Ellos están en medio de una guerra».

Aun así, el hecho de que existieran seguidores y simpatizantes de Al-Qaeda que prestaran tanta atención al manuscrito de Fadl convertía en imperativo que Zawahiri ofreciera una refutación definitiva. Dado que la violenta ideología de Al-Qaeda se asentaba de tal manera en los cimientos de Fadl, Zawahiri tenía que encontrar el modo de desacreditar al autor sin destruir la autoridad de su propia organización. No era una tarea fácil.

En febrero de 2008, Zawahiri anunció en un vídeo que había terminado una «carta» de respuesta al libro de Fadl. «El islam que presenta ese documento es el que quieren y les gusta a América y Occidente: un islam sin yihad —afirmaba Zawahiri—. Dado que considero que este documento es una ofensa a la nación musulmana, he elegido para la refutación el título de "La exoneración" a fin de expresar la inocencia de la nación frente a tal ofensa.» Este tipo de respuesta pública a una disensión interna carecía de precedentes.

La «carta», que por fin apareció en internet el mes siguiente, tenía casi doscientas páginas. «El mensaje que hoy presento aquí al lector es uno de los más difíciles que he escrito en mi vida», admite Zawahiri en su introducción. Aunque el texto está plagado de notas a pie de página y de extensas citas de eruditos islámicos, la estrategia de Zawahiri es evidente desde el principio. Mientras que el libro de Fadl constituye un ataque mordaz a las raíces inmorales de la teología de Al-Qaeda, Zawahiri dirige su argumento rumbo a las familiares orillas de la conspiración «cruzado-sionista». Zawahiri sostiene que Fadl había escrito su libro «en el más puro espíritu del ministro del Interior». Lo define como un intento desesperado de los enemigos del islam —Estados Unidos, Occidente, los judíos, los gobernantes apóstatas del mundo musulmán— de «interponerse en el camino de la fiera oleada de renacimiento yihadista que está sacudiendo el mundo islámico». Admite que se han cometido errores. «Ni justifico el asesinato de gente inocente, ni afirmo que la yihad está libre de error —escribe—. Los líderes musulmanes de la época del Profeta cometieron errores, pero la yihad no se detuvo. [...] Advierto a aquellos grupos islamistas que celebran el documento que están ofreciendo al gobierno el puñal con el que puede matarlos.»

Al presentar la defensa de Al-Qaeda, Zawahiri exhibe el relativismo moral que subyace a la organización: «Tened en cuenta que tenemos derecho a hacer a los infieles lo que ellos nos han hecho a nosotros —escribe—. Los atacamos con bombas tal como ellos nos atacan, aunque matemos a alguien a quien no está permitido matar». Compara el 11-S con el bombardeo estadounidense de una planta farmacéutica en Sudán, en 1998, en represalia por la destrucción de dos embajadas de Estados Unidos en África a manos de Al-Qaeda (los estadounidenses creyeron de forma equivocada que la planta fabricaba armas químicas). «Yo no veo diferencia alguna entre ambas operaciones, salvo porque el dinero utilizado para construir la fábrica era dinero musulmán y los trabajadores que murieron entre los escombros de la fábrica [en realidad, solo un vigilante nocturno] eran musulmanes, mientras que el dinero que se gastó en los edificios que destruyeron aquellos secuestradores era dinero infiel y las personas que murieron en la explosión eran infieles.» Cuando Zawahiri cuestiona la inviolabilidad del visado, que Fadl equipara a un contrato mutuo de paso franco, consulta un diccionario inglés y no encuentra en la definición de «visado» mención alguna de que este constituya una garantía de protección. «Aunque el contrato se base en acuerdos internacionales, nosotros no estamos obligados por tales acuerdos», afirma Zawahiri, citando a dos clérigos radicales que respaldan su opinión. En cualquier caso, Estados Unidos no se siente obligado a proteger a los musulmanes; así, por ejemplo —sostiene—, tortura a gente en sus prisiones militares de la bahía de Guantánamo, en Cuba. «Si Estados Unidos se atribuye el derecho a tratar a cualquier musulmán sin respetar su visado —prosigue Zawahiri—, si Estados Unidos y los occidentales no respetan los visados, ¿por qué habríamos de hacerlo nosotros?»

Zawahiri esquiva con torpeza muchos de los más perspicaces argumentos de Fadl. «El autor habla de violaciones de la sharía como matar a personas en función de su nacionalidad, el color de la piel, el color del pelo o su confesión religiosa —se queja en un pasaje característico—. He aquí otro ejemplo en el que se hacen acusaciones sin pruebas. Nadie ha hablado nunca de matar a personas por el color de la piel o el color del pelo. Exijo al autor que presente incidentes concretos con fechas concretas.»

Zawahiri formula algunos argumentos psicológicos reveladores; por ejemplo, sostiene que Fadl, al estar encarcelado, proyecta su propia debilidad sobre los muyahidines, que se han hecho más fuertes desde que aquel los abandonara quince años antes. «El movimiento islámico muyahidín no fue derrotado, por la gracia de Dios; de hecho, gracias a su paciencia, su firmeza y su prudencia, se dirige hacia la victoria», escribe. Menciona asimismo los ataques del 11-S y las batallas en curso en Irak, Afganistán y Somalia, que según afirma están desgastando a Estados Unidos.

Para discutir la afirmación de Fadl de que a los musulmanes que viven en países no islámicos se los trata con justicia, Zawahiri señala que en algunos lugares se prohíbe a las muchachas llevar el hiyab a la escuela. A los varones musulmanes se les impide casarse con más de una esposa, así como pegarles, tal como permiten ciertas interpretaciones de la sharía. También se impide a los musulmanes donar dinero a determinadas causas islámicas, mientras se recauda dinero de forma libre y abierta para Israel. Menciona la controversia de las caricaturas de Dinamarca en 2005 y la celebridad del autor Salman Rushdie como ejemplos de países occidentales que exaltan a quienes denigran al islam. Comenta también que algunas leyes occidentales que prohíben hacer comentarios antisemitas impiden a los musulmanes recitar ciertos pasajes del Corán que hablan de la traición de los judíos.

Escribiendo sobre el trato dado a los turistas, dice Zawahiri: «Los muyahidines no secuestran a gente al azar»: secuestran o dañan deliberadamente a turistas para enviar un mensaje a sus países de origen. «Nosotros no atacamos a los turistas brasileños en Finlandia, o a los de Vietnam en Venezuela», escribe. Sin duda, puede que de vez en cuando se mate a musulmanes, pero si eso ocurre se trata de un error perdonable. «La mayoría de los eruditos dicen que está permitido atacar a los infieles, incluso si hay musulmanes entre ellos», sostiene Zawahiri. Luego cita un conocido versículo del Corán para apoyar, entre otras cosas, la práctica del secuestro: «Una vez expirados los meses sagrados, matad a los idólatras dondequiera que los halléis, hacedlos prisioneros, sitiadlos y acechadlos».

Con respecto al 11-S, escribe Zawahiri: «Los muyahidines no atacaron a Occidente en su patria con atentados suicidas para romper tratados, o por un deseo de derramar sangre, o porque estuvieran medio locos, o porque sufran la frustración y el fracaso, como muchos imaginan. Lo atacaron porque se vieron obligados a defender su comunidad y su sagrada religión de siglos de agresión. No tenían otros medios de defenderse que los atentados suicidas».

El argumento de Zawahiri demuestra por qué el islam es tan vulnerable a la radicalización. Es una religión que nació en el conflicto, y en su larga historia ha desarrollado un cúmulo de opiniones y precedentes que se supone que rigen el comportamiento de los musulmanes con respecto a sus enemigos. Algunos de los comentarios de Zawahiri pueden parecer cómicamente académicos, como en esta cita que aduce en apoyo de la necesidad de que los musulmanes se preparen para la yihad: «El imán Ahmad dijo: "Supimos por Harun bin Ma'ruf, citando a Abu Wahab, que citaba a Amru bin al-Hariz citando a Abu Ali Tamamah bin Shafi que había oído decir a Uqbah bin Amir: 'Oí decir al Profeta desde el púlpito: Aprestad vuestra fuerza contra ellos'". La fuerza hace referencia a disparar flechas y otros proyectiles con instrumentos de guerra». Tales pruebas de la legitimidad de la yihad, o de capturar prisioneros, o de matar al enemigo se encuentran con facilidad en los comentarios de los eruditos, las sentencias de los tribunales de la sharía, los volúmenes de las máximas del Profeta y el propio Corán. Las interpretaciones toscas de los textos islámicos pueden llevar a hombres como Zawahiri a concluir que debe celebrarse el asesinato. Llegan a creer que la religión es ciencia. Juzgan sus actos como lógicos, justos y obligatorios. De ese modo un cirujano se transforma de sanador en asesino, pero solo si primero se ha extinguido la llama de la conciencia individual.

Varias veces, en su extensa respuesta, Zawahiri se queja del doble rasero de los críticos cuando atacan las tácticas de Al-Qaeda pero ignoran acciones similares realizadas por organizaciones palestinas. Señala que Fadl ridiculiza la lucha en el seno de Al-Qaeda. «¿Por qué no le pide lo mismo a Hamás? —exige Zawahiri—. ¿Acaso no es una clara contradicción?» En otro momento, Zawahiri acepta que Al-Yihad no ha sido capaz de derrocar al gobierno egipcio, para añadir: «Ni tampoco ochenta años de yihad han expulsado al ocupante de Palestina». Luego pasa a señalar que los misiles palestinos también matan de forma indiscriminada a niños y a ancianos, e incluso a árabes, pero nadie exige a los palestinos los mismos estándares éticos que a Al-Qaeda.

Zawahiri había observado el declive de la popularidad de Al-Qaeda en lugares donde antes disfrutaba de un gran apoyo. En Pakistán, donde habían muerto cientos de personas por atentados suicidas de Al-Qaeda (incluyendo, tal vez, a la ex primera ministra Benazir Bhutto), la opinión pública se había vuelto en contra de Bin Laden y sus compañeros. Una organización terrorista argelina, el Grupo Salafista para la Predicación y el Combate, se afilió formalmente a Al-Qaeda en septiembre de 2006 y dio comienzo a una serie de atentados suicidas que provocaron el distanciamiento también del pueblo argelino, hastiado desde hacía tiempo de los horrores que los islamistas radicales habían infligido a su país. Incluso había miembros de Al-Qaeda que admitían que su causa se había visto perjudicada por la violencia indiscriminada. En febrero de 2008, Abu Turab al-Yazairi, un comandante de Al-Qaeda en el norte de Irak cuyo nombre de guerra sugería que era argelino, concedió una entrevista al diario qatarí *Al-Arab*. «Los atentados de Argelia provocaron un animado debate aquí en Irak —explicaba—. ¡Por Dios!, si me hubieran dicho que planeaban hacer daño al presidente argelino y a su familia, yo habría respondido: "¡Benditos sean!"». Pero explosiones en la calle, sangre hasta las rodillas, matar a soldados cuyos salarios no bastan siquiera para permitirles comer en restaurantes de tercera... ¿Y llamar a eso yihad? ¡Por Dios, eso es simple imbecilidad!» En Arabia Saudí, el jeque Salman al-Oadah, un clérigo al que Bin Laden había elogiado en el pasado, apareció en una cadena de televisión árabe en 2007 leyendo una carta abierta al líder de Al-Qaeda. En ella preguntaba: «Hermano Osama, ¿cuánta sangre se ha derramado? ¿A cuántos niños, mujeres y ancianos inocentes se ha matado, mutilado y expulsado de sus hogares en nombre de Al-Qaeda?». Tales críticas se hacían eco de algunas de las inquietudes de un influyente clérigo palestino, el jeque Abu Muhammad al-Maqdisi. «Los muyahidines deberían abstenerse de las acciones que tienen como objetivo a civiles, iglesias u otros lugares de culto, incluyendo lugares chiíes —escribía Maqdisi en 2004—. Las manos de los guerreros de la yihad deben mantenerse limpias.»

Para contener aquel aluvión de críticas, Zawahiri tuvo la audacia de convocar una reunión informal por internet, solicitando que se formularan preguntas en un foro online. En la primavera de 2008 publicó dos extensas respuestas en formato audio a casi cien de las novecientas preguntas —a menudo irritadas— que se habían planteado. La primera de ellas provenía de un hombre que se identificaba de forma sardónica como el Profesor de Geografía: «Perdóneme, señor Zawahiri, pero ¿quién es quien está matando, con el permiso de Su Excelencia, a inocentes en Bagdad, Marruecos y Argelia? ¿Considera usted que el asesinato de mujeres y niños es yihad?». Y luego preguntaba: «¿Por qué, al menos hasta ahora, no han llevado a cabo ningún atentado en Israel? ¿O es que es más fácil matar a musulmanes en los mercados? Tal vez debería usted estudiar geografía, porque sus mapas solo muestran los estados musulmanes». Zawahiri protestó diciendo que Al-Qaeda no había matado a inocentes. «De hecho, luchamos contra quienes matan a inocentes. Los que matan a inocentes son los estadounidenses, los judíos, los rusos, los franceses y sus agentes.» En cuanto al hecho de que Al-Qaeda no hubiera atentado en Israel pese a la constante insitencia en el tema por parte de Bin Laden, Zawahiri pregunta: «¿Por qué quien formula la pregunta se centra en cómo en concreto Al-Qaeda debería atacar a Israel, pero no pide que las organizaciones yihadistas de Palestina vayan a ayudar a sus hermanos de Chechenia, Afganistán e Irak?».

El asesinato de inocentes se reveló la cuestión más destacada en aquel intercambio de opiniones. Un estudiante universitario argelino felicitaba con sarcasmo a Zawahiri por matar a sesenta musulmanes en Argelia un día de festividad religiosa. ¿Cuál era su pecado?, quería saber el estudiante. «Los que murieron el 11 de diciembre en Argelia no figuran entre los inocentes —clamaba Zawahiri—. Figuran entre los descreídos cruzados y las tropas gubernamentales que los defienden. Nuestros hermanos de Al-Qaeda en el Magreb Islámico [norte de África] son más sinceros, justos y honrados que los mentirosos hijos de Francia.» Un saudí preguntaba cómo los musulmanes podían justificar dar apoyo a Al-Qaeda, dado su largo historial de matanzas indiscriminadas. «¿Hay otras formas y medios de alcanzar los objetivos de la yihad sin matar a la gente? —preguntaba—. Por favor, no use como pretexto lo que llevan a cabo los estadounidenses u otros. Se supone que los musulmanes deben dar ejemplo al mundo de tolerancia y nobles objetivos, no convertirse en una banda cuyo único interés es la venganza.» Pero Zawahiri, incapaz de ponerse a la altura del desafío ético que planteaba la pregunta, replicó: «Si un criminal irrumpiera en su hogar, atacara a su familia y los matara, robara sus propiedades e incendiara su casa, y luego siguiera atacando los hogares de sus vecinos, ¿lo tratará usted con tolerancia para no convertirse en una banda cuyo único interés es la venganza?».

Zawahiri incluso tuvo que defenderse por ayudar a difundir el bulo de que habían sido los israelíes quienes habían llevado a cabo los atentados del 11-S. Echó la culpa de aquel rumor a la organización chií libanesa Hezbolá, que difundió la idea en su emisora de televisión Al Manar. Zawahiri protestó indignado: «El objetivo que subyace a esta mentira es negar que los sunníes tengan héroes capaces de infligir a América un daño que nadie le había infligido en toda su historia».

Muchas de las preguntas tenían que ver con el doctor Fadl, empezando con la de por qué Zawahiri había alterado sin permiso su enciclopedia de filosofía yihadista, el *Compendio de la búsqueda del conocimiento divino*. Zawahiri afirmó que la redacción del libro había sido un esfuerzo conjunto, ya que Al-Yihad lo había financiado. Había tenido que corregir el libro porque estaba lleno de errores teológicos. «Nosotros no falsificamos nada ni alteramos nada», se defendió Zawahiri, que más tarde añadió: «Pido a quienes se mantienen firmes en su alianza que no presten atención a esta guerra de propaganda que Estados Unidos está llevando a cabo en sus cárceles, que están situadas en nuestros países». Las revisiones de Fadl —advertía Zawahiri— «imponen unas restricciones a la acción yihadista que, si se aplicaran, destruirían por completo la yihad».

Una tarde, en El Cairo, fui a ver a Kamal Habib, un líder clave de la primera generación de Al-Yihad, que hoy en día es politólogo y analista. Sus escritos han atraído a un público de antiguos radicales que, como él, han buscado una vía para volver a la moderación. Nos reunimos en la cafetería de la Agrupación de Periodistas, en el centro de El Cairo. Habib es un vigoroso teórico político con el que no han podido diez años de cárcel, a pesar de haber sido torturado (en sus brazos hay cicatrices de quemaduras de cigarrillo). «Ahora nos encontramos ante dos escuelas de pensamiento —me decía Habib—. La vieja escuela, expresada por Al-Yihad y su secuela Al-Qaeda, es la que lideraron Ayman al-Zawahiri, el jeque Maqdisi, Zarqawi. La nueva escuela, a la que ha dado voz el doctor Fadl, representa una batalla de fe. Es algo más profundo que la mera ideología.» Y proseguía: «El talante general de los movimientos islamistas en los años setenta era la intransigencia. Ahora el talante general tiende a la armonía y la coexistencia. La distancia entre ambos es un indicativo de su experiencia». Irónicamente, había sido el pensamiento del doctor Fadl el que había dado origen a las dos escuelas.

«En tanto una persona viva en un mundo de yihad, la vieja visión controlará su pensamiento —sugería Habib—. Cuando libra un combate no se pregunta si se equivoca o tiene razón. Es cuando le detienen cuando tiene tiempo para preguntárselo.»

«Las revisiones del doctor Fadl y la respuesta de Zawahiri muestran que el movimiento se está desintegrando», me dijo una tarde el líder del Grupo Islámico Karam Zuhdy en su modesto apartamento de Alejandría. Es un personaje imponente, un hombre de cincuenta y seis años de pelo rubio y cejas negras. Su hija de cuatro años se abrazaba a su pierna mientras en el televisor se retransmitía en silencio una vieja película egipcia en blanco y negro. Estas películas permiten hacerse una idea de la que fue una época más tolerante y esperanzadora, antes de que Egipto diera su oscuro giro hacia la revolución y la violencia islamista. Le pregunté a Zuhdy en qué podría haber sido distinto su país si él y sus colegas nunca hubieran optado por la vía sangrienta. «Ahora sería mucho mejor —admitió—. Nuestra opción por la violencia alentó el surgimiento de Al-Yihad.» Incluso sugirió que, si los islamistas no hubieran matado a Sadat en 1981, hoy habría paz entre los palestinos y los israelíes. Y citó unas palabras del profeta Mahoma: «Solo lo que beneficia a la gente permanece en la tierra».

«Es muy fácil desatar la violencia —concluyó Zuhdy—. La paz es mucho más difícil.»

Cautivos

En el sudoeste de Israel, en la frontera entre Egipto y Gaza, hay un pequeño paso no lejos del kibutz de Kerem Shalom. Una torre de vigilancia se alza sobre la tierra de nadie, llana y cubierta de maleza. La Franja de Gaza nunca llega a superar los 12 kilómetros de este a oeste, y los guardias encaramados a la torre sobre la monótona llanura llegan a ver el Mediterráneo al norte. La calle principal de Gaza, Salah al-Din (o calle de Saladino), discurre a lo largo de los 40 kilómetros de extensión del territorio, y las noches claras los vigilantes pueden seguir todo el recorrido de un coche mientras se desplaza despacio desde las ruinas del aeropuerto internacional Yasir Arafat, cerca de la frontera egipcia, hasta las luces de la ciudad de Gaza, en el extremo nororiental de la Franja. Justo en las afueras de Gaza se ciernen los globos de observación, mientras los drones no pilotados cruzan con libertad su espacio aéreo. Las patrullas israelíes imponen un estricto límite de tres millas en el Mediterráneo y disparan sobre los barcos que se acercan a ese límite. Entre el mar y la valla de seguridad que rodea los 360 kilómetros cuadrados de Gaza viven un millón y medio de palestinos.

Todas las oportunidades de paz en Oriente Próximo han desembocado en matanzas, de modo que no resulta sorprendente que, en las primeras horas de la mañana del 25 de junio de 2006, en este aislado y desértico paso fronterizo, otra posibilidad prometedora se tradujera en una carnicería. Aquel había sido ya un mes tumultuoso.

Hamás, que había ganado de manera rotunda las elecciones parlamentarias palestinas antes, aquel mismo año, libraba una guerra civil con su rival más moderado, Fatah. Las facciones armadas dominaban las calles. Entonces, el 9 de junio, la frágil tregua que existía entre Hamás e Israel se rompió después de que una explosión cerca de la ciudad de Gaza, al parecer causada por un proyectil de artillería israelí, matara a siete miembros de una familia palestina que estaban de picnic en la playa (aunque los israelíes negaron su responsabilidad). Al día siguiente Hamás disparó quince cohetes contra Israel. A continuación, los israelíes lanzaron varios ataques aéreos sobre Gaza, matando a ocho militantes y a catorce civiles, entre ellos cinco niños.

En medio de aquella contienda, Mahmud Abbas —líder de Fatah y presidente de la Autoridad Palestina, el órgano de gobierno establecido por los acuerdos de paz de Oslo en 1993— propuso una idea audaz. Declaró que habría que dar a los palestinos la posibilidad de votar en un referéndum si respaldaban o no la solución de dos estados a su conflicto con Israel. Puede que fuera una cínica maniobra política, como creyeron los líderes de Hamás. La base ideológica fundamental de Hamás era su negativa a aceptar el derecho de Israel a existir, pero los sondeos mostraban que los palestinos apoyaban de un modo abrumador la idea de los dos estados. Un referéndum no solo representaría un varapalo para Hamás; también transmitiría un mensaje a Israel —y al resto del mundo— indicando que los palestinos estaban decididos a firmar la paz. Abbas fijó la fecha del referéndum para el mes de julio.

Entonces, cuando los muecines llamaban a los musulmanes a oración justo antes del amanecer del 25 de junio, ocho comandos palestinos salieron arrastrándose de un túnel en una arboleda junto al paso de Kerem Shalom. En el cielo había luna nueva, por lo que aquella noche era la más oscura del mes. Con una cobertura de fuego de mortero y misiles antitanque, los comandos, algunos de ellos disfrazados con uniformes militares israelíes, se dividieron en tres equipos. Uno de ellos atacó un vehículo blindado de trasporte de tropas que estaba vacío, y que habían dejado estacionado en el paso como señuelo. Otro equipo atacó la torre de observación. Los dos israelíes en la torre resultaron heridos, pero no sin que antes mataran a dos de los atacantes.

El tercer equipo disparó una granada autopropulsada contra un tanque Merkava que estaba estacionado en una cuneta frente a la valla de seguridad. La explosión sacudió el tanque; un instante después se abrió la escotilla trasera y tres soldados trataron de huir. Dos de ellos fueron tiroteados y murieron, pero un tercero, con heridas leves, fue capturado. Los atacantes se apresuraron a volver a Gaza con su trofeo: un desgarbado adolescente llamado Guilad Schalit.

En cuestión de días, las Fuerzas de Defensa de Israel (o FDI) habían bombardeado la única central eléctrica de Gaza, dejando sin electricidad a decenas de miles de personas. Se cerraron las fronteras mientras las tropas israelíes peinaban las zonas residenciales en busca del soldado desaparecido, deteniendo a todos los varones mayores de dieciséis años. El 29 de junio, soldados israelíes detuvieron a 64 altos funcionarios palestinos, incluyendo a una tercera parte del gabinete de gobierno y a veinte miembros del Parlamento. Al menos 400 gazatíes murieron durante los meses siguientes, entre ellos 88 niños. Los israelíes, por su parte, perdieron a seis soldados y a cuatro civiles. Las autoridades israelíes prometieron no abandonar la Franja hasta que recuperaran a Schalit, pero en noviembre todavía no lo habían encontrado, y los dos bandos declararon un alto el fuego. No se había solucionado nada. Sin duda había de producirse una nueva explosión. Desde luego, ya nadie hablaba de iniciativas de paz, y bien pudiera ser ese el objetivo de quienes capturaron a Schalit.

Desde la perspectiva israelí, se suponía que el problema de Gaza se había resuelto en agosto de 2005, cuando Ariel Sharon, entonces primer ministro, cerró los asentamientos judíos de la Franja y retiró las fuerzas israelíes. La comunidad internacional y la izquierda israelí aplaudieron la medida. Pero, casi de inmediato, el fuego de mortero y los ataques con cohetes desde la Franja se intensificaron. Cinco meses después, Hamás obtuvo su victoria parlamentaria. «Desmantelamos los asentamientos, luego nos sentamos y dijimos: "Empecemos de nuevo". Y lo que conseguimos fueron cohetes y a Guilad Schalit —me decía Ari Shavit, un destacado columnista del periódico israelí *Haaretz*, en 2009, tres años después de la captura del soldado—. La gente se enfadó mucho, y Schalit se convirtió en un símbolo de aquella frustración.»

Estábamos sentados en Restobar, una ruidosa cafetería situada en el centro de Jerusalén. Cerca de allí, los padres de Schalit y varios partidarios suyos habían montado una tienda de campaña; desde aquella improvisada oficina presionaban a Israel para que liberara a cientos de prisioneros y detenidos palestinos a cambio de la libertad de su hijo. El joven acababa de terminar el instituto cuando empezó el servicio militar obligatorio. Su padre, Noam, lo ha descrito como «un chico tímido de risa nerviosa y predisposición al estudio» al que le gustaba el baloncesto y sobresalía en física. Su difícil situación desquiciaba un tanto a Israel. Había manifestaciones, pegatinas en los coches y campañas exigiendo su libertad. Había sitios web y periódicos que llevaban la cuenta del tiempo que hacía que Schalit estaba en cautividad. Muchos votantes llegaron a escribir su nombre en la papeleta en las últimas elecciones presidenciales. «Israel está obsesionado con Guilad Schalit como no lo ha estado ninguna otra nación en la historia con un prisionero de guerra», afirmaba Shavit.

En la práctica, los intercambios de presos en número desigual forman parte desde hace tiempo de la historia de Israel. En 1985, por ejemplo, los israelíes negociaron el intercambio de más de mil prisioneros por tres soldados capturados en el Líbano. Algunos de los liberados pasarían a convertirse en líderes terroristas. Uno de ellos era el jeque Ahmed Yassin, el maestro de escuela tetrapléjico que se convertiría en el líder espiritual de Hamás, fundada tres años después. Los ataques del ala militar de Hamás dentro del territorio israelí se iniciarían en serio a comienzos de la década de los noventa.

En Restobar, Shavit señaló un punto situado a unos metros de allí. «En marzo de 2002 había una hermosa muchacha de veinticinco años muerta en el suelo, justo ahí», me dijo. Un terrorista suicida había elegido como objetivo la cafetería, que entonces se llamaba Café Moment. Solo aquel mes, los palestinos mataron a 83 civiles israelíes. El país entero era presa del pánico, «como Londres durante el Blitz», precisó Shavit. En aquella época él vivía allí cerca, y a las diez y media de la noche del 9 de marzo oyó explotar la bomba. Salió precipitadamente de su apartamento y se dirigió a la escena del atentado. «Creo que nunca he corrido tan deprisa.»

Me explicó que el restaurante tenía «un extraño resplandor». Vio cuerpos mutilados esparcidos sobre la acera. Había personas a las que la explosión había proyectado al otro lado de la calle. Los supervivientes gritaban o gemían, pero en el interior de la cafetería reinaba un silencio estremecedor. La muchacha muerta yacía cerca de la entrada. Dentro, en la barra, tres jóvenes se sentaban erguidos en sus taburetes, pero estaban muertos. «Era como si todavía siguieran tomándose sus cervezas —recordaba Shavit—, una reunión congelada por la muerte.» Murieron once israelíes, y más de cincuenta resultaron heridos. Hamás proclamó que había sido un «valeroso ataque» con el que se pretendía «vengar las matanzas israelíes contra nuestra gente».

Hamás, que se fundó en Gaza, ha llegado a ser la encarnación de los temores que sienten muchos israelíes con respecto a los palestinos. Sus estatutos declaran: «No hay ninguna solución para el problema palestino salvo la yihad». El documento, que es en muchos sentidos absurdo y refleja el aislamiento intelectual y la atmósfera alimentada por la conspiración que reinaba entonces en Gaza, menciona *Los protocolos de los sabios de Sión*, una infame falsificación antisemita, y vincula el sionismo a la francmasonería, el Lions Club y «otros grupos de espionaje» que aspiran a «violar conciencias, derrotar virtudes y aniquilar el islam». En 2007, después de que Hamás consolidara su control en Gaza, el gobierno israelí declaró a la Franja «entidad hostil» y empezó a imponer un bloqueo a una población que ya estaba empobrecida, aislada y traumatizada por años de ocupación. En los periódicos israelíes, Gaza se convirtió en «Hamastán». Pero el bloqueo no debilitó a Hamás. Al contrario, aquel castigo colectivo vino a reforzar su argumento de que el verdadero objetivo de Israel era eliminar a los palestinos.

El 25 de junio de 2007, varios días después de que Hamás asumiera el control de Gaza, los captores de Guilad Schalit hicieron pública una grabación de audio para probar que todavía seguía vivo. «Ha pasado un año desde que me capturaron y mi salud se deteriora —explicaba—. Necesito un largo período de hospitalización.» Asimismo, instaba al gobierno israelí a aceptar las demandas de Hamás para su liberación: «Igual que yo tengo una madre y un padre, también tienen madres y padres los miles de prisioneros palestinos, y se les debe devolver a sus hijos». Hamás advirtió de que no liberaría a Schalit hasta que Israel liberara a 1.400 personas, 450 de las cuales habían sido condenadas por matanzas terroristas, incluyendo los hombres que habían planeado el atentado del Café Moment. La mercancía más preciosa en toda la Franja de Gaza era su único judío.

Gaza es un mar de niños. Las mujeres tienen una media de 5,1 hijos, lo que representa una de las tasas de natalidad más altas del mundo. Más de la mitad de la población tiene dieciocho años o menos, y vive apiñada en un gueto donde los niños tienen muy poco que hacer. El bloqueo israelí incluía la prohibición de los juguetes, de modo que los únicos juguetes disponibles eran los que entraban de contrabando, a un precio más alto, por los túneles desde Egipto. La música es rara, salvo en las bodas. Los cines fueron incendiados por los islamistas a comienzos de la década de los ochenta. Muchas de las instalaciones deportivas de Gaza han quedado destruidas por los bombardeos israelíes, incluyendo la sede del equipo olímpico palestino. Hay un zoo, con burros pintados para que parezcan cebras.

En Gaza solo hay una emisora de televisión, Al-Aqsa, un canal patrocinado por Hamás y conocido sobre todo por un programa infantil llamado *Pioneros del mañana*. Este trata de modelar el pensamiento de los niños y de ayudarlos a afrontar los repetidos traumas de sus vidas. La presentadora era una joven llamada Saraa, cuyos acompañantes tuvieron una historia bastante desafortunada. Primero cayó Farfur el ratón, que fue golpeado hasta morir por un interrogador israelí. Luego Nahul el abejorro, que murió intentando cruzar a Egipto para recibir tratamiento médico. «Los soldados de los *Pioneros del mañana* crecerán —clamaría Saraa después de que el conejo, Assud, sucumbiera a una bomba israelí—. Palestina, liberaremos tu suelo, si Dios quiere. Lo liberamos de la escoria de los sionistas. Lo purificaremos con los soldados de los *Pioneros del mañana*.» El mensaje del programa era que la vida es corta y trágica, y sirve de poco, salvo para la lucha eterna. A los niños de Gaza se los preparaba para morir.

La principal diversión para los niños es la playa, y tras la plegaria de mediodía de los viernes la orilla del mar rebosa de familias. A diferencia de las aguas color topacio de Tel Aviv, aquí el mar es turbio, consecuencia de los 75 millones de litros de aguas residuales sin tratar o tratadas en parte que se vierten cada día frente a la costa. La principal planta depuradora está estropeada, y por culpa del bloqueo no puede disponerse de las piezas de repuesto que permitirían arreglarla. Los pescadores tienden sus redes entre el oleaje mientras los niños retozan en las hediondas aguas.

Las autoridades israelíes llevan una lista de unas tres docenas de artículos que permiten entrar en Gaza, pero la lista es objeto de un estricto control y está sujeta a cambios. Apenas se permite la entrada de materiales de construcción —como el cemento, el cristal, el acero o las tuberías de plástico—, so pretexto de que tales artículos también pueden utilizarse para fabricar cohetes o construir búnkeres. Debido a ello, los miembros de Hamás dedicados a ello entran de forma clandestina todo lo que necesitan a través de túneles secretos, mientras que las organizaciones de ayuda internacionales tienen que dar cuenta de cada ladrillo o saco de harina.

La operación «Plomo Fundido» —un ataque israelí sobre Gaza iniciado en diciembre de 2008 y que duró tres semanas— dejó la Franja en ruinas. «Medio año después del conflicto, no tenemos ni un solo saco de cemento ni una sola hoja de vidrio», me explicaba John Ging, el director de la Agencia de Naciones Unidas para los Refugiados de Palestina en Oriente Próximo (UNRWA, por sus siglas en inglés). Las provisiones humanitarias que se habían tachado de la lista de artículos aprobados por Israel se amontonaban en grandes depósitos de almacenamiento fuera del paso de Kerem Shalom, mientras miles de millones de dólares en ayuda internacional aguardaban su entrega. «Durante los dos últimos cursos escolares, los funcionarios israelíes han retenido el papel para los libros de texto porque, hipotéticamente, Hamás podría apoderarse de ese papel para imprimir materiales sediciosos», se quejaba Ging. Cuando John Kerry, entonces presidente del Comité de Relaciones Exteriores de Senado estadounidense, viajó a Gaza en febrero de 2009, preguntó por qué no se permitía la entrada de pasta. Al poco tiempo los macarrones pasaban por los puestos de control, pero entonces la mermelada se eliminó de la lista. Según *Haaretz*, las FDI calculaban que cada día se necesitaban 106 camiones de ayuda humanitaria para mantener con vida a un millón y medio de personas, pero el número de camiones que entraban en Gaza se redujo hasta solo 37. Los funcionarios del gobierno israelí les comunicaron a los responsables de la ayuda internacional que el objetivo era «ni prosperidad, ni desarrollo, ni crisis humanitaria».

Los visitantes entran en Gaza por su extremo nororiental, a través del paso de Erez, una instalación de alta seguridad que parece un granero y que rara vez está congestionada, puesto que apenas se permite salir a ningún palestino y muy pocos extranjeros tienen interés en entrar. En 2004, la que sería la primera terrorista suicida de Hamás, Reem Riyashi, una muchacha de veintidós años madre de dos hijos, se hizo volar allí, matando a cuatro israelíes. Desde entonces, las cámaras de seguridad y las puertas manejadas por control remoto han reemplazado en gran parte al personal israelí.

En Gaza, las rocosas colinas de Jerusalén ceden el paso a una llanura arenosa escasamente adornada por adelfas y cactus, un paisaje parecido al del sur de Texas. El área de las inmediaciones de Erez era la zona industrial de la región, pero las fuerzas israelíes concentraron allí una gran parte de su fuego, y de su ira. Hasta la operación Plomo Fundido había varias fábricas de hormigón, una harinera y una fábrica de helados, pero todas ellas fueron bombardeadas o arrasadas con excavadoras, y se volcaron todas las hormigoneras. Casas, mezquitas y tiendas yacen en ruinas; se demolieron barrios enteros.

Los ocho campos de refugiados de Gaza forman una sociedad que se halla aún más aislada que el gulag de mayor tamaño de la Franja. Más del 70 por ciento de los gazatíes son descendientes de las 200.000 personas que escaparon a la Franja en 1948, cuando se creó el estado de Israel. «Pasé dieciocho años de mi vida en un campo de refugiados —me decía Ahmed Yusuf, el subsecretario de Exteriores—. Tenía un kilómetro cuadrado. Solo conocíamos el cielo sobre nosotros y la tierra debajo.» A la larga, Yusuf pudo conseguir la rara oportunidad de viajar a Occidente para formarse (asistió a la Universidad de Missouri). «En un tiempo creí que Gaza era el centro del mundo, pero cuando salí de allí no encontré ninguna Gaza en el mapa.»

Las fronteras de la actual Franja se determinaron tras el armisticio de 1949 entre Egipto e Israel. Gaza marcaba el último reducto del ejército egipcio, y el tratado dejó una franja de tierra costera de entre cinco y doce kilómetros de anchura bajo el renuente control de Egipto. Las autoridades británicas, que antaño habían administrado Gaza como parte de su mandato sobre Palestina, la consideraban *res nullius*: propiedad de nadie. Los egipcios administraron el territorio hasta la guerra de 1967, cuando Israel se apoderó de todo el Sinaí. La cuestión de Gaza apareció de forma repetida durante las negociaciones de paz celebradas en 1978 en Camp David entre el primer ministro israelí Menájem Beguín y el presidente egipcio Anwar el-Sadat. «Yo mismo le sugerí muchas veces a Sadat: "¡Quédate con Gaza! ¡Quédate con Gaza!" —me explicaba Aharon Barak, un antiguo magistrado del tribunal supremo israelí que fue uno de los principales asesores de Beguín—. Y él me respondía: "No quiero Gaza".» Israel y Egipto acordaron tratar de establecer una entidad palestina que gobernara Gaza, pero estaba claro que ninguna de las dos partes estaba dispuesta a asumir la responsabilidad sobre la Franja, de modo que esta permaneció en una especie de limbo como apenas algo más que una parte teórica de una entidad palestina que podía no llegar a existir nunca.

El estatus de Gaza como territorio tutelado por un estado ajeno cambió de forma abrupta con las elecciones de 2006. Se esperaba que Fatah, durante largo tiempo la fuerza dominante en los dos territorios palestinos, ganara con facilidad; pero se subestimó el resentimiento popular contra un partido notorio por su corrupción y su incompetencia, y tan descuidado que llegó a presentar a varios candidatos para idénticos cargos. En las papeletas, Hamás aparecía como la Lista del Cambio y la Reforma, aunque los votantes sabían a quién daban su confianza. Las encuestas predecían que Hamás obtendría alrededor del 30 por ciento de los votos; en cambio, obtuvo una mayoría decisiva en el Consejo Legislativo palestino.

Las organizaciones internacionales declararon que, para aceptar su victoria, Hamás tendría que reconocer el estado de Israel, renunciar a la violencia y respetar los acuerdos diplomáticos existentes. Hamás rechazó aquellas condiciones, lo que provocó una drástica interrupción de la ayuda. Israel volvió a sentirse conmocionado cuando el primer ministro, Ariel Sharon, sufrió una apoplejía que le dejó en coma. Su sustituto, Ehud Olmert, declaró que el gobierno palestino se estaba convirtiendo en una «autoridad terrorista» y que los israelíes no mantendrían contacto alguno con él.

Fatah se negó a hacerse a un lado y a dejar gobernar a Hamás. Durante meses se sucedieron grandes manifestaciones por parte de ambas facciones en Gaza y Cisjordania, junto con secuestros, tiroteos y asesinatos. En marzo de 2007, el rey Abdullah de Arabia Saudí organizó un acuerdo de paz, pero aquel supuso solo el preludio de una guerra civil en Gaza, que estalló tres meses después. Durante seis días sangrientos, en el mes de junio, Hamás aplastó a las fuerzas de seguridad de Fatah, entrenadas por los estadounidenses, y se hizo con el control del gobierno para el cual dicha formación había sido elegida para liderar el año anterior. Estos choques dejaron un poso amargo. «En la Franja de Gaza estamos hacinados en un espacio muy pequeño —me explicaba Yehia Rabah, miembro de Fatah y antiguo embajador en Yemen—. El odio no se disuelve con facilidad. Nos vemos unos a otros cada día.»

Aunque el nuevo primer ministro gazatí, Ismail Haniya, subrayó que Hamás no tenía ninguna intención de convertir Gaza en un estado islámico, tomó el control de la judicatura, nombrando a jueces islamistas para que impusieran la sharía en el sistema judicial. «El territorio entero se está convirtiendo en una mezquita», me decía una joven periodista, Asma al-Ghoul. Poco tiempo antes había sido importunada en la playa por la autoproclamada «policía de la moralidad», a pesar de que llevaba unos vaqueros y una camisa de manga larga. Un economista, Omar Shaban, me decía: «El asedio ha dejado a Hamás sin competencia. Se castiga a las personas laicas. El futuro es aterrador».

Un día de julio en que el calor era abrasador, fui a visitar un campamento de verano de Hamás. Cientos de jóvenes muchachos con gorros verdes voceaban consignas ante varios altos funcionarios del partido, que estaban sentados bajo un toldo en el patio de la escuela donde tenía lugar el campamento. Uno a uno, los líderes se levantaron para pronunciar sendos discursos, exhortando a los niños con el rostro enrojecido a luchar y a sacrificarse. Yo había ido hasta allí para reunirme con algunos de los hombres que participaban en las negociaciones en torno a Schalit; en particular Jalil al-Hayya, uno de los primeros líderes de Hamás.

Resulta que en aquel momento yo padecía una intoxicación alimentaria. Deseaba haber prestado más atención al camarero la noche antes, cuando pedí la cena. Tras mi anterior examen de la contaminada costa de Gaza, había excluido el pescado. De modo que decidí probar el bistec, que sin duda había entrado de contrabando a través de los túneles. «¿Lo quiere bien hecho, o muy bien hecho?», me había preguntado el camarero. A las cuatro de la madrugada entendí su cautela.

Cuando por fin terminó el sonsonete de los discursos, los niños se dispersaron, y Hayya y yo nos retiramos a un aula para conversar. Hayya, antiguo profesor de derecho islámico, lucía una barba canosa y exhibía una marca de oración en la parte superior de la frente, bajo las entradas del cabello. Parecía sereno y casi contento, pese a la constante amenaza de asesinato que se cernía sobre él, quizá de uno de los drones israelíes que patrullaban los cielos.

En el aula había varias sillas plegables dispuestas en semicírculo, donde nos sentamos Hayya y yo, junto con una docena de otros líderes de Hamás que habían venido a presenciar la entrevista. Me sentí como Oprah, aunque en este caso una Oprah con náuseas y deshidratada. El ventilador del techo apenas lograba mover el aire abrasador. Había tanta humedad que pensé que incluso podía llover dentro de la sala.

Le pregunté a Hayya por la explosión demográfica. Los israelíes se sienten amenazados por lo que a menudo califican de «bomba de relojería demográfica». Hayya se rio y me dijo que el enorme número de niños no tenía nada de siniestro. «Simplemente nos gusta reproducirnos», añadió. Él mismo tiene seis hijos vivos; una bomba israelí que iba dirigida contra él había matado al séptimo.

Cuando llevábamos cinco minutos de entrevista me di cuenta de que iba a desmayarme.

Mientras Hayya me aseguraba que Hamás representa «el islam de la tolerancia, la justicia y la igualdad», de repente me encontré tendido en el suelo del aula. Dos hombres arrastraron un colchón bastante tosco al interior del círculo de sillas y lo cubrieron de alfombras de oración. Yo me arrastré sobre el colchón y proseguí la entrevista, rodeada por las polvorientas botas de Hamás.

Más tarde reflexioné sobre aquel momento, pensando en cuán limitado me siento a veces como estadounidense en Oriente Próximo; qué inútiles resultan mis buenas intenciones, mis intentos de entender a unas gentes cuyo odio mutuo es tan inmutable como la salida del sol. Aquellos hombres solícitos que me sujetaban la mano y me preguntaban si quería agua o algún refresco, algo para hacerme sentir mejor, eran los mismos que retenían a Guilad Schalit.

A la mañana siguiente acudí a una mezquita donde alrededor de cuarenta muchachos adolescentes asistían a un campamento de verano dedicado a memorizar el Corán. El libro sagrado islámico contiene más de 6.000 versículos (tiene más o menos la misma extensión que el Nuevo Testamento), y aquel verano 20.000 chicos y chicas habían emprendido el reto de memorizarlos en campamentos establecidos por toda la Franja. En la mezquita, una pequeña multitud aguardaba la llegada del primer ministro, que se rumoreaba que iba a venir a hablar con los muchachos. Dado que los israelíes habían señalado a Haniya como uno de sus objetivos de asesinato (habían disparado misiles contra su oficina y contra su casa), éste se desplazaba sin cesar de un lado a otro. Me dijeron que su visita a la mezquita representaría mi mejor posibilidad de reunirme con él.

Mientras los chicos se mecían adelante y atrás sobre la alfombra, recitando en voz baja, me presentaron a un anciano refugiado y antiguo miembro del Consejo Legislativo palestino. Calvo y pecoso, con un bigote blanco, me dijo que se llamaba Abu Mayid. Le instaron a que me contara su historia. «El 15 de mayo de 1948 yo tenía veintidós años», me dijo. El día antes Israel se había declarado oficialmente una nación independiente, lo que desencadenó la invasión de cinco ejércitos árabes decididos a destruir a los sionistas. Egipto desplegó sus fuerzas en el desierto del Néguev, avanzando hacia Beerseba, donde vivía Mayid. «El ejército egipcio nos pidió a los jóvenes como yo que ayudáramos en la logística», me explicó.

Después de una batalla contra los israelíes, Abu Mayid y un amigo arrastraron a varios soldados heridos al interior de un búnker. Allí se escondían ya una docena de personas. Aquella misma noche las tropas israelíes descubrieron el refugio y ordenaron salir a todo el mundo. «Había cuatro ancianos de más de setenta años, uno de los cuales tenía una esposa de sesenta o sesenta y cinco», me explicó Abu Majid. Una mujer más joven, de piel morena, tenía dos niños y una niña. Cuando salieron del refugio con las manos en alto, les dispararon a todos. «No sé por qué estoy vivo —me dijo Mayid—. La sangre se vertió sobre mí. Yo fui uno de los tres a los que Dios salvó. Estuvimos siete días en el desierto del Néguev antes de llegar a los pueblos de las inmediaciones de Hebrón.» Él tenía familia allí. Sus padres, creyéndolo muerto, habían levantado una tienda funeraria, y estaban recibiendo condolencias cuando un amigo llevó la noticia de que su hijo estaba vivo. Su hermano sacrificó una oveja para celebrarlo. Mientras me contaba su historia, Abu Mayid lloraba, y las lágrimas le caían sobre el bigote.

Yo me pregunté: ¿de verdad ocurrió eso? ¿Tropas israelíes abatiendo a soldados heridos y a civiles que se habían rendido, incluyendo a mujeres ancianas y a niños? Lo verifiqué consultando el relato definitivo de los hechos que hace Benny Morris en *1948: The First Arab-Israeli War*, donde el autor señala que la caída de Beerseba estuvo marcada por numerosas atrocidades por parte de las fuerzas israelíes. «Varios civiles fueron ejecutados después de haberles robado todos sus objetos de valor», escribe. Los supervivientes fueron expulsados a Gaza.

Después de dos horas esperando la llegada de Haniya a la mezquita, algunos de los presentes se habían marchado. De pronto la sala empezó a agitarse. «Al final sí que viene», me aseguró un vecino. Aparecieron varios reporteros de televisión, seguidos de un pequeño convoy, y luego entró Haniya dando zancadas y saludando a sus partidarios. Era un hombre de cuarenta y siete años, complexión robusta, cara redonda y ojos verdes de mirada cautelosa suspendidos sobre una barba blanca recortada. Vestía una galabiya blanca sin adornos y un casquete, lo que acrecentaba su aire ministerial. Haniya, antiguo decano de la Universidad Islámica de la ciudad de Gaza, creció en uno de los campos de refugiados locales. En 1989, tras la primera intifada, pasó tres años en una cárcel israelí. Luego, en una decisión que Israel lamenta profundamente, Haniya y otros cuatrocientos activistas fueron expulsados al sur del Líbano, donde forjarían una duradera alianza con Hezbolá.

Para los estándares de Hamás, Haniya era un moderado. Había planteado la posibilidad de negociar una tregua a largo plazo con Israel, lo que le enemistó con muchos de los altos cargos del partido. Jaled Meshal, el líder mundial de Hamás, vivía exiliado en Damasco; partidario de la línea dura, era más proclive a llevar a cabo acciones radicales y desestabilizadoras, como la captura de Guilad Schalit. El partido estaba gobernado por un consejo, dominado por los representantes de su ala militar clandestina. Dado que muchos miembros de Hamás habían muerto asesinados, el movimiento operaba como un colectivo cambiante. Incluso los miembros más prominentes del partido no siempre sabían quién estaba al mando. Asimismo, la autoridad de Haniya se veía aún más socavada por el hecho de que Mahmud Abbas, el presidente palestino, lo había destituido como primer ministro de Gaza en junio de 2007, tras el acceso al poder de Hamás, nombrando en su lugar a Salam Fayyad, un hombre leal a Fatah. Pero Hamás se negó a aceptar la decisión, y Haniya siguió gobernando Gaza mientras Abbas y Fayyad controlaban Cisjordania, bajo la ocupación israelí.

En El Cairo se estaban manteniendo conversaciones para explorar la creación de un gobierno de unidad entre Hamás y Fatah, y para llegar a un trato con respecto a Guilad Schalit. Los periódicos israelíes rebosaban de expectativas sobre un inminente intercambio de prisioneros, pero Noam Schalit, el padre de Guilad, me dijo que aquellas noticias eran «ridículas». Él era pesimista con respecto a las perspectivas de llegar a un acuerdo en una fecha próxima. «Hamás ignora todos los aspectos de las convenciones internacionales —me había dicho—. Les gustaría que se liberara a asesinos empedernidos. Eso me hace sentir muy mal»; y había añadido que el secuestro de su hijo se había convertido en un «cuello de botella» que había llevado todas las negociaciones a un punto muerto.

En la mezquita, Haniya habló a los integrantes del campamento de la importancia de recitar el Corán. «Hay dos clases de personas —les advirtió—. Las que saben que el Corán tiene razón y lo siguen, y las que dan la espalda al Corán.» Cuando terminó de hablar, Haniya besó a todos los niños que habían memorizado una tercera del libro sagrado y les dio cincuenta séqueles israelíes.

Después, en medio de una aglomeración de personas que requerían su atención, le pregunté a Haniya si había algún progreso en lo relativo a las conversaciones de El Cairo. «Falta solo un paso para romper el asedio de Gaza», me dijo, añadiendo que confiaba en que las conversaciones permitirían iniciar la reconstrucción. Le pregunté si había mantenido algún contacto con la administración Obama. Jaled Meshal había respondido de forma positiva al discurso que Obama había dirigido en junio al mundo musulmán, celebrando «el nuevo lenguaje con respecto a Hamás» y abogando en favor de un diálogo abierto. Haniya no contestó directamente. Me dijo que Washington no tenía ningún poder de veto sobre la elección del pueblo palestino, pero añadió: «Estamos dispuestos a negociar». También me dijo que, si se convertía en un obstáculo para la paz, renunciaría a su puesto. «Lo más importante es la unidad del pueblo palestino. Estamos dispuestos a hacer lo que haga falta», declaró, mientras los guardias me apartaban a empujones.

Tomé nota de sus comentarios, pero me pregunté qué posibilidades tenía de hacer la paz si ni siquiera podía llegar a un acuerdo para liberar a un soldado capturado.

Salí a la calle, llena de comercios con las persianas cerradas. «El término "economía" ya no tiene vigencia en la Franja de Gaza», me había dicho el economista Omar Shaban. En 1994 la tasa de pobreza en Gaza era del 16 por ciento (en Estados Unidos, en la misma época, era del 14,5). Pero en 1996 los israelíes habían terminado prácticamente con todo el trabajo en Palestina, y la segunda intifada, cuatro años después, había acabado con el turismo en Gaza. Antes de eso —me explicaba Shaban—, visitaban el territorio más de diez mil personas al mes, muchas de ellas israelíes que viajaban para disfrutar de las playas y el marisco de Gaza. La mayor parte de la actividad económica que aún persistía se había interrumpido de repente en 2007, con el bloqueo israelí de la Franja. Dos años después, y según las Naciones Unidas, alrededor del 70 por ciento de los gazatíes vivían con menos de un dólar al día, y el 75 por ciento dependía de la ayuda alimentaria internacional. El paro era casi universal, con la única excepción de quienes trabajaban para organizaciones internacionales o comerciaban en el mercado negro. Según el Comité Internacional de la Cruz Roja, el 96 por ciento del sector industrial de Gaza se desmoronó tras la operación Plomo Fundido.

Desde que Hamás accediera al poder, Egipto, teórico aliado de Gaza, ha cooperado con los israelíes en la imposición del bloqueo. Las autoridades de El Cairo tienen sus propias razones para aislar a

Gaza. Hamás es un subproducto de los Hermanos Musulmanes, y al gobierno egipcio de Hosni Mubarak le preocupaba la posibilidad de contagio. El muro que define la Franja de Gaza a lo largo de la frontera israelí sigue doblando la esquina al llegar a Egipto.

En enero de 2008, Hamás improvisó una solución radical a las restricciones de Egipto abriendo varios boquetes en la valla de seguridad que rodea Rafah, la ciudad más meridional en Gaza. Durante los once días siguientes, cientos de miles de gazaties entraron en tropel en el Sinaí armados con listas de compras. La policía egipcia estableció un cordón para impedir que los gazaties se adentraran demasiado en el país. Las tiendas situadas en la frontera no tardaron en vaciarse. Los gazaties regresaron a casa y los egipcios volvieron a sellar el muro.

Aunque Cisjordania se encuentra solo a 40 kilómetros de la Franja de Gaza, en muchos aspectos parece aún más distante que otras partes del mundo. En 1988 los israelíes empezaron a exigir permisos especiales para desplazarse entre las dos mitades de Palestina. Cuando Taher al-Nunu —el principal portavoz del primer ministro Haniya— trabajaba en el Ministerio de Exteriores, se le permitía viajar por todo el mundo; pero, como muchos gazaties, nunca ha estado en Cisjordania. «He estado en China, Estambul e Indonesia, pero nunca he ido a Nablus, Ramala o Calquelia», me decía.

Empecé a contemplar Gaza como sospecho que lo hacen muchos gazaties: como una isla flotante, una Atlántida distópica, alejándose cada vez más del contacto con cualquier otra sociedad. Omar Shaban me explicó que veinte años antes podía coger el coche e ir a cenar a Tel Aviv sin ningún problema, y más de cien mil palestinos iban cada día a trabajar a Israel. «La economía palestina estaba estructurada para funcionar junto con la economía israelí —me explicaba—. La mayoría de los palestinos hablaban hebreo. Había verdaderas amistades.» Ahora, añadía, «las dos terceras partes de los jóvenes de menos de treinta años de Gaza nunca han salido de la Franja. Desde una perspectiva psicológica, ¿cómo pueden pensar en la paz? Puedes luchar contra alguien que no conoces, pero no puedes hacer la paz con él».

Un joven de aspecto nervioso caminaba de un lado a otro en la cuneta de la estrecha carretera costera en las afueras de la ciudad de Gaza, justo pasadas las ruinas del palacio presidencial, que había quedado destruido durante la operación Plomo Fundido. Mi chófer se detuvo a recogerle, y él se acomodó en el asiento trasero sin pronunciar palabra, indicándonos que debíamos proseguir hacia el sur. Era un viernes por la tarde, después de la plegaria, y las playas estaban abarrotadas.

Desde que Hamás accediera al poder, se habían producido numerosas advertencias de que Al-Qaeda se había infiltrado en Gaza. En el verano de 2007, Mahmud Abbas acusó a Hamás de «proteger» a los yihadistas. «Debido a su sangrienta conducta, Hamás se ha acercado mucho a Al-Qaeda», declaró. Yo había oído hablar de varios grupos disidentes de Gaza a los que se consideraba afiliados a Al-Qaeda. Después de arduas negociaciones, logré concertar una reunión con el representante de uno de ellos. El hombre del asiento trasero nos llevaría hasta allí.

Pasamos con el coche junto a un antiguo asentamiento judío. A lo largo de la carretera se veían los restos de los invernaderos que los colonos habían dejado atrás, intactos, con el acuerdo de que los agricultores de Gaza se harían cargo de ellos. Los invernaderos habían de convertirse en una parte importante de la economía agraria. Las principales exportaciones de Gaza eran las fresas, los tomates cherry y los claveles, destinados en su mayor parte a Israel y Europa. Pero entonces los israelíes cerraron las fronteras a cal y canto; la fruta se pudrió, y los claveles se utilizaron para alimentar al ganado. Ahora los invernaderos no son más que armazones desnudos, con los techos de plástico, hechos jirones, sacudidos por la brisa del mar.

Nuestro guía señaló una colina frente a nosotros, donde un centinela montaba guardia sobre otra extensión de playa pública. Enfilamos un camino de arena y aparcamos tras una hilera de cabañas de hoja de palma. El centinela se deslizó en una letrina portátil y emergió con un AK-47 y una pistola de 9 milímetros. Como el guía, permaneció serio y callado. Llevaba unos vaqueros y una camisa a cuadros. Me condujo a una de las cabañas, donde aguardaba un hombre corpulento con un traje azul. El hombre me dijo que lo llamara Abu Mohammed y, cortésmente, me ofreció un té.

Abu Mohammed afirmaba representar a cuatro grupos armados que habían formado una coalición yihadista (tal alianza existía: se llamaba Comités de Resistencia Popular). «Cuando hablo, hablo por todos ellos —me dijo—. Consideramos a Osama bin Laden nuestro padre espiritual.» Me explicó que su grupo seguía la misma ideología de Al-Qaeda, pero que no tenía ninguna conexión directa con ella. «El asedio a Gaza nos ha desconectado del mundo exterior —afirmó—. Ninguno de nosotros puede viajar.» Él calculaba que en Gaza había unos 400 combatientes armados en células como la suya, lo que representaba un descenso con respecto a los 1.500 que había antes de la ascensión al poder de Hamás. Cuando Fatah gobernaba la Franja —me dijo—, a los subversivos les resultaba más fácil operar; pero ahora «Hamás tiene pleno control, y su poder es muy fuerte». Me explicó que Hamás quería dictar cuándo había violencia en Gaza, y trataba de mantener acorralados a los simpatizantes de Al-Qaeda como él.

Mientras hablábamos, el centinela de la ametralladora entró arrastrando una mesa, y luego vino un muchacho con una bandeja y unos vasos. Dentro de la choza hacía un calor sofocante. Abu Mohammed se quitó la chaqueta; llevaba toda la camisa empapada. Tenía una voz suave, y a menudo se quedaba mirando con fijeza al vacío mientras hablaba. Me dijo que había estudiado ciencias políticas y que había sido encarcelado primero por los israelíes y más tarde por funcionarios de Hamás. Hizo un gesto señalando su americana, que ahora tenía en el regazo. Durante su segundo internamiento, «Hamás trajo a un jeque moderado vestido con traje y corbata y olor a rosas para hablar de nuestro aspecto —me explicó en tono sardónico—. Si yo quiero vestir como mis camaradas de Afganistán y de Irak [es decir, con la *salwar kamiz*, el uniforme favorito de los veteranos yihadistas], resulta que está prohibido». Al fin sus carceleros lo liberaron, con una advertencia: «¡No hagas nada contra nuestro alto el fuego!».

Él se quejó: «Nos sentimos como si estuviéramos bajo un microscopio. Si se quema un cibercafé o un salón de belleza, de inmediato van a detener a la gente que conocen. Si Hamás sospecha que yo estoy detrás de toda esa agitación, me colgarán de las dos manos y los dos pies durante treinta días; eso como mínimo».

Le pregunté cuál era su principal queja contra Hamás. «Pensábamos que Hamás iba a aplicar aquí la ley islámica, pero no lo ha hecho», me respondió. Luego me habló de los «lujosos restaurantes de la playa» y me dijo que allí Hamás tolera la presencia de mujeres destapadas. «Ellos tienen un modo de vida mucho más moderado, y nosotros no podemos transigir con eso.»

Cuando le mencioné a Guilad Schalit, Abu Mohammed sonrió y declaró: «No puedo hablar de eso, pero participó un miembro de nuestro grupo» (tres facciones reivindicaron el secuestro: el brazo armado de Hamás, los Comités de Resistencia Popular y el Ejército del Islam). Mohammed me reveló que el nombre del participante era Mohammad Farwaneh, y que había muerto durante la operación. Hamás tenía el control exclusivo de Schalit. Sobre el acuerdo, Mohammed me dijo: «Lo respetamos, en aras del interés superior del intercambio de prisioneros». Afirmó que en fecha reciente su grupo había intentado llevar a cabo otro secuestro, pero que había fracasado.

Le pregunté qué era lo que atraía a los jóvenes a su movimiento. «Para empezar, tenemos una ideología clara —me respondió—. Algunos vienen porque les gusta nuestro estilo y no quieren vivir según las normas. Normalmente no nos la jugamos con ellos: en cuanto los torturan, se acabó. Otros vienen de Hamás y sienten que no se los trata con justicia.» Otros, como él mismo, creían que Hamás no seguía el verdadero islam. Abu Mohammed sostenía que la mayoría de los reclutas eran refugiados como él, pero «muchos son autóctonos de familias radicales, de las que creen que no hay tercera vía».

Las operaciones conjuntas con Hamás, como el secuestro de Schalit, habían terminado. «Ya no tenemos ninguna reunión con Hamás —me aclaró—. Es casi como si ellos quisieran acabar con nosotros.» Finalmente me miró a los ojos. «Sabemos lo fuertes que son y el apoyo que tienen en la calle, pero no podemos vivir para siempre en la clandestinidad.»

Seis semanas después de esta conversación, un grupo de islamistas radicales que se autodenominaban los Soldados de los Compañeros de Dios se plantaron en las escaleras de una mezquita, cerca de la frontera egipcia, y declararon que Gaza era un emirato islámico. Aquella tarde, miembros del ala militar de Hamás y agentes de la policía de Gaza rodearon la mezquita, exigiendo que los radicales se rindieran. Se produjo un tiroteo, que se prolongó durante la noche. Murieron al menos 24 personas, incluyendo el líder del grupo, el jeque Abdel Latif Mussa, y otras 100 resultaron heridas. No he podido determinar si Abu Mohammed se contaba entre las víctimas, pero una de las víctimas mortales de Hamás era Abu Yibril Shimali, un comandante de su brazo armado; los israelíes lo culpaban de haber orquestado la captura de Guilad Schalit.

Justo en las afueras de Rafah, la capital del contrabando de Gaza, se erguía una valla publicitaria con un retrato de Schalit detrás de unos barrotes, con la foto yuxtapuesta de un combatiente de Hamás enmascarado. El texto, en árabe, declaraba: «Vuestro prisionero no estará a salvo y seguro hasta que estén a salvo y seguros nuestros prisioneros». En un lugar donde apenas existe la propaganda comercial, a primera vista la valla publicitaria parecía uno más de los ubicuos carteles de mártires.

El pálido rostro de Schalit y su expresión dócil asaltaban la imaginación de los gazatíes. Había surgido un potente sentimiento de identificación entre el tímido soldado y el pueblo cuyo gobierno lo retenía como rehén, pero aquella semejanza dolía a muchos. Como Schalit, los gazatíes estaban confinados y abandonados; pero, a diferencia de él, a nadie le importaba. «Todo el mundo habla de Schalit como si fuera un santo —se quejaba Ahmed Yusuf, el subsecretario de Exteriores—. El mundo entero muestra su preocupación por un soldado que todavía es joven y soltero.» Mientras tanto, Israel retenía a más de 7.000 palestinos, casi 900 de ellos de Gaza, a quienes, como

Schalit, se había separado de sus familias y a veces se retenía sin cargos. «La gente se pregunta: "¿Qué diferencia hay entre su Schalit y nuestros Schalits?" —señalaba Yousuf—. Todos somos Schalits.»

Hablé con Osama Mozini, un profesor de educación de la Universidad Islámica que supervisaba las negociaciones sobre Schalit en nombre del gobierno palestino. Mozini, un hombre fornido de barba hirsuta, había pasado cinco años en una cárcel israelí y había sido detenido tres veces por la Autoridad Palestina a causa de las actividades de Hamás. Le pregunté por qué no podía mostrarse más flexible en sus negociaciones sobre Schalit. Era evidente que Israel ansiaba llegar a un acuerdo que implicaría la liberación de cientos de palestinos, muchos de ellos condenados por delitos de sangre. Mozini se indignó ante la sugerencia de que los prisioneros palestinos eran asesinos y Schalit no. «El que está secuestrado es un soldado israelí que se encontraba en la frontera disparando fuego de artillería que mataba a palestinos —me dijo—. No nos lo llevamos del mercado o de su familia. Nos lo llevamos de un tanque del ejército en la frontera de Gaza.»

Las FDI nunca revelarían si Schalit había participado o no en acciones militares contra Gaza, pero sí era cierto que los tanques que flanqueaban la frontera disparaban fuego de artillería sobre el territorio, causando muchas víctimas al azar. Mientras yo estuve allí, una adolescente resultó muerta, y su hermano pequeño herido, en uno de aquellos incidentes. Los israelíes mantenían una «zona parachoques» a lo largo de la frontera de algo menos de un kilómetro de anchura, lo que suponía vetar el acceso como mínimo al 30 por ciento de la tierra cultivable de la Franja. Más o menos cada kilómetro y medio a lo largo del perímetro había instalados emplazamientos de ametralladoras controladas por control remoto, conocidos como puntos de «detección y ataque» y manejados por personal íntegramente femenino que utilizaba *joysticks* para apretar el gatillo desde una remota base israelí. «Casi cada semana se sabe de casos en que disparan a granjeros», me explicaba Mohammed Ali Abu Nayela, un investigador de Oxfam. También me dijo que los gazatíes sabían que la norma era: «Si te veo, te disparo».

Mozini afirmaba que los gazatíes que tenían parientes retenidos en Israel no le presionaban para que llegara a un acuerdo con respecto a Schalit. «Ellos nos respaldan —me dijo—. Todo el mundo nos pide que nos mantengamos firmes para recuperar a nuestros prisioneros, porque esta es nuestra única oportunidad.»

Mozini empezó a recitar los nombres de presos gazatíes penados con condenas de más de mil años. Hassan Salameh, un agente de Hamás, cumplía cuarenta y ocho cadenas perpetuas consecutivas por reclutar a terroristas suicidas. Walid Anjes ayudó a planear el atentado del Café Moment y otros dos atentados igualmente devastadores; cumplía veintiséis cadenas perpetuas. Mozini mencionó también a un preso llamado Abdel Hadi Suleiman Ghneim: «Iba en un autobús. Lo único que hizo fue agarrar el volante y arrojarlo por un precipicio. —Se rio—. Murieron dieciséis personas y muchas resultaron heridas; ¡hasta el propio Ghneim resultó herido!». Ghneim fue condenado a una cadena perpetua por cada una de las personas que murieron en el autobús. Mozini consideraba ridículas aquellas penas. Me aseguró que Israel no tenía «otra opción» que cumplir las condiciones de Hamás.

Me dirigí a Rafah para examinar los túneles que habían creado una auténtica economía subterránea en Gaza. Todo lo que entraba o salía de la Franja, excepto las aproximadamente tres docenas de mercancías que Israel permitía entrar en el territorio, viajaba a través de un agujero en el suelo. Aquello incluía gasolina, vacas, armas, dinero, medicinas, coches (que se desmontaban para el viaje) y personas. Había cientos de esos túneles, que se convirtieron en uno de los principales objetivos de la fuerza aérea israelí durante la operación Plomo Fundido. Cuando yo llegué, unos meses más tarde, los responsables de cavar los túneles todavía estaban reparando los daños; prácticamente el único trabajo de reconstrucción que pude ver en Gaza. Una hilera larga e irregular de tiendas de campaña se extendía a unos cincuenta metros de la frontera egipcia entre grandes montones de arena, mientras una serie de hombres descamisados trabajaban en sus respectivas parcelas. Al otro lado de la frontera se veía un pueblo que en otros tiempos había formado parte de la conurbación de Rafah, antes de que la valla de seguridad dividiera la ciudad. Los trabajadores dirigían los túneles hacia distintos edificios a través de la frontera, donde sus colaboradores habían excavado antes el suelo de un cuarto de baño o bien un hoyo bajo una cama. La mayor parte del contrabando se realizaba de noche, haciendo honor a la presunción de que las excavaciones eran secretas a pesar de que desde una cercana comisaría egipcia se podían ver con claridad las tiendas de campaña de quienes excavaban los túneles. De vez en cuando los egipcios tomaban medidas, volando o inundando los pasos. A veces los túneles también se derrumbaban, sobre todo después de que se hubieran producido bombardeos, que desestabilizaban el suelo. Sin embargo, la de los túneles era una de las pocas industrias que funcionaban en Gaza, y hasta los ataques israelíes de diciembre proporcionaba unos 35.000 empleos.

En el túnel que tuve ocasión de visitar había tres hombres trabajando en la superficie y otros veinte bajo tierra. Una polea motorizada extraía cubos de arena. Pueden hacer falta tres meses para abrirse camino hasta el otro lado. El operador del túnel, un joven de amplia sonrisa y brillantes depósitos de calcio en los dientes, se presentó con malicia como Abu Hussein. Los demás hombres rieron: se trata de un nombre cariñoso que se utiliza en Gaza para referirse a Barack Hussein Obama. El operador cobraba a sus clientes mil dólares por transportar una tonelada de materias primas por el túnel, o 50 por un saco de 40 kilos. Me dijo que quienes cruzaban los túneles solían chocar con frecuencia unos con otros bajo tierra: «Esto es como un queso suizo». Fue por un túnel así por donde los captores de Guilad Schalit penetraron en territorio israelí.

También había viejos cohetes Grad, de diseño soviético y fabricados en Corea del Norte y en China, y misiles de imitación iraníes viajando a través de los pasos subterráneos, lo que constituía una de las razones de que Israel sintiera la urgencia de actuar, dado que esas armas tenían un alcance mucho mayor que los cohetes caseros. Desde el extremo septentrional de Gaza, los Grad podían alcanzar Ascalón, a unos once kilómetros de distancia, una ciudad de más de cien mil habitantes.

Según las FDI, entre 2000 y 2008 se dispararon alrededor de doce mil cohetes y morteros contra Israel; a veces se lanzaban hasta sesenta u ochenta cohetes al día, pero dada su imprecisión el número de víctimas israelíes era relativamente bajo: menos de treinta muertos. Aun así, la inquietud y la ira desatadas por aquella lluvia sometieron al gobierno de Ehud Olmert a una presión extrema en el período previo a las elecciones israelíes, que habían de celebrarse en febrero de 2009. A lo largo de la frontera israelí de Sederot, la comisaría de policía exhibía las carcasas explosionadas de cientos de cohetes que habían aterrizado en la zona. Barack Obama había estado allí cuando era candidato a la presidencia, en julio de 2008. «Ningún país aceptaría que aterrizaran misiles sobre las cabezas de sus ciudadanos —había dicho—. Si cayeran misiles donde duermen mis dos hijas, yo haría todo lo posible por detenerlos.» Pese a las palabras de apoyo de Obama, el gobierno israelí decidió dejar zanjada la guerra antes de que la administración Bush abandonara el poder.

El objetivo declarado de la operación Plomo Fundido era «destruir la infraestructura terrorista», pero había también otros objetivos de mayor alcance. «No podemos permitir que Gaza permanezca bajo el control de Hamás», afirmaba Tzipi Livni, entonces ministra de Exteriores. Seis meses antes de que se iniciara la operación, Israel y Hamás habían acordado una tregua, pero ninguno de los dos bandos creía de forma honesta en la posibilidad de la paz. Cada uno de ellos se había deshumanizado tanto a los ojos del otro que Israel sentía un auténtico placer ante la visión de la catástrofe que se cernía sobre Gaza. El subsecretario de Defensa israelí, Matan Vilnai, invocó el Holocausto, advirtiendo de que los gazatíes se estaban «haciendo acreedores a una Shoá aún mayor, puesto que emplearemos toda nuestra fuerza de todas las formas que juzguemos apropiadas». Mientras tanto, Fazi Hamad, un miembro del Parlamento palestino, alardeaba de que la política de Hamás era utilizar a civiles como escudos humanos. «Nosotros deseamos la muerte tanto como vosotros la vida», declaraba, hablando supuestamente en nombre de todos los gazatíes —la mitad de ellos niños— que estaban atrapados en la Franja.

El 19 de diciembre de 2008, la tregua de seis meses entre Hamás e Israel expiró formalmente. Israel estaba dispuesto a prorrogarla, pero Hamás se negó. Haniya se quejaba de que Israel no había suavizado el bloqueo, tal como estipulaba el acuerdo, de modo que los cohetes de Hamás empezaron a volar de nuevo. Por entonces Gaza se había quedado sin aliados. Yossi Alfer, analista político israelí y antiguo oficial del Mossad, se encontraba en Europa cuando se inició la invasión. «Yo estaba echando un buen trago con un colega saudí —recordaba—. Me dijo: "Esta vez hacedlo bien".»

Unas semanas antes de que se iniciara la operación Plomo Fundido, el coronel Herzi Halevi, comandante de la 35.ª Brigada de Paracaidistas de las FDI, volaba sobre la Franja en un helicóptero cuando vio despegar tres cohetes del campo de refugiados de Jabalia. «Vi el arco iris de humo, y luego, al cabo de cincuenta o sesenta segundos, los vi caer en Sederot —me explicaba—. A las once de la mañana. Los niños están en la escuela. Que vivan o mueran es una cuestión que depende de si tienen suerte o no. Eso es algo que ningún otro país puede aceptar.»

Halevi, que en la actualidad es general de brigada, es un hombre alto y delgado, y como comandante tiene fama de ser apacible y en ocasiones algo distante. Como muchos israelíes, había llegado a la conclusión de que los gazatíes se merecían lo que iban a recibir. «Yo tenía la sensación de que al otro lado de la valla, en la Franja de Gaza, no encontrábamos un liderazgo claro, o siquiera el sonido del pueblo de Gaza diciendo algo distinto que no fuera combatir, disparar cohetes y secuestrar.» Su larga carrera le ha enseñado que, a la hora de tratar con el terrorismo, «si no te muestras lo bastante resuelto, [lo que hagas] no resultará eficaz». Había pasado una gran parte de su trayectoria profesional en Sayeret Matkal, una unidad de élite especializada en el rescate de rehenes. Es probable que rescatar a Guilad Schalit fuera otro de los objetivos de la operación, aunque las FDI no harían comentario alguno al respecto. «Les dije a mis soldados que esa no era nuestra misión —me explicaba Halevi—. Nuestra misión consistía en cuidar de no convertirnos en otro Guilad Schalit.»

La mañana del 27 de diciembre de 2008 tenía lugar un ejercicio de instrucción en la academia de policía de la ciudad de Gaza. Había un montón de agentes en el patio. Mientras, en la acera de enfrente, los niños salían de la escuela. Un par de F-16 israelíes cruzaron el cielo con gran estruendo; formaban parte de la primera oleada de aviones cuyo objetivo eran las comisarías de policía, los centros de mando y los campos de entrenamiento de Hamás. Las explosiones destrozaron el patio. En menos de cinco minutos murieron docenas de personas y cientos de ellas resultaron heridas.

En la escuela hubo muchos estudiantes heridos. Mientras los padres buscaban desesperadamente a sus hijos, otra oleada de aviones sobrevoló la Franja, esta vez para atacar a los militantes, que se esperaba que respondieran lanzando cohetes. De hecho, aquel día murió un israelí alcanzado por un cohete de Hamás. Por otra parte, según la ONU, el número de muertos en Gaza alcanzó la cifra de 280, más 900 heridos. Fue uno de los días más mortíferos del conflicto entre Israel y sus vecinos desde 1967.

Un profesor árabe, que pidió no ser identificado, llevó al hospital Al-Shifa a uno de sus alumnos, un muchacho de catorce años, con trozos de cristal incrustados en la espalda y en una pierna. Aquella noche, el profesor y su familia se quedaron en casa. «El bombardeo empezó de nuevo; era como un terremoto, nuestra casa temblaba», recordaría más tarde. Tenía miedo de que se rompieran las ventanas, de modo que las quitó. Hacía un frío glacial, y los servicios públicos de su vivienda estaban cortados. Al día siguiente salió a ver si encontraba comida y combustible. Cerca de su casa yacía una mezquita que había quedado destruida. También estaba cerca la escuela primaria de Beit Lahia, que la UNRWA había convertido en un refugio de emergencia para 1.500 personas. Acababa de ser alcanzada por proyectiles de artillería de fósforo blanco. Este tipo de munición suele emplearse para crear cortinas de humo, pero también actúa como una potente bomba incendiaria, y su uso en zonas civiles se considera un crimen de guerra. «El humo es muy blanco, y cuando llega al suelo no explota, solo quema», recordaba el profesor. Los tentáculos de fuego que envolvían la escuela le hicieron pensar en un gigantesco pulpo. Dos niños murieron abrasados.

Desde el primer momento se produjo una disputa en torno a quiénes de entre los muertos y heridos podían calificarse como «civiles». Algunos policías de Gaza habían sido reclutados por el ala militar de Hamás, pero los israelíes consideraban a todo el cuerpo policial parte del aparato de la organización. Hubo varios casos de drones armados que mataron a niños que estaban en las azoteas. ¿Eran «vigías», como especulaban los israelíes, o solo niños que estaban jugando, como sostenían los activistas pro derechos humanos presentes en Gaza? Este tipo de cuestiones muestran la dificultad que plantea cualquier conflicto urbano a la hora de diferenciar a los verdaderos combatientes de los civiles inocentes. Y asimismo ponen de relieve los sesgos que habían arraigado en cada uno de los dos bandos: la creencia israelí de que los terroristas de Hamás y el pueblo gazatí eran lo mismo; y la tendencia gazatí a apoyar cualquier acto de resistencia contra los israelíes más allá de lo contraproducente que pudiera resultar.

La operación aérea duró más de una semana. La principal cárcel de Gaza fue alcanzada mientras los presos permanecían todavía en sus celdas. Los drones atravesaron la Franja de un lado a otro, usando cámaras de alta resolución para guiar misiles contra objetivos precisos. Sin embargo, pese a la precisión de tales armas, diversos grupos pro derechos humanos israelíes y palestinos informaron de la muerte de ochenta y siete civiles por ataques de drones, incluyendo a doce personas que estaban esperando un autobús de la ONU.

El 30 de diciembre, la fuerza aérea empezó a demoler edificios públicos e instituciones culturales. «Las autoridades israelíes afirmaron que iban a destruir la infraestructura del terror», me explicaba John Ging, el director de la UNRWA. Pero también atacaron lo que él denominaba «la infraestructura de la paz», como la Escuela Americana Internacional de Gaza, la principal institución educativa de la

Franja. «Ya había sido atacada en dos ocasiones por los extremistas —me explicaba Ging—. Pero no lograron destruirla. Para eso hizo falta un F-16.» El conserje de la escuela resultó muerto en el ataque. También fueron atacados los ministerios de Hacienda y Exteriores, el palacio presidencial y el Parlamento. «Son los edificios de la democracia —afirmaba Ging—. En la comunidad internacional hemos empleado una década en construirlos para un futuro estado de Palestina, y ahora están en ruinas.» A lo largo de un período de seis horas, varios edificios del complejo de la UNRWA que albergaban los suministros de comida y combustible de la organización fueron bombardeados una y otra vez, a pesar de las numerosas llamadas de funcionarios de la ONU protestando contra el ataque.

Mientras tanto, Hamás siguió lanzando cohetes contra Israel. Uno de ellos impactó en un edificio en construcción en Ascalón, matando a un trabajador de la construcción beduino e hiriendo a otros dieciséis compañeros. Una madre de cuatro hijos murió al explotar otro cohete junto a su coche en el centro de Asdod. Otro fue a parar a Beerseba, a cuarenta kilómetros de la frontera de Gaza, hiriendo a seis ciudadanos israelíes, entre ellos un niño de siete años. Otro cohete aterrizó cerca del hospital Barzilai, en Sederot. «Quizá Dios impidió que alcanzaran el hospital», me decía el director, Shimon Scharf. Luego un cohete Grad impactó en un centro comercial de la ciudad. «Veinte minutos después tenía a ochenta y cinco pacientes en urgencias —explicaba Scharf—. Al día siguiente eran ciento treinta.» Cuatro o cinco de ellos —me aclaró— eran «víctimas reales», incluyendo a una mujer que tenía metralla en la cara. El resto sufrían lo que el doctor Scharf diagnosticó como estrés postraumático.

El ejército israelí no escatimó esfuerzos para preservar las vidas de los civiles en Gaza. Se lanzaron dos millones y medio de octavillas sobre las áreas que iban a ser objeto de ataque, instando a los no combatientes a «desplazarse a los centros de las ciudades». Pero Gaza es en esencia una ratonera, y los centros de la ciudad también fueron atacados. Asimismo, los oficiales de inteligencia llamaron a los residentes cuyas casas iban a verse afectadas por los ataques, instándolos a huir. La fuerza aérea israelí lanzó también «bombas de advertencia»

—pequeños proyectiles por lo general vacíos de explosivos y cuyo objetivo es solo hacer ruido— sobre los tejados de las casas para avisar a los residentes de que escaparan antes de que se lanzaran sobre ellos las bombas de verdad.

Durante los ocho días que duraron los bombardeos, se alcanzaron las instalaciones de agua y electricidad de la Franja, y muchas mezquitas quedaron destruidas. Los israelíes afirman que dichas mezquitas servían como depósitos de armamento para la resistencia, y que Hamás puso en peligro a sus propios conciudadanos lanzando ataques desde zonas civiles.

Durante todo ese tiempo, tropas terrestres rodearon el perímetro de Gaza. No se había logrado ninguno de los objetivos de la operación: cada día seguían produciéndose ataques con cohetes y morteros desde la Franja, Hamás seguía manteniendo el control y Guilad Schalit seguía en paradero desconocido. Los representantes de Hamás incluso hostigaban a los israelíes diciéndoles: «Estamos esperando a que entréis en Gaza para mataros o convertiros en Schalits». Aquella perspectiva estaba muy presente en la mente de algunos jefes militares. Según la prensa israelí, incluso se ordenó a los soldados que, en caso de ser capturados, se quitaran la vida. Según el periódico de Tel Aviv *Yediot Ahronot,* un comandante aseguró a sus tropas: «Pase lo que pase, nadie será secuestrado. No tendremos un Guilad Schalit 2».

El 3 de enero se inició una invasión terrestre. Según Amnistía Internacional, a algunos soldados israelíes se les alentó a disparar a «cualquier cosa que se moviera». Más tarde, varios soldados hablarían a una organización pro derechos humanos llamada Rompiendo el silencio sobre el comportamiento de las fuerzas israelíes durante la operación Plomo Fundido. Uno de ellos contó que sus órdenes eran: «¿Ves una casa, una ventana? Dispara a la ventana. ¿Que no ves a ningún terrorista allí? Dispara a la ventana. […] En la guerra urbana todo el mundo es tu enemigo. Nadie es inocente». Otro soldado explicaba: «El objetivo era llevar a cabo una operación con el menor número de víctimas posible para el ejército, sin que este se preguntara siquiera cuál sería el precio para el otro bando». Un rabino militar les dijo a los soldados: «Nada de compasión. Dios os protege. Todo lo que hacéis está santificado», y «Esta es una guerra santa». Las tropas terrestres atacaron Gaza a la vez por el norte y el este. Los soldados esperaban encontrar una fiera resistencia, pero las zonas fronterizas resultaron estar estremecedoramente vacías. Algunas unidades pasaron una semana entera en la Franja sin ver a un solo árabe. Halevi condujo a los paracaidistas a la zona nororiental. La primera noche ocupó una pequeña población, Al-Atatra. «Esto es lo que encontré», me diría más tarde en su despacho, situado en una base militar cerca de Tel Aviv. Desplegó un mapa, dibujado por combatientes de Hamás, que mostraba dónde iban a apostarse los francotiradores, los túneles que se habían excavado y los dispositivos explosivos improvisados que habían colocado. «Tomaron un vecindario civil y lo convirtieron en un campamento militar», observaba Halevi. Luego me mostró fotografías de alijos de armas que sus soldados habían descubierto ocultos en mezquitas y de casas en las que se habían colocado bombas trampa. «Esta es la casa de uno de los oficiales de Hamás en El Atatra —me dijo, proyectando una foto de un maniquí que permanecía al pie de una oscura escalera—. El maniquí debía hacernos creer que era un soldado. Tras él había un AEI.* También se abría un túnel. La idea era que nuestros soldados vieran el maniquí, corrieran a dispararle, y el AEI explotara. Entonces los terroristas saldrían del túnel y secuestrarían a nuestros soldados.»

La organización Human Rights Watch informó de once casos de soldados israelíes que dispararon a civiles ondeando banderas blancas, entre ellos cinco mujeres y cuatro niños; uno de los numerosos incidentes que los grupos pro derechos humanos afirman que pueden constituir crímenes de guerra. Según Halevi, los combatientes de Hamás habían colocado armas en varias casas para poder disparar contra los israelíes. Cuando las tropas se acercaban, los combatientes salían desarmados, agitando una bandera blanca. Amparados por ese disfraz, corrían hacia otro alijo de armas y reanudaban los disparos.

---

* Artefacto explosivo improvisado. *(N. del T.)*

Halevi también acusaba a Hamás de usar escudos humanos: «Si disparas un cohete y dos segundos después sostienes a un niño entre las manos para protegerte de nuestros helicópteros, eres tú el que estás cometiendo un crimen de guerra» (Amnistía Internacional ha informado de que no ha encontrado «evidencia alguna de que Hamás u otros combatientes palestinos dirigieran el movimiento de civiles para proteger objetivos militares de posibles ataques»).

Por su parte, Halevi me decía: «Lo más fácil habría sido atacar desde el aire con cañones: limitarse a borrar la ciudad del mapa. Pero ni siquiera se nos pasó por la cabeza». Me explicó que su unidad había corrido riesgos adicionales a fin de evitar que hubiera víctimas civiles. Uno de sus oficiales resultó muerto. «Que se nos compare con las tribus de Darfur, o con Bosnia, donde de veras se cometieron crímenes de guerra, es algo que no puedo entender», me decía.

La mayoría de los objetivos militares inmediatos de Israel se alcanzaron al cabo de unas horas de la invasión terrestre. Lo que siguió fue la destrucción sistemática de la infraestructura de Gaza. El hospital Al-Quds, donde se trataba a muchos de los heridos, fue bombardeado debido a la errónea creencia de que el edificio albergaba el cuartel general de Hamás. Mientras tanto, los tanques dispararon sobre casas, mezquitas y escuelas. La marina israelí ametralló edificios a lo largo de toda la costa, además de la sede central de la inteligencia, en la ciudad de Gaza, y las excavadoras blindadas derribaron casas y fábricas. El viceprimer ministro israelí, Eli Yishai, declararía más tarde: «Aunque los cohetes caigan en el campo, o en el mar, tenemos que atacar su infraestructura y destruir cien casas por cada cohete disparado». Las casas que no se destruían a veces eran saqueadas y destrozadas. Halevi tuvo que enviar a varios soldados de regreso a Israel por violaciones del código ético «Les dijimos: "No os queremos, tenéis un nivel de moralidad que no aceptamos".» Pero la mayoría de los daños eran tolerados de forma oficial, cuando no alentados. Según varios organismos internacionales, el 14 por ciento de los edificios de Gaza resultaron parcial o totalmente destruidos, incluyendo 21.000 hogares, 700 fábricas y empresas, 16 hospitales, 38 centros de atención primaria y 280 escuelas.

Murieron trece israelíes, nueve soldados —cuatro de ellos por «fuego amigo»— y cuatro civiles, que fueron alcanzados por cohetes (la cifra de víctimas israelíes fue mínima debido a que muchas de las personas que residían cerca de la frontera huyeron de la zona, y los que se quedaron se refugiaron en búnkeres fortificados). Hamás sostiene que solo perdieron a 48 combatientes durante toda la operación. En cambio, el número de víctimas civiles en Gaza fue mucho mayor. Según Amnistía Internacional, murieron 1.400 gazatíes, entre ellos 300 niños, y otros 5.000 resultaron heridos. Por su parte, Israel afirma que solo murieron 1.166 palestinos, 295 de ellos civiles.

Dado que el ejército israelí prohibió a los observadores y periodistas internacionales entrar en Gaza durante la operación, la magnitud de la destrucción quedó en gran parte oculta para la opinión pública. Una voz de Gaza que llegó a hacerse familiar para los telespectadores israelíes fue la de Izzeldin Abuelaish, un palestino ginecólogo y activista en favor de la paz que se había formado y ejercido en Israel. A menudo hablaba para el Canal 10 de la televisión israelí, informando, en hebreo, sobre la crisis sanitaria que se producía en los hospitales de Gaza. El 16 de enero, un día antes de que terminara la guerra, un proyectil disparado por un tanque entró por la ventana de uno de los dormitorios de su piso, situado en la cuarta planta de un edificio en Jabalia, matando a dos de sus hijas adolescentes y a una sobrina, e hiriendo de gravedad a otra hija y a otros parientes. Su hija mayor, que se precipitó corriendo a la habitación para ver qué había ocurrido, murió alcanzada por un segundo proyectil.

Poco después llamó con su teléfono móvil al locutor del Canal 10 Shlomi Eldar, que se encontraba en mitad de un programa. Eldar contestó directamente en antena, y los angustiados lamentos de los Abuelaish al otro extremo de la línea conmocionaron a muchos israelíes. «¡Nadie puede venir a buscarnos! —gritó el doctor, pidiendo ayuda para llevar a su familia herida a un hospital—. ¡Dios, mío… Shlomi!, ¿alguien puede ayudarnos?» Eldar logró persuadir al ejército israelí de que dejara pasar a las ambulancias para rescatar a los supervivientes.

Al principio las FDI afirmaron que el edificio había sido alcanzado por cohetes palestinos, y luego, cuando esa versión fue desmentida, que el tanque israelí había respondido a unas figuras «sospechosas» divisadas en el tercer piso. Más tarde aún, las FDI admitieron que el tanque había disparado los dos proyectiles que mataron a las dos niñas.

«Hemos demostrado a Hamás que hemos alterado la ecuación», afirmaba Tzipi Livni el 12 de enero, cinco días antes de que Israel declarara un alto el fuego unilateral y empezara a retirarse de la Franja. «Israel no es un país sobre el que se puedan lanzar misiles sin que responda. Es un país que, cuando se dispara sobre sus ciudadanos, responde de manera desenfrenada.»

La mañana en que los israelíes iniciaron su retirada, Hamás lanzó otros cinco misiles sobre Sederot, y luego declaró su propio alto el fuego. Jaled Meshal, que por entonces se encontraba en Damasco lejos de la acción, reivindicó la victoria de Hamás.

En junio de 2009, cinco meses después de la operación Plomo Fundido, Hamás patrocinó un taller realizado en la ciudad de Gaza y denominado «Cómo hablar con Israel». Asistieron dos docenas de personas, la mayoría de ellas académicos o periodistas. «Lo que Israel sabe de Hamás es que Hamás quiere eliminarlos», observó uno de los participantes. Gobernar impone nuevas responsabilidades —añadió—, pero desde su llegada al poder «Hamás no ha cambiado su discurso». Un miembro del público apuntó que Hamás ni siquiera había decidido cómo llamar a Israel, señalando que algunos oradores habían utilizado la expresión «entidad israelí», mientras que otros lo habían denominado «entidad sionista». «No puedes decirle a nuestra propia opinión pública que vas a arrojar a Israel al mar y luego decirle lo contrario al mundo exterior: hay que tener un solo discurso —afirmó el miembro del público—. Nos dirigimos a los moderados de Israel con palabras, pero luego también les enviamos cohetes. Debemos ser responsables, pero también claros en lo que queremos. El mundo no va a estar esperándonos por siempre.»

Muchos gazatíes con los que hablé se mostraban reservados en lo referente a la aplastante represalia israelí. Un cooperante palestino entendía la invasión en términos geopolíticos. «La guerra tiene un doble sentido para todo el mundo, pero sobre todo para Irán —me dijo—. Así es como será para cualquiera que piense en jugar con Israel.» Eman Mohammed, una joven fotógrafa, me comentó que se sentía conmocionada por la indiferencia del mundo árabe en comparación con Occidente. «Fíjese en Estados Unidos y el Reino Unido, enviando convoyes de ayuda —me dijo—. Puede que necesitáramos esta guerra para observar las cosas de manera distinta.» La visión de cómo se destruían edificios en Gaza le había hecho sentirse más comprensiva con respecto a la reacción de Estados Unidos al 11-S: «Yo creía que Osama bin Laden era un héroe, pero no lo es. No es más que un hombre corrupto que nos esta llevando a todos al infierno».

El profesor de Gaza me explicó que muchos niños se habían mostrado renuentes a volver a clase, porque era allí donde se encontraban cuando empezaron a caer las bombas (el Ministerio de Educación y Enseñanza Superior ha informado de que durante la operación murieron 164 alumnos y 12 profesores). Algunos de los niños se han vuelto extremadamente agresivos y han formado bandas. «No escuchan, no les importa lo que les dices», me explicaba el profesor. Otros permanecen mudos, pero «en cuanto oyen un sonido fuerte empiezan a gritar».

El chico al que llevó al hospital es ahora uno de los alborotadores. Antes de la guerra era un buen alumno. «Ahora le aguarda un futuro sombrío —me decía el profesor—. Si no prosigue su aprendizaje, no va a poder ir a la universidad. Perderá su oportunidad de ser un miembro eficaz de la comunidad. Pronto se le verá en las calles.»

Ahmed Yusuf me advertía: «Si no hay una solución en un futuro próximo, las cosas se descontrolarán. En todos los niveles encuentras a personas que sufren de una mentalidad de asedio. No saben qué dirección tomar. No hay ninguna orientación por parte de la comunidad mundial o de nuestros líderes locales. Ya no hay sabios entre los palestinos».

Hamás se atrincheró en Gaza aún con mayor firmeza que antes de la invasión, y no tardó en aprovisionarse otra vez de mejores armas, muchas de ellas suministradas o pagadas directamente por Irán. Mientras, los israelíes observaban con frustración. «Le aseguro que volveremos —afirmaba el general Halevi—, y en mejor forma, porque hemos aprendido nuestras lecciones.»

Poco después de que las tropas regresaran a Israel, Haim Ramon, por entonces viceprimer ministro, declaraba que «Israel afronta una grave crisis humanitaria, y se llama Guilad Schalit». Y a continuación añadía: «Hasta que sea devuelto a casa, no solo no permitiremos que lleguen más cargamentos a los residentes de Gaza, sino que incluso los reduciremos». En julio, el primer ministro entrante, Benjamín Netanyahu, se hizo eco de esa misma postura.

El 2 de octubre de 2009, Hamás hizo público un vídeo para demostrar que Guilad Schalit estaba vivo a cambio de la liberación de veinte prisioneras palestinas. En él, Schalit aparecía demacrado, pero con buena salud. Tres meses antes, su padre, Noam, en una declaración ante un comité de la ONU, había defendido el argumento de que el secuestro de su hijo y la negativa de sus captores a permitir que la Cruz Roja Internacional determinara si estaba vivo y sano constituían sendos crímenes de guerra. Había utilizado aquel foro como una oportunidad para dirigirse al pueblo de Gaza. «Vuestros líderes luchan para recuperar a vuestros hijos e hijas del cautiverio —declaró—. Es ese un deseo comprensible.» Sin embargo, añadía, «el destino de toda una población carcelaria no puede depender del rescate de un joven. [...] Sabéis que la injusticia cometida con mi hijo fue el desencadenante de la guerra. También sabéis que la liberación de mi hijo es la llave de la paz».

«Sé que sufrís escasez de comida —continuó—. A algunos de vuestros seres queridos les han quitado la vida; mujeres y niños, jóvenes e inocentes. [...] Como padre que habla a una multitud de padres, os pido que entendáis la angustia de mi familia.»

Posdata

El 18 de octubre de 2011, cinco años después de su captura, Schalit fue al fin intercambiado por 1.027 prisioneros palestinos y árabes israelíes. En conjunto, eran responsables de la muerte de 569 israelíes. Según diversos informes, docenas de ellos han retornado a la actividad paramilitar.

Schalit pasó a trabajar como periodista deportivo para el *Yedioth Ahronoth*, el principal diario de Israel.

En julio de 2014, Israel lanzó otra operación militar contra Gaza, con el objetivo de reducir los ataques con cohetes de Hamás y destruir la red de túneles. En aquella guerra, que duró un mes, murieron más de 2.000 gazatíes, la mayoría de ellos civiles, según las organizaciones pro derechos humanos; por su parte, Israel informó de la muerte de 66 soldados, además de cinco civiles israelíes y un trabajador tailandés.

Cinco rehenes

Cinco familias estadounidenses, cada una de las cuales ocultaba un grave secreto, ocuparon sus asientos en torno a una enorme mesa de comedor en casa de David Bradley, un empresario de Washington dueño del grupo mediático que publica la revista *The Atlantic*. Era el 13 de mayo de 2014, y en el jardín que se extendía tras la cristalera, donde florecían las magnolias y los cornejos, se había erigido una carpa para un evento del que la esposa de Bradley, Katherine, iba a ser anfitriona la tarde siguiente. La elegante casa adosada de estilo georgiano de los Bradley, situada en la zona de las embajadas, es uno de los salones sociales de la ciudad: allí, periodistas y políticos se encuentran en cenas extraoficiales con jueces del Tribunal Supremo, milmillonarios del software y jefes de Estado.

Sin embargo, aquellas familias no estaban habituadas a una gran riqueza o influencia. De hecho, la mayoría de ellas nunca habían estado antes en Washington. Hasta hacía poco ni siquiera se conocían unas a otras, ni conocían al inesperado benefactor que las había reunido. Eran los padres de cinco estadounidenses que habían sido secuestrados en Siria. El FBI había advertido a las familias que no hablaran en público sobre sus hijos desaparecidos, y sus captores habían amenazado con matar a los rehenes si se filtraba la noticia, de modo que cada una de aquellas familias había seguido acudiendo al trabajo y a la iglesia un mes tras otro, asegurando a sus compañeros, vecinos y parientes que no pasaba nada, solo para llegar a casa y tener que afrontar nuevas amenazas y demandas de rescate. Tras ocultar la verdad durante tanto tiempo, las familias se habían sentido reconfortadas al saber que otras estaban pasando por el mismo calvario, y confiaban en que colaborando unas con otras podrían llevar a sus hijos de vuelta a casa.

Bradley, que entonces tenía sesenta y dos años, es un hombre pálido y casi del todo calvo, salvo por un círculo de cabello de un blanco intenso. Posee cierto aire sacerdotal: aspecto apacible, voz suave, las manos juntas sobre el regazo; pero ese comportamiento refinado oculta una ambición y una perseverancia considerables. Por aquellas fechas su grupo editorial, Atlantic Media, había acumulado ya media docena de cabeceras, desde el *National Journal* hasta *Quartz*.

Bradley se interesó por la tragedia de aquellas familias porque ya había ayudado a liberar a otros rehenes en una ocasión anterior. En 2011, en Libia, un grupo de soldados leales al gobierno del coronel Gadafi capturaron a Clare Gillis, una periodista independiente que había escrito varios artículos para el sitio web de *The Atlantic*, junto con otros dos reporteros (un cuarto periodista fue asesinado). Bradley se había quedado perplejo al enterarse de que el gobierno estadounidense no había intentado negociar para recuperar a los rehenes. Aunque Gillis no era empleada de *The Atlantic*, Bradley se sintió en la obligación de ayudarla, y montó un pequeño equipo, reclutado en su mayoría entre su personal, para tratar de localizarla. Bradley dibujó varios círculos concéntricos en una pizarra blanca. El más pequeño representaba a las personas que estaban directamente a cargo de los rehenes, como sus carceleros y centinelas; otro círculo más amplio incluía a los oficiales militares y miembros de menor rango de la administración Gadafi; aún más amplio era el círculo de los altos funcionarios libios, incluyendo al propio Gadafi y a su familia. El mayor de todos los círculos contenía a cualquier persona que Bradley o sus empleados pudieran creer que podría tener alguna conexión con las de los círculos más pequeños. Bradley denominó a aquel dibujo un gráfico de análisis de red. La idea era que alguien conocería a alguien que a su vez conociera a alguien que pudiera localizar a Gillis. El equipo identificó a unas cien personas a las que acudir. Una de ellas los llevó hasta una estadounidense, Jacqueline Frazier, que antaño había vivido en Trípoli, trabajando como ayudante personal de uno de los hijos de Gadafi. Frazier se ofreció voluntaria para regresar a Libia, y allí persuadió a sus contactos en el gobierno de que liberaran a los periodistas, cosa que hicieron después de cuarenta y cuatro días de cautiverio. No había resultado tan difícil conseguir que Gillis recuperara su libertad. Pero ¿qué habría sido de ella si nadie lo hubiera intentado? El éxito de aquella aventura anterior en Libia animó a Bradley a volver a probar suerte una vez más, en esta ocasión en los campos de la muerte, aún más caóticos, de Siria.

En la cena celebrada en Washington, Bradley instó a las familias a servirse antes de que el plato principal —pastel de pollo— se enfriara. Cuando todo el mundo se hubo sentado, sugirió que cada una de las familias, por turnos, les hablara a las demás sobre su hijo desaparecido.

JIM

Uno de los reporteros que habían acompañado a Gillis en su liberación de la cárcel libia en 2011 era un periodista independiente de treinta y siete años llamado James Foley. Bradley no había llegado a conocerle, pero tras su liberación recibió una nota suya de agradecimiento. Un par de semanas después llegó una segunda nota, en la que Foley le escribía que no había sido del todo consciente de lo mucho que debía a Bradley y a su equipo. Bradley, conmovido de que Foley se hubiera tomado aquella molestia adicional, enseñó la segunda carta a sus hijos como modelo de cortesía. Al cabo de un año Foley fue secuestrado de nuevo, esta vez en Siria, el día de Acción de Gracias de 2012.

Los padres de Foley, John y Diane, viven en una pequeña población de New Hampshire. John es médico internista, y Diane trabajaba como enfermera hasta que lo dejó para centrarse en lograr la libertad de su hijo. Por casualidad, tres de las cinco madres que participaban en la reunión de Bradley eran enfermeras. Diane ya había experimentado el recorrido a través de grises oficinas gubernamentales que los demás estaban a punto de sufrir. Su ira y su cansancio eran evidentes, y a algunos de los padres les resultaba desagradable. Pero para otros su inquebrantable firmeza era una fuente de inspiración. «Podría dirigir General Motors», afirmaba una de las madres. Diane se convirtió en la líder *de facto* de las familias.

Cuando Diane habló de su hijo, mencionó rasgos que los demás reconocieron en las historias de los suyos propios; en especial, el valor y el idealismo. Jim había sido monaguillo en una familia católica practicante, era el mayor de cinco hermanos y había crecido en «la tierra de Norman Rockwell», como la llamaba Diane. Tras graduarse en la Universidad Marquette, en Milwaukee, Foley se unió a la organización Teach For América y pasó tres años dando clases de historia y ciencias sociales a alumnos de octavo curso y haciendo de entrenador de baloncesto en un humilde barrio hispano de Phoenix. Luego pasó dos años en Irak, trabajando para un proyecto de la Agencia de Estados Unidos para el Desarrollo Internacional (USAID) y como corresponsal «empotrado» en la Guardia Nacional de Indiana. En 2011 se marchó a Afganistán como reportero para la revista militar *Stars and Stripes*.

Foley era un hombre alto e imponente, con el rostro alargado de su madre y la tez morena y la barbilla prominente —típicamente irlandesa— de su padre. Las mujeres se sentían atraídas por su amplia y abierta sonrisa y su mirada afable. Entablaba conversación sin esfuerzo, incluso en Siria, pese a hablar un árabe rudimentario. Ofrecía cigarrillos a todo el mundo, confiando en la buena voluntad de los extraños, y los niños le seguían por la calle.

Después de que Foley fuera liberado de su primer secuestro, sus parientes bromeaban con la posibilidad de esconderle el pasaporte. La mayor parte del trabajo de Foley había aparecido en GlobalPost, una agencia de noticias online fundada por Philip Balboni. Este último le ofreció a Foley un trabajo de oficina en Boston, pero a los pocos meses Jim ya añoraba volver a trabajar sobre el terreno. Regresó a Libia en octubre de 2011, durante la caída del régimen de Gadafi, y el mes de marzo siguiente formó parte de la primera oleada de periodistas occidentales que entraron en Siria. El país no tardó en convertirse en un cementerio para los corresponsales de prensa, como Marie Colvin, del *Sunday Times* de Londres, y Anthony Shadid, del *New York Times*. Pero la guerra se intensificaba, y la tropa migratoria de reporteros de guerra se estableció en la frontera turca. Allí acudió Clare Gillis, como hicieron muchos de los colegas de Foley de guerras anteriores.

Los que conocían a Foley observaron que se había vuelto más introvertido. Mostraba una vulnerabilidad que le hacía incapaz de manejar los sentimientos suscitados por la guerra. Como muchos de los demás periodistas, se oponía con ferocidad a la violencia, pero a la vez se sentía irremediablemente arrastrado hacia el conflicto. Uno de sus amigos era una joven fotógrafa llamada Nicole Tung, a la que había conocido en Libia. En julio de 2012, ambos pasaron una semana en Alepo, trabajando en un artículo sobre el hospital Dar Al-Shifa. Jim se había sentido muy afectado por lo que había visto: gente que moría por falta de material sanitario; el heroísmo de los médicos frente al salvajismo del régimen, que lanzaba bombas de barril sobre las colas del pan. Justo cuando Jim y Nicole salían de hacer una entrevista, un jet de las fuerzas gubernamentales pasó rugiendo sobre sus cabezas y bombardeó los pisos de toda la manzana. Empezó a salir gente corriendo de los edificios, cubierta de polvo y de ceniza. Jim filmó con diligencia a los muertos y heridos, pero la distancia emocional que a menudo proporciona el objetivo no podía bloquear las emociones que sentía. Ya no le bastaba ser testigo del trauma que se desarrollaba en Siria: tenía que hacer algo. Entonces organizó una campaña para recaudar fondos online que recogió diez mil dólares, que permitieron comprar una ambulancia de segunda mano en Austria que luego envió al hospital de Alepo. Jim y Nicole estaban allí cuando llegó. Al cabo de unos meses el gobierno bombardeó el hospital. La ambulancia quedó destrozada.

El día de Acción de Gracias, al ver que no tenía noticias de Jim, Diane se alarmó, ya que en las festividades siempre llamaba a casa. Al día siguiente sonó el teléfono. Era Clare Gillis. Diane supo de inmediato que no llamaba para charlar.

«Sentí una conmoción», me explicaba Diane.

«Yo ira —apostillaba John—. ¿Por qué tenemos que volver a pasar por eso?»

En un primer momento no se hizo evidente hasta qué punto los amigos y familiares de Foley habrían de alarmarse. Al fin y al cabo, había sobrevivido al secuestro anterior. Este se había convertido en una anécdota, en una confirmación de su bravuconería. Pero el hecho de que no hubiera noticia alguna de sus captores resultaba inquietante. ¿Qué ocurría con la petición de rescate?

Los Foley creían que el que retenía a su hijo era el gobierno sirio, de modo que en enero de 2013 pidieron en público su liberación. Entonces Bradley le escribió una nota a Diane ofreciéndose a ayudar de nuevo. Al principio ella lo consideró innecesario. Philip Balboni había contratado los servicios de Kroll, una firma consultora de investigaciones y seguridad, y el FBI también investigaba el caso, de modo que los Foley creían que estaban en buenas manos. En primavera, sin embargo, habían cambiado de opinión, incluyendo su valoración de los funcionarios del FBI.

«Seguían diciéndonos que no hiciéramos nada», explicaba Diane. «Y que confiáramos en ellos», añadía John. «Y diciéndonos que nuestro chico era su principal prioridad. Cosa que no creíamos.» En abril de 2013, Diane le preguntó a Bradley si podía formar un nuevo equipo.

Bradley reclutó a su principal asesora legal y mano derecha, Aretae Wyler, junto con algunos otros miembros de su oficina. También se puso en contacto con Wendy Kopp, la directora de Teach For America, para pedirle voluntarios. El nuevo equipo, ahora formado por más de una docena de personas, empezó por elaborar otro gráfico de análisis de red.

El FBI y Kroll compartían la opinión de los Foley de que Jim estaba en manos del régimen. Aquello tenía su lógica: diversas bandas chiíes adscritas al presidente sirio, Bashar al-Asad, habían secuestrado ya a otros reporteros, entre los que presuntamente figuraba Austin Tice, un fotoperiodista de Houston. Varias fuentes afirmaban que la Dirección de Inteligencia de la fuerza aérea siria retenía a occidentales en una cárcel de Damasco. Esta posibilidad parecía mejor que la alternativa. Siria se hallaba sumida en un estado de conmoción; más de un millar de grupos armados deambulaban por un país destrozado. El régimen de Al-Asad era brutal, pero al menos era un gobierno, con intereses y alianzas que podían facilitar un acuerdo. Además, la ley estadounidense prohibía pagar rescates a terroristas.

El equipo de Bradley buscó a diplomáticos y a periodistas que tuvieran contactos en la región. Querían encontrar a miembros del círculo íntimo de Al-Asad. Algunos sirios que vivían en el exilio habían mantenido vínculos con figuras influyentes, y aquellas élites se habían educado en escuelas estadounidenses. El equipo de Bradley también abordó a partidarios rusos de Al-Asad. Pero todas las fuentes de información revelaron invariablemente que el régimen no retenía a Foley. Bradley recordaría más tarde: «En verano yo era de la opinión de que, si fuera mi hijo, buscaría en el norte». Ese era ahora territorio del ISIS, y quedaba muy lejos de la tierra de Norman Rockwell.

THEO

«¿Quién es ese? —había preguntado Nancy Curtis cuando le dijeron que se pusiera en contacto con David Bradley—. ¿Y por qué quiere ayudarnos?» Ella era escéptica por naturaleza, y no demasiado inclinada a pedir favores. Curtis, administradora de un museo en Cambridge, Massachusetts, era la viva imagen de la típica intelectual de Nueva Inglaterra: irónica y audaz, con el cabello canoso cortado en un rebelde estilo paje. Para cuando asistió a la cena, sus recelos con respecto a Bradley se habían desvanecido, y resultaba extremadamente reconfortante encontrarse entre personas con el mismo secreto. Sin embargo, cuando Curtis oyó las historias de los otros chicos se sintió angustiada al descubrir que también los propios rehenes guardaban secretos; unos secretos que podían hacer que los mataran. Sin duda ese era el caso de su hijo.

Peter Theophilus Padnos tenía un doctorado en literatura comparada por la Universidad de Massachusetts en Amherst, y hablaba francés, alemán y ruso. En 2004 había estado trabajando como mecánico de bicicletas cuando de repente decidió trasladarse a Yemen y estudiar árabe. Hacía un año que se había iniciado la segunda guerra del Golfo, y los estadounidenses eran extremadamente impopulares en la región. Padnos tenía unos pocos ahorros procedentes de la venta de su primer libro, sobre la enseñanza de la poesía a los presos, titulado *My Life Had Stood a Loaded Gun*; un título inspirado en un poema de Emily Dickinson. Así era Theo: erudito, pero interesado en los delincuentes y otros marginados, siempre atraído por los extremos.

Yemen le fascinó. Nunca había vivido en una sociedad donde todo el mundo creyera en Dios. Estudió en una de las mezquitas más radicales del mundo, Dar Al-Hadiz, donde se decía que se habían formado varios miembros de Al-Qaeda, y escribió unas memorias sobre su experiencia, *Un musulmán infiltrado*, un despiadado relato sobre las vidas sin porvenir de los estudiantes y la propaganda de los imanes. En la mezquita, Padnos había declarado su lealtad al islam ante testigos, de modo que su libro parecía un equivalente a la apostasía, un pecado mortal entre los islamistas radicales.

Tras la publicación del libro, Padnos se cambió de forma oficial el nombre a Theo Curtis para poder seguir viajando a países musulmanes, pero nunca se molestó en cambiar ciertos detalles personales reveladores, como su página de Facebook. En los círculos conspiratorios por los que a menudo se movía Padnos tenía el perfil de un espía, si bien un espía no demasiado cuidadoso.

En octubre de 2012 viajó a Antioquía, una ciudad fronteriza turca que servía de cuartel general extraoficial al cuerpo de prensa que cubría el conflicto sirio. El emplazamiento de la antigua Antioquía había sido durante largo tiempo un importante destino turístico para los peregrinos cristianos. En ese momento la ciudad estaba invadida de refugiados, espías y yihadistas. Al este, al otro lado de una cordillera, se extendía Siria, donde habían perecido ya cien mil personas.

Por entonces había unos cincuenta periodistas cubriendo el conflicto de ese país; se había iniciado la batalla de Alepo, y la guerra parecía acercarse a su resolución. Los teletipos seguían allí, y de vez en cuando las cadenas enviaban a un equipo propio, pero la mayoría de los periodistas eran independientes. Bebían en los mismos bares, dormían unos en los sofás de otros, y por las mañanas se sentaban en las mismas cafeterías, contratando a colaboradores locales y haciendo planes para su próximo viaje al otro lado de la frontera. Tenían poco dinero y nada de seguridad, pero estaban escribiendo la historia. El islam se hallaba en guerra consigo mismo, se estaba redibujando el mapa de Oriente Próximo, y los periodistas independientes formaban parte en gran medida de la historia.

Padnos tenía entonces cuarenta y cuatro años, una década o dos más que la mayoría de sus colegas. Pasó unos cuantos días en un hotel de mala muerte, y luego le alquiló un apartamento a un pescadero tunecino. Pronto encontró a tres jóvenes que afirmaban ser proveedores del Ejército Libre Sirio. Por entonces los periodistas todavía entraban y salían con regularidad de Siria; de hecho, Foley no sería secuestrado hasta un mes después. De modo que Padnos y los tres hombres se dirigieron a la frontera y se colaron a través de un agujero en una valla de alambre de espino. Padnos no le había dicho a nadie adónde iba. Pocas personas sabían siquiera que había estado en Antioquía.

Nancy Curtis se sintió desconcertada cuando su hijo dejó de escribir. La estaba ayudando en la compra de una estufa de leña para una casa de vacaciones que ella tenía en Vermont, y habían estado comunicándose a diario. Después de tres días por fin recibió un correo electrónico. El asunto rezaba: «Hola». No había mensaje.

Curtis llamó a su prima Viva Hardigg. «Ha ocurrido algo nefasto», le dijo. Hardigg la creyó de inmediato. Luego se puso en contacto con otras dos primas: Amy Rosen, que era la presidenta de la junta rectora de las escuelas concertadas KIPP en Newark; y Betsy Sullivan, redactora del periódico *Cleveland Plain Dealer*. Rosen había formado parte del consejo de administración de Amtrak (la Corporación Nacional de Ferrocarriles de Pasajeros) y sabía cómo moverse en Washington; por su parte, Sullivan aportaba la experiencia de haber sido detenida por el ejército serbobosnio mientras informaba sobre aquel conflicto. Curtis, Hardigg, Sullivan y Rosen pasaron a conocerse como el «Equipo de las Chicas».

Curtis se puso en contacto con el Comité Internacional de la Cruz Roja, que suele visitar las cárceles para evaluar posibles violaciones de los derechos humanos. Esperaba descubrir que el gobierno sirio retenía a su hijo. La mujer con la que habló no tenía ninguna información al respecto, pero le dio una noticia: «No debería decírselo —le confesó—, pero hay otra familia en Nueva Inglaterra a la que debería llamar». Y le dio el número de Diane Foley.

Por entonces, la política del gobierno estadounidense era mantener cualquier información relacionada con rehenes en el más estricto secreto, por razones de privacidad, pero tanto Diane como Nancy sintieron un inmenso alivio al enterarse de que había otra familia que también buscaba a un hijo en Siria. Intercambiaron información sobre las vías que habían explorado y las personas a las que había acudido —trabajadores de ONG, funcionarios del Departamento de Estado, agentes del FBI...—, y se reprocharon no haber establecido antes contactos de emergencia para sus hijos y no haberles pedido sus contraseñas digitales. A medida que cada una de ellas iba sabiendo más sobre el hijo de la otra, ambas veían lo mucho que los dos hombres tenían en común. «¡Qué buenos amigos serán cuando todo esto acabe!», solían decir.

Una noche, en mayo de 2013, invitaron a Amy Rosen a una cena que se enmarcaba en el Foro de Ideas de *The Atlantic* en Nueva York. Ella tenía la intención de pasarse solo para tomar una copa, pero decidió quedarse al ver que la habían sentado junto a David Bradley. Rosen ya había conocido tiempo atrás a Bradley en otro evento social. Entonces le habló de Padnos y del fracaso del Equipo de las Chicas a la hora de dar con él. Bradley le explicó su teoría de los círculos concéntricos, pero admitió que su equipo todavía no había localizado a Foley. Decidieron aunar esfuerzos.

La primera noticia sobre los secuestros se produjo el 29 de julio de 2013, cuando un fotoperiodista estadounidense, Matt Schrier, escapó de su celda en Siria tras siete meses de cautiverio, y pasó a Turquía. Allí le contó a C. J. Chivers, del *Times*, que en enero le habían metido en una celda con otro estadounidense mugriento y con una barba descuidada. El estadounidense le dijo que sus captores le habían acusado de trabajar para la CIA. Durante meses, los dos hombres fueron torturados; a veces por un niño de doce años que los golpeaba y les infligía descargas de táser. Los obligaron a grabar confesiones en vídeo, vestidos con monos de color naranja que imitaban los uniformes que llevaban los presos en el campo de internamiento estadounidense de Guantánamo, en Cuba.

Schrier contó que él y su compañero de celda habían abierto un agujero en la tela metálica de una de las ventanas. Explicó que él pudo deslizarse a través del agujero, pero que su compañero de celda era más corpulento y no pudo escapar. Aunque el *Times* no daba el nombre del otro estadounidense, dos días después de la fuga de Schrier, Nancy recibió una llamada de los funcionarios del Departamento de Estado. «Tenemos una prueba de vida de Theo», le dijeron.

STEVEN

Shirley Sotloff tenía la sensación de estar en un cine viendo a actores representando papeles. Hasta el hermoso hogar de los Bradley, con sirvientes que portaban bandejas de plata, parecía un decorado. Lo cierto es que no parecía muy real cuando David Bradley les dijo que el secretario de Estado, John Kerry, se había sentado a aquella misma mesa la semana anterior, y antes que él lo había hecho el rey de Jordania.

Su marido, Art, observaba el mobiliario de la residencia de los Bradley con una elogiosa mirada profesional. Su empresa organizaba «exposiciones del hogar», es decir, exposiciones en las que se ofrecían ideas para amueblar las casas. Se fijó en la mesa y las sillas talladas a mano, en la lámpara de araña con velas de verdad, en la tela de color amarillo muy claro que revestía las paredes del comedor.

Los Sotloff, que eran de Pinecrest, un barrio residencial de Miami, habían acudido acompañados de Barak Barfi, investigador de la Fundación Nueva América. Era el mejor amigo de su hijo, Steven, otro periodista que llevaba nueve meses retenido en Siria. Barfi, un hombre brillante y enérgico, era objeto de controversia entre las familias. Él sentía claramente que debía liderar el grupo, puesto que hablaba el árabe con fluidez y era con mucho quien más conocimientos poseía entre todos ellos de Oriente Próximo. Fue Barfi quien el 4 de agosto de 2013 notificó a Art que Steven había desaparecido. Art no se lo dijo a Shirley; no quería preocuparla sin necesidad por si Steven aparecía de repente. Pero después de cuatro días ella empezó a sospechar. Entonces Art se tomó un whisky y le dio la noticia.

Steven había vivido muchos años en Oriente Próximo, pero no se había esforzado mucho en ocultar que era judío, un hecho que podía descubrirse haciendo una búsqueda en Google o echando un vistazo a su página en Facebook. Mostraba una desafiante despreocupación que ya le había ocasionado problemas en el pasado. Había sido un estudiante tan difícil que Shirley y Art le habían enviado primero a un centro especializado en chicos problemáticos, y luego a la Kimball Union Academy, un internado elitista de New Hampshire. Sarcástico y amigo de discutir, pero con una risa fácil y contagiosa, Steve tenía fama de rendir por debajo de sus posibilidades. Entonces, en su segundo año de secundaria, resucitó el periódico de la escuela, *Kimball Union*, que había dejado de publicarse por falta de financiación. Steven y otro estudiante recaudaron el dinero necesario para recuperarlo y renovarlo por completo, un esfuerzo que les valió el premio escolar de periodismo. Había encontrado su vocación.

En 2005, Steven entró en el Centro Interdisciplinario Herzliya, una universidad israelí, donde se incorporó al equipo de rugby y al club de debate. También adquirió la ciudadanía israelí. Quería ser periodista, de modo que escribió a Barfi, que por entonces trabajaba como productor para filiales de ABC News, pidiéndole consejo acerca de la posibilidad de estudiar árabe en el extranjero. Barfi, que era diez años mayor que Steven, se convirtió en su mentor. «Era un muchacho joven y regordete —recordaba Barfi—. Yo le dije: "Puedes marcharte a Egipto, que tiene una buena infraestructura educativa, pero allí estarás demasiado expuesto a influencias occidentales. Podrías ir a Siria, donde no estarás tan expuesto a Occidente, pero los de seguridad te seguirán todo el tiempo. El mejor lugar es Yemen. No hay occidentales, el estado es débil y te dejarán bastante tranquilo."» Steven siguió su consejo. En Saná se hizo pasar por un estadounidense de origen checheno de una familia musulmana laica. «Me he "convertido" ya en mi primera semana para no tener que pasar por todas esas chorradas —le escribía a un amigo—. LOL.»

En 2010 se inició la Primavera Árabe, y los aspirantes a periodistas como Sotloff acudieron a la región como un enjambre. No tardó en empezar a trabajar como independiente para el *Christian Science Monitor, Foreign Policy* y *Time*. En 2011 se hallaba en la plaza Tahrir el día de la dimisión del presidente Hosni Mubarak, y al año siguiente estaba en Libia, donde conoció a Jim Foley. Realizó para *Time* una cobertura crucial del ataque contra el consulado de Estados Unidos en Bengasi, donde murieron cuatro estadounidenses, incluyendo el propio embajador. Escribió sobre la afluencia de armas de Libia a Siria, y en diciembre de aquel año informaba desde Alepo. Durante ese período, en que la política exterior estadounidense dependía de la información que llegaba de aquellas zonas de conflicto, Sotloff ni siquiera ganó lo suficiente para tener que hacer la declaración de la renta.

Muchas publicaciones empezaron a retirar a su personal de las áreas de conflicto, lo que no hizo sino aumentar su dependencia de profesionales independientes, que carecían por completo del apoyo institucional que aportaban las grandes agencias de noticias. «Ese es el rompecabezas del periodista independiente —declaraba Jim Foley a *Newsweek* en 2012—. Creo que son solo las leyes básicas de la competencia; tienes que hacer algo que los empleados de plantilla no hacen, pero en una zona de conflicto, lo que significa que asumes mayores riesgos: llega antes, quédate más tiempo, acércate más.» Tras el secuestro de Clare Gillis en Libia, Bradley y su consejo editorial decidieron que no podían aceptar o encargar trabajos de periodistas

LOS AÑOS DEL TERROR

independientes en zonas de guerra, a menos que el periodista en cuestión tuviera experiencia previa, un detallado plan de seguridad, un seguro y el equipamiento apropiado. Por supuesto, había muy pocos profesionales independientes que pudieran ofrecer tales garantías. «Llevo aquí más de una semana, y nadie quiere a periodistas independientes por culpa de los secuestros —se quejaba Steven a un amigo en octubre de 2012, cuando estaba en el norte de Siria—. He estado durmiendo en un frente, ocultándome de los tanques estas últimas noches, bebiendo agua de lluvia.»

Los periodistas desplazados a Antioquía mantenían en secreto una página de Facebook que funcionaba como un tablón de anuncios para los reporteros y cooperantes que planeaban entrar en Siria. Allí corría la noticia de que los aeropuertos y las estaciones de tren de Turquía se estaban llenando de combatientes extranjeros atraídos por el conflicto sirio; «bichos raros», los llamaba Jim Foley. Nadie sabía qué hacer con aquel nuevo elemento.

Algunos de los miembros de la página empezaron a especular con la posibilidad de que hubiera observadores en la frontera vendiendo información sobre los reporteros a los islamistas. En diciembre de 2012, un grupo de delincuentes vinculados al Ejército Libre Sirio secuestraron a Richard Engel, un corresponsal de la NBC, junto con cinco miembros de su equipo. En marzo de 2013 fueron capturados dos cooperantes, una italiana y un británico; en mayo un fotógrafo danés, y en junio cuatro periodistas franceses y un turista alemán. Entre 2012 y 2013 fueron asesinados alrededor de setenta periodistas sirios. Pero como los medios de comunicación cumplían el bloqueo informativo impuesto sobre los secuestros, no paraban de llegar más periodistas, no del todo conscientes de los peligros que afrontaban.

Muchos de los periodistas que se encontraban entonces en Antioquía hoy explican que mantuvieron una ignorancia voluntaria, incluso cuando los riesgos se hicieron evidentes. Hablaban de los peligros entre ellos, pero seguían cruzando la frontera, alentados por la aventura, la importancia de la noticia y la euforia de la supervivencia. «Es fácil sentirse invencible, incluso con la muerte alrededor

—le escribía Sotloff a Janine Di Giovanni, la redactora responsable de Oriente Próximo en *Newsweek*—. Es como si dijeras: soy el prota de la peli, mamón; no puedo morir.»

PETER

David Bradley se echó a reír cuando Paula y Ed Kassig se presentaron en la cena aquella noche. Días antes, cuando Bradley les envió la invitación, Ed le había preguntado nervioso si había que acudir vestido de alguna forma determinada. «Corbata negra, por supuesto», le había respondido Bradley. Ed llegó con una camisa a cuadros de manga corta y una corbata negra que le había gorreado al conserje del hotel. Aquello se convertiría en una broma recurrente entre ellos.

En la cena, Ed y Paula trataron de identificar quién era quién. Algunas de las otras familias habían acudido acompañadas de un asesor. Barfi, que acompañaba a los Sotloff, se había incorporado al equipo de Bradley, como había hecho la antigua novia de Jim Foley, April Goble, que dirigía las escuelas KIPP en Chicago. También estaban presentes varios miembros del personal de Bradley. «Pero enseguida identificabas a los otros padres», observaba Ed.

Paula y Ed vivían en Indianápolis. Ella trabajaba como enfermera en la sanidad pública; él enseñaba biología en un instituto. Precisamente estaba en clase el 1 de octubre de 2013 cuando su teléfono móvil empezó a vibrar. El móvil —uno de aquellos con tapa— era tan viejo que sus desdeñosos alumnos apenas lo identificaban como tal. A veces, cuando lo dejaba en su mesa, al volver encontraba algunas monedas al lado.

El teléfono de Ed indicaba que había recibido una llamada internacional. Supuso que era su hijo, Peter, que trabajaba como cooperante en Turquía y a veces pasaba a Siria. Ed pensó que, si era importante, Peter volvería a llamar. Al terminar la jornada, Ed salió de la escuela, a la zona donde los alumnos subían a los autobuses en medio del alboroto habitual que marcaba la salida de clase. Su teléfono volvió a sonar. Ed contestó creyendo que era Peter, pero era otra persona —un amigo de Peter—, que intentaba explicarle algo; Ed no podía oírle con claridad a causa del bullicio. Era el fin de semana en que se celebraba la reunión de antiguos alumnos y, cuando Ed se desplazaba a un lugar más tranquilo, una banda de música entró desfilando por la puerta de la escuela. Ed no podía escapar; la fila de tambores parecía ir tras él a propósito. La única palabra que logró identificar fue «detenido».

A diferencia de otras familias, Ed y Paula recibieron de inmediato un mensaje del ISIS. «Fue casi cordial —recordaba Paula—. "Tenemos a su hijo. Lo estamos tratando como a un invitado."» Pero un segundo después siguió una nota más siniestra: «Usted dice que es un cooperante. Nosotros sabemos que todos los occidentales que dicen ser auxiliares sanitarios o cooperantes no son más que espías y los envían como parte de la guerra entre Occidente y Oriente». Los secuestradores les pidieron cien millones, pero no especificaron si querían dólares o euros. También exigieron la liberación de todos los prisioneros musulmanes en todo el mundo. «¡Como si nosotros pudiéramos hacer algo así!», exclamaba Paula.

El ISIS les advirtió de que matarían a Peter si se filtraba la noticia del secuestro, de modo que los Kassig tuvieron que cargar con el peso adicional de temer que sus amigos pudieran adivinar lo que ocurría. La gente siempre se interesaba por el bienestar de Peter. «¡Espero que no esté en Siria!», decían, aventurándose; y Ed les respondía: «No se preocupe, no lo está». En realidad, estaba jugando con las palabras: técnicamente —deducía—, Peter se encontraba en el Estado Islámico.

Como Theo Padnos y Steven Sotloff, Peter Kassig también tenía algo que ocultar. Había servido en Irak en el Regimiento Ranger. Se licenció con una honorable baja médica después de solo cuatro meses de guerra, y sus amigos no sabían muy bien qué había ocurrido. Volvió a Indianápolis, se formó para ser auxiliar sanitario y luego estudió ciencias políticas en la Universidad Butler, pero era una persona con inquietudes que intentaba encontrar su camino. Se casó, pero aquella unión no tardó en disolverse. Sus padres reconocen que

Kassig era un «alma inquieta» y sumamente imprevisible. Durante su último curso en la universidad, les dijo a Ed y a Paula que estaba pasando las vacaciones de Pascua de acampada en las Smoky Mountains. Una semana después los llamó desde Beirut, donde estaba trabajando en un campamento de refugiados, viendo morir a la gente ante sus ojos. Su vuelo de regreso iba a salir en unas horas —les dijo—, pero él no podía abandonar a aquella gente. Al fin sabía a qué iba a dedicar el resto de su vida.

Un reportero de la CNN lo filmaría más tarde en un hospital, vendando a refugiados sirios heridos. Todavía llevaba el pelo cortado al estilo militar y los brazos cubiertos de tatuajes. «Esto es lo que he venido a hacer en el mundo —le dijo al reportero—. Supongo que solo soy un romántico incorregible, y un idealista, y creo en las causas perdidas.»

En 2012, Kassig fundó su propia ONG, denominada «Respuesta y Asistencia Especial de Emergencia». Su objetivo era proporcionar comida, mantas y medicinas donde más se necesitaran. Reclutó a Ed y a Paula para recaudar dinero en su iglesia metodista, y en Turquía se dedicó a enseñar primeros auxilios a periodistas y a fotógrafos destacados en la frontera. Uno de sus amigos incluso acuñó un verbo, *kassigear*, que significaba «ponerse en peligro de forma desinteresada para ayudar a otros que lo necesitan, y todo ello sin dejar de parecer elegante y atractivo».

Kassig, que había sido amigo de Steven Sotloff, se unió a los esfuerzos para localizarle. «Hemos de ser inexorablemente eficientes y profesionales de cara a obtener información y a su eventual liberación sano y salvo —le escribía a un amigo—. Alguien que conocemos sabe dónde está Steven y quién lo tiene. Esto puede ir de una de dos maneras: o lo hacemos bien y recuperamos a nuestro querido amigo, o sale mal y resulta herido o algo peor.» Pero pasaron dos meses sin que se obtuviera ninguna pista significativa.

Poco antes de que secuestraran a Kassig, este admitió en una llamada a sus padres que estaba «un poco más preocupado por este viaje». Había prometido llevar material sanitario a Deir ez-Zor, la principal ciudad de Siria oriental, donde se necesitaban con desesperación sus conocimientos. Antaño la ciudad contaba con unos quinientos médicos; ahora solo había cinco. Peter les dijo a sus padres que allí las facciones y las lealtades eran cambiantes. Ed y Paula no entendieron exactamente a qué se refería, pero sonaba amenazador.

Poco después de entrar en Siria, Kassig llamó a un colega. Le explicó que le habían parado en un control y le había ordenado que tenía que presentarse ante un comandante del ISIS. «Si no tienes noticias de mí en unas horas —añadió Kassig—, activa el protocolo de emergencia.» Fue entonces cuando Ed recibió la llamada telefónica.

Más tarde, un rehén europeo que había sido retenido junto con Steven Sotloff les habló a Ed y a Paula del día en que metieron también a Peter en su celda.

—¡Steve! —había gritado Peter—. ¡Por fin te encuentro!

KAYLA

Carl Mueller estaba trabajando en su taller de chapa y pintura de Prescott, Arizona, cuando recibió una llamada de un hombre al que no conocía de nada, Barak Barfi, que le dijo que se había enterado del secuestro de su hija, Kayla. Carl se quedó helado. Él y su esposa, Marsha, habían dejado de ver a sus amigos porque la gente siempre les preguntaba por Kayla, y ellos no querían mentir.

Kayla era muy conocida y admirada en Prescott. En el instituto, recibió una medalla presidencial por servicios públicos, y ganó un premio de 500 dólares por sus actividades filantrópicas locales; un dinero que ella dio a la beneficencia. Más tarde, cuando estudiaba en la Universidad del Norte de Arizona, fundó una filial de Amnistía Internacional y una organización de ayuda a veteranos, a la vez que trabajaba para grupos en favor de la paz e impartía cursos acerca de cómo controlar la ira en la cárcel del condado. Pese a toda esta actividad, se graduó en dos años, impaciente por salir al mundo.

Estuvo trabajando con huérfanos en la India; enseñó inglés a refugiados en el Tíbet. Kayla se había educado en la iglesia baptista, pero se sentía fascinada por distintas religiones. Era devota de las enseñanzas del maestro zen Thich Nhat Hanh, y durante un tiempo consideró la posibilidad de hacerse monja en su comunidad budista de Francia. Pero Kayla era una activista por naturaleza. En Israel trabajó con refugiados africanos, y en Palestina se plantó ante las casas que iba a derribar el ejército israelí. «Dejadme que viva en los dos lados del muro antes de actuar», escribió en su diario. En el otoño de 2010 volvió a casa: sufría de fiebre tifoidea y parásitos; estuvo un año recuperándose, mientras trabajaba como voluntaria en una clínica especializada en sida —de la que se hizo cargo— y, por las noches, en un refugio para mujeres maltratadas. Confiaba en poder incorporarse al Cuerpo de Paz; le habían dicho que si aprendía a hablar el francés con fluidez la enviarían a África, de modo que aceptó un empleo de canguro en Francia. Antes de partir, se cortó la cola de caballo con la intención de donarla a Locks of Love, una organización sin ánimo de lucro que proporciona pelucas a niños con cáncer, haciéndole prometer a Marsha que la enviaría.

Dado el nivel de sufrimiento de la gente en Siria, no resulta sorprendente que Kayla se sintiera atraída hacia aquel país. Fue secuestrada el mismo día que Sotloff, justo antes de su vigésimo quinto cumpleaños.

Kayla llevaba varios meses desaparecida cuando Barfi llamó a Carl para decirle que había un hombre rico en Washington que quería ayudar a los Mueller y a otras familias que se hallaban en su misma situación. Carl y Marsha habían estado temiendo que se filtrara la noticia del secuestro de Kayla y los secuestradores cumplieran su amenaza. Ahora había alguien que lo sabía. Pero ¿qué clase de nombre era Barak Barfi? ¿Acaso era uno de los terroristas? Carl se dirigió a la trastienda de su taller, se arrodilló y se puso a rezar.

De entre todas las familias, la de los Mueller era la que se mostraba más distante. Incluso en casa de los Bradley, Carl y Marsha estaban angustiados. El FBI les había asegurado que tal vez Kayla estaría sana y salva porque era mujer. ¿Era prudente dejar que su caso se mezclara con los demás? Aunque Marsha no tardó en albergar un sentimiento de solidaridad con las otras madres, Carl seguía receloso. Para él, Bradley parecía un personaje salido de un cómic fantástico:

una persona con enormes recursos capaz de convocar a gente poderosa a voluntad. Y dado que Bradley era el propietario de *The Atlantic*, Carl se preguntaba: ¿no será esta una rebuscada manera de conseguir una buena historia?

Menos de un mes antes de la cena, el ISIS había liberado a cuatro periodistas franceses, al parecer después de que el gobierno francés pagara un rescate por ellos, junto con cinco miembros de Médicos sin Fronteras. Uno de los periodistas le dijo a Carl que Kayla había estado retenida en otra celda de su misma cárcel, y que a menudo la oía hablar en francés con uno de los prisioneros de Médicos sin Fronteras; pero en los últimos meses había estado incomunicada. A veces los hombres podían dejarle notas en los lavabos. El día en que fueron liberados los periodistas franceses, los guardias les llevaron a Kayla para que pudieran dar fe de que seguía viva. Ella les dio una carta para que se la entregaran a sus padres, que Marsha leyó en voz alta en la mesa de los Bradley.

«A todos vosotros, si recibís esta carta significa que todavía sigo detenida», empezaba la misiva. Estaba escrita en una letra diminuta sobre un trozo de papel arrancado de una libreta de espiral, y llena de abreviaturas. «Sabed que estoy en un sitio seguro, completamente ilesa + sana (de hecho, he engordado); me han tratado c/ sumo respeto + amabilidad.» Habría preferido escribir «una carta bien meditada», pero no le habían dado a la oportunidad de hacerlo hasta el último minuto. «Solo de pensar en todos vosotros me pongo a llorar —escribía—. Si se puede decir que algo he "sufrido" en toda esta experiencia, es solo por saber cuánto sufrimiento os he causado a todos; nunca os pediré que me perdonéis, ya que no tengo perdón.»

Luego Kayla enumeraba algunas cosas en las que pensaba con especial cariño: su sobrinita, el primer viaje de acampada con su familia... Fantaseaba acerca de cuánto disfrutaría de su reencuentro en el aeropuerto cuando por fin se reunieran de nuevo. La carta terminaba de forma contundente: «NO quiero que os sintáis obligados a negociar mi liberación; si hay alguna otra opción, tomadla. Lo sois todo para mí. Kayla».

Los otros padres se sintieron conmovidos por la carta de Kayla y por la descripción que Carl hizo de su hija, que parecía una mezcla entre un duendecillo de pies desnudos y una santa budista. Él la llamaba su «Special K». Desde luego, todos los rehenes eran personas extraordinarias, y habían sido precisamente sus mejores cualidades las que los habían llevado a Siria. «Si algo nos unía, eran nuestros hijos, su valor y compasión», recordaba John Foley.

Poco antes, Philip Balboni, el fundador de GlobalPost, había preguntado cuántos de los padres querían que el ejército estadounidense intentara un rescate. No se levantó ni una sola mano. Parecía demasiado peligroso. Ahora Bradley sugirió que las familias consideraran la posibilidad de hacer públicos los secuestros. Los Foley coincidieron con Bradley en que acudir a los medios de comunicación podría ejercer presión sobre el gobierno estadounidense y, quizá, los secuestradores. Los Sotloff se mostraron dispuestos a considerarlo, pero los Kassig se opusieron con tal firmeza que la decisión se aplazó. ¿Cómo podía saberse si la amenaza del ISIS de matar a los rehenes era un farol o no?

Las familias intentaron seleccionar a un miembro del equipo para que se encargara de las demandas colectivas de rescate. Pero ¿a quién podían confiarle las vidas de sus hijos? Barfi deseaba desesperadamente asumir aquella responsabilidad, pero algunos padres se mostraban recelosos. Era una persona agresiva, y quizá se sentía demasiado afectado por el secuestro de Sotloff para pensar con claridad. Los Kassig habían llevado consigo a un asesor —el socio de Peter en su ONG—, y lo propusieron en lugar de Barfi. Entonces estalló una lucha de poder entre los partidarios de cada familia, que dio como resultado que no se eligiera a ninguno de ellos para desempeñar aquella función. Barfi estaba resentido. «No sé si debería haberme mostrado más moderado o debería haber subido encima de la mesa y decir: "Vuestros chicos están en un tremendo peligro" —recordaba—. Ellos preferían decidir por unanimidad. Yo les dije: "Eso es como la Liga Árabe: así no conseguirán nada. Necesitan ustedes un líder".»

Al final las familias firmaron una declaración autorizando a Bradley a recibir todas las novedades sobre los rehenes del FBI y otras agencias del gobierno estadounidense. Luego salieron de la cena sintiéndose esperanzadas y aliviadas: Bradley era un poderoso valedor, y ahora se tenían unos a otros. Art Sotloff abrazó de forma impulsiva a Bradley, que retrocedió un poco. Él es un hombre de maneras formales, y las familias pronto dedujeron que no le gusta que le toquen.

Antes de que todos se marcharan, Bradley expresó su esperanza de que pronto volverían a reunirse, con sus hijos, en aquella misma hermosa sala.

La tarde siguiente, las familias se reunieron en el ala oeste de la Casa Blanca con Lisa Monaco, la asesora de seguridad nacional del presidente Barack Obama, junto con varios miembros del Consejo de Seguridad Nacional. Las familias le habían escrito una carta a Obama. Firmando como «los padres de los rehenes estadounidenses en Siria», le pedían que les facilitaran una idea clara de lo que podía llevarse a cabo. El ISIS parecía proceder de forma metódica al liberar a sus rehenes europeos, primero el español y luego el francés; varios días después de la reunión en la Casa Blanca fue liberado un periodista italiano. Los europeos liberados contaban que habían sufrido tortura y hambre. Oían frecuentes disparos: presumiblemente el sonido de las ejecuciones de prisioneros sirios e iraquíes. Algunos occidentales habían sido más maltratados que otros, pero en general el trato era siempre sádico y caprichoso. Aquellos relatos consternaron a las familias, pero también se sintieron fortalecidas por la información que habían recibido de los europeos sobre la vida de sus hijos en cautiverio.

«Este momento representa una oportunidad —rezaba la carta colectiva al presidente—. Tenemos conocimiento de los grupos que retienen a nuestros hijos; tenemos conocimiento de su posición y de los motivos de sus captores; tenemos ejemplos de liberaciones exitosas facilitadas por gobiernos extranjeros.» En la reunión, las familias pidieron que Obama designara a alguien que actuara como coordinador entre la Casa Blanca, el FBI y el Departamento de Estado, proporcionando la información oportuna que necesitaban para tomar decisiones de vital importancia.

Los funcionarios que asistieron a la reunión en la Casa Blanca expresaron su simpatía y su preocupación, pero se mostraron imprecisos con respecto a lo que podía hacer el gobierno estadounidense para ayudar. En esta y en otras dos ocasiones, el coronel Mark Mitchell, director de antiterrorismo del Consejo de Seguridad Nacional, advirtió sin rodeos a las familias de que se arriesgaban a ser procesadas si pagaban a los terroristas o trataban de persuadir a una potencia aliada de que lo hiciera. «Yo preferiría estar en la cárcel y tener a Jimmy en casa», diría más tarde John Foley. Nancy Curtis se encogió de hombros: «Tengo setenta y seis años. Métanme en la cárcel».

El hecho de que los rehenes europeos se encontraran de nuevo en casa sanos y salvos venía a recalcar la ineficacia de la política estadounidense. Didier François, uno de los rehenes liberados, me explicó que, aunque los funcionarios franceses negaran públicamente que pagaran ningún rescate, «en realidad sí negocian, puesto que cada ciudadano francés capturado es un ataque a la soberanía francesa». Y añadía: «Eso no significa que aceptemos todas las demandas de los captores. No significa que cambiemos nuestra política exterior». La revista alemana *Focus* informó de que el gobierno francés había pagado rescates que sumaban un total de 18 millones de euros por los cuatro periodistas. François calificó aquella suma de «ridícula», explicándome que los captores siempre empiezan apostando fuerte, pero que una diplomacia habilidosa puede moderar sus demandas, añadiendo: «Mientras eso no cambie la situación sobre el terreno, ¿por qué no deberíamos sacar a nuestra gente?».

La postura del gobierno estadounidense era que los europeos ponían en peligro a todo el mundo por pagar a los terroristas. En un discurso pronunciado en 2012, David Cohen, entonces subsecretario de antiterrorismo e inteligencia financiera del Departamento del Tesoro, afirmaba: «Los pagos de rescates conducen a futuros secuestros, y los futuros secuestros conducen a nuevos pagos de rescates. Todo ello aumenta la capacidad de las organizaciones terroristas de realizar atentados». El gobierno estadounidense estimaba que entre 2008 y 2014 los grupos islamistas radicales habían recaudado más de 200 millones de dólares en pagos de rescates, lo que les había permitido expandirse. Tal vez el ISIS no existiría en su descontrolada forma actual sin los fondos que le proporcionaban los secuestros.

Las propias familias tenían sentimientos contradictorios en lo relativo a los rescates. Los Foley ya estaban buscando donantes (y a la larga obtuvieron compromisos de donaciones por valor de casi un millón de dólares). A los Kassig les costaba conciliar el sueño preocupados por las implicaciones morales de dar dinero a un grupo terrorista, aun cuando se encontrara en juego la vida de su único hijo y cuando, de hecho, el ISIS ya era una organización adinerada. «Si nosotros hubiéramos podido reunir algún rescate, habría sido mucho menor de lo que ellos sacaban cada día de los yacimientos petrolíferos», observaba Paula. Carl Mueller creía que el gobierno anteponía su preciada política a la vida de su hija; pero Marsha no quería que el ISIS recibiera ni un centavo más, y pensaba que Kayla tampoco lo querría. Aunque los Sotloff estaban considerando la posibilidad de pagar un rescate, en privado Barfi juzgaba aquella práctica equivocada. «Estás financiando el terrorismo —afirmaba—. ¿Qué ocurre si el ISIS usa ese dinero para financiar un atentado?»

Aquella era la lógica declarada subyacente a la política estadounidense; y, sin embargo, el gobierno de Estados Unidos ha pagado rescates a organizaciones criminales como cárteles de la droga. Cada delegación de la Reserva Federal estadounidense cuenta con una reserva de billetes a utilizar para pagar rescates. Es habitual que las empresas contraten seguros de rescate para sus empleados destacados en países extranjeros, y el FBI incluso facilita tales pagos. Solo cuando los secuestradores forman parte de un grupo terrorista reconocido dichos pagos pasan a ser ilegales.

Por el aire sobre aquella desgarradora discusión flotaba en silencio la fortuna de Bradley. Él estaba financiando ya al equipo que intentaba liberar a los rehenes, asumía los gastos de viaje de las familias, volaba en persona a varios destinos extranjeros. Su generosidad estaba fuera de toda duda, pero al parecer tenía sus límites. De temperamento prudente y conservador, había prohibido a su personal hablar de rescates. Carl Mueller insinuó que estaba dispuesto a vender su casa, pero Bradley no picó. El riesgo de ser procesado que volvía a Bradley tan cauteloso en relación con los rescates planteaba también un obstáculo a otros potenciales donantes. Y había una complicación adicional: si se sabía que Bradley estaba implicado, las demandas de rescate se incrementarían de manera inevitable.

Art Sotloff estaba furioso por las repetidas amenazas de procesamiento. Él y Shirley habían recibido la misma extravagante demanda de rescate que los Foley y los Kassig: 100 millones de euros. El gobierno estadounidense podía negarse a ayudarlos, pero ¿por qué había de interponerse en su camino si ellos decidían acudir a otras fuentes? En una reunión con representantes del gobierno, Art tuvo que ir al servicio de caballeros, y un agente del FBI lo escoltó por el pasillo. Entonces el agente le confesó que en la práctica nunca se había procesado a ningún estadounidense por pagar un rescate. Las familias se sentían confundidas por aquellos mensajes contradictorios; además, si el gobierno de veras los procesaba, ¿acaso aquellos mismos agentes no tendrían que declarar contra ellos?

En todo caso, y debido a las sanciones internacionales, resultaba extremadamente difícil enviar cualquier cantidad de dinero a Siria, y mucho más si se trataba de millones de dólares. En septiembre de 2013, Nancy Curtis había intentado enviar un giro de ocho mil dólares a un contacto en Alepo, que había oído el rumor de que un rehén estadounidense había sido condenado a muerte por un tribunal de la sharía. La fuente estaba dispuesta a investigar más, pero quería un pago a cambio. Curtis trató de utilizar la Western Union para enviarle el dinero a un intermediario en Beirut; sin embargo, tenía que declarar el propósito de la transferencia, y al hacerlo la rechazaron. Entonces las integrantes del Equipo de las Chicas dividieron la suma entre ellas. Viva Hardigg, la prima de Curtis, se llevó a sus hijos al banco, y mientras estos pedían piruletas el cajero hizo la transferencia.

Entonces el contacto de Alepo informó de que había oído que habían matado al rehén estadounidense. El Equipo de las Chicas decidió no decírselo a Nancy Curtis. Luego, varios meses después, recibió una llamada por Skype de alguien que afirmaba estar en contacto con los secuestradores de Padnos. El intermediario les pidió que, como prueba de vida, le formularan algunas preguntas que solo Padnos supiera contestar. Curtis y el Equipo de las Chicas pensaron en preguntas como «¿Dónde está tu coche?» (la respuesta era: «En el granero»). Al día siguiente llegaron las respuestas correctas. Padnos seguía vivo.

Al parecer, el intermediario también podía transmitir mensajes de Padnos. Uno de ellos fue: «Lo siento, mamá, debería haberte escuchado».

Curtis ya había tratado antes con intermediarios, cuyas demandas habían oscilado entre los tres y los cinco millones de euros. Pero aquellas conversaciones nunca habían llevado a nada. ¿Realmente los intermediarios estaban en contacto con su hijo? Todas las familias tuvieron que vérselas con estafadores que afirmaban representar a los secuestradores. Los Kassig, por ejemplo, fueron abordados por un tipo al que ellos llamaban «Bitcoin Man», que les explicó al detalle cómo transferir dinero por internet. Curtis ya había calculado que podía llegar a reunir 200.000 dólares en efectivo, y quizá el doble si vendía su casa de vacaciones en Vermont. Pero si había de vender también su casa de Cambridge, ¿cómo viviría? ¿Quedaría algo para su hija y la familia de esta? ¿Era acertado jugarse todo lo que tenía en un oscuro trato con unos terroristas?

Este último intermediario exigía 15 millones de euros por liberar a Padnos, el triple de lo que se había planteado al principio, pero solo una fracción de lo que se pedía por Foley, Sotloff y Kassig, mientras que el precio por Kayla Mueller era de cinco millones de euros. Siguiendo el consejo del FBI, Curtis hizo una contraoferta de 50.000 dólares. La idea era conseguir que los captores fueran realistas con respecto a lo que la familia podía pagar.

El 31 de mayo de 2014, mientras aquella negociación seguía su curso, Estados Unidos intercambió de repente a cinco líderes talibanes que retenía en Guantánamo por un sargento de su ejército, Bowe Bergdahl. El presidente Obama justificó la medida señalando que al final de un conflicto es habitual que se intercambien prisioneros militares. Por supuesto, creía que la intervención estadounidense en Afganistán había llegado a ese punto. Algunas de las familias se sintieron engañadas: les acababan de decir que los rescates y los intercambios de prisioneros estaban prohibidos. Y también se sintieron alarmadas por la oleada de protestas públicas que siguió al intercambio de Bergdahl. En efecto, esta pareció hacer a los captores aún más intransigentes y al gobierno estadounidense aún menos dispuesto a actuar en nombre de las familias.

Por fortuna, los padres seguían teniendo al equipo de Bradley a su lado. Pero ninguno de ellos era consciente del poco tiempo que les quedaba.

David Bradley se educó en el sistema de creencias denominado «ciencia cristiana», que sostiene que Dios creó al hombre como un ser perfecto. La enfermedad, la muerte, el dolor y el mal son aflicciones imaginarias que pueden alejarse mediante la oración. Aunque Bradley ya no se consideraba una persona especialmente religiosa, muchos de los postulados de aquella fe habían dejado su huella en él. «Sigo experimentando una profunda simpatía por la ciencia cristiana, pero en lo referente al mal he cambiado de opinión —explicaba—. Existe el mal en el mundo.»

Katherine Bradley decía que su marido tenía «la cualidad fundamental de la fidelidad, que no es lo mismo que la fe». La mayoría de las organizaciones benéficas de los Bradley se centraban en cuestiones relacionadas con la educación y la pobreza en Estados Unidos. Su marido no buscaba de forma activa nuevos proyectos —explicaba—, pero cuando surgía una necesidad le costaba mucho darle la espalda. En la reunión, Katherine explicó una historia sobre Filipinas, donde su marido había estado en 1977 gracias a una beca Fulbright. Por entonces gobernaba el país Ferdinand Marcos. Bradley, que acababa de terminar un máster en Harvard, se había marchado a Filipinas a estudiar si las empresas multinacionales prefieren o no operar bajo gobiernos autoritarios (resultó que sí). Más tarde creó una unidad de protección infantil en un hospital de Manila. Cada año regresa a esa ciudad para visitar a la matriarca con la que se alojó siendo estudiante, que en su viaje más reciente había cumplido ciento tres años. «Las Filipinas simplemente irrumpieron en su vida —explicaba Katherine—. Él se aferró a ellas y ya no volvió a soltarlas.»

Bradley, que creció en Bethesda, Maryland, justo en las afueras de Washington, desarrolló cierto anhelo de poder. A los trece años imaginaba que a los treinta se convertiría en el joven senador republicano por Maryland. A los veinte se hallaba trabajando en prácticas en la Casa Blanca de Nixon justo cuando se reveló el escándalo Watergate. Luego se matriculó en la facultad de Derecho de Georgetown. Pero decidió que necesitaba ingresos para respaldar una carrera política, de modo que se tomó un año sabático para fundar una empresa de investigación sobre políticas públicas denominada Advisory Board Company, de la que más tarde derivó una división llamada Corporate Executive Board. La mayoría de las actividades empresariales de Bradley se relacionaban con la asesoría sobre temas de atención sanitaria, y tenía su despacho en la sala de estar del apartamento de su madre en el edificio Watergate. Veinte años después sacó a bolsa una de sus empresas; dos años más tarde vendió la segunda. Ambas operaciones le hicieron unos trescientos millones de dólares más rico. Hoy en día es dueño de uno de los edificios del complejo Watergate.

Para cuando Bradley amasó su fortuna había abandonado a regañadientes sus sueños políticos. Aunque deseaba el poder, apreciaba sobre todo la humildad. No era el tipo de persona que atraía todas las miradas cuando entraba en una habitación. Habla casi en un susurro como resultado de una lesión nerviosa en las cuerdas vocales. Sus maneras minuciosamente respetuosas pueden hacerle parecer una persona distante o extraña, incluso enigmática. Tales cualidades se avienen mal con la vida política, y sus defectos se hacían muy evidentes cuando se comparaba con su vecino en la zona de las embajadas, un joven y atractivo senador que parecía la encarnación del hombre que Bradley había deseado ser. Pero con el tiempo la vida de aquel senador, John Edwards, dio un traspié, y ahora la casa de al lado albergaba la embajada húngara. Por su parte, la búsqueda de influencia de Bradley encontró otras salidas: la riqueza, los medios de comunicación y la filantropía.

Al dirigir los esfuerzos de aquellas familias, en algunos aspectos Bradley estaba usurpando el papel de diversos organismos federales estadounidenses y, sin embargo, las familias habían perdido en gran medida la fe en su gobierno. El Departamento de Estado había designado a Carrie Greene, de la Oficina de Servicios Ciudadanos en el Extranjero, para que actuara de enlace con las familias, pero parecía que las investigaciones independientes de estas la impacientaran. «No deberían hablar con esos terroristas —les advirtió—. Va contra la ley.» Viva Hardigg le respondió: «Perdone, Carrie, pero todos conocemos las leyes estadounidenses, y si alguien a quien amas está retenido por terroristas, ¿con quién ibas a hablar si no?». Greene terminaba siempre sus correos electrónicos con: «¡Que pase un buen día!».

Cuando secuestraron a Peter Kassig, sus padres recibieron una llamada de una funcionaria del Departamento de Estado. Paula recordaba: «Básicamente vino a decir:"Sabemos que han atrapado a su hijo en Siria. Allí no tenemos embajada. Allí no tenemos a gente sobre el terreno. No tenemos relaciones diplomáticas con ellos, de modo que no podemos hacer nada por ayudarles"». En mayo de 2014 las familias mantuvieron una reunión conjunta con Daniel Rubinstein, un enviado especial nombrado para gestionar los asuntos relacionados con Siria. «Era agradable, pero cuando preguntamos cómo ponernos en contacto con él nos dijeron que no le enviáramos correos electrónicos ni le llamáramos», explicaba Diane Foley. Para hablar por teléfono con él, las familias tenían que acudir a la delegación local del FBI, donde un agente marcaría el número de Rubinstein por ellos. Cuando los Foley se dirigieron a la oficina de Boston con ese fin, descubrieron que la línea telefónica que utilizaban ni siquiera era segura. Entonces ¿qué sentido tenía aquel trámite? Ellos concluyeron que la única razón del protocolo era permitir que los agentes locales pudieran controlarlos.

Se asignó un mínimo de tres agentes del FBI a cada familia: un agente de supervisión, otro de «ayuda a las víctimas» y un tercero para la negociación sobre los rehenes. Nancy Curtis describe a uno de sus agentes como «profesional, compasivo y comprometido». Pero ninguna de las otras familias creía que el FBI estuviera siendo lo bastante enérgico. «El FBI me llamaba una vez por semana desde Washington, cada martes entre las tres y media y las cuatro, sin falta, solo para ver si yo tenía información para ellos —explicaba Art Sotloff—. No para darme información a mí. Después de tres o cuatro llamadas dejé que respondiera el contestador.»

El FBI está autorizado a investigar el secuestro de ciudadanos estadounidenses. Esta agencia tiene una larga experiencia combatiendo el crimen dentro del territorio nacional, pero está mal equipada para gestionar casos ocurridos en el extranjero y en los que la motivación del secuestro es política. El equipo de Bradley concertó una reunión entre Nancy Curtis y el principal negociador especializado en liberación de rehenes de la agencia. El agente insistió en que el FBI tenía jurisdicción sobre secuestros; pero luego el Departamento de Estado, que no posee experiencia alguna en investigaciones criminales, informó a Curtis de que los responsables del caso eran ellos. Entonces el equipo de Bradley concertó una reunión con Robert Ford, el último embajador estadounidense en Siria. Ford les explicó que, si bien era cierto que el FBI tenía jurisdicción sobre el caso, el Departamento de Estado poseía un conocimiento de la cultura siria y de la región del que carecía la agencia. Curtis salió de aquellas reuniones frustrada y confundida. No solo había una guerra interna, sino que además era obvio que los distintos organismos estatales no compartían información. Básicamente el estado se echaba atrás, dejando el destino de los rehenes en manos del FBI.

Para estos, es natural llevar las riendas de los casos de secuestro allí donde se produzcan. Según explicaba un alto funcionario de la agencia, en una investigación de secuestro esta persigue tres objetivos interrelacionados entre sí: «el retorno del rehén sano y salvo, la obtención de información de inteligencia sobre la red de los secuestradores, y a la larga el procesamiento de los responsables del secuestro».

Aunque los agentes del FBI creían que Bradley y su equipo actuaban con nobleza, los consideraban aficionados que pisaban un terreno delicado y peligroso, donde había vidas de estadounidenses en juego. Al FBI no le gusta que su campo de juego esté lleno de competidores. El equipo de Bradley proporcionaba al FBI todas las pistas que encontraba, pero la agencia dejó claro que aquello no era una colaboración. «Estamos encantados de recibir su información», me decía el funcionario del FBI, a la vez que precisaba que aquella relación no podía ser plenamente recíproca: Bradley, los miembros de su equipo y las familias carecían de las acreditaciones de seguridad que les habrían permitido acceder a todos los datos que estaba recopilando el FBI. Aun así, el funcionario admitió que «en algunos de estos casos la falta de información transmitida a las familias se debía solo a que, en efecto, había falta de información».

En ciertos puntos clave, el FBI cerró a la fuerza la vía de investigación que seguían los miembros del equipo de Bradley, a menudo con la explicación de que tenían que eliminar el «conflicto» que su actividad estaba creando con otra que, al parecer, estaba llevando a cabo la propia agencia. «Las espadas se cruzan», señalaba el funcionario del FBI. Pero las personas más cercanas apenas veían evidencias de que la oficina procediera a investigar con urgencia. Tras el secuestro de Jim Foley, en noviembre de 2012, pasaron dos semanas antes de que el FBI enviara a un par de agentes a Antioquía para entrevistar a sus amigos. Para ser justos, hay que decir que el FBI necesita el permiso del gobierno turco para realizar investigaciones en su territorio; como en la mayoría de los otros países extranjeros donde trabaja, tiene prohibido llevar a cabo actividades encubiertas, y necesita la autorización de la CIA para buscar y contactar con fuentes de información.

En Antioquía, los agentes del FBI allí desplazados parecían tristemente fuera de lugar y faltos de experiencia; como «peces fuera del agua», en palabras de Nicole Tung. A Tung y Clare Gillis, la periodista independiente que había sido secuestrada junto con Foley en Libia, les preocupaba que el de este último fuera un caso de baja prioridad para Estados Unidos. Los periodistas que trabajan sobre el terreno creen que el FBI no entrevistó a ninguno de los contactos locales que habían sido capturados junto con los rehenes y más tarde liberados (los periodistas conocían bien a dichos contactos). En cualquier caso, eso fue lo último que los periodistas supieron del FBI. A la larga el equipo de Bradley llegó a contactar con más de ciento cincuenta personas; solo un puñado de ellas dijeron que habían hablado con alguien del gobierno estadounidense.

Según un antiguo funcionario federal, hubo una interpretación errónea de la política de Estados Unidos contraria a los rescates, juzgando que en virtud de dicha política estaba prohibida por completo cualquier negociación, e incluso hablar con los secuestradores. Pero el caso es que ni la Casa Blanca ni el Consejo de Seguridad Nacional intervinieron para aclarar las cosas, y dejaron la investigación esencialmente paralizada.

Por su parte la CIA, que recaba información de inteligencia en el extranjero, al parecer obtuvo muy poca que resultara de utilidad sobre los rehenes. Robert Ford le comunicó al equipo de Bradley que el activo de la agencia más cercano a Siria estaba en la ciudad turca de Gaziantep, a unos 50 kilómetros de la frontera. Aunque el equipo de Bradley y algunos de los reporteros de Antioquía identificaron varios lugares donde era probable que estuvieran retenidos los rehenes, no se activó la vigilancia con drones hasta más avanzada la crisis, y aun entonces solo se utilizó un único dron, y solo durante una parte del día. «El presidente no lo autorizaría —decía Barfi—. No quería entrar en Siria.»

Aunque Bradley carecía de los recursos del gobierno, tenía contactos impresionantes, y no se sentía obligado por el protocolo. A varias de las familias les preocupaba la posibilidad de que la información publicada en las redes sociales por los rehenes pudiera utilizarse contra ellos —la ciudadanía israelí de Sotloff, el libro de Padnos sobre el islam, la experiencia militar de Kassig en Irak—, pero el FBI les advirtió que no podía acceder a las cuentas de los rehenes por razones de privacidad. Bradley llamó a Sheryl Sandberg, directora general de Facebook; a Dick Costolo, entonces presidente de Twitter, y a Brad Smith, responsable del departamento jurídico de Microsoft, y todos se mostraron inmediatamente dispuestos a colaborar con las familias para ayudar.

Bradley se enorgullece de su capacidad para descubrir y reclutar lo que él denomina «talento extremo». Poco después de comprar *The Atlantic*, logró fichar a Jeffrey Goldberg, un escritor que por entonces trabajaba para *The New Yorker*. Uno de los incentivos de Bradley fue presentarse en casa de Goldberg con un remolque lleno de ponis para que montaran sus hijos. En una época en la que muchas revistas recortaban gastos o quebraban, era extraordinario que un editor cortejara a un periodista con tal generosidad, y se corrió la voz por toda la profesión. Barak Barfi se enteró de la jugada de los ponis de Goldberg estando en Turquía.

«¿Por qué hace eso?», le preguntó Goldberg a Bradley cuando supo del equipo que había reunido. Al fin y al cabo, él no era el fiscal general ni el secretario de Defensa. Bradley le respondió: «Cuando me despertaba por la mañana, podía estudiar pautas de publicidad online, o podía intentar salvar de algún modo las vidas de unos estadounidenses que están retenidos por fanáticos. Cuando examiné las opciones que se me planteaban, se hizo evidente cuál era el mejor uso de mi tiempo».

Goldberg creía que la obsesión de Bradley por los rehenes se había iniciado con la muerte de Michael Kelly, el primer periodista al que había contratado para dirigir *The Atlantic*. En palabras de Goldberg, Kelly era «histéricamente grosero y mordazmente gracioso», cualidades que Bradley admiraba, aunque lo cierto era que no compartía. Kelly y Bradley se hicieron íntimos. Más tarde, en abril de 2003, Kelly fue el primer reportero que murió en la guerra de Irak. Después de su entierro, Bradley se dio cuenta de que «tenía problemas para dejar que uno de mis colegas hiciera algo que yo no podía hacer». Al año siguiente viajó a Bagdad, donde el corresponsal de

The Atlantic era el periodista y aviador William Langewiesche. Por entonces, Abu Musab al-Zarqawi, el líder de Al-Qaeda en Irak —la precursora del ISIS—, decapitaba a occidentales y colgaba vídeos en internet. Bradley estaba realmente asustado. En el hotel donde se alojaba le dijeron que empujara la cómoda y la cama suplementaria contra la puerta. A pesar de tales precauciones, unas semanas después secuestraron a un periodista en aquel hotel.

Bradley siguió añadiendo gente al equipo, pagándoles los gastos de viaje, y a menudo también un salario. Instaló a dos jóvenes investigadores en sendos cubículos en la oficina del Watergate. Reclutó a una antigua diplomática siria, hoy conocida como Noor Azar, que se había exiliado tras la revolución. Mientras tanto, April Goble, la exnovia de Foley, trabajaba con once voluntarios de Teach For America, buscando la forma de penetrar en el régimen sirio.

Bradley también descubrió a una abogada de la costa Oeste de Estados Unidos que se había trasladado a la ciudad afgana de Kandahar para estudiar las insurgencias. «Se desplazaba de un lado a otro en una motocicleta con un rifle de asalto al hombro —explicaba Bradley—. Su trabajo consistía en entrevistar a potenciales reclutas talibanes y proporcionar informes a ONG.» Dado que esta abogada todavía sigue trabajando en la región, me pidió que me refiriera a ella como Mary Hardy. El personal de Bradley, encandilado, la llamaba «la Rubia Explosiva».

Bradley envió a Hardy a Antioquía en junio de 2013. Por entonces Foley y Padnos eran los únicos secuestrados. Antioquía le chocó por ser «la típica ciudad fronteriza de mala muerte». El lugar estaba lleno de agentes de inteligencia, turcos y personas de otras procedencias. Los yihadistas, contrabandistas y jóvenes periodistas independientes habían copado los hoteles turísticos. Hardy recuerda que, como solo se había hecho público el nombre de Foley, se vio asediada por gente que se ofrecía a venderle información sobre él: «La ciudad estaba inundada de "Foley está vivo, Foley está muerto, Foley está en Damasco, Foley sale mañana. Sube a mi furgoneta y te llevare a verle"».

Hardy buscó a periodistas más experimentados y a cooperantes que trabajaran en la zona. Estos tenían contactos que hablaban árabe y podían conseguir los números de teléfono de comandantes del ISIS y las coordenadas GPS de sus diversos cuarteles. Hardy se enteró de que la gente que había secuestrado a Padnos y a Matt Schrier utilizaba la cuenta de PayPal de este último para pedir cosas tales como gafas de sol; los artículos se enviaban al dueño de una tienda situada en la frontera turca conocido por proporcionar documentación falsa. Hardy creía que había sido una banda vinculada al dueño de esta tienda la que había secuestrado a Padnos. Obtuvo fotografías de aquel y de los miembros de la banda, y envió toda la información al FBI, junto con imágenes de una cárcel de Alepo donde sospechaba —y tenía razón— que habían encerrado a Padnos. Entonces el FBI le ordenó suspender su operación. No está claro si la agencia ya había obtenido una información similar por sí sola.

Hardy llegó a la conclusión de que la banda que había secuestrado a Padnos lo había vendido al mejor postor. El caso de Foley era más complicado. Lo habían secuestrado junto con John Cantlie, un periodista inglés; ambos eran buenos amigos, aunque Cantlie tenía fama de temerario. Clare Gillis me explicó que en cierta ocasión, en Libia, Cantlie los había invitado a ella y a Foley a ir en busca de una buena historia en una zona especialmente peligrosa. Gillis se negó, pero Foley se fue con él (para alivio suyo, los dos volvieron sanos y salvos).

En Turquía, Hardy conoció a un contratista de seguridad inglés que había visto a Cantlie justo antes de que desapareciera. Cantlie había estado contando chistes groseros ante un grupo de sirios, y su compatriota le había reprendido por su falta de sensibilidad cultural, pero Cantlie se lo tomó a risa. Ya había sido secuestrado antes, en Siria, en julio de 2012, por yihadistas británicos. Intentó escapar y le dispararon en el brazo. Al cabo de una semana fue liberado por el Ejército Libre Sirio. No mucho después volvió a Siria con el encargo de rodar un documental sobre su cautiverio. Tenía la intención de regresar al sitio donde le habían secuestrado; un viaje temerario, pero los trabajos realistas eran muy apreciados. Parece ser que reclutó a

Foley para que fuera su videógrafo. Unos días después habían sido capturados.

Mary Hardy había desarrollado una teoría acerca de cómo mantenerse sano y salvo en lugares peligrosos: «Un tercio es una buena gestión: ¿a cuánta gente tengo trabajando conmigo, y cuántos tipos malos hay ahí fuera? El segundo tercio es la buena voluntad local. Y el último tercio es la buena suerte». Ella criticaba a Cantlie y a Foley en los tres aspectos. Se los había visto enviando sus artículos en un cibercafé, hablando en inglés: mala gestión. El humor ordinario de Cantlie era un ataque contra la buena voluntad. Y los dos hombres ya habían sido secuestrados antes, de modo que era evidente que habían agotado su suerte.

«Si entras en ese ambiente tienes que reflexionar un poco —sostiene Hardy—. Lo más macho es decir: "Estoy dispuesto a correr el riesgo". Pero no es solo tu persona y tu libertad lo que arriesgas.» Un periodista de guerra debe ser consciente de que también está poniendo en peligro a su institución. Les está pidiendo a sus amigos y a su familia que potencialmente lo dejen todo para tratar de conseguir su libertad. Y está exigiendo de forma tácita que su gobierno arriesgue vidas de soldados si se realiza un intento de rescate. No todos los periodistas —observaba Hardy— se molestan en llevar el peso de tales consideraciones, pero «al menos es una conversación interesante para mantener en el bar».

El 10 de junio de 2014, fuerzas del ISIS invadieron Mosul, la segunda mayor ciudad de Irak. Poco antes las células durmientes habían perpetrado diversos asesinatos que habían dejado a la ciudad descabezada, y el ejército iraquí se deshizo con rapidez en el ataque. Dado que había pocos periodistas sobre el terreno para documentar los acontecimientos, la noticia supuso una conmoción. Al día siguiente cayó Tikrit. El 29 de junio, el ISIS anunció la formación de un nuevo califato. En Mosul, el líder del ISIS, Abu Bakr al-Baghdadi, subió al mimbar de la Gran Mezquita de Al-Nuri y se declaró de un modo audaz el nuevo califa, exigiendo la lealtad de los musulmanes de todas partes. En adelante, el territorio controlado por el ISIS pasaría a denominarse Estado Islámico. Pese al desdén de muchos imanes de la corriente moderada, miles de nuevos combatientes respondieron al llamamiento de Baghdadi, alentados por la visión de un imperio islámico restaurado y enardecidos por el salvajismo del que hacían gala sus seguidores.

Cincuenta mil yazidíes (miembros de una antigua comunidad preislámica monoteísta situada al norte de Mosul) huyeron cuando el ISIS anunció sus planes de exterminarlos. Estados Unidos empezó a sentir la creciente presión internacional para detener un genocidio inminente. Al mismo tiempo, las fuerzas del ISIS avanzaron hacia la capital kurda de Erbil, donde estaban destacados los asesores y diplomáticos estadounidenses. Las familias de los rehenes se vieron entre la espada y la pared: cualquier acción de Estados Unidos para detener el avance del ISIS tal vez provocaría una acción de represalia contra sus hijos; pero su difícil situación todavía seguía siendo un secreto, de modo que apenas se realizaba ningún esfuerzo político en su favor.

La Casa Blanca era ciertamente consciente de que intervenir contra el ISIS podría afectar a la suerte de los rehenes. «Eso era algo que preocupaba a todo el mundo», me decía Ben Rhodes, asesor adjunto de seguridad nacional, añadiendo que «no tomar medidas para hacer frente al potencial genocidio de los yazidíes sería un fracaso por permitir que se realizara aquella matanza y a la vez sugeriría que la presencia de rehenes mantenía a raya nuestra propia política exterior». Eso, afirmaba, constituiría «la forma última de dar poder al secuestrador».

Al mismo tiempo, la demanda de rescate de Padnos aumentó a 22 millones de euros. En julio apareció un vídeo de este último en varias embajadas estadounidenses, enviado a través de intermediarios. Estaba sentado en el suelo, con las muñecas atadas y una pistola apuntándole a la cabeza. «Mi vida está en muy, muy, muy grave peligro —decía Padnos—. Me han dado tres días, tres días de vida.» Al parecer el vídeo se había grabado dos días antes.

Bradley se había reunido antes con Ali Soufan, el antiguo agente del FBI cuya habilidad para interrogar a miembros de Al-Qaeda había llevado a la identificación de los secuestradores aéreos del 11-S. Más adelante Soufan, que es estadounidense-libanés, había fundado una empresa de seguridad, Soufan Group, con oficinas en Nueva York y en Doha. A Soufan se le heló el corazón cuando se enteró de la grave situación de los rehenes. Dudaba de que Estados Unidos tuviera activos sobre el terreno, y conocía bien las limitaciones de la comunidad de inteligencia estadounidense. Solo había una posible dirección que tomar: «Vamos a Qatar», le dijo a Bradley.

El 10 de julio, ya tarde, Bradley y Soufan se encontraban en el vestíbulo del hotel St. Regis de Doha, esperando para reunirse con Ghanem Jalifa al-Kubaisi, jefe del servicio de inteligencia qatarí. Qatar es una sociedad wahabí conservadora, pero desempeña un papel confuso en la región y, por ejemplo, alberga a la vez la cadena Al-Yazira y una base aérea estadounidense. Muchos grupos rebeldes sirios dependen del apoyo qatarí, pero el país también proporciona un canal de comunicación clandestino entre los islamistas radicales y Occidente. Seis semanas antes, Qatar había organizado el intercambio de los prisioneros talibanes por Bowe Bergdahl.

Soufan y Bradley llegaron al país durante el Ramadán, el mes del ayuno; un momento complicado para abordar a funcionarios del gobierno. Además, a la inteligencia qatarí le preocupaba la operación militar que Israel acababa de iniciar en Gaza. Aquella misma noche Al-Kubaisi informaba de ello al emir. Pasadas las doce, Soufan recibió una llamada del ayudante de confianza de Al-Kubaisi diciendo que su jefe no podría reunirse con él aquella noche. «Tiene que hacer que venga —le respondió Soufan—. Nos vamos a las tres de la madrugada.»

Al-Kubaisi apareció a la una y media de la madrugada. Bradley esperaba que se tratara de un curtido veterano, pero era un hombre joven y de voz suave, con una mirada cálida y viva. Bradley le enseñó unos folletos con fotografías de los cautivos y detalles sobre los secuestros. Al-Kubaisi los hojeó sin demasiadas esperanzas. «No puedes predecir nada con esos grupos —le dijo—. Son muy irracionales.» Sin embargo, al ver el folleto de Padnos se detuvo. «Creo que con este podemos ayudar», dijo. Padnos era el único de los cinco rehenes al que retenía Yabhat al-Nusra, un miembro de Al-Qaeda que había roto con el ISIS en febrero de 2014; desde entonces las dos facciones habían estado combatiendo la una contra la otra. Aunque Qatar tenía influencia sobre Al-Nusra, enviar a un agente a Alepo resultaba sumamente peligroso, y el plazo de tres días que le habían dado a Padnos ya se había cumplido. Al-Kubaisi era consciente de que tendría que actuar deprisa si había alguna esperanza de salvar a Padnos. Le dijo a Bradley: «Lo haré, por la madre».

En junio de 2014 fue liberado uno de los rehenes europeos que aún permanecían retenidos, el fotógrafo danés Daniel Rye Ottosen. Su gobierno se negó a pagar rescate, pero al parecer la familia logró reunir a duras penas tres millones y medio de euros. Los captores de Ottosen le permitieron llevar cartas de los otros rehenes, salvo de Foley. En los últimos meses de cautiverio, a Foley y a Ottosen los habían encadenado juntos, y este último había memorizado un mensaje del primero para su familia. Una de las primeras llamadas que hizo tras ser liberado fue para recitarle la carta a Diane Foley. «Me acuerdo de cuando iba al centro comercial con papá, de un larguísimo paseo en bici con mamá —empieza el mensaje—. Soñar con la familia y los amigos me evade y el corazón se me llena de felicidad.» Foley minimiza el maltrato, diciendo que tiene «días buenos y malos». Y añade: «Nos sentimos muy agradecidos cuando liberan a alguien, pero por supuesto anhelamos nuestra propia libertad». Luego menciona a cada uno de sus tres hermanos y a su hermana, Katie, expresando la esperanza de que un día asistirá a su boda. «Abuela, por favor, tómate tu medicina —prosigue—. Mantente fuerte, porque voy a necesitar tu ayuda para recuperar mi vida.»

Diane y algunos de los otros padres hablaron con algunos de los rehenes liberados. En aquellas conversaciones los europeos mantuvieron una actitud cautelosa, pero hablaron con franqueza con Barfi y Bradley, así como en las entrevistas que más tarde concedieron a la prensa. Explicaron que entre sus guardianes había un grupo de musulmanes británicos, a quienes los cautivos llamaban «los Beatles». Los dos a quienes ellos llamaban George y John eran especialmente sádicos. Los Beatles prestaban una especial atención a Foley debido a que él y John Cantlie habían tratado de escapar. Foley había logrado salir de su celda, pero al ver que Cantlie no podía liberarse de sus cadenas se rindió. «No podía dejar solo a John», les dijo a los demás. Fueron golpeados salvajemente, y en una ocasión los sometieron a la práctica del ahogamiento simulado o «submarino». Más tarde, Foley despertó la cólera de sus guardianes porque pidió raciones extra y viajes más frecuentes al lavabo para los cautivos más débiles. Le dio su colchón a otro prisionero, y él dormía en el suelo de piedra. Nunca se quejó del maltrato. «No les gustaba el hecho de que no se sometiera —me explicaba el rehén francés Didier François—. Él intentaba establecer cierto equilibrio de fuerzas con los guardianes, un margen de respiro.»

Foley organizó charlas informales entre los cautivos. Kassig contaba anécdotas de cuando iba a cazar y a pescar con su padre. François hablaba de su experiencia cubriendo la guerra en Chechenia. Cantlie explicaba cómo pilotar un avión. Foley daba charlas sobre literatura estadounidense y sobre su cautiverio en Libia. Los demás dependían de Foley para mantener la moral alta. «Ese tío era un hombre —declararía más tarde a *L'Express* Nicolas Hénin, otro de los rehenes franceses—. Se mantenía erguido, digno.» Y añadía: «Cuando veo la reacción de su madre, reconozco a su hijo. Están hechos de la misma pasta».

El 7 de agosto de 2014, el presidente Obama autorizó una serie de ataques aéreos limitados contra el ISIS para ayudar a los yazidíes a bloquear el avance yihadista sobre Erbil. «A principios de esta misma semana un iraquí de la zona le gritaba al mundo: "¡Nadie viene a ayudarnos!" —declaraba Obama en un discurso televisado—. Pues bien, hoy Estados Unidos viene a ayudarlos.»

Cinco días después, la familia Foley recibió un correo electrónico torpemente redactado en el que se formulaba una pregunta: «¿Cuánto tiempo siguen los borregos al pastor ciego?». El correo iba dirigido «al gobierno estadounidense y a sus aborregados ciudadanos», y proseguía así:

Se os han dado muchas posibilidades de negociar la liberación de vuestra gente mediante transacciones de dinero como han aceptado otros gobiernos. [...] sin embargo nos habéis demostrado con mucha rapidez que no estáis interesados en ello. [...]

Ahora volvéis para bombardear de nuevo a los musulmanes de Irak, esta vez recurriendo a ataques aéreos y «ejércitos subsidiarios», ¡todo ello mientras rehuís cobardemente una confrontación cara a cara!

Hoy nuestras espadas están desenvainadas contra vosotros, ¡gobierno y ciudadanos por igual!, y no pararemos hasta que apaguemos nuestra sed de vuestra sangre. [...]

¡La primera de las cuales será la sangre del ciudadano estadounidense James Foley!

Al cabo de una semana, Diane recibió una llamada de una alterada reportera de Associated Press. Diane apenas podía entenderla. «Estaba sollozando —explicaba Diane—. Me preguntó si había visto internet.» La periodista no le dio más detalles. Pero al cabo de poco la ejecución teatralmente orquestada del hijo de Diane Foley aparecía en todas las noticias. No la llamó nadie ni del FBI ni del Departamento de Estado. Ella intentó ponerse en contacto con su agente de enlace del FBI, pero este no respondió. En cambio, el párroco de los Foley fue corriendo a su casa. «Nunca lo olvidaré —declararía el padre Paul Gousse a la revista *St. Anthony Messenger*—. Diane vino a abrazarme y me dijo: "Padre, por favor, rece por mí para que no me vuelva una persona resentida. No quiero odiar".»

Cuando Nancy Curtis se enteró de lo de Foley, cayó desplomada en el suelo de la cocina. Por primera vez desde que se iniciara aquel calvario su ánimo se había quebrantado. Los Bradley estaban en su casa del sur de Francia cuando sonó el teléfono. David no podía creerlo. «Nunca pensé que el ISIS mataría a Jim —admitió—. A la mañana siguiente me di cuenta de todas las implicaciones. Por primera vez en dieciocho meses, nuestra búsqueda de Jim había terminado. Y le habíamos fallado a su familia.»

Bradley llamó a April Goble a Chicago, y le informó de la muerte de Foley. Ella salió de casa y se sentó bajo un árbol. Luego llamó a Diane, que no paraba de repetir que ahora su hijo era libre. Mientras tanto, docenas de amigos de Foley y de Goble llenaron la casa de esta. Llegó a estar tan abarrotada de gente que aquella noche algunas personas tuvieron que dormir en la azotea.

Al día siguiente, los Foley recibieron una llamada del presidente Obama, que estaba de vacaciones en Martha's Vineyard. Diane le comentó que Jim había hecho campaña en su favor. «Él esperaba que usted fuera a buscarle», añadió.

«Bueno, lo hemos intentado», respondió Obama. Al decirle eso, el presidente estaba compartiendo un secreto con ella: el mes anterior, en concreto el 3 de julio, el ejército estadounidense había realizado una incursión para rescatar a los rehenes. El FBI había conseguido entrevistar por fin a dos de los periodistas europeos liberados, que proporcionaron descripciones detalladas del edificio industrial donde los habían encerrado a ellos y a otros veintiún rehenes extranjeros. Los funcionarios estadounidenses determinaron que el edificio se hallaba en las afueras de Al Raqa, la ciudad que el Estado Islámico había designado como su capital. En efecto, el equipo de rescate había llegado tres días tarde. Hubo un tiroteo, en el que murieron dos miembros del ISIS y un soldado estadounidense recibió un tiro en la pierna. Pero fue todo en vano: en aquellas instalaciones ya no quedaban prisioneros.

El vídeo de la ejecución de Foley empieza con Obama anunciando los ataques aéreos contra el ISIS. Luego aparece Foley de rodillas en un terreno desértico, ataviado con un mono naranja que ondea por la brisa. Lleva la cabeza afeitada. Parece fuerte y nada asustado. Lee en voz alta una declaración denunciando la campaña de bombardeos de Estados Unidos, y dice que ese día se firmó su certificado de defunción. Entonces aparece una figura enmascarada y vestida de negro blandiendo un cuchillo. «Ya no formamos parte de una insurrección —afirma, hablando en inglés con acento del norte de Londres—. Somos un ejército y un estado islámico que ha sido aceptado por un gran número de musulmanes en todo el mundo. Así, en la práctica, cualquier agresión al Estado Islámico es una agresión a los musulmanes.» Luego le sujeta la cabeza a Foley y le corta el cuello. En la siguiente toma aparece la cabeza sangrante de Foley colocada sobre su espalda, apoyada en sus muñecas esposadas, y las sandalias de plástico ladeadas en la arena. Luego se muestra al verdugo con otro rehén arrodillado, también vestido de naranja y con la cabeza afeitada. El verdugo apunta con el cuchillo hacia la cámara: «La vida de este ciudadano estadounidense, Obama, depende de tu próxima decisión».

Se trata de Steven Sotloff.

Ghanem al-Kubaisi había enviado a un agente a Siria para ver qué costaría liberar a Theo Padnos. El agente se las arregló para mantener una entrevista en una base extremista, pero los yihadistas le acusaron de ser un espía y amenazaron con matarlo. Al final, el desesperado emisario logró persuadirlos de que representaba de veras al gobierno qatarí, que de repente había decidido interesarse activamente por la vida de aquel estadounidense.

A los qataríes les habían advertido repetidas veces que Estados Unidos no pagaba rescates a terroristas, pero no estaba claro de qué otro modo se podía salvar a Padnos. El Equipo de las Chicas se preguntaba por qué había de meterse el gobierno de Estados Unidos si la familia de Padnos se las arreglaba para que lo rescatara otro gobierno. Pero según la ley estadounidense, conspirar para enriquecer a un miembro de Al-Qaeda como Al-Nusra se consideraba equivalente a dar apoyo material al terrorismo. Al-Kubaisi, que entendía aquellas limitaciones, no explica con claridad qué fue lo que propuso, diciendo solo que logró influir en Al-Nusra a través de otros grupos rebeldes de la zona. Sin duda Al-Nusra tenía muchas razones para no enfurecer a Qatar, que es una de las potencias estratégicas del Golfo.

El 24 de agosto, Bradley recibió un mensaje de texto de Al-Kubaisi. «Hecho», había escrito este, junto con el emoticono de un pulgar levantado.

Ali Soufan había dispuesto que la entrega se llevara a cabo en los Altos del Golán, en la frontera israelí, pero el FBI y una docena de funcionarios estadounidenses fueron a esperarle erróneamente a

Jordania, de modo que Bradley tuvo que llamarlos y mandarlos al lugar correcto. Mientras Padnos era transportado a la zona desmilitarizada, el equipo del FBI tuvo que conducir durante toda la noche para estar presente en el momento de recibirlo.

Los terroristas dejaron a Padnos en un puesto de observación de la ONU, donde un médico examinó con suavidad su cuerpo maltratado. Luego pasó a Israel, donde acababan de llegar los funcionarios estadounidenses. En un hotel de la playa de Tel Aviv, por fin pudo llamar a Nancy: «¡Mamá, estoy en un hotel de cinco estrellas! ¡Y tomándome una cerveza! ¡Y hay mujeres!». Era su primera llamada telefónica en dos años.

Una agente del FBI le dio instrucciones a Padnos de que se quedara en su habitación. Pero en cuanto se marchó, él se dirigió a la playa. El Mediterráneo estaba precioso. Había una pista de pádel y un carril para correr. Se fue dando un paseo hasta un albergue juvenil. Había dos canadienses sentados fuera, y parecían simpáticos. Sin pensárselo dos veces, Padnos se acercó a ellos y les dijo que Al-Qaeda acababa de liberarle. Ellos le ofrecieron un trago. A la mañana siguiente, la agente del FBI encontró a Padnos y a sus nuevos amigos inconscientes en el suelo de la habitación del hotel.

Se corrió la voz de que había otros rehenes, y aunque solo unos pocos periodistas conocían sus nombres, era prácticamente imposible contener aquella información. De inmediato los padres de Foley, Padnos y Sotloff se vieron acosados por la prensa. Bradley le pidió a Emily Lenzner, la directora de comunicaciones de Atlantic Media, que tratara de mantener a los periodistas alejados de los detalles cuya divulgación podía entrañar un peligro potencial. Lenzner tuvo que dedicarse a tapar un agujero tras otro. Disuadió a un reportero del *Washington Post* de publicar un artículo, aunque Ed Kassig sostiene que el reportero le dijo: «Voy a publicarlo. Esto es demasiado grande para ti». Una emisora de televisión de Miami entrevistó a algunos de los amigos de Sotloff, y uno de ellos comentó con ingenuidad cuánto había significado para él su fe judía. Tras la intervención de Lenzner, la referencia se eliminó del reportaje. Pero el muro del secretismo se resquebrajaba. El *Times* divulgó que entre los rehenes del ISIS se hallaba una mujer estadounidense. Los redactores de *The Atlantic* —unos pisos por debajo de la oficina de Bradley en el edificio Watergate— se preguntaban cómo se suponía que debían cubrir una importante noticia de actualidad en la que estaba involucrado su patrón.

Bradley convocó a Washington a los Sotloff, los Kassig y los Mueller con la esperanza de diseñar una nueva estrategia. Llegaron el domingo 24 de agosto, el mismo día de la liberación de Padnos. Resultaba a la vez siniestro y esperanzador ver su círculo de familias bruscamente reducido, en un caso por asesinato y en otro por una liberación.

Bradley quería que su participación se mantuviera en secreto, de modo que se reunieron en la sala de conferencias de un despacho de abogados. Allí presentó a las familias a Nasser Weddady, un activista que había nacido en Mauritania y crecido en Siria. Bradley lo describió como un especialista en redes sociales. Weddady propuso que las tres madres grabaran un vídeo suplicando a Baghdadi que se apiadara de sus hijos. «El hecho de que el gobierno y las familias hayan guardado silencio durante tanto tiempo ha permitido al ISIS controlar plenamente el proceso y deshumanizar a los rehenes —afirmó—. Mi idea es invertir esa tendencia.»

Las madres optaron por no grabar un vídeo conjunto. En su lugar, cada una de ellas grabaría uno de forma individual. Sotloff había sido designado el siguiente en la lista de asesinatos del ISIS, de modo que Shirley Sotloff haría público su vídeo de inmediato. Por su parte, Paula Kassig y Marsha Mueller grabarían peticiones similares, pero esperarían para hacerlas públicas.

Weddady no tardó en discrepar con Barak Barfi con respecto al tono y el contenido de la declaración de Shirley. Barfi la instaba a cubrirse el cabello, pero Weddady juzgaba que eso suponía un trato condescendiente y apestaba a orientalismo. Barfi había examinado con gran minuciosidad el Corán y la historia islámica tratando de encontrar precedentes útiles de cara a una liberación de rehenes. Varios pasajes del Corán tratan el tema de los prisioneros de guerra, pero su sentido resulta ambiguo. Así, por ejemplo, en el año 624 de nuestra era el profeta Mahoma hizo setenta prisioneros durante la batalla de Badr. Sus consejeros más cercanos discutieron si debían pedir rescate por ellos o matarlos. Dos de ellos fueron ejecutados. Otros prisioneros fueron liberados, incluyendo a uno que no era musulmán: el esposo de Zainab, hija del Profeta. Después de que ella le enviara un collar a su padre, este tuvo clemencia con su esposo. «El collar era un símbolo, por supuesto», observa Weddady. Pero si se mencionaba la historia en un vídeo, «podía malinterpretarse como si estuviéramos invitando a establecer un rescate, y esa era una zona prohibida».

Cuanto más abogaba Barfi por incluir referencias teológicas y paralelismos históricos, más se enfadaba Weddady. Él y Barfi tenían concepciones distintas de la audiencia a la que iba destinado el vídeo. Barfi pretendía llegar a los líderes del ISIS, mientras que Weddady dirigía su mensaje al mundo musulmán a fin de socavar la autoridad y el atractivo de la organización. Pese a su frustración, Weddady apreciaba la desesperación de Barfi: ellos eran la única esperanza de Steven Sotloff.

Shirley se hallaba sumida en un estado de confusión. Las otras madres intentaron apoyarla, pero también ellas luchaban por mantener la compostura. Mientras los hombres consolaban a Art Sotloff, Ed Kassig y Carl Mueller hablaron sobre lo doloroso que había sido mantener los secuestros en secreto. Art señaló que, en cuanto se hizo público el nombre de Steven, sus amigos corrieron a ofrecerle su apoyo. Ed y Carl casi le envidiaban.

Marsha Mueller se retiró a escribir su diario. Le dijo a Weddady que esperaba poder dárselo un día a Kayla para que supiera lo que había ocurrido en su ausencia. Ese detalle conmovió a Weddady con una inesperada fuerza emocional. En Siria e Irak se desarrollaba una tragedia de enormes proporciones, y aquel era solo un fragmento de ella. Millones de personas se habían visto desplazadas, cientos de miles habían muerto y, sin embargo, los hijos de aquellos padres habían puesto de forma voluntaria su vida en peligro. «Se aventuraron solos en uno de los lugares más peligrosos del mundo con la intención de ayudar a los débiles y oprimidos, que estaban siendo aplastados por la dictadura y el terrorismo —me decía Weddady—. Ellos acudieron al rescate. Por eso los considero héroes.»

Mientras Weddady y Barfi se peleaban por el guion de Shirley, Noor Azar —la antigua diplomática siria incorporada al equipo de Bradley— ayudaba a Paula Kassig a crear el suyo. Los Kassig querían que los captores supieran que su hijo lamentaba el sufrimiento de los sirios y deseaba ayudarlos a alcanzar la libertad. Ed comentó que los Kassig procedían de una larga estirpe de profesores. Como enfermera, Paula planeaba describir a su hijo como un cuidador. Azar les dijo que su enfoque era completamente erróneo. Al ISIS —aclaró— no le importa la libertad. Sus militantes consideran que es un concepto occidental que se ha impuesto al mundo musulmán. No iban a sentirse conmovidos por el legado humanitario de la familia. El ISIS estaba lleno de combatientes extranjeros que se oponían a muchos grupos insurgentes sirios. La sola idea de nacionalidad era anatema para ellos. Azar persuadió a los Kassig de que resaltaran la espiritualidad de Peter.

Mientras tanto, Shirley seguía luchando. «Me sentía todavía dentro una película que había salido mal», comentaba. Leía un guion tras otro ante la cámara, pero su capacidad emocional se había acartonado. Tenía problemas para pronunciar algunos nombres y se equivocaba con las referencias coránicas. Invocaba la autoridad de Baghdadi como califa para que le concediera una amnistía a Steven, «siguiendo el ejemplo establecido por los califas Rashidun, que he sabido que fueron los más justos de entre los gobernantes musulmanes, bajo los cuales se protegió a las Gentes del Libro, como Steve». A Weddady le indignaba aquel lenguaje. «Poner a una mujer judía en televisión dando clases sobre el islam a musulmanes es un desastre», afirmaba. El vídeo le parecía académico y farragoso, y Shirley daba la impresión de estar hipnotizada. Bradley convino en que debía volver a grabarse al día siguiente.

Aquella noche, Bradley volvió a invitar a cenar a las familias y a su equipo en su casa, aunque los Kassig estaban exhaustos y declinaron la oferta. En el hogar de los Bradley, se hizo evidente que los ánimos se habían ensombrecido desde aquella tarde de mayo cuando los cornejos estaban en flor. Bradley, consciente de ello, invitó a los presentes a formular cualquier idea, por descabellada que fuera. Azar propuso instar al régimen sirio a realizar un intercambio de prisioneros con el ISIS. Pero a Bradley le preocupaba que Al-Asad exigiera algo a cambio, algo que Bradley no pudiera darle, como piezas de repuesto de aviones. Tampoco creía que el gobierno estadounidense aceptara tal concesión.

Bradley era una persona que siempre resultaba difícil de interpretar, incluso para su personal. Aretae Wyler, la principal asesora legal de Bradley, pensaba que la idea del vídeo era «agarrarse a un clavo ardiendo», pero su jefe parecía decidido a impedir que el pesimismo tumbara el proceso. «No podemos limitarnos a quedarnos sentados sin hacer nada», declaró. Durante toda la cena estuvo esbozando varios posibles planes de acción en un cuaderno de gran tamaño. Weddady iría a Egipto a recabar la ayuda de algunos jeques radicales. Bradley iría a Kurdistán y se reuniría con su jefe de inteligencia. Él suplicaría la ayuda del rey de Jordania. Volvería a Qatar. Incluso lanzó la idea de contratar a un ejército privado para intentar un rescate.

Shirley introdujo una nota de esperanza. No dejaba de decir: «Sé que Steve está vivo, que va a sobrevivir, simplemente lo sé», señalando que sacaba su fuerza de sus padres, que habían sobrevivido a Auschwitz.

A la mañana siguiente los Mueller se hallaban al borde del pánico. Sin revelar el nombre de Kayla, Brian Ross, de la cadena ABC, había informado sobre los detalles de su captura. Otros periodistas que habían guardado silencio estaban enfadados con Emily Lenzner, porque creían, de forma equivocada, que ella había cooperado con Ross. Lenzner pidió a los reporteros que se contuvieran: seguían estando en juego las vidas de tres estadounidenses.

El equipo de Bradley se resquebrajaba por la tensión. Mientras Weddady y Barfi se gritaban el uno al otro por el guion de Shirley, Wyler cogió el portátil de Weddady, se sentó en el suelo junto a ella y empezó a entrenarla en voz baja para pronunciar el discurso.

«Te envío este mensaje a ti, Abu Bakr al-Baghdadi al-Quraishi al-Husayni, califa del Estado Islámico», dice Shirley en la versión definitiva. Lleva el pelo descubierto. Su fatiga es evidente, pero transmite su mensaje de forma contundente:

> Mi hijo Steven está en tus manos. Steven es un periodista que se dirigió a Oriente Próximo para informar del sufrimiento de musulmanes en manos de tiranos. Steven es un hijo, hermano y nieto leal y generoso. Es un hombre honorable, que siempre ha intentado ayudar a los débiles.
>
> Hace más de un año que no vemos a Steven, y lo echamos muchísimo de menos. Queremos verlo en casa sano y salvo, y poder abrazarlo.
>
> Desde la captura de Steven he aprendido mucho sobre el islam. He aprendido que el islam enseña que no debe hacerse responsable a nadie por los pecados de otros. Steven no tiene ningún control sobre las acciones del gobierno estadounidense. Es un periodista inocente.
>
> También he aprendido que tú, el califa, puedes concederle la amnistía. Te pido por favor que liberes a mi hijo. [...]
>
> Quiero lo que toda madre quiere: vivir para ver a los hijos de sus hijos. Te suplico que me concedas eso.

El vídeo de Shirley se hizo público el 27 de agosto, y de inmediato fue reproducido por las agencias de noticias, en especial por las cadenas árabes de televisión por satélite. Como cabía esperar, los seguidores del ISIS en los medios sociales ridiculizaron su súplica, llamándola la «jeca Shirley», pero muchos otros musulmanes reaccionaron con simpatía. Aun así, la respuesta arrolladora que esperaba Weddady no se produjo. El espeluznante vídeo del ISIS había tenido un impacto mucho mayor: la toma de Foley arrodillado en la arena antes de su ejecución era una imagen indeleble. La intención del asesinato era empujar a Estados Unidos a una guerra abierta con el Estado Islámico, un desafío que en ese momento muchos estadounidenses acogían con agrado. En 2013 los estadounidenses se oponían con firmeza a realizar ataques aéreos en Siria; ahora la mayoría estaban a favor; una consecuencia inmediata y mensurable del asesinato. En el caso de las familias de los rehenes que quedaban, se sumó otro mal augurio para sus menguantes esperanzas: tras la ejecución de Foley, un sondeo de Reuters reveló que el 62 por ciento de los estadounidenses se oponían a pagar rescates por rehenes.

Seis días después de que apareciera el vídeo de Shirley, Art Sotloff salía de casa para llevar ropa a la tintorería cuando una noticia empezó a parpadear en la pantalla de su teléfono móvil: «Segundo rehén estadounidense muerto». Nadie lo había llamado. Volvió a casa para decírselo a Shirley. Al mismo tiempo Wyler entraba en la oficina de Bradley para contárselo a él. Lo encontró mirando con fijeza su ordenador con el rostro ceniciento. Él y Katherine cogieron un avión a Miami para acompañar a los Sotloff en el duelo.

«Todo el mundo tiene dos vidas —había observado Steve en un mensaje transmitido de forma clandestina—; la segunda empieza cuando comprendes que solo tienes una.»

Tras aquel golpe devastador, Bradley decidió que su equipo necesitaba algo que le levantara la moral. Cada una de las comidas celebradas en la sala de color amarillo claro de los Bradley había marcado un hito en la saga de los rehenes, de modo que Bradley invitó a cenar a Theo Padnos. Al fin los miembros del equipo iban a conocer a una de las personas a las que tanto se habían esforzado en rescatar. Padnos les habló de palizas, aislamiento, exposición al frío... Sus captores incluso lo habían enterrado vivo durante media hora. Una agresión casi fatal le había dejado desorientado durante días. Tras su regreso a casa, al principio comía y dormía poco, y prefería estar sobre todo en compañía de mujeres y niños. Su familia estaba preocupada por él: a veces mostraba pensamientos dispersos, y sus emociones oscilaban entre la alegría y los accesos de llanto.

Durante la cena, Bradley le preguntó a Padnos qué había aprendido sobre el mal. Bradley, que había estado dándole muchas vueltas al tema, comentó que para él los yihadistas sirios encarnaban «la más pura cepa del mal, el rencor y la violencia que he visto en mi vida».

«No, David, no es así», le respondió Padnos. Muchos de los jóvenes que le custodiaban habían actuado por principios al «rechazar a Occidente», pero al hacerlo se habían visto arrastrados a una cultura yihadista desaforadamente adolescente. Padnos había visto a niños jugando con granadas. Si alguien hacía té, no era raro que un niño metiera una bala en la hornilla, haciéndola explotar. Durante veinte de sus veintidós meses de cautiverio, Padnos solo vio mujeres en tres ocasiones, y siempre durante solo unos segundos. Los combatientes estaban tan aislados de las mujeres como él mismo. Hasta los hombres casados parecían poco interesados en estar con sus esposas. Y sin embargo, todos querían casarse con mujeres estadounidenses, soltando indirectas a Padnos para que hiciera de intermediario.

Cuando sus captores le torturaban, calificaban aquella práctica de «investigación», y rezaban antes de cada sesión. Padnos, que había estudiado la religión yihadista, llegó a creer que sus torturadores veían su tarea como un deber religioso. Intentaban acercar a la gente al Corán y las máximas del Profeta. Puede que torturar a personas resultara desagradable a nivel moral, pero trascender los límites del comportamiento convencional resultaba esencial para cumplir con las exigencias literales de la religión. El Corán y los hadices están llenos de admoniciones sobre la guerra y el castigo. «Se os ha prescrito la guerra y vosotros le habéis tomado aversión. Es posible que tengáis aversión a lo que os es ventajoso y que os guste lo que os es dañino. Dios lo sabe; pero vosotros no», reza un famoso versículo. Otro afirma: «Yo sembraré el terror en el corazón de los infieles. Y vosotros golpeadlos en la nuca y en las puntas de los dedos». Sus captores obligaban a los niños a que aprendieran a maltratar a prisioneros desvalidos, incluido Padnos, pero en la mentalidad yihadista aquella era una tarea sagrada. «Creo que el propósito de la tortura es reconciliar a los musulmanes con el significado literal del Corán y los antiguos (ellos dirían "eternos") valores del islam», observaba Padnos.

Hacia el final de su confinamiento trasladaron a Padnos a un chalet. Allí, en un televisor, Al-Yazira estaba emitiendo la imagen de un hombre en el desierto ataviado con un mono naranja. El texto sobreimpreso lo identificaba como un rehén estadounidense. Era James Foley. Hasta entonces Padnos no sabía que había otros estadounidenses retenidos. Sus captores le dieron el mando a distancia, pero cuando cambió de canal apareció de nuevo Foley.

Tras el asesinato de Sotloff, el sicario vestido de negro —más tarde conocido por todo el mundo como «John el Yihadista»— presentó a su siguiente víctima. David Haines, ciudadano británico, había pasado dieciséis años como cooperante. Estaba trabajando para una organización humanitaria en un campo de refugiados sirio cuando fue secuestrado, junto con un colega italiano, en marzo de 2013. Hasta que se rescató a los rehenes europeos aquella primavera, el equipo de Bradley ignoraba que había otros rehenes ingleses además de John Cantlie. Como Estados Unidos, el Reino Unido prohíbe pagar rescates, y el Foreign Office había prohibido a las familias hablar de los secuestros.

Haines fue decapitado, y el vídeo de su ejecución se hizo público el 13 de septiembre de 2014. Tras él se puso en la lista a otro ciudadano británico, un taxista llamado Alan Henning que había gastado todos sus ahorros en comprar una ambulancia de segunda mano para ayudar a los refugiados sirios. A Peter Kassig todavía no le habían mencionado. Hasta el asesinato de David Haines, las ejecuciones se habían regido por la nacionalidad. Bradley se sintió esperanzado ante aquella violación del protocolo: quizá todavía quedara tiempo para negociar por la vida de Kassig.

Unos días después, los Kassig y los Mueller volvieron a Washington, esta vez para reunirse con Obama. El presidente acababa de anunciar que la campaña de bombardeos contra el ISIS se extendía a varias partes de Siria, y sabía que las familias estaban disgustadas por ello. Art Sotloff se había negado a aceptar una llamada de condolencia suya. En la Casa Blanca, Obama expresó su simpatía hacia las dos familias de los rehenes que quedaban. Pero estas no percibieron que les diera el menor indicio de que el gobierno pudiera ayudar. «Nos dijo que, si cogieran a una de sus hijas, él haría todo lo posible por traerla a casa —recordaba Carl Mueller—. Marsha interpretó que eso significaba que debíamos salir a conseguir el dinero. Yo no lo entendí así en absoluto. El gobierno siguió bloqueando nuestros esfuerzos.»

En septiembre de 2014, el ISIS hizo una sorprendente modificación en su campaña propagandística, haciendo público el primero de una serie de vídeos en los que John Cantlie comenta diversas noticias en nombre del Estado Islámico. En el primer vídeo, Cantlie lleva el mono naranja que señala su probable ejecución. «Quiero aprovechar esta oportunidad para transmitir algunos hechos que ustedes pueden verificar», afirma, adoptando un tono comedido. Aparece sentado ante una mesa de madera sobre un fondo negro, como en el programa de televisión estadounidense *Charlie Rose*. Señala que hace dos años que fue capturado. «Han cambiado muchas cosas, incluida la expansión del Estado Islámico, que ahora abarca grandes áreas del este de Siria y el oeste de Irak», observa. Luego dice que en posteriores vídeos explicará las motivaciones del Estado Islámico, y cómo los medios de comunicación occidentales —«las mismas organizaciones para las que yo trabajaba»— distorsionan la verdad.

Resultaba macabro ver a un hombre amenazado de muerte atestiguar la legitimidad de los objetivos de sus captores; el vídeo en sí mismo era una forma de tortura psicológica. El propósito evidente de los vídeos de Cantlie era dividir a la opinión pública occidental y, quizá, apelar a los musulmanes ofendidos por el asesinato de rehenes. De hecho, Cantlie no tardó en contar con un buen número de fans en los medios sociales.

El 3 de octubre se confirmó la muerte de Henning, y esta vez sí se mencionó a Kassig como el próximo de la lista. Ed y Paula habían visto a periodistas acampados en el jardín de los Sotloff esperando la noticia de su muerte, de modo que habilitaron dos pisos francos y llenaron su coche de comida y agua suficiente para aguantar una semana, a fin de evitar la horda de reporteros. Pero entonces ocurrió algo extraño. Varios amigos periodistas de Peter que habían estado con él en la frontera turca a acudieron a Indianápolis para ayudar.

«Pasaban el día entero en nuestra mesa del comedor, enviando correos electrónicos, y haciendo cada uno de ellos todo lo que podía para traer de vuelta a casa a Peter», recuerda Ed. Jodi Perras, una antigua reportera de Associated Press que había dado clases en la escuela dominical con Paula, se ofreció a ser la portavoz de los Kassig. «Nos dedicábamos a observar las redes sociales —recuerda Perras—. El tema que el ISIS intentaba difundir era: "Aquí hay un miembro del Regimiento Ranger que luchó en Irak y merece morir". Y nosotros difundíamos el relato contrapuesto de un trabajador humanitario que ayudaba al pueblo sirio y que, de hecho, se había convertido al islam.»

Peter Kassig se había interesado en el islam mucho antes de su captura. Había leído el Corán mientras trabajaba en los campos de refugiados palestinos del Líbano. En un viaje a Siria para llevar suministros a Deir ez-Zor, pasó varias horas hablando de religión con un jeque, y al volver les dijo a sus amigos que había dejado de beber alcohol. También ayunaba durante el Ramadán. Tras su captura, un compañero de celda sirio le enseñó a rezar, y él adoptó el nombre de Abdul Rahman, que significa «sirviente de Dios misericordioso».

Indianápolis cuenta con una importante población musulmana, entre la que se incluyen exiliados sirios. Asimismo, la Sociedad Islámica de Norteamérica tiene su sede central cerca. Un amigo llamó a Ed y a Paula para preguntarles si estarían dispuestos a encontrarse con algunos sirios allí establecidos que se habían reunido en un centro interreligioso. Ellos respondieron que sí. Mientras Paula examinaba el directorio del edificio para encontrar el número de sala, Ed oyó llantos. «Es por aquí», dijo.

Los musulmanes se sentían conmovidos por la dedicación de Peter a Siria, y tanto ellos como las organizaciones islámicas se unieron a la campaña de presión al ISIS para que le perdonara la vida a Peter, organizando vigilias de oración en universidades y mezquitas. Paula y Ed grabaron su propio vídeo. «Yo soy maestro; mi esposa es enfermera y trabaja con refugiados —declara Ed ante la cámara, mientras Paula aparece sentada a su lado con el pelo cubierto—. Nuestro hijo es Abdul Rahman, antes conocido como Peter.» Varios musulmanes que habían trabajado con Peter en Siria añadían diversos testimonios. Y hubo algo aún más sorprendente: un comandante de Al-Qaeda tuiteó que Peter le había salvado la vida en un hospital de campaña sirio, realizando «con éxito una operación quirúrgica» bajo los bombardeos del régimen de Al-Asad. El comandante calificaba a Peter de «activista humanitario». Por su parte, Jodi Perras mantenía un constante flujo de vídeos, tuits y testimonios de amigos y partidarios musulmanes de Kassig. Sentía que estaba librando personalmente su guerra contra el terror con su MacBook Air.

Dos días después de que se revelara el nombre de Peter, los Kassig hicieron pública una carta que había escrito él y que les había hecho llegar uno de los rehenes europeos liberados. «Creo que es el momento de decir unas cuantas cosas que tengo que decir antes de irme», escribe Peter. Luego añade que está muy delgado, pero que no pasa hambre. «Soy un chico duro y todavía joven, de modo que eso ayuda.» En los primeros meses había llorado mucho, «pero ahora un poco menos».

> Ellos nos dicen que nos habéis abandonado y/o que no os importamos, pero por supuesto nosotros os conocemos y sabemos que estáis haciendo todo lo posible y más. No te preocupes, papá; si caigo, no me iré pensando algo distinto de lo que sé que es verdad. Que mamá y tú me queréis más que la luna y las estrellas.
>
> Por supuesto que me da mucho miedo morir, pero la parte más difícil es no saber, preguntarse, esperar, y preguntarse si debería tener esperanza siquiera. […] Si muero, imagino que al menos vosotros y yo podemos buscar refugio y consuelo en el hecho de saber que me fui por haber intentado aliviar el sufrimiento y ayudar a quienes lo necesitan.

Luego añadía que rezaba cada día, aunque allí se encontraba en una «situación dogmáticamente complicada». Los europeos que estuvieron encarcelados con Kassig dan testimonio de su auténtica fe, pero el ISIS sigue un credo apocalíptico que cuestiona las creencias incluso de los musulmanes ortodoxos.

Stanley Cohen, un abogado neoyorquino que ha defendido a miembros de grupos terroristas, incluyendo a algunos de Hamás y Hezbolá, leyó la carta de Kassig en la prensa. Según *The Guardian*, Cohen reclutó entonces a varios islamistas radicales para que intentaran persuadir al ISIS de que liberara a Kassig, argumentando que ello podría facilitar la liberación de prisioneros musulmanes de Guantánamo. En su intento, Cohen pidió ayuda a un imán palestino que vive en Jordania, Abu Muhammad al-Maqdisi, un hombre reverenciado entre los yihadistas, pero antes de que Maqdisi pudiera actuar el gobierno jordano lo detuvo por enaltecer a organizaciones terroristas.

Las ejecuciones anteriores se habían estado produciendo cada dos semanas, pero luego hubo una pausa durante otras seis. Por fin, el 16 de noviembre, apareció un nuevo vídeo del ISIS. Su escenificación es notablemente distinta a la de los anteriores vídeos de ejecuciones. La ceremonia se inicia con la decapitación simultánea de unos veinte rehenes, muchos de ellos pilotos de la fuerza aérea siria. Luego, en una escena distinta, aparece John el Yihadista con la cabeza de Peter Kassig a los pies. No hay cuerpo. «Estamos aquí enterrando al primer cruzado estadounidense en Dabiq, aguardando con impaciencia la llegada del resto de vuestros ejércitos», declara John. Dabiq, una ciudad del norte de Siria, es donde los seguidores del ISIS creen que se librará una batalla apocalíptica entre musulmanes y cristianos.

Tras la emisión del vídeo se especuló con la posibilidad de que Kassig hubiera muerto en un bombardeo o fusilado (da la impresión de que presenta una herida encima de un ojo). Al parecer no hizo ninguna declaración denunciando la política estadounidense. Antiguos miembros del Regimiento Ranger se preguntaron si Kassig hizo honor a su credo, que concluye diciendo: «En ningún caso pondré a mi país en una situación embarazosa».

Otro detalle significativo de este vídeo es que en él no se menciona ni a John Cantlie ni a Kayla Mueller como la próxima víctima.

El primer funeral en memoria de Peter se celebró en la mezquita Al-Huda, en las afueras de Indianápolis. Dirigió las plegarias un imán de Damasco. «Había gente de casi cada continente», recordaba Ed. Entre los asistentes se contaban muchos de los amigos de Peter, que aquella noche se presentaron en casa de los Kassig. «Teníamos a gente durmiendo en nuestra autocaravana, a gente tendida en los sofás, en el suelo —explicaba Ed—. Hacia las tres de la madrugada formaron un círculo, y todo el mundo se congregó para explicar la historia de Peter. Y lo cierto es que aquella noche llegué a conocer a mi hijo como hombre.»

Como se esperaba, el presidente Obama telefoneó para expresar sus condolencias. Estaba en el *Air Force One*, volviendo de Asia, y su voz parecía cansada. Ed le dijo: «Tiene una última oportunidad para hacerlo bien. Salve a Kayla».

Los dos sirios que trabajaban en el equipo de David Bradley tenían que soportar una carga emocional añadida: la de ver cómo era destruida su patria. Se habían sentido impotentes en lo relativo al conflicto sirio hasta que Bradley les había infundido su espíritu emprendedor y su posibilismo. «Por fin podía hacer algo», declaraba Nasser Weddady. Bradley le envió a Estambul, donde reclutó a un jeque tribal con influencia en Siria. Luego el propio Bradley cogió un avión a Estambul para reunirse con el jeque; se encontraba allí cuando recibió la noticia del asesinato de Kassig.

Noor Azar, la exdiplomática siria, nació en Al Raqa, y todavía tiene parientes allí. También se había sentido emocionada al incorporarse al equipo de Bradley, pero al mismo tiempo le chocaba la inacción del gobierno estadounidense. Los sirios —explica— crecen sabiendo que su gobierno no da valor a sus vidas, pero su imagen de Estados Unidos está influenciada por incontables películas en las que aparecen estadounidenses rescatados por la policía, el FBI o el ejército. «¿En qué momento las políticas pasaron a ser más importantes que la vida de ciudadanos estadounidenses reales? —se preguntaba—. ¿O acaso ha sido siempre un mito?»

Aunque Azar no conoció a Jim Foley, había visto tantas fotografías y vídeos suyos que tenía la sensación de haber llegado a conocerle. Su brutal muerte le afectó mucho, hasta el punto de tener que ir a ver a dos terapeutas. No obstante, pese a padecer migrañas, siguió acudiendo a la oficina para trabajar en los otros casos de rehenes. Pero le daba miedo mirar fotos de Kayla.

Azar trató de localizar a los carceleros de Kayla, que se suponía que eran mujeres. A través de Skype y Facebook, logró acotar su búsqueda a cinco europeas. Incluso se puso en contacto con el marido de una de ellas, que la autorizó a hablar con su esposa. Cuando Azar transmitió sus hallazgos al FBI, la agencia le indicó que debía poner fin a su investigación. «Contactar con el ISIS viola la ley», le dijeron, lo cual no era del todo exacto. Azar se sentía doblemente amenazada, puesto que la situación de su visado para permanecer en Estados Unidos era incierta. Aunque el FBI afirmaba estar realizando su propia indagación, Azar dudaba de que esta pudiera tener éxito. «No creo que cuenten con ninguna mujer que tenga el acento de Al Raqa», me dijo.

El equipo de Bradley siempre mantuvo mayores esperanzas en el caso de Kayla que en los demás. Ayudaba a ello el hecho de que fuera mujer, y de que sus demandas de rescate —cinco millones de euros más varios prisioneros— fueran relativamente bajas, más próximas a lo que al parecer habían pagado los gobiernos europeos. Los Mueller intentaron conseguir donaciones privadas, pero se vieron desairadas por mucha gente rica que, como Bradley, temía ser procesada. «Siempre decían que lo sentían mucho», explicaba Marsha. Bradley estaba considerando en privado la posibilidad de pagar él mismo el rescate si podía eliminarse la exigencia de liberar también a prisioneros. «Si fuera hijo mío pagaría, fuera contra la ley o no —afirmaba—. Pero, puesto que no lo era, decidí que no me correspondía a mí. Fue una decisión al sesenta-cuarenta por ciento.»

En julio se había hecho pública la amenaza de que, si no se pagaba el rescate, matarían a Kayla en el plazo de treinta días. Pero pasó el 14 de agosto, el día de su cumpleaños, y todavía seguía viva. Luego el tono de las demandas para su liberación se suavizó. Los Mueller pensaron que los secuestradores en realidad querían liberarla; sin embargo, sus exigencias se ampliaron para incluir tanto la liberación de una prisionera de Al-Qaeda retenida en Estados Unidos como el cese de los bombardeos sobre posiciones del ISIS. El FBI elaboraba las respuestas a cada mensaje, que luego recibían Carl y Marsha. «Ellos escribían las comunicaciones, y nosotros nos limitábamos a darle a "enviar"», explicaba Carl. Pero la agencia se centraba en rebajar las expectativas de los captores, y nunca propuso una contraoferta propiamente dicha.

Mientras tanto, en Qatar, Ghanem al-Kubaisi convocó a uno de sus agentes en Siria. Quería hacer llegar un mensaje al ISIS: «Hemos oído que vais a matar a Kayla. Antes de hacerlo, avisadnos. Podría interesarnos». En respuesta, a Al-Kubaisi le llegó la voz de que los secuestradores todavía no tenían intención de matarla.

Didier François, el periodista francés, a veces oía a Kayla pedirles a sus carceleros fruta o compresas. Los rehenes varones se preguntaban quién era. Luego, cuando François y los demás periodistas franceses fueron liberados, les dieron cinco minutos para hablar con Kayla. «Tenía una hermosa fuerza interior —recordaba Nicolas Hénin, uno de los rehenes franceses—. Se la veía hermosa. Era fuerte; quiero decir, hasta el punto de que John el Yihadista creía que se había convertido al islam y ella le dijo: "Tengo que corregirte: no me he convertido". Quiero decir que nadie se atrevía a contradecirle, pero ella lo hizo.» John el Yihadista les comentó a los otros prisioneros: «Es más fuerte que vosotros. Ella no finge».

En octubre de 2014, dos hermanas yazidíes —la mayor de las cuales tenía catorce años— se presentaron en un centro de mando de Operaciones Especiales de Estados Unidos en el Kurdistán iraquí. Habían sido tomadas como esclavas por Abu Sayyaf, un alto comandante del ISIS, junto con Kayla Mueller, pero habían logrado escapar. Las yazidíes conocían a Kayla lo bastante bien como para describirles a sus interrogadores estadounidense el tatuaje en forma de pluma de búho que esta lucía en el torso. Explicaron que a Kayla le preocupaba que su evidente aspecto occidental llamara la atención, de modo que se había quedado para que ellas tuvieran más posibilidades de escapar. Además, también cuidaba de otra rehén, que era mayor y podría haber sido herida por la metralla.

Dos meses después, los SEAL de la marina de Estados Unidos intentaron rescatar a dos rehenes —un fotoperiodista estadounidense, Luke Somers, y un profesor sudafricano, Pierre Korkie— en Yemen, donde los retenía Al-Qaeda en la península Arábiga. Durante la incursión, los captores mataron a los dos rehenes. El presidente Obama dijo que había autorizado la operación porque los secuestradores habían amenazado con matar a Somers en el plazo de setenta y dos horas; en el caso del sudafricano, en cambio, ya se había pagado un rescate, y estaba a punto de ser liberado. Carl y Marsha Mueller habían declarado previamente a la Casa Blanca que apoyaban una incursión para salvar a Kayla, pero ahora hicieron hincapié en que deseaban ser consultados antes de llevar a cabo tal tentativa. «Teníamos a David y su equipo; teníamos a gente en Qatar, en Londres y aquí trabajando en cosas concretas —razonaba Carl—. No queríamos tener un plan montado y que entonces mataran a Kayla.»

Un día, Bradley, que había estado trabajando sus contactos diplomáticos, recibió una llamada del jefe de gabinete del ministro de Exteriores de Qatar, afirmando que tenía buenas noticias:

—Kayla se ha convertido y se ha casado. Vive felizmente con una familia y no quiere volver a casa.

—Pero usted no se lo cree, ¿verdad? —le preguntó Bradley. No podía imaginar que Kayla no quisiera ver a sus padres.

—¿Es eso lo que le gustaría que le comunicara al ministro de Exteriores? —quiso saber el jefe de gabinete.

—Exacto.

Al-Kubaisi y Ali Soufan sospecharon que la historia del matrimonio de Kayla era una táctica de negociación; una salida para el ISIS, que así podría decir: «Nosotros no la tenemos. Vayan a hablar con su marido». Y también podía proporcionar al gobierno estadounidense o a ciudadanos privados una vía para esquivar el problema del rescate. Por otra parte, corría también un rumor distinto, que afirmaba que Kayla ya no era una rehén: se había unido a los kurdos, y luchaba contra el ISIS. Ninguna de estas dos historias parecía cierta.

De pronto surgió una oportunidad. En diciembre de 2014 saltó la noticia de que las autoridades libanesas habían detenido a la presunta exesposa de Baghdadi y a uno de sus hijos cuando intentaban entrar subrepticiamente en Siria utilizando documentación falsa. Se hablaba de un intercambio de prisioneros que implicaba a soldados libaneses capturados a cambio de los parientes de Baghdadi. Soufan cogió un avión a Doha, donde él y Al-Kubaisi trataron de la posibilidad de añadir el nombre de Kayla a la lista de prisioneros a intercambiar. Soufan llamó a Bradley emocionado y le dijo que los Mueller debían viajar a Qatar de inmediato.

Carl y Marsha metieron en la maleta sus mejores galas, le pidieron a su hijo que se hiciera cargo del perro y corrieron al aeropuerto de Phoenix. Llegaron a Qatar casi veinte horas más tarde, poco antes de medianoche. Les aguardaban varios funcionarios del gobierno, junto con Soufan, a quien todavía no conocían en persona. Subieron todos a varios Mercedes tipo sedán y se dirigieron a Doha. La ciudad entera parecía estar en construcción. Carl se sintió transportado al siglo XXII.

Soufan no había explicado por qué los había hecho ir allí, y ahora la oportunidad de hacerlo había pasado ya: aquel mismo día, el ministro de Exteriores qatarí había cancelado las conversaciones sobre el intercambio de prisioneros después de que uno de los soldados libaneses fuera asesinado por los yihadistas. Pero Soufan pensaba que Carl y Marsha todavía podían sacar partido de su estancia en Qatar. Les presentó a Al-Kubaisi, que lloró al oír la historia de Kayla y enterarse de sus gestos humanitarios. En privado, confió en que un día pudiera escoltarla de vuelta a casa.

Los Mueller se alojaban en un hotel de cinco estrellas abarrotado de hombres de negocios que asistían a una convención de carácter económico. A la mañana siguiente, Cuando Carl bajó a desayunar, fue presa de un ataque de paranoia. Dondequiera que miraba había árabes vestidos con el atuendo tradicional. «Estaba fuera de mí —explicaba—. ¿Quiénes eran aquellas gentes? ¿Iban a secuestrarme? Volvimos a la habitación y traté de dormir un rato.»

Aquella mañana los Mueller se reunieron con el director adjunto de Al-Kubaisi, Abdullah al-Assiri. Los qataríes parecían desconcertados por la renuencia de Estados Unidos a pagar rescates. «Yo no sé nada de eso —les dijo Carl—. Solo soy un mecánico de chapa y pintura.» Aquello le tocó la fibra a Assiri, que se llevó a Carl a casa de su primo para enseñarle su impresionante colección de coches. Estuvieron charlando sobre carreras de aceleración, una de las pasiones de Carl. Assiri persuadió a Carl y a Marsha de que se quedaran unos días más para que pudieran conocer el país. Luego los trasladaron a otro hotel de cinco estrellas, donde Carl no pudo dejar de fijarse en los Lamborghini y los Aston Martin que había aparcados fuera. «Me impresionó la clase de gente con la que estábamos», explica. Cuando entraron en su inmensa suite, el televisor mostraba un mensaje: «¡Bienvenidos! General al-Kubaisi». Carl sintió al fin que el gobierno se preocupaba por él; solo que aquel no era su gobierno.

Las guerras son un foco de atracción para idealistas, aventureros y matones, pero también para cierto tipo de turista que se siente atraído hacia el conflicto por oscuras razones personales. Los reporteros experimentados suelen mantenerse alejados de esa clase de personas, ya que su ingenuidad no solo les crea problemas, sino que también puede hacer que otros mueran. Una de esas trágicas cadenas de acontecimientos se produjo cuando Haruna Yukawa, un ciudadano japonés de cuarenta y dos años que se autocalificaba consultor de seguridad, cruzó la frontera siria.

La primera persona a la que puso en peligro fue un hombre al que admiraba profundamente, Kenji Goto, un periodista y pacifista japonés. Se habían conocido en Siria en la primavera de 2014, cuando Yukawa pasó por un campamento del Ejército Libre Sirio donde estaba destacado Goto. Aquel agosto Yukawa fue secuestrado por el ISIS, y al parecer Goto se sintió obligado a intentar liberar a su inexperto compatriota. Los dos japoneses reaparecieron en enero de 2015, arrodillados a los pies de John el Yihadista, que exigía el pago de 200 millones de dólares en el plazo de setenta y dos horas. Era la misma cantidad que el primer ministro de Japón, Shinzō Abe, había prometido destinar a la lucha contra el ISIS. Cuando expiró el plazo, Yukawa fue decapitado.

Goto apareció en otro vídeo leyendo una declaración en la que afirmaba que el ISIS quería intercambiarlo por una mujer iraquí, Sayida Mubarak Atrous al-Rishawi, una de las personas implicadas en los atentados suicidas perpetrados en 2005 contra un hotel de Ammán, en los que habían muerto más de cincuenta personas (el cinturón de explosivos de Rishawi no había estallado). Fue uno de los atentados terroristas más notorios de la historia de Jordania. El intercambio no se produjo, y Goto fue asesinado.

No obstante, sí había un rehén que los jordanos estaban dispuestos a intercambiar por Rishawi: Moaz al-Kasasbeh, un piloto de la fuerza aérea jordana cuyo F-16 se había estrellado cerca de Al Raqa el día de Nochebuena. Los jordanos pidieron una prueba de vida antes de iniciar cualquier intercambio, pero el ISIS no pudo proporcionarla. El 3 de febrero, el grupo hizo público un vídeo en el que Kasasbeh era quemado vivo dentro de una jaula. Al día siguiente Rishawi fue ahorcada como represalia.

Aquellas muertes eran el preludio de otra más.

Cuando Carl Mueller recibió la noticia llamó al sheriff. La policía local ya había hecho planes, en el caso de que Kayla muriera, para bloquear la carretera que conduce a casa de los Mueller, en las colinas de granito rojo de las afueras de Prescott.

El 6 de febrero de 2015, el ISIS publicó un tuit afirmando que Kayla había resultado muerta en un bombardeo de la fuerza aérea jordana. Los gobiernos estadounidense y jordano lo negaron, aunque el edificio donde al parecer había muerto —una instalación de almacenaje de armamento— ya había sido alcanzado antes por los aviones de la coalición. Carl y Marsha pidieron a los captores de Kayla que proporcionaran una prueba de su muerte. El ISIS les envió varias fotografías de su cadáver. En su nota, los secuestradores llamaban a Kayla «nuestra hermana».

Dado que hacía dos días del ahorcamiento de Rishawi en Jordania, la mayoría de los miembros del equipo de Bradley sospecharon que en realidad Kayla había sido asesinada como represalia. Carl y

Marsha eran de la misma opinión. (Lisa Monaco, la asesora de seguridad nacional de Obama, me sugirió que tal vez Kayla hubiera muerto en un bombardeo de procedencia desconocida. «No tenemos ninguna información de que fuera uno de los nuestros —me dijo—. Ni tampoco había ninguna información que respaldara la afirmación de que fue un avión jordano.»)

«Debéis de tener la misma profunda tristeza y sensación de derrota que a mí me produce la ejecución de Kayla —escribió Bradley a su equipo—. Mientras todavía se podía salvar a Kayla, era posible mirar hacia delante tras la muerte de Jim, luego de Steve y luego de Peter. Pero ahora es difícil mirar en ninguna dirección salvo hacia atrás, a la cadena de derrotas y dolor interminable creada de manos del ISIS. No tengo nada bueno que decir aquí. Parece que ha vencido el mal.»

Las hermanas de Marsha Mueller fueron a verla a Arizona y, una vez allí, esta las llevó a la habitación de Kayla. En el armario había guardado un baúl lleno de docenas de periódicos que Carl estaba examinando con detenimiento. Cuando Marsha colocó algo en uno de los estantes del armario, cayó una bolsa. Contenía la cola de caballo de Kayla, la que había dejado para que Marsha la donara a la organización Locks of Love.

El día del cumpleaños de Jim Foley, el 18 de octubre —dos meses después de que lo mataran—, se celebró un funeral en memoria suya en su iglesia de New Hampshire. Uno de los asistentes fue Theo Padnos, que tras la ceremonia le preguntó a Katherine Bradley: «¿Por qué me salvó su marido?». Ella le respondió: «Porque Jim Foley le escribió una segunda carta de agradecimiento».

Los Foley enviaron a los Sotloff un joven magnolio, que Art plantó en el jardín trasero de su casa, al lado de una imponente palmera que había crecido de un coco que él y Steven habían plantado cuando este era niño. A veces Art se sienta junto a la magnolia y habla con Steven. «¿Por qué lo hiciste?», le pregunta. Una noche le pareció oír que Shirley veía la televisión. En realidad estaba conectada a internet, mirando la ejecución de Steven. Art le dijo: «En realidad no lo enseñan». Shirley le respondió: «Se le ve cuello, se le ve mover el pie».

Ed Kassig me decía: «Tengo amigos que dicen que volveremos a hacer las cosas como antes. Eso se ha acabado. Ahora buscamos una nueva normalidad y, la verdad, no sé dónde puede estar».

Cientos de estadounidense son secuestrados cada año en otros países, la mayoría de ellos capturados por cárteles de la droga y otros elementos criminales. Joshua Boyle y Caitlin Coleman, un matrimonio, desaparecieron en Afganistán en 2012 y se cree que son retenidos por la red Haqqani. Austin Tice, el fotoperiodista de Houston antes mencionado, desapareció en Siria en agosto de 2012, varios meses antes de que secuestraran a Jim Foley; se cree que está en poder del gobierno sirio. Puede haber otros, pero la Casa Blanca se niega a especificar cuántos estadounidenses son retenidos por organizaciones terroristas extranjeras.

Los secuestros políticos plantean un dilema a cualquier presidente de Estados Unidos. En cierto sentido, los estadounidenses en cautiverio pueden tener al país entero como rehén. La presidencia de Jimmy Carter se vio destruida por la crisis de los rehenes iraníes. Fue precisamente —al menos en parte— debido a que Ronald Reagan se interesó en persona por la grave situación de las familias estadounidenses que tenían parientes retenidos en el Líbano por lo que varios miembros de su administración autorizaron la venta secreta de armas a Irán, lo que desembocó en el denominado escándalo del Irangate. Desde entonces, las diferentes administraciones han impedido a los presidentes acercarse demasiado a tales situaciones. El dilema de Obama fue especialmente delicado: tenía la opción de proteger a miles de yazidíes y kurdos a cambio de poner en riesgo unas pocas vidas de estadounidenses. Fue una apuesta que perdió, aunque también es posible que actuar de un modo distinto no hubiera supuesto diferencia alguna en el destino de Foley, Sotloff y Kassig.

Tras las ejecuciones de los estadounidenses, el gobierno inició una revisión de sus políticas, dirigida por la Casa Blanca y coordinada por el teniente general Bennet Sacolick, director de planificación operativa estratégica del Centro Nacional de Antiterrorismo.

Sacolick comandaba la Fuerza Delta durante la segunda guerra de Irak. Una de sus tareas era rescatar rehenes. «Nunca se nos murió nadie», me explicaba. Su visión personal es: «Si alguna vez me cogen, quiero que me rescaten esos tíos». Y como buen militar añadía: «Tienen que ser los Boinas Verdes».

Para la revisión de la política del gobierno se entrevistó a dos docenas de familias de rehenes estadounidenses acerca de su experiencia con la administración. Esto llevó a la creación de una «célula de fusión de recuperación de rehenes», dirigida por el FBI, con directores adjuntos de los departamentos de Estado y de Defensa. Estos funcionarios responderían ante una nueva división del Consejo de Seguridad Nacional: el Grupo de Respuesta de Rehenes. Su objetivo era aunar los conocimientos de varios organismos en una única entidad gubernamental que tendría el más alto nivel de representación en la Casa Blanca. «Lo que vimos en nuestra revisión fue que nuestra política sobre los rehenes y los mecanismos del gobierno para contactar con las familias se construyeron para una época distinta», me decía Lisa Monaco. Los esfuerzos de terceros, como el equipo de Bradley, tendrían una mayor representatividad, y se intentaría compartir información con mayor libertad. «Nada satisfará a los padres si no recuperan a sus hijos —decía Monaco—. Pero tenemos que hacerlo mejor.»

La política de no pagar nunca rescates no fue objeto de revisión. «El gobierno estadounidense no pagará rescates ni hará concesiones, pero no va a abandonar a las familias cuando estas tomen decisiones privadas e independientes con respecto a contactar o negociar con secuestradores —explicaba Monaco—. Nuestro principio rector consiste en centrarnos en la protección y la seguridad de las familias; ¿están en peligro?, ¿van a verse defraudadas?»

Le pregunté a Ben Rhodes, el asesor adjunto de seguridad nacional, qué responsabilidad creía él que tenía el gobierno cuando se secuestraba a estadounidenses en el extranjero. «Tenemos dos obligaciones —me dijo—. Una es advertir a nuestros ciudadanos de antemano sobre los lugares donde pueden tener que afrontar un mayor riesgo. Y también tenemos la responsabilidad ante cualquier ciudadano estadounidense de hacer todo lo posible para traerlo de vuelta a casa.»

Fuera cual fuese la labor diplomática que llevó a cabo el Departamento de Estado, el caso es que resultó ineficaz, por más que el secretario John Kerry hiciera numerosas llamadas, algunas de ellas a instancias de Bradley. En repetidas ocasiones el equipo de este último, junto con los periodistas destacados en la frontera turca, obtuvieron pistas que el FBI fue incapaz de seguir. Cuando Padnos volvió a casa, le sorprendió descubrir que era posible rastrear el paradero de su iPhone, que había sido confiscado por sus captores. Todavía hoy puede detectar el emplazamiento del teléfono por medio de varias apps que estos utilizan. También Jim Foley llevaba un iPhone, que le había dado April Goble. Un año después del secuestro de Jim, April le preguntó a un agente del FBI si estaban rastreando el teléfono. «¿Tiene el número de serie?», le preguntó el agente. Incluso sin utilizar la app Buscar mi iPhone, las agencias de inteligencia pueden localizar teléfonos móviles, y escuchar conversaciones incluso con los teléfonos apagados.

Puede que la incursión aérea de julio de 2014 sobre la instalación de Al Raqa fuera una obra maestra de coordinación, como la llamó el general Sacolick, pero llegó demasiado tarde. La comunidad de inteligencia tardó demasiado en aportar drones y otros instrumentos que podrían haber ayudado al ejército a actuar con mayor rapidez (la Casa Blanca declaró al *Wall Street Journal* que la única petición de vigilancia de drones formulada por el ejército se produjo justo antes de la incursión de Al Raqa). El mayor fracaso del gobierno, no obstante, fue el hecho de haber sometido a las cinco familias estadounidenses a una extraordinaria coacción. El equipo de Bradley no logró llevar de vuelta a casa a cuatro de sus hijos, pero dio a las familias esperanza y consuelo.

Bradley ha intentado aprender de su experiencia. Cuando se toman rehenes, los funcionarios del gobierno estadounidense suelen considerar una distracción a las familias y a quienes velan por sus intereses; sin embargo, con frecuencia estas personas disponen de recursos y de redes de contactos, y aportan un nivel de compromiso sin parangón. «Washington podría beneficiarse de alentar positivamente esta colaboración público-privada —observaba Bradley—. La majestuosidad del gobierno estadounidense, más todos sus protocolos y procedimientos, pueden hacer que se avance a paso lento. Mientras que el resto de nosotros podemos coger el teléfono para llamar, pongamos por caso, a un rehén italiano recién liberado, el gobierno debe trabajar a través de canales diplomáticos. No los envidio.»

Marsha y Carl Mueller están convencidos de que el gobierno estadounidense los engañaba al pedirles que enviaran tantos correos electrónicos a los captores de Kayla. «Lo que nos resulta más duro es que teníamos una forma de traerla de vuelta a casa por medio de la negociación, pero se utilizó para hacer que se encallaran las esperanzas de encontrar a aquellas personas y traerlas», decía Marsha. Tras la muerte de Kayla, representantes del FBI y el Departamento de Estado pidieron a los Mueller que autorizaran una recompensa por cualquier información conducente a la captura de sus secuestradores. La recompensa estaría entre los cinco y los siete millones de dólares, aproximadamente lo mismo que la demanda de rescate. Carl y Marsha se negaron.

El 16 de mayo de 2015, siete meses después de enterarse de la presencia de Kayla Mueller en la familia de Abu Sayyaf, la Fuerza Delta llevó a cabo una incursión en la que resultó muerto este último y alrededor de una docena de combatientes. El comando también capturó a la esposa de Abu Sayyaf, Umm Sayyaf. La inteligencia estadounidense descubrió que vendía a mujeres cautivas como esclavas. Las hermanas yazidíes que habían escapado explicaron a los funcionarios de inteligencia que el líder del ISIS, Abu Bakr al-Baghdadi, solía visitar la casa de Sayyaf, donde torturó y violó de forma repetida a Kayla, afirmando que era su esposa. También violó a una de las muchachas yazidíes. También las obligó a presenciar la decapitación de James Foley y les dijo que, si no se convertían al islam, les ocurriría lo mismo.

A veces Theo Padnos se siente culpable por seguir vivo. Continúa manteniendo el contacto con sus captores, que cree que podrían haber intercedido ante el ISIS para liberar a los otros rehenes. A menudo, cuando se hallaba en cautividad, imaginaba que estaba en una carrera ciclista en la que se quedaba descolgado del pelotón, viéndose obligado a terminar por sí solo. «Eso me lleva a Kayla Mueller —escribía en una entrada de un blog—. Parece haber tenido una actitud similar a la mía durante su cautiverio. Estoy seguro de que también dedicó mucho tiempo a mantener conversaciones privadas, telepáticas, con su familia.» Luego Padnos citaba un fragmento de la carta de Kayla: «Ninguno de nosotros podía saber que esto sería tan largo, pero sabed que también estoy luchando por mi parte de las formas que puedo + todavía me queda mucha lucha dentro. No me derrumbo + no me rendiré por mucho que esto dure».

«Voy a detenerme un momento y a hablarte directamente, Kayla —seguía escribiendo Padnos—. Si resulta que estás leyendo esto, lo que creo que tal vez es posible, quiero decirte: siento mucho que te falláramos. Solo que no puedo imaginar cómo podríamos haberlo hecho. Cuídate, cariño, ¿vale?»

Epílogo

El terror, como estrategia, raras veces tiene éxito, salvo en un aspecto: genera represión por parte del estado o la potencia ocupante. Ese es un objetivo esperado y anhelado por los terroristas, que tratan de contrarrestar la enorme ventaja militar del estado obligándole a reaccionar de forma desmesurada, lo cual genera apoyo popular para su propia causa. Combatir el terror es una empresa costosa y difícil. A menudo las grandes potencias se han visto humilladas por grupos pequeños y extremadamente motivados que están dispuestos a matar y a morir, como descubrió Francia en Argelia y el Reino Unido en Palestina. Osama bin Laden provocaba a propósito a Estados Unidos en sus atentados contra las embajadas estadounidenses en África Oriental en 1998, el *USS Cole* en Yemen en 2000, y su propio territorio el 11-S. Quería que Estados Unidos invadiera Afganistán, creyendo que correría la misma suerte que la Unión Soviética, que se disolvió tras su retirada en 1988. Bin Laden se atribuía el mérito de ello, e imaginaba que Estados Unidos se desmoronaría y provocaría el distanciamiento de los musulmanes de todo el mundo en el intento de librar su «guerra contra el terror». A la larga, Estados Unidos también se convertiría en una serie de estados desunidos, abriendo así el camino para que el islam recuperara su lugar legítimo como única superpotencia mundial.

Bin Laden calculó mal, pero no se equivocó por completo. Aunque el núcleo de Al-Qaeda ha sido devastado por los ataques estadounidenses y aliados, la progenie de Bin Laden se ha extendido por todo Oriente Próximo, África y el sur de Asia, controlando en conjunto mucho más territorio que en cualquier momento anterior al 11-S. Además, los objetivos de la salvaje descendencia de Al-Qaeda se han ampliado mucho más allá de lo que imaginara su fundador: esta aspira a una guerra civil en el seno del islam, a la aniquilación de los chiíes y a la conquista de todos los pueblos que no creen en la interpretación literal de su religión. Y todo ello se contempla como un preludio del final de los tiempos.

Es habitual que se afirme que abordar las causas de fondo del terrorismo constituye la mejor y tal vez la única forma de ponerle fin, pero hay muy pocas evidencias que respalden esa idea o, de hecho, que identifiquen cuáles son esas causas de fondo. La pobreza no lleva necesariamente a realizar actos de terror. Tampoco la tiranía, ni las guerras, la corrupción, la falta de educación o de oportunidades, el maltrato físico, el odio étnico, la inseguridad alimentaria, la inestabilidad política, la discriminación de género, una sociedad civil débil, una prensa amordazada o la falta de democracia. Ninguno de estos factores por sí solo basta para afirmar que por fin ahí está la razón de que haya jóvenes idealistas que corran a aprovechar la oportunidad de decapitar a sus oponentes o de hacerse volar por los aires en un mercado de fruta. Pero cada uno de ellos es afluente de un poderoso río que inunda Oriente Próximo, un río al que podemos llamar Desesperación.

Sí, existe una relación absoluta entre pobreza, educación y violencia, pero a menudo actúa en un sentido inverso al que normalmente se imagina. Los palestinos involucrados en organizaciones de terror, como Hamás y Hezbolá, tienden a tener un mayor nivel educativo, es más probable que tengan trabajo y tienen ingresos superiores a los de la población general. La peor violencia en los territorios ocupados a menudo se produce en las épocas de relativa prosperidad. Los especialistas en teoría de juegos han descubierto que la mejora de la economía puede llevar de hecho a un incremento de los actos de terror, quizá porque entonces los objetivos son más ricos. Y en lo que se refiere a la falta de democracia, la experiencia de Estados Unidos a la hora de derrocar tiranos en Irak y Libia e intentar llevar gobiernos pluralistas a Oriente Próximo debería bastar como señal de advertencia respecto a la aplicación de tales remedios en el futuro.

Y sin embargo, a la larga todos los grupos terroristas desaparecen. Audrey Kurth Cronin, profesora de políticas públicas en la Universidad George Mason de Fairfax, Virginia, y autora de un libro revelador titulado *How Terrorism Ends*, estudió 475 grupos que encajaban en su definición elemental de organización terrorista: elegían de forma deliberada a no combatientes como objetivos de una serie de atentados. Y descubrió que la vida media de tales grupos era de ocho años. Al-Qaeda, fundada en 1988, ha superado con creces su esperanza de vida, aunque los grupos de terror de base religiosa tienden a durar más que la media; uno de dichos grupos, la organización india de los Estranguladores, duró seiscientos años.

La profesora Cronin describe seis formas en que las organizaciones terroristas llegan a su fin.

La primera es la eliminación de la figura carismática que por regla general lidera tales grupos. Esto funcionó excepcionalmente bien con la captura en 1992 de Abimael Guzmán, líder del grupo peruano Sendero Luminoso, una de las organizaciones más mortíferas del siglo XX: murieron casi 70.000 personas en la lucha entre la organización de Guzmán y el gobierno. De manera similar, la detención de Shōkō Asahara, el yogui ciego que fundó el culto apocalíptico japonés Aum Shinrikyō («Verdad Suprema»), responsable de los atentados con gas sarín en el metro de Tokio en 1995, puso fin en la práctica a una organización que podría haber llegado a ser más peligrosa que Al-Qaeda dada la habilidad y la ambición de sus miembros. En cambio, los asesinatos selectivos de líderes terroristas palestinos por parte de Israel no lograron reducir la violencia y, de hecho, potenciaron el reclutamiento de nuevos miembros por parte de los grupos en cuestión.

La muerte de Bin Laden a manos de las fuerzas especiales estadounidenses en 2011 ha dejado un legado contradictorio. Su sucesor, Ayman al-Zawahiri, no goza en absoluto del magnetismo que ejercía Bin Laden sobre sus seguidores; y aunque el 75 por ciento de los miembros del núcleo de Al-Qaeda han muerto como resultado de ataques de drones o incursiones, la organización sigue siendo capaz de inspirar a grupos afines a seguir su ejemplo.

A veces el terror termina en negociaciones: en otras palabras, los terroristas entran en un proceso político legítimo. A nadie le gusta hablar con terroristas, ni a los terroristas les gusta hablar; de ahí que haya tan pocos ejemplos de compromisos que lleven con éxito al fin de la violencia. El Acuerdo de Viernes Santo del 10 de abril de 1998 lo consiguió en la práctica, obligando a los grupos paramilitares de Irlanda del Norte a entregar las armas y aceptar los medios pacíficos y democráticos de resolver las diferencias. El conflicto entre el gobierno colombiano y la mafia narcotraficante de las FARC (Fuerzas Armadas Revolucionarias de Colombia), que ha costado casi un cuarto de millón de vidas a lo largo de cincuenta años, puede ser otro ejemplo de ello si el acuerdo de paz firmado en 2016 se consolida.

Está en la naturaleza de las organizaciones, incluso las que se basan en el terror, adaptar su misión si las circunstancias socavan su razón de existir. Cuando Bin Laden creó Al-Qaeda la concibió como una legión extranjera musulmana anticomunista, un potencial aliado de Occidente, como lo habían sido los muyahidines de Afganistán en su guerra contra los soviéticos. Pero ya antes de la muerte de Bin Laden Al-Qaeda se había convertido en una fantasía islamista antioccidental con objetivos utópicos irrealizables. El núcleo de Al-Qaeda no sabría cómo negociar, puesto que no sabe lo que quiere.

Es un mito que el terrorismo nunca tiene éxito, aunque la profesora Cronin encontró que solo alrededor del 5 por ciento de los grupos que estudió lograban sus objetivos. La mayoría de ellos eran movimientos asociados a las denominadas guerras de liberación contra potencias coloniales, como en Irlanda, Chipre, Vietnam y Argelia. El prototipo de la organización terrorista de éxito es el Irgún, el grupo judío liderado por Menájem Beguín en el Mandato Británico de Palestina. Beguín improvisó muchas de sus acciones, teatrales y destinadas a acaparar titulares, que desmoralizaron a la opinión pública británica y llevaron a que su gobierno tomara la decisión de ceder el control de Palestina a las Naciones Unidas en 1948. Aquel mismo año, un grupo de irregulares de Beguín atacaron una pacífica aldea palestina, Deir Yassin. Sus hombres fueron casa por casa lanzando granadas de mano por las ventanas y disparando a los lugareños que trataban de escapar. Dos meses después de Deir Yassin, unos 350.000 palestinos habían huido o habían sido perseguidos a países vecinos, un total que a la larga llegaría a alcanzar la cifra de 750.000. El éxito del Irgún engendraría muchos imitadores, sobre todo entre aquellos mismos refugiados palestinos.

Según su cofundador Nelson Mandela, Umkhonto we Sizwe, el brazo armado del Congreso Nacional Africano, se inspiró directamente en el Irgún a fin de librar una campaña de terror contra el régimen blanco del apartheid en Sudáfrica. Tras empezar con actos de sabotaje contra el gobierno, a la larga la campaña pasó a incluir atentados con bomba contra bares, bancos, supermercados y estadios, además de torturas y asesinatos. El CNA renunció a la violencia en 1990, cuando inició negociaciones con el partido blanco gobernante, y cuatro años después llegó al poder. El terrorismo no fue el elemento central en la desaparición del apartheid, pero sin duda contribuyó a ella.

Cuando los soldados estadounidenses entraron en Afganistán tras el 11-S, encontraron un ejemplar de las memorias de Beguín, *La rebelión*, en la biblioteca de un campo de entrenamiento de Al-Qaeda. Bruce Hoffman, director del Centro de Estudios sobre Seguridad de la Universidad de Georgetown y decano de la beca de antiterrorismo, especula con la posibilidad de que Bin Laden estuviera estudiando la transición de Beguín de líder terrorista a hombre de Estado (más adelante Beguín se convirtió en primer ministro de Israel y ganó el Premio Nobel de la Paz tras la firma de los acuerdos de Camp David en 1979).

La mayoría de las organizaciones terroristas terminan simplemente en fracaso. Pueden existir cismas internos que provoquen la desintegración del grupo. A veces el razonamiento ideológico que subyace al movimiento se vuelve irrelevante, como ocurrió con las organizaciones terroristas de base marxista tras la caída de la Unión Soviética. Cualquier resto de apoyo popular puede desvanecerse ante la repulsa generalizada si el terror cruza una determinada línea emocional. Esa fue la causa del desmoronamiento del Grupo Islámico en Egipto tras la matanza de Luxor en 1997. De manera similar, muchos de los integrantes del círculo íntimo de Bin Laden criticaron el 11-S como una catástrofe para su grupo, señalando que, en lugar de expulsar a Occidente de Oriente Próximo, los atentados de Al-Qaeda desencadenaron dos guerras que arrastraron a Estados Unidos y a otras potencias occidentales a involucrarse con mucha mayor profundidad en la región.

La represión es la forma rutinaria en que los gobiernos intentan acabar con las organizaciones terroristas, pero requiere una inflexibilidad y una persistencia que a los países democráticos les resulta difícil de justificar o de sostener. Una combinación de represión y disensión interna puso fin al grupo Al-Yihad de Zawahiri en Egipto. Rusia aplastó el movimiento separatista checheno, que renunció a la resistencia armada en 2009; no obstante, cientos de chechenos se han unido a las filas islamistas en Siria y, si regresan, pueden plantear una verdadera amenaza para Rusia. Cuando Israel invadió el Líbano en 1982 con la intención de erradicar a la Organización para la Liberación de Palestina (OLP), el primer ministro Menájem Beguín creyó que la operación duraría cuarenta y ocho horas, pero lo cierto es que se prolongó durante dieciocho años. Al fin Israel logró expulsar a la OLP, pero el vacío político que dejó la organización pasó a ocuparlo Hezbolá, que se constituyó con la ayuda iraní como reacción a la invasión. Hoy en día Hezbolá controla el Líbano.

La última de las categorías de la profesora Cronin sobre cómo terminan los grupos terroristas es la reorientación, es decir, la transición por parte del grupo del terrorismo a otra cosa distinta, a menudo la delincuencia, aunque las organizaciones más inestables pueden pivotar en múltiples direcciones. El grupo islamista filipino Abu Sayyaf empezó como una organización separatista, luego se convirtió en una empresa criminal y más adelante ha jurado lealtad al Estado Islámico.

Si evaluamos el posible futuro de Al-Qaeda a través de la lente de estas seis categorías, podemos afirmar que la decapitación del grupo, en efecto, ha tenido consecuencias, pero no ha resultado fatal. La negociación no va a ser un factor a tener en cuenta para el núcleo. El éxito está fuera de su alcance, mientras que el fracaso es una posibilidad real, en especial dado el auge de otros vigorosos competidores. Por su parte, la represión, en forma de operaciones militares, seguirá erosionando la capacidad de acción de Al-Qaeda. Por último, la reorientación es improbable. .

El ISIS, o el Estado Islámico, ha sido una organización distinta desde sus comienzos en 1999, cuando un expresidiario jordano chulesco pero carismático, Abu Musab al-Zarqawi, llegó a la ciudad afgana de Kandahar con la intención de unirse a Al-Qaeda. En aquel momento Bin Laden no lo aceptó; sin embargo, financió un campo de entrenamiento para él. Zarqawi pasó entonces a reclutar combatientes procedentes sobre todo de Jordania, los territorios palestinos, Siria y el Líbano. Esta región se conoce en árabe como Al-Sham, que se traduce aproximadamente como «el Levante». Así, la organización que más tarde fundó Zarqawi se llamaría al-Dawla al-Islamiya al-Iraq al-Sham («Estado Islámico de Irak y el Levante»), aunque en Occidente es más conocida por el acrónimo inglés ISIS (de *Islamic State of Iraq and Syria*).

A juzgar por el esquema de la profesora Cronin, un posible final para el terrorismo del ISIS es el éxito. Zarqawi resultó muerto en 2006 por un ataque aéreo estadounidense y, sin embargo, la organización sobrevivió a la pérdida de su líder. Hoy en día es ya el grupo terrorista más rico de la historia, con ingresos procedentes de impuestos, petróleo, rescates, el mercado negro de antigüedades e incluso multas de tráfico y la venta de licencias de pesca. Hoy ni siquiera resulta apropiado denominarlo «grupo terrorista»: es más bien un protoestado que utiliza el terror no solo para conquistar, sino también para gobernar. Sin embargo, un estado requiere gobernanza, algo que a los islamistas nunca se les ha dado bien, y el control real de un territorio, lo que abre la puerta a la guerra convencional, donde los terroristas están en clara desventaja.

Bin Laden nunca contempló Irak como un lugar donde la yihad pudiera prosperar, dado que el 65 por ciento de la población es chií. Aunque Al-Qaeda es una organización íntegramente sunní, Bin Laden no tenía el menor interés en crear una guerra civil en el seno del islam. Pero eso fue justo lo que atrajo a Zarqawi, que creía que matar a otros musulmanes era el único modo de purificar la religión. «Alguien puede decir que en este asunto somos precipitados e impulsivos» al conducir a los musulmanes a una batalla fratricida «que repugnará y en la que se derramará sangre —admitía Zarqawi en una carta a Bin Laden—. Eso es exactamente que queremos».

Tanto Bin Laden como Zarqawi soñaban con la restauración del califato, que, según esperaban, devolvería el islam a su edad de oro, cuando se extendía desde Marruecos hasta el sur de China, dominaba la península Ibérica y llegó a tocar a las puertas de Viena. Pero para Bin Laden el califato todavía se hallaba lejos en el horizonte: su principal prioridad era unir a todos los musulmanes en la lucha contra Occidente. En cambio, los objetivos de Zarqawi eran enfrentar a los musulmanes unos con otros, adquirir territorio y declarar el califato lo antes posible.

La invasión estadounidense de Irak en 2003 desató un diluvio de pensamiento apocalíptico entre los musulmanes. Como en el cristianismo y el judaísmo, los fieles más cultos tienden a mantenerse algo apartados de tales creencias. Sin duda ese era el caso de los elitistas líderes de Al-Qaeda, para quienes el apocalipsis era una inevitabilidad distante, por más que anhelada. La guerra de Irak cambió eso, desatando una cascada de profecías que sumieron al mundo sunní en el pánico y la confusión, pero también vino a enardecer a quienes imaginaban un glorioso último acto. Zarqawi, un hombre de la calle y de la cárcel, proporcionó un objetivo a los musulmanes radicalizados, recordándoles las máximas del Profeta que afirman que en el final de los tiempos los creyentes supuestamente deben reunirse en Siria e Irak para aguardar allí el día del Juicio. Según la profecía, Jesús volverá para combatir junto a los musulmanes contra los judíos, que estarán liderados por el Anticristo, denominado en el islam el Mesías Embaucador. La batalla final tendrá lugar en Dabiq, un pueblecito sirio situado cerca de la frontera turca. Zarqawi y sus sucesores tenían prisa por establecer el califato a fin de prepararse para aquella hora fatídica. «No arriaremos esta bandera hasta que se la entreguemos a Jesús, el hijo de Maryam, y el último de nosotros luche contra el Embaucador», declaraba un portavoz del ISIS en 2013.

«Gigantescos trastornos convulsionan la región en los mismos lugares mencionados por las profecías —señala William McCants en su excelente estudio sobre el pensamiento yihadista *El apocalipsis del ISIS*—. Sunníes y chiíes están en guerra, y unos y otros apelan a sus propias versiones de las profecías para justificar sus políticas.» El autor concluye: «Este no es el apocalipsis de Bin Laden».

El conflicto que ha desencadenado el Estado Islámico provocará en última instancia su propia destrucción, pero no sin causar antes muchos más estragos y dolor. Los líderes de la organización creen que el caos, el conflicto y la desesperación son sus aliados, y en cierta medida estoy de acuerdo con ellos. Personalmente sostengo la teoría, no verificada por los eruditos, de que un rasgo de la naturaleza humana es el de querer equiparar los propios mundos interior y exterior. Un niño criado en una familia maltratadora tiene más probabilidades de convertirse en maltratador de adulto. Imagínese el efecto del trauma y la barbarie que se ha infligido a Oriente Próximo y el norte de África en general; sin duda, de tales ambientes surgen individuos deseosos de extender el caos y hacer que el resto del mundo se asemeje al estado emocional que ellos experimentan. Esto explicaría al menos en parte el atractivo del Estado Islámico para unos jóvenes destrozados y con pocas perspectivas de una vida satisfactoria. Pero también refleja el caso de idealistas como James Foley, Steven Sotloff, Peter Kassig y Kayla Mueller, quienes, disfrutando de amor y seguridad en abundancia en sus propias vidas, se dedicaron a tratar de extender aquellas mismas bendiciones a quienes no las tenían. A ellos va dedicado este libro.

En el momento de redactar estar líneas, casi cinco millones de sirios han huido de su país, la mitad de ellos a Turquía. Alrededor de un millón están en el Líbano, un frágil país donde representan uno de cada cuatro habitantes. Hay casi setecientos mil más en Jordania. Eso sin contar los ocho millones de sirios que se han visto expulsados de sus hogares pero todavía permanecen en su patria. La mitad de la población ha sido desarraigada, y se une a los refugiados de otras zonas de conflicto (Afganistán, Irak, Sudán, Congo, Birmania, Somalia...) que integran las masas que cada día intentan entrar en Europa. Muchos perecen en el intento, lo que constituye un testimonio de su desesperación.

Los refugiados son distintos de otros inmigrantes. A menudo llegan solo con lo que pueden acarrear, salvo por la inmensa carga que representa su trauma. Proporcionarán una reserva de trabajadores jóvenes de la que Europa está desesperadamente necesitada, y un grado de diversidad cultural que puede vivificar a las sociedades europeas; pero si se los descuida o se los hace sentir no deseados, pueden formar clases marginales resentidas que se convertirán en un peligroso arsenal de radicalismo. Basta mirar a Francia para ver un ejemplo de una sociedad que no ha sabido integrar a la población musulmana, en gran parte un remanente de su experiencia colonial en el norte de África. El Departamento de Estado estadounidense estima que el 10 por ciento de la población francesa es musulmana (el censo francés prohíbe tener en cuenta la religión) y, en cambio, los musulmanes representan más o menos el 70 por ciento de los reclusos del país. ¡Qué claro indicador de la marginación que sienten los musulmanes!

Estados Unidos ha sido un país relativamente afortunado en lo referente a su población musulmana, que disfruta más o menos de la misma renta, tiene más o menos las mismas probabilidades de acceder a la universidad o realizar estudios de posgrado, y menos de ir a la cárcel, que el estadounidense medio. Además, el país se ha beneficiado en gran medida de las grandes afluencias de refugiados de la historia reciente. En 1975, al final de la guerra de Vietnam, Estados Unidos evacuó a 130.000 vietnamitas, muchos de ellos oficiales militares y líderes políticos. A ello le siguió una nueva oleada de refugiados cuando, en 1979, cientos de miles de vietnamitas huyeron de su país en barco, muchos de ellos a Estados Unidos. Hoy en día residen en territorio estadounidense más de un millón de vietnamitas, que disfrutan de una renta media más alta que la población autóctona en general. En 1980 se produjo una nueva huida masiva en barco, el éxodo del Mariel, cuando el gobierno cubano permitió emigrar a sus ciudadanos por un breve período. Entre abril y octubre llegaron a Florida 125.000 personas, en su mayoría por barco a Cayo Hueso y Miami. Entre ellas se contaban varios miles de criminales violentos y personas mentalmente inestables que el presidente Fidel Castro había mezclado de forma malévola entre la multitud. La mitad de los inmigrantes se instalaron en Miami, donde fueron absorbidos con rapidez por la economía local. Como ya hemos dicho, entre ellos se contaban varios asesinos y miembros de bandas, pero también un escritor que en el futuro ganaría el premio Pulitzer, una estrella de telenovelas y un jugador de béisbol de primera división. La lección parece ser que a Estados Unidos se le da bien absorber a un gran número de refugiados, incluso con poblaciones muy difíciles, aunque ello también entraña riesgos significativos. Sin embargo, si el mundo no hace lo suficiente y no es capaz de abordar esta marea de refugiados de proporciones históricas, ello tendrá consecuencias aciagas durante las próximas décadas.

Un día, en 1965, tuve una cita en el aeropuerto. Cursaba el último año de instituto en Dallas, Texas, y mi asignación no me permitía ir al cine. El aeropuerto Love Field, como de hecho se llama, era un destino habitual si uno quería tener una cita sin gastar mucho. Acababa de llegar un avión de pasajeros de American Airlines procedente de algún lugar exótico —supusimos que París—, y mi novia y yo nos dirigimos a la pista, subimos las escaleras y nos metimos dentro. Nos sentamos en primera clase mientras los auxiliares de vuelo limpiaban; uno de ellos incluso nos dio un tentempié. Luego nos dirigimos a la torre de control.

—¡Entrad, chicos! —nos dijo un controlador aéreo cuando entreabrí la puerta, que no tenía echada la llave.

Nos sentamos en unos taburetes y nos quedamos observando las luces de aterrizaje de los vuelos que llegaban, que parecían luciérnagas en una noche de verano.

Ese mundo ya no existe. Lo mató el terrorismo. Un mundo que no pueden recordar, ni siquiera imaginar, los jóvenes que jamás han experimentado tal libertad, y que no tienen forma alguna de evaluar los numerosos sacrificios que se han realizado en nombre de la guerra contra el terror.

Esta época de terror terminará algún día, pero es difícil predecir si nuestra sociedad será capaz de restaurar la sensación de libertad que antaño fue nuestro patrimonio. El estado de la seguridad que se ha desarrollado a partir del 11-S ha transformado nuestra cultura; y sí, es cierto que hemos necesitado esa protección. A menudo se nos recuerda que no debemos «olvidar nunca» lo que ocurrió aquel fatídico día. Pero si no somos capaces de tener presente cómo éramos antes del 11-S, puede que nunca podamos avanzar de nuevo en aquella dirección. En ese caso, los terroristas habrán ganado.

Índice alfabético